実務対応
病院会計

病院会計準則・医療法人会計基準
に準拠

Accounts for Hospital

有限責任監査法人
トーマツ
ヘルスケア インダストリー

清文社

はじめに

　国民医療費は増加を続け、今や年間40兆円を超える時代となり、医療費の適正化に向けて、より効率性を重視した病院経営を迫られるようになりました。また、団塊の世代が75歳以上となる2025年を目途に、住まい・医療・介護・予防・生活支援が一体的に提供される地域包括ケアシステムの構築など超高齢社会を迎える対応が急務になっています。

　病院経営者は、このような環境変化に対応し、効率よく収益を確保するために病院を経営することが必要であり、そのためには、経営判断に資する材料を適時に入手・分析し、経営のための意思決定をスピード感を持って行っていく必要があります。

　その経営のための意思決定を行うには、正確な経営の状態を把握できる情報が必要になりますが、それが会計です。会計は経営を映す鏡であり、かつ将来の航路を示す羅針盤でもあります。適正な病院会計処理を実施することにより、経営判断に資する材料（決算情報）、将来向かうべき方向性の示唆を得られることになるでしょう。

　我が国の病院会計は、病院の開設主体が自治体、独立行政法人、国立大学法人、学校法人、公益法人、医療法人、社会福祉法人など、公的な法人から民間法人まで様々あるという特徴から、各開設主体ごとの会計基準等が制定されている状況です。そこで、病院の開設主体がどのような形態であろうと、決算情報の比較を可能にするために施設会計という位置付けで病院会計準則が昭和40年に制定され、昭和58年及び平成16年の改定を経て現在に至っています。

　つまり病院会計準則は、病院の各開設主体がそれぞれの会計基準等から「病院」という施設だけを切り出し、他の病院との比較分析を通じて適切な経営判断に資するような会計規範となっているのです。具体的には、平成16年の病院会計準則の改定においては、企業会計とも整合するようにリース会計、税効果会計、退職給付会計といった当時の新しい会計基準や、キャッシュ・フロー計算書という新しい決算情報が導入されています。

　本書は、病院の管理会計に帰する病院会計準則をベースとして、病院経

営環境の変化及び各病院の開設主体ごとの会計基準等の改定を踏まえ、より実務に即した会計処理例を紹介し、病院会計に携わる全ての実務家の方々にご利用いただける内容の解説書となっています。また、病院会計の基本的知識や特有の論点を紹介しているため、病院に対する会計監査や会計指導に携わる会計専門家の方々に対しての参考書としてもご利用いただける内容となっています。

　さらに本書は、今般の医療法改正で規定された医療法人制度改革にも対応した内容となっており、「医療法人会計基準」特有の論点も紹介しています。

　すなわち、平成27年の医療法改正を受け、平成28年に「医療法人会計基準」が厚生労働省令として公布され、一定規模以上の医療法人にその適用が義務付けられました。医療法人会計基準の制定により、開設主体別の会計基準が出揃い、病院を取り巻く利害関係者に対する情報提供環境は整備されたといえます。

　一方で、各会計基準の相違は残ったままであるため、開設主体が異なる病院間の比較分析については、なお病院会計準則が有効と考えられます。

　本書は、病院会計準則に基づく会計処理、医療法人会計基準に基づく会計処理、それぞれの解説をしつつ、病院会計準則から医療法人会計基準の相違点、組み換え方法等も解説しています。

　この解説書が、病院会計に携わる経理業務担当者、病院運営を担う経営者、病院監査や経営指導に携わる会計専門家等全ての実務家の会計手引書として利用していただくことを目的としており、いささかでも病院経営の一助となれば幸いです。

2017年3月

有限責任監査法人トーマツ
ヘルスケア　インダストリー　リーダー
和田　頼知

目　次

第1章
医療法人会計基準設定の経緯

Ⅰ　今までの病院に係る会計基準の設定の推移 …………………4

1. 病院会計準則の設定と推移 ………………………………………4
2. 会計の種類と病院会計準則 ………………………………………5
   - (1) 財務会計　6
   - (2) 管理会計　7
   - (3) 財務諸表の体系　7
3. 病院の開設主体により異なる会計基準 …………………………9

Ⅱ　医療法人会計基準の策定と背景 …………………………………11

1. 医療法人制度の推移 ………………………………………………11
2. 医療法人会計基準の公表 …………………………………………13

Ⅲ　第6次医療法改正と医療法人の経営の透明性の確保 ………14

Ⅳ　医療法人会計基準の体系 …………………………………………16

1. 医療法人会計基準の構成 …………………………………………16
2. 総　則 ………………………………………………………………16
   - (1) 目　的　16
   - (2) 会計年度　17
   - (3) 会計単位　17
   - (4) 財務諸表の範囲　17
   - (5) 会計の原則　18
   - (6) 貸借対照表　21
   - (7) 損益計算書　23

(8) 補　則　24

　　　(9) 財産目録　26

Ⅴ　病院会計準則の体系 …………………………………………………… 27

1．病院会計準則の構成 ……………………………………………………… 27

2．総　則 …………………………………………………………………… 28

　　　(1) 目　的　28

　　　(2) 適用の原則　29

　　　(3) 会計期間　30

　　　(4) 会計単位　30

　　　(5) 財務諸表の範囲　30

3．一般原則 ………………………………………………………………… 31

　　　(1) 真実性の原則　32

　　　(2) 正規の簿記の原則　32

　　　(3) 損益取引区別の原則　32

　　　(4) 明瞭性の原則　33

　　　(5) 継続性の原則　35

　　　(6) 保守主義の原則　35

　　　(7) 重要性の原則　36

　　　(8) 単一性の原則　36

4．貸借対照表原則 ………………………………………………………… 37

　　　(1) 作成目的　37

　　　(2) 表示方法　37

　　　(3) 貸借対照表の分類　38

　　　(4) 資産・負債の貸借対照表価額　39

5．損益計算書原則 ………………………………………………………… 39

　　　(1) 作成目的　40

　　　(2) 表示方法　40

　　　(3) 収益、費用及び資本取引について　40

6．キャッシュ・フロー計算書原則 ……………………………………… 41

　　　(1) 作成目的　42

　　　(2) 資金の範囲　42

(3) 計算区分と表示形式　42
　7.附属明細表原則 …………………………………………………44
　　　(1) 作成目的　44
　　　(2) 種　類　44
　8.注記事項 ………………………………………………………46
　　　(1) 一般原則の注記　46
　　　(2) 貸借対照表原則の注記　47
　　　(3) 損益計算書原則の注記　48
　　　(4) キャッシュ・フロー計算書原則の注記　48

Ⅵ　医療法人会計基準と病院会計準則の関係と相違点 …………49

第2章
貸借対照表

資産

Ⅰ　流動資産 ……………………………………………………… 56
　1　現金及び預金　56
　2　医業未収金　60
　3　未収金　62
　4　有価証券　64
　5　医薬品　69
　6　診療材料　75
　7　給食用材料　78
　8　貯蔵品　80
　9　前渡金　82
　10　前払費用　83
　11　未収収益　85
　12　短期貸付金　87
　13　役員従業員貸付金　88

14　他会計短期貸付金　90

　　　15　繰延税金資産　95

　　　16　その他の流動資産　98

　　　17　貸倒引当金　100

Ⅱ　有形固定資産 …………………………………………………… 108

　1．有形固定資産の論点 …………………………………………… 108

　　　(1)　取得形態の区分による取得価額　108

　　　(2)　耐用年数と償却方法　108

　　　(3)　資本的支出と修繕費の区分　110

　　　(4)　補助金の会計処理　112

　　　(5)　減損処理（強制評価減）　112

　2．固定資産の減損処理（強制評価減） ……………………………… 112

　　　(1)　減損会計の概要　112

　　　(2)　減損会計の適用フローの解説と仕訳例　113

　　　(3)　減損処理後の会計処理　117

　　　(4)　開　示　117

　3．有形固定資産の種類 …………………………………………… 118

　　　1　建　　物　118

　　　2　構築物　121

　　　3　医療用器械備品　123

　　　4　その他の器械備品　125

　　　5　車両及び船舶　127

　　　6　放射性同位元素　129

　　　7　その他の有形固定資産　130

　　　8　土　　地　131

　　　9　建設仮勘定　133

　　　10　減価償却累計額　134

Ⅲ　無形固定資産 …………………………………………………… 136

　1．無形固定資産の論点 …………………………………………… 136

　　　(1)　範　　囲　136

(2) 貸借対照表価額　136

　　(3) 減価償却方法　137

　1　借地権　137

　　(1) 勘定科目の説明　137

　　(2) 会計処理　139

　　(3) 開　示　140

　2　ソフトウェア　140

　　(1) 勘定科目の説明　140

　　(2) 会計処理　142

　　(3) 開　示　145

　3　その他の無形固定資産　145

　　(1) 勘定科目の説明　145

　　(2) 会計処理　146

　　(3) 開　示　147

Ⅳ　リース会計 …………………………………………………………148

　1．リース会計の概要……………………………………………… 148

　　(1) リース取引の意義　149

　　(2) ファイナンス・リース取引の意義　150

　　(3) ファイナンス・リース取引の具体例と判定基準　151

　2．会計処理 ……………………………………………………… 155

　　(1) 医療法人会計基準との関係　155

　　(2) 所有権移転外ファイナンス・リース取引に係る借手の会計処理　156

　　(3) 所有権移転ファイナンス・リース取引に係る借手の会計処理　161

　　(4) 重要性の判断基準　162

　　(5) オペレーティング・リース取引の会計処理　164

　　(6) セール・アンド・リースバック取引の会計処理　165

　3．開　示………………………………………………………… 166

　　(1) リース資産及びリース債務の計上科目　166

　　(2) 財務諸表への注記　166

　　(3) 重要性の判断基準　167

Ⅴ　その他の資産 …………………………………………………170

　　1　有価証券　170
　　2　長期貸付金　185
　　3　役員従業員長期貸付金　187
　　4　他会計長期貸付金　189
　　5　長期前払費用　191
　　6　繰延税金資産　193
　　7　その他の固定資産　196
　　8　貸倒引当金　199

負債

Ⅰ　流動負債 ……………………………………………………202

　　1　買掛金　203
　　2　支払手形　204
　　3　未払金　206
　　4　短期借入金　207
　　5　役員従業員短期借入金　209
　　6　他会計短期借入金　210
　　7　未払費用　215
　　8　前受金　217
　　9　預り金　218
　10　従業員預り金　220
　11　前受収益　221
　12　賞与引当金　222
　13　その他の流動負債　225

Ⅱ　固定負債 ……………………………………………………227

　　1　長期借入金　227
　　2　役員従業員長期借入金　229

3　他会計長期借入金　230

　　4　医療機関債　232

　　5　長期未払金　235

　　6　その他の引当金　236

　　7　長期前受補助金　239

　　8　その他の固定負債　246

Ⅲ　退職給付引当金…………………………………………………………248

1. 退職給付会計の概要……………………………………………………248
2. 退職給付会計の適用範囲………………………………………………249
3. 勘定科目の説明…………………………………………………………250

　　(1)　退職給付債務　251

　　(2)　年金資産　254

　　(3)　退職給付費用　254

4. 簡便法……………………………………………………………………257

　　(1)　要　件　257

　　(2)　簡便法による退職給付債務の計算方法　257

　　(3)　簡便法による退職給付引当金等の計算　259

　　(4)　簡便法を採用する場合の会計基準変更時差異　260

5. 会計処理…………………………………………………………………260

　　(1)　医療法人会計基準との関係　260

　　(2)　仕訳例　261

　　(3)　開　示　265

純資産

Ⅰ　病院会計準則における純資産……………………………………………267

1. 内　容……………………………………………………………………267

　　(1)　勘定科目の説明　267

　　(2)　会計処理　268

2. 開　示……………………………………………………………………270

Ⅱ 医療法人会計基準における純資産 …………………………271

1．内 容……………………………………………………………272
　　⑴　医療法人の類型と、純資産の区分（四病協注解4）　272
　　⑵　勘定科目の説明　272
　　⑶　会計処理　274

2．開 示……………………………………………………………278
　　⑴　医療法施行規則への影響　278
　　⑵　社財規への影響　279
　　⑶　医療法人における事業報告書等の様式への影響　280

Ⅲ 税効果会計 ………………………………………………………283

1．税効果会計導入の必要性…………………………………………284
　　⑴　会計と税務計算間の差異　284
　　⑵　税効果会計の必要性　285

2．税効果会計の基本的な考え方……………………………………286

3．税効果会計の手法…………………………………………………287
　　⑴　病院特有の論点　287
　　⑵　準拠する会計基準　287
　　⑶　対象税金　288
　　⑷　税率及び税率の種類　289
　　⑸　税法改正による税率の変更　290
　　⑹　未払税金又は未収税金と税効果会計　291
　　⑺　一時差異の意義　291
　　⑻　一時差異等の例示　292
　　⑼　一時差異の種類　293
　　⑽　繰越欠損金等　294
　　⑾　繰延税金資産及び繰延税金負債の意義　294

4．具体例での説明……………………………………………………296

5．繰延税金資産の回収可能性………………………………………299
　　⑴　病院特有の論点　301
　　⑵　収益力に基づく課税所得の十分性　301

(3) タックスプランニングの存在　306
　　(4) 将来加算一時差異の十分性　307
　　(5) 課税所得発生のタイミングと税務上の繰越欠損金の繰延べ　307
　　(6) 繰延税金資産の見直し（個別税効果実務指針23）　308
　6．財務諸表への注記……………………………………………………310

第3章
損益計算書

Ⅰ　医業収益…………………………………………………………………313
　1．入院診療収益……………………………………………………………315
　2．室料差額収益……………………………………………………………321
　3．外来診療収益……………………………………………………………323
　4．保健予防活動収益………………………………………………………327
　5．受託検査・施設利用収益………………………………………………328
　6．その他の医業収益………………………………………………………330
　7．保険等査定減……………………………………………………………331

Ⅱ　医業費用…………………………………………………………………334
　1．材料費……………………………………………………………………335
　　1　医薬品費　335
　　2　診療材料費　341
　　3　医療消耗器具備品費　344
　　4　給食用材料費　346
　2．給与費……………………………………………………………………348
　　1　給　料　348
　　2　賞　与　351
　　3　賞与引当金繰入額　353
　　4　退職給付費用　355
　　5　法定福利費　357
　3．委託費……………………………………………………………………359

1　検査委託費　359

　　2　給食委託費　361

　　3　寝具委託費　363

　　4　医事委託費　364

　　5　清掃委託費　366

　　6　保守委託費　368

　　7　その他の委託費　370

4．設備関係費　………………………………………………　372

　　1　減価償却費　372

　　2　器機賃借料　375

　　3　地代家賃　376

　　4　修繕費　378

　　5　固定資産税等　379

　　6　器機保守料　382

　　7　器機設備保険料　383

　　8　車両関係費　385

5．研究研修費　………………………………………………　386

　　1　研究費　386

　　2　研修費　388

6．経　　費　…………………………………………………　389

　　1　福利厚生費　389

　　2　旅費交通費　391

　　3　職員被服費　392

　　4　通信費　393

　　5　広告宣伝費　394

　　6　消耗品費　396

　　7　消耗器具備品費　398

　　8　会議費　399

　　9　水道光熱費　400

　　10　保険料　401

　　11　交際費　402

　　12　諸会費　404

13 租税公課　405
　　　14 医業貸倒損失　406
　　　15 貸倒引当金繰入額　407
　　　16 雑　費　409
　7．控除対象外消費税等負担額……………………………………410
　8．本部費配賦額………………………………………………………414

Ⅲ　臨時収益……………………………………………………………419

　1．固定資産売却益……………………………………………………419
　2．その他の臨時収益…………………………………………………420

Ⅳ　臨時費用……………………………………………………………422

　1．固定資産売却損……………………………………………………422
　2．固定資産除却損……………………………………………………423
　3．資産に係る控除対象外消費税等負担額…………………………424
　4．災害損失……………………………………………………………426
　5．その他の臨時費用…………………………………………………427

Ⅴ　法人税、住民税及び事業税負担額……………………………429

　1．法人税、住民税及び事業税負担額………………………………429

Ⅵ　医療法人会計基準における損益計算書科目の考え方………433

　1．損益計算書の区分…………………………………………………433
　　　(1) 事業損益計算　433
　　　(2) 経常損益計算　434
　　　(3) 純損益計算　434
　2．収益費用の分類……………………………………………………434
　3．事業損益の区分……………………………………………………435
　4．事業費用の内訳の記載方法………………………………………435
　5．収益業務の会計……………………………………………………436

第4章
キャッシュ・フロー計算書

Ⅰ 総論 ……………………………………………………………………… 439

Ⅱ 病院会計におけるキャッシュ・フロー計算書 ………………… 441
 1．資金の範囲 ……………………………………………………… 441
 2．表示区分 ………………………………………………………… 443
  (1) 活動区分別の記載内容　443
  (2) 利息及び配当金の表示区分　443
 3．表示方法 ………………………………………………………… 444
  (1) キャッシュ・フロー計算書の表示様式　444
  (2) 業務活動によるキャッシュ・フローの表示方法　444
   1 医業未収金　448
   2 たな卸資産　449
  (3) 投資活動及び財務活動によるキャッシュ・フローの表示方法　451
   1 有形固定資産　451
   2 借入金　453
  (4) その他の論点　453
 4．注記事項 ………………………………………………………… 456

第5章
医療法人における財務報告様式

Ⅰ 総論 ……………………………………………………………………… 459

 1．財務諸表の体系 ………………………………………………… 459
 2．医療法人会計基準を適用する法人における財務報告書類の特徴 … 461
 3．金額単位 ………………………………………………………… 462

Ⅱ 財務諸表の様式例 …………………………………………………… 463

1. 財産目録 …………………………………………………………… 463
2. 貸借対照表 ………………………………………………………… 464
3. 損益計算書 ………………………………………………………… 467
4. 純資産変動計算書 ………………………………………………… 470
5. 関係事業者との取引の状況に関する報告書……………………… 472

第6章
医療法人会計基準における注記表及び附属明細表

Ⅰ 注記表―総論 ………………………………………………………477
 1. 注記表に記載すべき内容……………………………………………… 477
Ⅱ 注記表の記載例 ……………………………………………………480
 1. 継続事業の前提に関する注記………………………………………… 480
 2. 重要な会計方針に係る事項の注記…………………………………… 481
  (1) 資産の評価基準及び評価方法　481
  (2) 固定資産の減価償却方法　482
  (3) 引当金（貸倒引当金、賞与引当金、退職給付引当金）の計上基準　482
  (4) 消費税及び地方消費税の会計処理方法　483
  (5) その他貸借対照表等作成のための基本となる重要な事項　483
  (6) 会計方針の変更に関する注記　484
 3. 貸借対照表等に関する注記…………………………………………… 485
  (1) 資産及び負債のうち、収益業務に係るもの　485
  (2) 収益業務からの繰入金の状況に関する事項　485
  (3) 担保に供されている資産に関する事項　486
  (4) 医療法第51条第1項に規定する関係事業者に関する事項　487
  (5) 重要な偶発債務に関する事項　487
  (6) 重要な後発事象に関する事項　487
  (7) その他医療法人の財政状態又は損益の状況を明らかにするために必要な事項　488
 4. 関係事業者に関する注記……………………………………………… 495

(1) 医療法改正に伴う影響　495
　　(2) 関係事業者の定義　496
　　(3) 注記が要求される関係事業者との取引　497
　　(4) 注記の記載例　498

Ⅲ　附属明細表——総論 ………………………………………………………… 499

Ⅳ　附属明細表の記載例 ………………………………………………………… 500

　1. 有形固定資産等明細表 ………………………………………………… 500
　2. 引当金明細表 …………………………………………………………… 502
　3. 借入金等明細表 ………………………………………………………… 503
　4. 有価証券明細票 ………………………………………………………… 504
　5. 事業費用明細表 ………………………………………………………… 505
　　(1) 各業務事業費用区分ごとに中科目区分を設ける方法　505
　　(2) 法人全体の事業費用について中科目区分を設ける方法　506

第7章
医療法人以外の開設主体における病院会計準則との関係

Ⅰ　病院会計準則適用ガイドラインの必要性 ……………………… 509

Ⅱ　病院会計準則とガイドラインの関係 …………………………… 510

　1. 病院会計準則と開設主体の会計基準とで財務諸表の
　　　範囲が相違している場合 ……………………………………………… 510
　2. 病院会計準則と開設主体の会計基準とで会計処理等が
　　　相違している場合 ……………………………………………………… 510

第8章
決算における
病院会計準則と医療法人会計基準との調整方法

Ⅰ 医療法人における病院会計準則と医療法人会計基準………515

Ⅱ 病院会計準則と医療法人会計基準の相違点………………517

　1．損益計算書における区分……………………………………517
　2．消費税等の会計処理 ………………………………………519
　3．補助金の会計処理……………………………………………520
　4．退職給付債務等の会計処理 ………………………………522
　5．リース資産の会計処理………………………………………524
　6．重要性の原則…………………………………………………526

Ⅲ 病院会計準則から医療法人会計基準への組替え……………529

◆索　引　535

――― 凡　例 ―――

・ガイドライン	病院会計準則適用ガイドラインについて
・様式通知	医療法人における事業報告書等の様式について
・運用指針	医療法人会計基準適用上の留意事項並びに財産目録、純資産変動計算書及び附属明細表の作成方法に関する運用指針
・社財規	社会医療法人債を発行する社会医療法人の財務諸表の用語、様式及び作成方法に関する規則
・金融商品会計基準	金融商品に関する会計基準
・金融商品実務指針	金融商品会計に関する実務指針
・公益法人会計基準実務指針	公益法人会計基準に関する実務指針
・公益法人会計基準運用指針	公益法人会計基準の運用指針
・リース会計基準	リース取引に関する会計基準
・リース適用指針	リース取引に関する会計基準の適用指針
・退職給付会計基準	退職給付に関する会計基準
・退職給付適用指針	退職給付に関する会計基準の適用指針
・税効果会計基準	税効果会計に係る会計基準
・個別税効果実務指針	個別財務諸表における税効果に関する実務指針
・ＣＦ作成基準	連結キャッシュ・フロー計算書等の作成基準
・ＣＦ実務指針	連結財務諸表等におけるキャッシュ・フロー計算書の作成に関する実務指針
・回収可能性の適用指針	繰延税金資産の回収可能性に関する適用指針

＊本書は、2017年3月1日現在の法令等によっています。

第1章

医療法人会計基準設定の経緯

第1章では、病院に適用される会計にはどのような種類があり、また、医療法人会計基準がなぜ策定されたのかを説明する。

　病院に適用される会計基準には病院を運営するさまざまな開設主体の会計基準（独立行政法人会計基準、国立大学法人会計基準、社会福祉法人会計基準など）がある。一方、施設の病院を管理する目的で厚生労働省は病院会計準則を設定しており、病院の会計実務に影響し、医療法人会計基準が設定される前は医療法人の適用する会計基準として容認されていた経緯がある。

　このような経緯から本書においては施設会計としての病院会計準則を説明するとともに、平成28年4月20日に厚生労働省令として制定された医療法人という開設主体としての会計基準である医療法人会計基準の内容もあわせて解説する。

I
今までの病院に係る会計基準の設定の推移

1．病院会計準則の設定と推移

　開設主体の会計は法人全体に適用される会計であるのに対し、病院という施設を会計単位とした会計基準である病院会計準則は、昭和40年に病院経営の的確な把握を目的にして制定され、昭和58年及び平成16年に改正されている。

　昭和58年の改正は、病院機能の変貌、病院会計準則の基本となった企業会計原則の改正等が背景にあり、体系整備を中心に全面改正が行われた。

　また、平成16年の改正は、実に20年を経た後の改正で、企業会計基準の大幅な改正が背景として存在する。当該病院会計準則が完成するまでには、平成14年に四病院団体協議会（一般社団法人日本病院会、公益社団法人日本精神科病院協会、一般社団法人日本医療法人協会及び公益社団法人全日本病院協会で構成される）が「病院会計準則等の見直しに関して（中間報告）」を公表し、さらに厚生労働省の「これからの医業経営の在り方に関する検討会」最終報告（平成15年）を経て、平成15年に「厚生労働科学特別研究事業の研究報告　病院会計準則及び医療法人の会計基準の必要性に関する研究（総括研究報告書）」を厚生労働省が公表している。この研究報告では施設基準である病院会計準則の制定に留まらず、医療法人会計基準の必要性についても述べられている。

　この平成16年の改正で採用された会計手法には、退職給付会計、税効果会計、金融商品会計、リース会計など、企業会計で採用されている多くの会計基準が盛り込まれており、病院施設相互の財務諸表の比較を行うことにより、財務諸表利用者の利便性が極めて高まると期待されたものである。

なお、病院会計準則の適用については、平成16年8月12日厚生労働省医政局指導課の「「病院会計準則の改正（案）」への意見募集に対して寄せられた意見について」にて以下のように整理されている。
- 特に公的病院については、率先して採用し、病院相互に比較可能な財務分析情報提供を期待する。
- 医療法人、財団法人、社団法人、民間病院については、適用推進を検討する。
- 適用を義務付けるものではなく、各病院の判断により、自主的活用に資するものである。

このように、病院会計準則は、公的病院においては、率先して導入することが期待されている一方で、その他の病院に対しては、自主的な活用が望まれているところである。

以上のように病院会計準則は病院経営の実態をより適切に把握させ、経営の効率を高めることを目的として導入されたものである。また同時に、施設間比較を行うためには共通のルールで測定する必要があり、病院の財務及び運営情報を共通の尺度で測る病院会計準則は、病院の管理者にとっては比較情報が入手されるという点で極めて有意義なものといえる。いまや医療界においてもより適切な会計基準を採用し、効率的な運営を行うことによって、医療費の国民負担の削減を求められる時代となっていることから、開設主体が異なる病院施設の財政状態、運営状況を1つのルールで測定することは、国民的な資源配分の見地からも意味があるとの国民の要請を基本に据えている。

2．会計の種類と病院会計準則

会計の種類は、制度としての会計である「制度会計」とそうではない「非制度会計」に大別できる。「制度会計」とは法律の裏付けがある会計のことであり、「財務会計」「税務会計」がこの範疇に入る。

図表 1-1　会計の種類

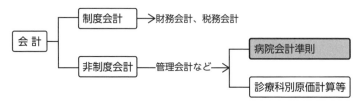

「非制度会計」の代表は「管理会計」であり、事業体の意思決定に資する目的で事業体の都合に合わせて設計する会計である。たとえば、診療科別・疾病別・患者別の原価計算や投資の採算計算なども会計の機能の一つであるが、これは制度として一般化されたものではなく、それぞれの医療機関で独自に発展させる「管理会計」の分野である。病院会計準則は、病院という施設単位で病院間の財務諸表の比較を可能にすることで、病院の運営状況、財政状態の的確な把握を通じて改善すべき事項を洗い出し、その経営の改善向上を図るという管理会計の性格をもった会計といえる。

（1）財務会計

財務会計とは、事業体の財政状態・経営成績を測定し外部の利害関係者に報告することを最終目的とした会計のことであり、報告を受けた利害関係者は、その情報に基づいて意思決定を行うことになる。開設主体の会計基準である独立行政法人会計基準、国立大学法人会計基準、社会福祉法人会計基準などは、準拠すべき会計基準のみならず、開示すべき情報も規定している制度会計たる財務会計の範疇に入る。

財務会計情報の利用者は、企業にあっては株主や取引先であり、独立行政法人や国立大学法人等にあっては、行政のみならず広く国民と考えられる。病院事業における利害関係者としては、その開設主体の出資者、自治体や病院に対して信用を与えている現在の債権者や、取引を始めようとする将来の債権者、たとえば金融機関、医薬品や診療材料の卸売業者、委託会社、リース会社などである。

また、病院で働く医師・看護師など従業員、地域住民も利害関係者である。

Ⅰ 今までの病院に係る会計基準の設定の推移

(2) 管理会計

　財務会計が利害関係者に対する財政状態や経営成績の公表を目的としているのに対して、管理会計は事業体の経営目的の達成に必要な情報の提供という内部目的の会計である。それゆえ、目的適合的であればよく、また、計算期間を1年にする必要もない。代表的な管理会計の分野には、部門別の損益計算や、投資意思決定のための個別原価計算などがある。

　病院会計準則は、制度会計ではなく、管理会計に位置付けられている。総則の第1目的で「病院会計準則は、病院を対象に、会計の基準を定め、病院の財政状態及び運営状況を適正に把握し、病院の経営体質の強化、改善向上に資することを目的とする」と述べられているとおり、経営効率の向上のためのツールとされており、したがって利用者は、外部ではなく、病院内部の管理者、経営者と考えられる。ただ、この目的を達成するためには、病院に共通の会計ルールを採用する必要があることから、注記や附属明細表を含めた制度会計たる企業会計を全面的に採用したと考えられる。

(3) 財務諸表の体系

　財務情報を伝達する方法としては、財務諸表が一般的である。病院を運営する開設主体では開設主体ごとに設けられた会計基準にその「財務諸表」の種類と機能が規定されているが、それと同様に「病院会計準則」においても、財務諸表の種類とその機能が明らかにされている。

　ここで、病院会計準則で示されている財務諸表の体系を示しておく。

　まず、貸借対照表は、病院の財政状態を示す表であり、左側に資金の運

図表1-2　病院会計準則における財務諸表の体系

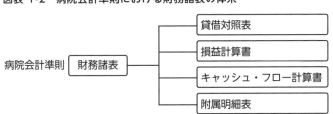

用状況が、右側には資金の調達元が示される。この貸借対照表によりどこからの資金がどこへ使われているか、すなわち財政状態が明瞭となる。

損益計算書は計算期間の運営状況、すなわち一会計期間にどれだけの収益を上げ、その収益の獲得のために何をどれだけ犠牲にしたかが示される表である。

図表 1-3　貸借対照表の仕組み

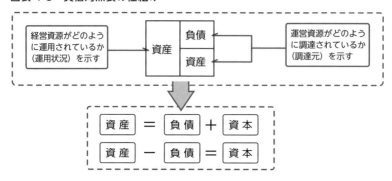

図表 1-4　損益計算書の仕組み

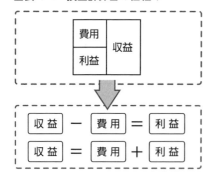

病院会計準則においては、これら2表だけでなく「キャッシュ・フロー計算書」が基本財務諸表に位置付けられている。損益計算書は会計期間中の収益や費用の発生をフロー情報として提供するが、その会計期間において実際にどれだけの資金を事業に投下され、それがどの程度回収されたのかという情報までは提供していないが、この「キャッシュ・フロー計算書」は会計期間における現金預金等の収支を

活動分類別（業務活動、投資活動、財務活動）に示した計算書であり、貸借対照表や損益計算書では読み取ることが困難な資金の動きを明確にするものである。キャッシュ・フロー計算書は、採用する会計方針の違いによる影響を受けない資金の動きで経営状況を把握させることになる。

図表 1-5　キャッシュ・フロー計算書のイメージ

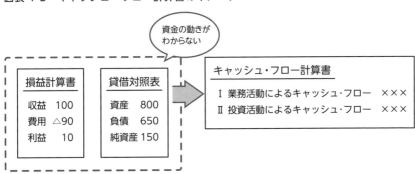

3．病院の開設主体により異なる会計基準

　病院を運営する開設主体には、独立行政法人、国立大学法人、地方独立行政法人、社会福祉法人、公益法人、医療法人、学校法人などさまざまな法人形態がある。いずれも、権利義務の帰属主体として社会的に位置付けられているが、なかには、病院運営を必ずしも主たる事業としていない法人もある。これらの法人は、それぞれの利害関係者の利用目的に適合した有用な財務諸表を作成しなければならないが、その焦点は施設単位ではなく法人全体に向けられている。そして、法人が財務的に適正に運営されているか否かを判断したり、法人の業績を評価したりするために財務諸表が活用されている。しかし、法制度や設立された経緯が異なるため、適用される会計基準が異なり、独立行政法人には独立行政法人会計基準、国立大学法人には国立大学法人会計基準、社会福祉法人には社会福祉法人会計基準などそれぞれの会計基準が適用される。そのため、同じく病院を運営していても、法人形態によって適用される具体的な会計処理方法や作成され

る財務諸表の様式が異なる場合がある。

　なお、医療法人については、従来、法人全体の統一的な会計基準が存在しなかったが、平成28年4月20日に厚生労働省令として医療法人会計基準が制定されている。

図表 1-6　開設主体ごとの会計基準

開設主体	主な会計基準
独立行政法人	独立行政法人会計基準
地方独立行政法人	地方独立行政法人会計基準
公益法人	公益法人会計基準
国立大学法人	国立大学法人会計基準
学校法人	学校法人会計基準
社会福祉法人	社会福祉法人会計基準
医療法人	医療法人会計基準

II
医療法人会計基準の策定と背景

1．医療法人制度の推移

　医療法人は、病院施設のみならず介護老人保健施設や訪問看護ステーションの運営などさまざまな事業を行っている場合がある。従来は、それぞれの施設では、病院の場合は病院会計準則、介護老人保健施設では介護老人保健施設会計・経理基準、訪問看護ステーションでは指定老人訪問看護・指定訪問看護の会計・経理準則に基づいて財務諸表が作成されているケースが多かったと思われる。

　その後、医療法人制度は、平成18年6月の第5次医療法改正により、大きな改革が行われ、平成19年4月から施行されるものとして、会計関連については以下のような整備が行われた。
- 医療法第50条の2に「医療法人の会計は、一般に公正妥当と認められる会計の慣行に従うものとする。」という会計慣行斟酌規定が制定された
- 医療法第51条第1項に「医療法人は、毎会計年度終了後二月以内に、事業報告書、財産目録、貸借対照表、損益計算書その他厚生労働省令で定める書類（以下「事業報告書等」という。）を作成しなければならない。」とされ、作成義務のある決算に関する書類が明確にされた
- 医療法第52条により、上記決算に関する書類は、都道府県への届出を経て、原則として一般の閲覧に供されることとなった
- 決算届出に関する書類の様式が、上記のとおり公開情報となる点を考慮して、従来よりも簡素なものに改められた

　また、第5次医療法改正において社会医療法人債の制度が法定され、社会医療法人債発行法人については、特別の取扱いとして、決算書類が追

加（医療法施行規則第33条により、純資産変動計算書、キャッシュ・フロー計算書及び附属明細表）されるとともに、詳細な表示基準である「社会医療法人債を発行する社会医療法人の財務諸表の用語、様式及び作成方法に関する規則」（平成19年3月31日 厚生労働省令第38号）（以下、「社財規」という）が定められた。そして、社会医療法人に該当しない医療法人については、「医療法人における事業報告書等の様式について」（医政指発第0330003号 厚生労働省医政局指導課長通知）（以下、「様式通知」という）によることとされたことにより、従来、施設別のものと法人全体の合算のものから構成されていたものが、新たに法人全体数値を前提としたものに改められたのである。

　この結果、第5次医療法改正前の医療法人は、施設の会計基準の援用（病院又は介護老人保健施設を開設する医療法人にあっては、それぞれ原則として「病院会計準則」又は「介護老人保健施設会計・経理準則」に基づき作成された貸借対照表及び損益計算書を提出するものとすることを厚生労働省が容認する通知に基づく）をした財務諸表を作成し、これを概括化した施設別の様式を基礎として届出を行っていたが、改正により、医療法人全体の財務情報という観点で財務諸表が作成されるようになった。一方、施設の会計基準の援用をやめた結果、明確な会計処理の拠り所が存在しないこととなり、医療法第50条の2を根拠として公正なる会計慣行を斟酌して会計処理をすることとなった。この公正なる会計慣行としては、法人税法上の普通法人であることと相まって企業会計の基準を取り入れざるをえず、表示基準たる様式通知にも企業会計を前提としたものが取り入れられた。近年、企業会計は、投資情報重視型に改正されており、医療法人会計基準が存在しないために、非営利法人である医療法人に本来適合しないものまで、企業会計の準用として取り入れられかねないという懸念が高まっている状況にあった。また、医療法人制度上の問題として、病院を運営する他の開設主体（独立行政法人、学校法人、公益法人等）には開設主体ごとに会計基準があるのに対し医療法人には「会計基準もない法人」という批判が今後の医療法人制度の論議に悪影響を及ぼすと懸念されていた。

2．医療法人会計基準の公表

　平成26年2月26日に四病院団体協議会会計基準策定小委員会より「医療法人会計基準に関する検討報告書」が公表された。そして、「医療法人会計基準について」（平成26年3月19日　厚生労働省医政局長）にて、厚生労働省は当該報告書に基づく医療法人会計基準（以下、「四病協医療法人会計基準」という）が、医療法第50条の2に規定する一般に公正妥当と認められる会計の慣行の一つに認められるものとし、病院又は介護老人保健施設を開設する医療法人に対して積極的な活用を図るように求めたのである。

　なお、四病協医療法人会計基準の位置付けについては、「医療法人会計基準に関する検討報告書」にて以下のように整理されている。

- 医療法第50条の2に規定される医療法人が準拠すべき「一般に公正妥当と認められる会計の慣行」を具体化するものの一つとして取りまとめたものである
- 決算書に関する表示基準はあるが、具体的な処理基準がないという問題の解決を図ることを意図している
- 現行の閲覧対象となっている様式を定めた省令・通知は、会計基準制定後も引き続き実質的に同じ内容で存続することを前提として整理したもの
- 一人医師医療法人についてまで適用することを前提としたものではない

　一方で、平成27年9月28日に公布された医療法の一部を改正する法律（平成27年7月30日　法律第74号）により改正された医療法第51条第2項の規定に基づき、医療法人会計基準を定めた省令（平成28年4月20日厚生労働省令第95号）が公布され、平成29年4月2日から施行されることとなり、同日以後に開始する会計年度に係る会計について適用されることとなった。また、この会計基準が適用される医療法人が、貸借対照表等を作成する際の基準、様式等についても運用指針として定められることとなった。

　なお、「医療法人会計基準について」（平成26年3月19日　医政発0319第7号）については、従前とおりの取扱いとなっている。

III
第6次医療法改正と医療法人の経営の透明性の確保

　厚生労働省は医療法人の経営の透明性の確保を図るため、平成27年1月30日「第9回医療法人の事業展開等に関する検討会」にて以下の措置が打ち出した。
- 会計基準の適用・外部監査の義務付け
- 計算書類の公告の義務付け
- メディカルサービス法人との関係の報告

　上記のうち会計基準の適用・外部監査の義務付けとは、一定規模以上の医療法人に医療法人会計を基本とした会計基準の適用を義務付けるとともに公認会計士等による外部監査を義務付けるものである。医療法人における透明性確保という課題はかねてから指摘されており、外部監査は医療機関債を発行する社会医療法人にはすでに義務付けられていたが、医療法人にも義務化の方向で検討が進んでいた。

　これを受け、平成27年4月に医療法改正案が国会に提出され、厚生労働省令に定める基準に該当する医療法人は、公認会計士又は監査法人の監査を受けなければならないと法律上明記された。

　そして、平成28年4月20日に公布された「医療法施行規則及び厚生労働省の所管する法令の規定に基づく民間事業者等が行う書面の保存等における情報通信の技術の利用に関する省令の一部を改正する省令」(平成28年 厚生労働省令第96号）により、医療法（昭和23年 法律第205号）及び医療法施行規則（昭和23年10月5日 厚生省令第50号）が改正され、医療法人の計算に関する規定が整備され、公認会計士又は監査法人による外部監査の実施が義務付けられる医療法人の基準は平成29年4月2日から施行され、省令によって定められた医療法人会計基準の適用が義務付けられることが明らかになった。

Ⅲ 第6次医療法改正と医療法人の経営の透明性の確保

図表 1-7　各法人制度における外部監査

	医療法人 (社会医療法人を除く)	社会医療法人	株式会社
根拠	法律	法律	法律
対象規模	負債の合計額50億円以上又は事業収益の合計額70億円以上	①負債の合計額20億円以上又は事業収益の合計額10億円以上 ②社会医療法人債を発行していること	資本金5億円以上又は負債の合計額200億円以上
実施者の要件	・公認会計士 ・監査法人	・公認会計士 ・監査法人	・公認会計士 ・監査法人
対象範囲	・財産目録 ・貸借対照表 ・損益計算書	・財産目録 ・貸借対照表 ・損益計算書	・計算書類（貸借対照表、損益計算書） ・附属明細書 ・臨時計算書類 ・連結計算書類

Ⅳ 医療法人会計基準の体系

1．医療法人会計基準の構成

　医療法人会計基準の構成は、総則、貸借対照表、損益計算書及び補則で構成されている。まず、総則において、会計の原則、会計方針に関する記載方法等について示しており、それ以降は、各財務諸表の基本的な作成原則を示している。また、医療法人会計基準とは別に、「医療法人会計基準適用上の留意事項並びに財産目録、純資産変動計算書及び附属明細表の作成方法に関する運用指針」（医政発0420第5号 平成28年4月20日）（以下、「運用指針」という）では、会計基準の趣旨を明確にするように各財務諸表の作成にあたっての運用方針が示されている。

2．総　則

　総則においては、医療法人会計基準における原則や会計方針について示されている。ここでは、医療法人会計基準の目的を踏まえ、どのような記載がなされているかを解説していく。

(1) 目　的

　医療法人会計基準及び運用指針には目的は明記されていないが、運用指針2において、「会計基準及び本運用指針は、医療法人で必要とされる会計制度のうち、法人全体に係る部分のみを規定したものである。」とされている。

　病院会計準則が病院という施設を対象としているのに対して、医療法人会計基準は医療法人を対象とし、法人全体の観点から、医療法人会計基準

によった会計処理を行い、財務諸表を作成することによって、法人の経営実態を適切に把握し、健全な法人運営を図ることを目的としていると考えられる。

(2) 会計年度

　医療法人会計基準では、会計年度に関する規定は設けられていないが、医療法第53条において「医療法人の会計年度は、4月1日に始まり、翌年3月31日に終るものとする。ただし、定款又は寄附行為に別段の定めがある場合は、この限りでない。」とある。4月1日から翌年の3月31日を1会計年度とすることを原則としてとしつつも、定款又は寄付行為に定めることにより、法人が自由に設定できることになっている。

(3) 会計単位

　前述のとおり、運用指針2において、「会計基準及び本運用指針は、医療法人で必要とされる会計制度のうち、法人全体に係る部分のみを規定したものである。」と規定されており、医療法人全体を財務諸表の作成単位としている。

　医療法人は、病院又は診療所、介護老人保健施設の開設・所有を目的とする法人であり、さまざまな施設を所有し事業を行っている。施設や事業によっては会計基準や規制が存在するが、会計基準は医療法人で必要とされる会計制度のうち、法人全体の財務諸表に係る部分を対象とした規定である。

(4) 財務諸表の範囲

　医療法において、医療法人には、貸借対照表、損益計算書及び財産目録の作成が義務付けられている。また、医療法第51条第2項に該当する医療法人・社会医療法人については、上記のほか、附属明細表、純資産変動計算書の作成が求められている。なお、「社会医療法人債を発行する社会医療法人」においては、上記財務諸表のほかに、キャッシュ・フロー計算書の作成が求められているが、当該社会医療法人のこれら財務諸表につい

ては、別に社財規に作成方法が定められているため、会計基準においては、対象としていない。

　財務諸表の各内容については、後述する「貸借対照表」、「損益計算書」、「補則」及び「財産目録」にて、詳細説明を行う。

（5）会計の原則

　会計の原則は、財務諸表の作成又は会計全般にわたる基本となる事項であり、次の5つの原則が示されている。
- 真実性の原則
- 明瞭性の原則
- 正規の簿記の原則
- 継続性の原則
- 重要性の原則

　以下、それぞれの原則を概説する。

① 真実性の原則

　会計基準第2条第1項第1号において「財政状態及び損益の状況について真実な内容を明瞭に表示すること。」とされている。

　これは真実性の原則といわれ、医療法人が貸借対照表及び損益計算書を報告するにあたり真実の報告を提供しなければならないものとする原則である。真実性の原則は、医療法人会計基準の最高規範であり、他の会計の原則や他のすべての条項を遵守することを要請している。また、単に虚偽の報告をしてはならないという規範にとどまらず、これらの諸原則を遵守することによって、作成される財務諸表は真実性が確保されるとしている。つまり、医療法人会計基準に従って財務諸表を作成することにより、真実な報告を提供することになる。

② 明瞭性の原則

　医療法人会計基準第2条第1項第1号は真実性の原則のほかに、「明瞭に表示すること」と示されている。

　これは明瞭性の原則といわれ、必要な会計事実を財務諸表を通じて明瞭

に開示すべきことを要請する会計の様式面に関する原則である。つまり、財務諸表の利用者が医療法人の財政状態と運営状況を正しく理解できるように、必要な情報をわかりやすく、明瞭に記載しなければならないことを規定している。

また、明瞭かつ容易に理解できる財務諸表であるためには、定められた一定の様式に表示され、重要な部分が重要でない部分に比べて詳細に表示される必要がある。

③ 正規の簿記の原則

医療法人会計基準第2条第1項第2号において「全ての取引について、正規の簿記の原則によって、正確な会計帳簿を作成すること。」と示されている。

これは正規の簿記の原則といわれ、正確に会計帳簿を作成するための原則である。真実性の原則で求められている真実の財務諸表を作成・報告するためには、日々の取引を記録する会計帳簿が真実性を担保する適格性を備えていなければならない。そのため、会計帳簿を作成する場合の記録に関して、記録すべき事実をすべて正しく記録し、漏れや架空のものが記録されず（網羅性）、正当な証拠書類に基づき記録され容易に検査証明ができ（検証性）、一定の法則によって秩序ある方法で正しく記録されること（秩序性）の3要件が必要とされる。

このため、複式簿記の原則に基づいて、一定の帳簿組織や勘定体系をもって記録することが求められているものである。

複式簿記とは、1つの取引を原因と結果という2面からとらえ、資産や負債、収益や費用の借方項目・貸方項目を同時に行うことを可能とする帳簿記入の方法であり、仕訳という処理を通じて会計帳簿に記録する方法である。

このような正規の簿記の原則は、真実性の原則を支える基礎的な要請といえる。また、後述する重要性の原則とも密接な関係をもっている。すなわち、重要性の原則の観点から、本来の厳密な方法に換えて簡便な方法によって処理されても、正規の簿記の原則によって処理されたものとみなされる。

④ **継続性の原則**

　医療法人会計基準第2条第1項第3号において「採用する会計処理の原則及び手続並びに貸借対照表等の表示方法については、毎会計年度継続して適用し、みだりにこれを変更しないこと。」と示されている。

　この原則は、継続性の原則といわれる。この原則が要請される理由は、1つの会計事実に2つ以上の会計処理の原則及び手続の選択適用が認められている場合に、選択した会計処理の原則又は手続を継続して適用しないときは、同一の会計事実について異なる計算結果が算定されることになる。その結果、同一医療法人の財務諸表の時系列の比較が困難になると同時に、それを利用した利益操作を行うことも可能になる。したがって、一度選択適用した会計処理の原則及び手続は、会計環境が変化するなどの正当な理由による変更を除いて、継続的に適用すべきことを要請している。

　なお、ここで論じられている会計処理の変更とは、「認められた方法」から別の「認められた方法」への変更であって、「認められない方法」から「認められる方法」への変更は、当然の変更であって、継続性の原則の問題とはならない。

　正当な理由によって、会計方針の変更を行った場合は、その旨、変更の理由、当該変更による影響額について財務諸表に注記しなければならない（医療法人会計基準第4条）。

⑤ **重要性の原則**

　医療法人会計基準第2条第1項第4号において「重要性の乏しいものについては、貸借対照表等を作成するために採用している会計処理の原則及び手続並び表示方法の適用に際して、本来の厳密な方法によらず、他の簡便的な方法によることができること」と示されている。

　これは、重要性の原則といわれるもので、重要性の乏しいものについては、本来の厳密な会計処理によらないで、合理的な範囲で他の簡便な方法によることを容認する原則である。

　重要性の原則の適用例として、運用指針では以下のものが例示されている。

① 棚卸資産のうち、重要性が乏しいものについては、その買入時又は払出時に費用として処理する方法を採用することができる。
② 租税特別措置法による特別償却のうち一時償却は、重要性が乏しい場合には、正規の減価償却とすることができる。
③ 前払費用、未収収益、未払費用及び前受収益のうち、重要性の乏しいものについては、経過勘定項目として処理しないことができる。
④ 取得価額と債券金額との差額について重要性が乏しい満期保有目的の債券については、償却原価法を採用しないことができる。
⑤ 引当金のうち、重要性の乏しいものについては、これを計上しないことができる。
⑥ 税効果会計の適用にあたり、一時差異等の金額に重要性がない場合には、繰延税金資産又は繰延税金負債を計上しないことができる。

⑥ 総額主義の原則

　会計の基本ルールとして医療法人会計基準第5条において、「貸借対照表における資産、負債及び純資産並びに損益計算書における収益及び費用は、原則として総額をもって表示しなければならない」ことが示されている。また、貸借対照表には計上されない事項や、貸借対照表に表すことができないより詳細な事項等、法人の財務内容を判断するために重要な事項は貸借対照表に注記することになっており、具体的な注記項目については、「第6章　医療法人会計基準における注記表及び附属明細表」で説明する。

(6) 貸借対照表

　医療法人会計基準第7条から第16条にかけて貸借対照表に関する事項が規定されており、まず貸借対照表の内容を示し、次いで表示の方法について規定し、さらに貸借対照表科目の計上価額や評価方法について規定している。

　本書「第2章　貸借対照表」において、勘定科目別に詳細解説を行っていることから、ここでは貸借対照表科目の計上価額や評価方法についての解説は省略する。

① **貸借対照表の内容**

医療法人会計基準第7条において「貸借対照表は、会計年度の末日におけるすべての資産、負債及び純資産の状況を明瞭に表示しなければならない。」と示されている。

そして、貸借対照表の資産の合計金額は、負債と純資産の合計金額に一致しなければならない。また、具体的な記載様式が「様式第1号」として示されている。

② **貸借対照表の区分**

医療法人会計基準第8条において「貸借対照表は、資産の部、負債の部及び純資産の部に区分し、更に、資産の部を流動資産及び固定資産に、負債の部を流動負債及び固定負債に、純資産の部を出資金、基金、積立金及び評価・換算差額等に区分するものとする。」とされている。

資産及び負債の項目の配列については、「様式第1号」としてひな型が掲載されており、流動項目とされた資産項目もしくは負債項目から配列する方法である流動性配列法によって表示されている。

また、純資産の各区分の計上内容は以下のとおり示されている（医療法人会計基準第13条～第16条）。

- 出資金には、持分の定めのある医療法人に社員その他法人の出資者が出資した金額を計上する。
- 基金には、医療法施行規則第30条の37の規定に基づく基金の金額を計上する。
- 積立金は、当該会計年度以前の損益を積み立てた純資産の金額を計上する。また積立金は、設立等積立金、代替基金及び繰越利益積立金その他積立金の性質を示す適当な名称を付した科目をもって計上する。
- 評価・換算差額等は、その他有価証券評価差額金、繰延ヘッジ損益の区分に従い掲記する。

なお、医療法人会計基準における貸借対照表の様式については、本書「第5章 医療法人における財務報告様式」で詳細に解説する。

③ 資産の貸借対照表価額

　原則として、資産は取得価額を基礎として計上しなければならない。当該資産の取得のために通常要する価額と比較して著しく低い価額で取得した資産又は受贈等により取得した資産の取得価額は、その取得時における当該資産の取得のために通常要する価額をもって貸借対照表価額とする。

（7）損益計算書

　医療法人会計基準第17条から第21条にかけて損益計算書に関する事項の規定があり、まず損益計算書の内容を示し、次いで表示区分について規定している。

① 損益計算書の内容

　医療法人会計基準第17条において「損益計算書は、当該会計年度に属する全ての収益及び費用の内容を明瞭に表示しなければならない。」と示されている。つまり、損益計算書は、会計期間に係る経営成績、すなわち一会計期間にどれだけの収益を上げ、その収益を獲得するため何をどれだけ使用したのかを示すものである。

② 損益計算書の区分

　損益計算書の表示方法については、医療法人会計基準第17条から第21条にかけて規定されており、事業損益計算、経常損益計算及び純損益計算の区分を設けて当期純利益を計算する形式としている。事業損益計算の区分は、本来業務事業損益、附帯業務事業損益、収益業務事業損益に分け、それぞれの事業活動から生ずる収益及び費用を記載して各事業損益を示し、併せて全事業損益を計算表示し、この結果を受けて、経常損益計算の区分は、事業活動以外の原因から生ずる収益及び費用であって経常的に発生するものを記載して経常損益を計算表示する。最後の区分である純損益計算の区分においては、経常損益計算の結果を受けて、臨時的に発生する収益及び費用を記載して税引前当期純損益を示し、ここから法人税等の負担額を控除して当期純損益を計算表示する。

　なお、医療法人会計基準における損益計算書の様式については、本書「第5章　医療法人における財務報告様式」で詳細に解説する。

(8) 補　則

　医療法人会計基準において、貸借対照表及び損益計算書の作成の前提となる事項及び補足する事項を記載することにより、財務状況を明らかにするものでなければならないとされており、下記の項目の注記が求められている。なお、重要性が乏しいものについては、注記を省略することができる。

- 継続事業の前提に関する注記
- 資産及び負債のうち、収益業務に関する事項
- 収益業務からの繰入金の状況に関する事項
- 担保に供されている資産に関する事項
- 医療法第51条第1項に規定する関係事業者に関する事項
- 重要な偶発債務に関する事項
- 重要な後発事象に関する注記
- その他医療法人の財政状態又は損益の状況を明らかにするための必要な事項

　また、上記のほか、医療法人会計基準第3条と第4条で重要な会計方針に関する事項と会計方針の変更に関する事項の記載も求められている。
　以下、各注記項目について概説する。

①　継続事業の前提に関する注記

　当該医療法人の会計年度の末日において、財務指標の悪化の傾向、重要な債務の不履行等財政破綻の可能性その他将来にわたって事業を継続することの前提に重要な疑義を抱かせる事象又は状況が存在する場合には、その内容を記載することになる。

②　重要な会計方針に関する事項の注記

　財務諸表の作成のために採用している会計処理の原則及び手続並びに表示方法その他財務諸表作成のための基本となる事項について記載する。基準では以下の事項の記載が求められている。

- 資産の評価基準及び評価方法
- 固定資産の減価償却方法
- 引当金の計上基準

- 消費税及び地方消費税の会計処理の方法
- その他貸借対照表等の作成のための基本となる事項（補助金等の会計処理方法（運用指針19）など）

③ **会計方針の変更に関する注記**

重要な会計方針を変更した場合には、その旨、変更の理由及び当該変更による影響額を記載する。

④ **資産及び負債のうち収益業務に関する事項・収益業務からの繰入金の状況に関する事項**

収益業務会計から一般会計への繰入金の状況として、一般会計への繰入金と一般会計からの元入金の累計額である繰入純額の前期末残高、当期末残高、当期繰入金額又は元入金額を記載する。また、資産及び負債のうち収益業務に係るものを記載する。

⑤ **担保に供されている資産に関する事項**

医療法人会計基準及び運用指針において具体的な記載項目明記されていないが、担保に供されている資産の項目と期末日の帳簿価額を記載することが考えられる。

⑥ **関係事業者に関する注記**

関係事業者との取引金額が、事業収益や事業費用に対して一定の比率以上を占める場合や一定金額以上である場合には、取引内容、取引金額、取引条件等の開示が求められている。

⑦ **重要な偶発債務に関する注記**

保証債務（債務の保証と同様の効果を有するものを含む）、重要な係争事件に係る賠償義務その他現実に発生していない事象で、将来において事業の負担となる可能性があるものが発生した場合には、その内容を記載する。

⑧ **重要な後発事象の注記**

会計年度末日後、当該医療法人の翌会計年度以降の財政状態又は損益の状況に重要な影響を及ぼす事象が発生した場合にその内容を記載する。

⑨ **その他医療法人の財政状態又は損益の状況を明らかにするための必要な事項**

上記以外でも、医療法人の財政状態又は損益の状況を明らかにするために必要な事項があれば、その内容を記載することになっており、包括規定が定められている。運用指針では以下が例示として示されている。

- 固定資産の償却年数又は残存価額の変更に重要性がある場合の影響額
- 満期保有目的の債券に重要性がある場合の内訳並びに帳簿価額、時価及び評価損益
- 原則法を適用した場合の、退職給付引当金の計算の前提とした退職給付債務等の内容
- 繰延税期資産及び繰延税金負債に重要性がある場合の主な発生原因別内訳
- 補助金等に重要性がある場合の内訳並びに交付者、貸借対照表及び損益計算書への影響額

記載例を含めた詳細については「第6章 医療法人会計基準における注記表及び附属明細表」にて説明する。

(9) 財産目録

医療法人会計基準には財産目録についての記載はないが、運用指針25において、内容・区分・価額について示されている。

① 財産目録の内容

財産目録は、当該会計年度末現在におけるすべての資産及び負債につき、価額及び必要な情報を表示するものとされている。

② 財産目録の区分と価額

財産目録は、貸借対照表の区分に準じて、資産の部と負債の部に区分し、さらに資産の部を流動資産及び固定資産に区分して、純資産の額を表示することとされている。

また、財産目録の価額は、貸借対照表記載の価額と同一とするとされている。

V 病院会計準則の体系

1．病院会計準則の構成

　病院会計準則の構成は、総則、一般原則を冒頭に掲げ、これに続いて各財務諸表における会計処理の原則及び手続並びに表示方法について示されている。

　その内容については、本準則だけですべての指針を網羅的に提示することは困難であること、また、開設主体間（独立行政法人、医療法人、公益法人など多様）の制度の違いがあることから、基本的な枠組みを中心に取りまとめることにとどめている。また、各原則の趣旨を明確にするため、注解が各原則に続けて示されている。

　従来組み込まれていた利益処分計算書（又は損失金処理計算書）については、施設である病院においては配当等の利益処分が予定されていないため、その体系から除外され、代わって資金状況を把握することの重要性の観点からキャッシュ・フロー計算書が組み入れられている。これらの各財務諸表の様式は、病院会計準則に示されている。

　財務諸表の科目については、基本財務諸表（貸借対照表、損益計算書、キャッシュ・フロー計算書）上は集約化を図り、一覧性を重視した科目設定により開示していることを受けて、詳細な情報は附属明細表等によって補完して開示する仕組みになっている。

　なお、貸借対照表及び損益計算書の勘定科目の内容説明の一覧である「勘定科目の説明」が、別表として付されている。

2．総　則

　総則においては、病院会計準則の目的を確認し、その適用の対象・範囲・会計期間等の原則を示している。順次内容を見ていくことにする。

（1）目　的

　総則第1に「病院会計準則は、病院を対象に、会計の基準を定め、病院の財政状態及び運営状況を適正に把握し、病院の経営体質の強化、改善向上に資することを目的とする。」とされている。

　つまり、開設主体の相違によることなく、病院すべてについて、病院会計準則によった会計処理を行い、財務諸表を作成することによって、その病院の経営実態を適確に把握して、改善すべき事項を洗い出し、その経営の改善向上を図ることを基本目的に掲げている。

　この基本目的は、従来の会計準則の考え方を踏襲したものであり、病院は国民に信頼される医療提供体制の担い手として、効率的で透明な医業経営の確立を目指す必要があり、病院会計準則が病院経営に有用な会計情報を提供することを確認している。

　さらに、病院会計準則の性格は、次のようにまとめられる。
- 非営利性、公益性を前提とする非営利組織会計の基準である。
- 病院という施設に関する会計基準である。
- 異なる開設主体のすべてに適用され、開設主体間の比較可能性を確保する会計基準である。
- 企業会計方式を採用した会計基準である。

　病院会計準則がこのような性格を前提としていることから、開設主体に関係する独立行政法人会計基準、国立大学法人会計基準等の公的部門の新たな会計基準の制定、社会福祉法人会計基準の制定、公益法人会計基準の公表等の非営利組織会計制度の見直し、さらに、企業会計における金融商品に係る会計基準、退職給付に係る会計基準等の新たな会計基準の導入など、近時の会計環境変化が病院会計準則改正に反映されている。

一方で、開設主体の異なる各種の病院の財政状態及び運営状況を体系的、統一的に捉えるための「施設会計」であることから、異なる開設主体間の病院の会計情報の比較可能性を確保するために、会計処理の選択の範囲は狭められており、やや規範性の強いものになっている。

（2）適用の原則

総則第2の1．において、「病院会計準則は、病院ごとに作成される財務諸表の作成基準を示したものである。」とされている。

つまり、病院という施設を会計単位として、病院ごとに財務諸表を作成する際の会計基準を示し、その開示様式及び作成方法を定めたものであるとしている。

ここで留意すべきことは、病院の開設主体は、複数の病院を開設するだけでなく、病院以外にも診療所、研究所、学校、介護老人保健施設、社会福祉施設などのさまざまな施設や事業を営んでいることが多いことである。

このような施設又は事業（以下、「施設等」という）は、行政上の認可等の関係から各々の財務諸表の作成が必要であるが、病院会計準則は、これら施設等のうち病院という施設に関する財務諸表を作成するための会計基準である。

同2．において、「病院会計準則において定めのない取引及び事象については、開設主体の会計基準及び一般に公正妥当と認められる会計の基準に従うものとする。」とされている。つまり、病院会計準則は、開設主体の異なる病院の財政状態及び運営状況を体系的・統一的に捉えるための「施設会計」の位置付けであり、それを前提とした取引及び事象を規定しているため、病院会計準則で定められていない部分に関しては、まず開設主体の会計基準に定めがあればこれに従い、そこにも定めがない場合は企業会計と同様に一般に公正妥当と認められる会計の基準に従うことを示している。これにより、会計処理の健全性と透明性及び比較可能性を確保している。

同3．において、「病院の開設主体が会計規則を定める場合には、この会計準則に従うものとする。」とされている。つまり、病院開設主体が法

人全体の会計情報作成にあたって定める会計規則は、開設主体間の会計情報の比較可能性を確保するために、すべての開設主体が病院の会計においては病院会計準則を採用すべきことを示している。

(3) 会計期間

総則第3において「病院の会計期間は1年とし、開設主体が設定する。」と示されている。会計情報の比較可能性を確保するために、会計期間を1年と定めたものである。

(4) 会計単位

総則第4において「病院の開設主体は、それぞれの病院を会計単位として財務諸表を作成しなければならない。」と示されている。複数の病院を運営している開設主体においては、病院施設を単位として、個々の病院ごとに財務諸表を作成すべきことを定めている。

なお、病院の財務諸表は、病院会計準則の規定に従って、病院を1つの会計単位として貸借対照表、損益計算書、キャッシュ・フロー計算書及び附属明細表を作成するのが原則であるが、開設主体の会計基準やその他の事情によりこれと異なる場合には、以下のいずれかの方法により、病院の会計情報を記載する(「病院会計準則適用ガイドライン」(平成19年9月10日))(以下、「ガイドライン」という)(ガイドライン1-1)。

① 病院ごとに病院会計準則の財務諸表に組み替える。
② 病院ごとに組替えに必要な情報を「比較のための情報」として注記する。

(5) 財務諸表の範囲

総則第5において「病院の財務諸表は、貸借対照表、損益計算書、キャッシュ・フロー計算書及び附属明細表とする。」と示され、基本財務諸表は3表であること及びこれを補足する情報としての附属明細表を含めて財務諸表と定めている。

キャッシュ・フロー計算書は、施設会計においても資金の状況を正確に

把握する必要性から、体系の一つとして位置付けられている。

　なお、従来組み込まれていた利益処分計算書（又は損失処理計算書）については、施設としての病院においては配当等の利益処分が予定されていないため、体系から除外されている。

　基本財務諸表の各財務表の内容については、後述する「4. 貸借対照表原則」、「5. 損益計算書原則」、「6. キャッシュ・フロー計算書原則」及び「7. 附属明細表原則」にて、詳細説明を行う。

　なお、開設主体の会計基準や諸事情により、財務諸表の範囲が異なる場合は、前述の「(4) 会計単位」のなお書き（病院会計準則適用ガイドライン（平成16年9月　厚生労働省医政局）（以下「ガイドライン」という）1－1）の対応が必要となる。

3．一般原則

　第2章　一般原則は、貸借対照表及び損益計算書原則に共通するもの又は会計全般にわたる基本となるべきものであって、次の8つの原則が示されている。

- 真実性の原則
- 正規の簿記の原則
- 損益取引区分の原則
- 明瞭性の原則
- 継続性の原則
- 保守主義の原則
- 重要性の原則
- 単一性の原則

　これらの原則は、病院会計準則の本文のほか、その趣旨を明確にするために「一般原則注解」が用意されている。また、この注解は実践規範としての性格ももっている。

　以下、それぞれの原則を概説する。

（1） 真実性の原則

一般原則第6において「病院の会計は、病院の財政状態及び運営状況に関して、真実な報告を提供するものでなければならない。」とされており、その理由として一般原則注解（注1）にて「病院経営の効率化を図るためには、異なる開設主体間の病院会計情報の比較可能性を確保する必要があり、真実な報告が要請される。」と示されている。なお、真実性の原則の内容については、医療法人会計基準と変わるところはない。

（2） 正規の簿記の原則

一般原則第7には、以下のように示されている
① 病院は、病院の財政状態及び運営状況に関するすべての取引及び事象を体系的に記録し、正確な会計帳簿を作成しなければならない。
② 病院の会計帳簿は、病院の財政状態及び運営状況に関するすべての取引及び事象について、網羅的かつ検証可能な形で作成されなければならない。
③ 病院の財務諸表は、正確な会計帳簿に基づき作成され、相互に整合性を有するものでなければならない。

また、一般原則注解（注2）において、「キャッシュ・フロー計算書は、病院の財務諸表を構成する書類のひとつであり、基本的には正確な会計帳簿に基づき作成されるべきものである。」とされている。

なお、医療法人会計基準にも正規の簿記の原則は規定されており、病院会計準則と文言は異なるものの、意味するところは同じであり、網羅性、検証性、秩序性の3要件が必要とされる。

（3） 損益取引区別の原則

一般原則第8において「病院の会計においては、損益取引と資本取引とを明瞭に区別し、病院の運営状況を適正に表示しなければならない。」と示されている。

病院会計における損益取引とは、収益又は費用として計上される取引を指し、資本取引とはそれ以外に純資産を増加又は減少させる取引をいう（一

般原則注解（注3））。

　この原則は資本と利益を区別することを要請しているが、病院は非営利性・公益性を前提とする非営利の施設会計であり、施設としては配当等を前提とする利益という概念はないが、損益取引と資本取引の区分については要請している。したがって、運営の状況を計算する構成要素である損益取引と純資産を増減させる資本取引を明確に区分し、これを混同せずに正しい損益計算を行うことが求められている。

　なお、医療法人会計基準では、損益取引区分の原則の規定はないが、医療法人の財政状態及び経営成績を正しく表すためには、当然に守らなければならない原則である。

（4）明瞭性の原則

　一般原則第9において「病院の開設主体は、財務諸表によって、必要な会計情報を明瞭に表示し、病院の状況に関する判断を誤らせないようにしなければならない。」と示されている。なお、この内容は医療法人会計基準と変わるところはない。

　また、明瞭性の原則の適用については病院会計準則注解において具体的に以下の形で示されている。

　① 重要性の原則の適用（一般原則注解（注4））

　後述する重要性の原則の観点から、重要性が低い項目について本来の財務諸表の表示方法によらないで、合理的な範囲で他の簡便な方法によることも、明瞭性の原則に従った表示として認められる。

　② 重要な会計方針の注記（一般原則注解（注5））

　財務諸表には、重要な会計方針を注記しなければならない。会計方針とは、病院が貸借対照表、損益計算書及びキャッシュ・フロー計算書の作成にあたって、その財政状態及び運営状況を正しく示すために使用した会計処理の原則及び手続並びに表示の方法をいう。これは、1つの会計事実についていくつかの処理方法が認められている場合に、選択する方法によって財務諸表に計上される金額が異なってくることから開示が求められているものであり、病院の財政及び損益の状況を正しく判断するうえで開示が

必要である。したがって、代替的な方法が認められていない場合には、会計方針の注記は省略することができる。会計方針の例としては、次のようなものがある。

- 有価証券の評価基準及び評価方法
- たな卸資産の評価基準及び評価方法
- 固定資産の減価償却の方法
- 引当金の計上基準
- 収益及び費用の計上基準
- リース取引の処理方法
- キャッシュ・フロー計算書における資金の範囲
- 消費税等の会計処理方法
- その他重要な会計方針

なお、重要な会計方針の注記は、「比較のための情報」と同様の意味を有するので、たとえば、固定資産の減価償却の方法の記載には、重要性の原則を適用して償却資産を固定資産に計上しない場合の判断基準(金額基準など)、耐用年数の決定方法等の情報が含まれる点に留意する(ガイドライン2-2)。

また、開設主体の会計基準やその他の事情により、病院会計準則に規定する以外の会計方針を採用している場合には、その旨、内容又は病院会計準則に定める方法によった場合と比較した影響額を記載する(ガイドライン2-1)。

③ 重要な後発事象の注記(一般原則注解(注7))

財務諸表には、貸借対照表、損益計算書及びキャッシュ・フロー計算書を作成する日までに発生する重要な後発事象を注記しなければならない。後発事象とは、貸借対照表日後(決算日後財務諸表を作成する日までに)に発生した事象で、次期以後の財政状態及び運営状況に影響を及ぼすものをいう。

重要な後発事象を注記として開示することは、当該病院の将来の財政状態及び運営状況を理解するための補足的資料として有用である。

重要な後発事象としては、次のようなものがある。

- 火災・出水等による重大な損害の発生
- 重要な組織の変更
- 重要な係争事件の発生又は解決

④ 追加情報の注記(一般原則注解(注8))
　土地・建物等の無償使用等を行っている場合、その旨、その内容について注記しなければならない。
　なお、この注記は、公的病院等において、土地や建物を国や自治体等から無償で使用しているケースが多いことから、一般病院との医業費用比較を行う場合に調整が必要になる項目であり、比較可能性を確保するための情報として開示が求められている。また、上記以外にも、会計情報利用者に対して有用な情報として考えられるものは、追加情報として注記する。

(5) 継続性の原則
　一般原則第10において「病院の会計においては、その処理の原則及び手続を毎期継続して適用し、みだりにこれを変更してはならない。」と示されている。なお、この内容は、医療法人会計基準と変わるところはない。
　なお、正当な理由によって、会計方針の変更を行った場合は、その旨、理由、影響額等について財務諸表に注記しなければならない(一般原則注解(注6))とされており、会計方針変更の例としては、次のようなものが示されている。
① 会計処理の原則又は手続の変更
② 表示方法の変更

(6) 保守主義の原則
　一般原則第11には、以下のように示されている。
① 病院の開設主体は、予測される将来の危険に備えて、慎重な判断に基づく会計処理を行わなければならない。
② 病院の開設主体は、過度に保守的な会計処理を行うことにより、病院の財政状態及び運営状況の真実な報告をゆがめてはならない。
　これは、保守主義の原則といわれ、不確実な収益もしくは資産は計上しないが、予想される将来の危険、つまり予想される特定の費用、損失もしくは負債を網羅的に計上することが、健全な会計処理として要請されている。
　しかし、当該費用、損失もしくは負債の計上にあたっては、将来生じる事象を予測する必要があるため、慎重な判断が求められている。また、過

度に保守的に会計処理（過度の保守主義）を行うことによって、かえって真実な財務報告をゆがめることがないように注意を明確に示している。

なお、医療法人会計基準においては、保守主義の原則の規定がないが、企業会計原則、病院会計準則等、他の会計基準等において、保守主義の原則の規定があることから、医療法人においても適用されるものと考えられる。

（7）重要性の原則

一般原則第12として「病院の会計においては、会計情報利用者に対して病院の財政状態及び運営状況に関する判断を誤らせないようにするため、取引及び事象の質的、量的重要性を勘案して、記録、集計及び表示を行わなければならない。」と示されている。

重要性の原則の適用については、一般原則注解（注4）において、「重要性の乏しいものについては、本来の会計処理によらないで、合理的な範囲で他の簡便な方法によることも、正規の簿記の原則に従った処理として認められる」とされ、また、「重要性の原則は、財務諸表の表示に関しても適用され、本来の財務諸表の表示方法によらないで、合理的な範囲で他の簡便な方法によることも、明瞭性の原則に従った表示として認められる。」とされている。なお、この内容は、医療法人会計基準と変わるところはない。

（8）単一性の原則

一般原則第13において「種々の目的のために異なる形式の財務諸表を作成する必要がある場合、それらの内容は信頼しうる会計記録に基づいて作成されたものであって、政策の考慮のために、事実の真実な表示をゆがめてはならない。」とされている。

この原則は、単一性の原則とよばれ、開設主体の決算、納税申告、行政への報告等の目的の違いにより異なる形式の財務諸表を作成する場合でも、実質的内容は同一であるべきであって、実質的内容が異なる財務諸表を作成してはならないとする原則である。

病院の開設主体は、それぞれの病院を会計単位として財務諸表を病院会計準則に準拠して作成することによって財務諸表の真実性を確保する。一

方、開設主体は開設主体に適用される会計基準に準拠した財務諸表やその他行政等に提出する報告書等の作成を行うが、病院に関わる部分については、表示形式に違いがあっても、それらの内容は単一の会計帳簿を基礎として作成され実質的な内容は同一であるべきことを要請している。

4．貸借対照表原則

　第3章 貸借対照表原則においては、貸借対照表の作成目的を示し、次いで貸借対照表の表示方法について規定し、さらに貸借対照表科目の計上価額や評価方法について規定している。

（1）作成目的
　貸借対照表の作成目的は、貸借対照表原則第14において「貸借対照表は、貸借対照表日におけるすべての資産、負債及び純資産を記載し、経営者、出資者（開設者）、債権者その他の利害関係者に対して病院の財政状態を正しく表示するものでなければならない。」と示されている。
　そして、貸借対照表の資産の合計金額は、負債と純資産の合計金額に一致しなければならない。なお、会計処理されない事項であっても、債務の担保に供している資産等病院の財務内容を判断するために重要な事項は、貸借対照表に注記しなければならないことが規定されている。

（2）表示方法
　貸借対照表の表示方法については、資産の部、負債の部及び純資産の部の3区分に分け、さらに資産の部を流動資産及び固定資産に、負債の部を流動負債及び固定負債に区分する（貸借対照表原則第15）。また、資産、負債は、適切な区分、配列、分類及び評価の基準に従って記載しなければならないとされている（貸借対照表原則第16）。
　資産及び負債の項目の配列は、流動性配列法によるものとし、資産、負債及び純資産は他の項目と相殺することなく、総額によって記載することを原則としている（貸借対照表原則第17）。なお、流動性配列とは、次項「（3）

貸借対照表の分類」で記述するワンイヤールール等によって分類されて、流動項目とされた資産項目及び負債項目から配列する方法である。反対に、固定項目から配列する方法を固定性配列法という。

なお、貸借対照表において流動資産と固定資産、流動負債と固定負債が区別されている限り、項目の配列が病院会計準則と異なっても利用者が病院の財政状態及び運営状況を判断することは困難ではない。開設主体の会計基準により、固定性配列法を採用している場合であっても、組替え又は「比較のための情報」の記載は要しないとされている（ガイドライン3－3）。

（3）貸借対照表の分類

資産及び負債の各科目は、一定の基準に従って明瞭に分類する必要がある。資産は、流動資産に属する資産及び固定資産に属する資産に区別し、負債は、流動負債に属する負債と固定負債に属する負債とに区別しなければならない。仮払金、仮受金、未決算等の勘定を貸借対照表に記載する場合は、その性質を示す適当な科目で表示することになる（貸借対照表原則第19）。

流動・固定の区別は、正常営業循環基準及びワンイヤールールの2つの基準で区分される。正常営業循環基準とは、正常な営業循環の過程にある資産・負債を流動資産もしくは流動負債とする区分方法であり、一方、ワンイヤールールとは、決算日の翌日から1年以内に回収、支払い、収益化、費用化等するものを流動資産もしくは流動負債とし、1年超のものを固定資産もしくは固定負債と区別する基準である。貸借対照表原則注解（注10）において、流動資産又は流動負債と固定資産又は固定負債とを区分する基準について示されている。

また、固定資産はさらに、有形固定資産、無形固定資産及びその他の資産に区分しなければならない。

純資産は、資産と負債の差額として病院が有する正味財産と定義されている。さらに貸借対照表原則注解（注9）において、純資産の意義と分類について次のように説明が加えられている。

「非営利を前提とする病院施設の会計においては、資産、負債差額を資本としてではなく、純資産と定義することが適切である。資産と負債の差

額である純資産は、損益計算の結果以外の原因でも増減する。病院は施設会計であるため貸借対照表における純資産の分類は、開設主体の会計の基準、課税上の位置付けによって異なることになり、統一的な取り扱いをすることはできない。したがって、開設主体の会計基準の適用にあたっては、必要に応じて勘定科目を分類整理することになる。ただし、当期純利益又は当期純損失を内書し損益計算書とのつながりを明示しなければならない。」。

つまり病院会計準則においては、非営利組織会計における資産と負債の差額である正味財産として純資産の本質をとらえ、企業会計の資本とは性格の異なる概念として純資産を意義付けている。

(4) 資産・負債の貸借対照表価額

貸借対照表原則第20において、資産の価額は、原則として、当該資産の取得価額を基礎として計上しなければならないとされている。また譲与、贈与その他無償で取得した資産については公正な評価額をもって取得原価とすることが示されている（貸借対照表原則第21）。

一方、負債の価額は、原則として、過去の収入額又は合理的な将来の支出見積額を基礎として計上しなければならないとされており、以下のとおり示されている。

- 買掛金、支払手形、その他金銭債務の貸借対照表価額は、契約に基づく将来の支出見込額を基礎として計上しなければならない。
- 前受金等の貸借対照表価額は、過去の収入額を基礎とし、次期以降の期間に配分すべき金額とする。
- 将来の特定の費用等に対応する引当金の貸借対照表価額は、合理的に見積られた支出見込額とする。
- 退職給付引当金については、将来の退職給付の総額のうち、貸借対照表日までに発生していると認められる額を算定し、貸借対照表額とする。

5．損益計算書原則

第4章 損益計算書原則においては、損益計算書の作成目的を示し、次

いで収益と費用の定義、損益計算書の表示の方法について規定している。

（1）作成目的

損益計算書の作成目的は、損益計算書原則第28において「損益計算書は、病院の運営状況を明らかにするために、一会計期間に属するすべての収益とこれに対応するすべての費用とを記載して当期純利益を表示しなければならない。」と示されている。

つまり、損益計算書は、会計期間に係る経営成績、すなわち一会計期間にどれだけの収益を上げ、その収益を獲得するため何をどれだけ使用したのかを示すものである。

（2）表示方法

損益計算書の表示方法については損益計算書原則第31に規定されており、医業損益計算、経常損益計算及び純損益計算の区分を設けて当期純利益を算定する形式としている。医業損益計算の区分は、医業活動から生ずる費用及び収益を記載して、医業利益を計算表示し、この結果を受けて、経常損益計算の区分は、医業活動以外の原因から生ずる収益及び費用であって経常的に発生するものを記載して経常利益を計算表示する。最後の区分である純損益計算の区分においては、経常損益計算の結果を受けて臨時損益を記載し、当期の負担に属する法人税額等（税効果を考慮）を控除して当期純利益を計算表示する。

なお、損益計算書の区分について、開設主体の会計基準やその他の事情で病院会計準則と異なる様式を採用している場合には、その旨、病院会計準則に定める区分との対応関係について、「比較のための情報」として記載する（ガイドライン4－3）。

（3）収益、費用及び資本取引について

収益及び費用は、原則として、各収益項目とそれに関連する費用項目とを総額によって対応表示しなければならないとされ、費用の項目と収益の項目とを直接に相殺することによってその全部又は一部を損益計算書から

除去してはならないことを原則としている（損益計算書原則第33）。

また、すべての費用及び収益は、その支出及び収入に基づいて計上し、その発生した期間に正しく割り当てられるように処理しなければならないとされている（損益計算書原則第32）。ただし、未実現収益は原則として、当期の損益計算に計上してはならない。また、前払費用及び前受収益は、これを当期の損益計算から除き、未払費用及び未収収益は、当期の損益計算書に計上しなければならないとされている。

収益や費用が計上される損益取引でない純資産を増減させる資本取引には、開設主体外部又は同一開設主体の他の施設からの資金等の授受のうち負債の増加又は減少を伴わない取引、その他有価証券の評価替え等が含まれるとされている（損益計算書原則注解（注19））。

なお、同一開設主体の他の施設からの資金等の授受について、病院会計準則の費用又は収益の定義に該当しないものを損益計算書に計上している場合には、その旨、内容及び金額並びに病院会計準則に定める方法によった場合と比較した影響額を「比較のための情報」として記載する（ガイドライン4－2）。

また、病院会計準則の費用の定義に該当するもので、開設主体の会計基準やその他の事情で損益計算書に計上されていないものがある場合には、その旨及び損益計算書に与える影響額を「比較のための情報」として記載する。

病院会計準則の費用の定義に該当しないもので、損益計算書に計上されているものがある場合も同様とする（ガイドライン4－1）。

6．キャッシュ・フロー計算書原則

第5章 キャッシュ・フロー計算書原則においては、キャッシュ・フロー計算書の作成目的を示し、次いで資金の範囲の定義、キャッシュ・フロー計算書の表示の方法等について規定している。本書「第4章 キャッシュ・フロー計算書」において詳細解説を行っていることから、ここでは作成目的と計算書の概略のみを確認し、その他の解説は省略している。

（1）作成目的

　キャッシュ・フロー計算書の作成目的は、キャッシュ・フロー計算書原則第41において、「キャッシュ・フロー計算書は、病院の資金の状況を明らかにするために、活動内容に従い、一会計期間に属するすべての資金の収入と支出の内容を記載して、その増減の状況を明らかにしなければならない。」と示されている。会計上の収益や費用は、採用する会計方針によって計上額が左右されることから比較可能性が必ずしも確保されていない点や、会計上、利益（黒字）であっても資金的に不足（赤字）に陥っている場合もあり、病院の運営状態を把握する指標として、資金状況を明らかにする重要性が高まったことが、キャッシュ・フロー計算書が導入された背景である。

（2）資金の範囲

　キャッシュ・フロー計算書が対象とする資金の範囲は、キャッシュ・フロー計算書原則第42で、現金及び要求払預金並びに現金同等物とされている。要求払預金としては、たとえば、当座預金、普通預金、通知預金及びこれら預金に相当する郵便貯金が含まれる。また、現金同等物とは、容易に換金可能であり、かつ、価値の変動について僅少なリスクしか負わない短期投資であり、たとえば、取得日から満期日までに期間が3ヶ月以内の短期投資である定期預金、譲渡性預金、コマーシャル・ペーパー、売戻し条件付現先、公社債投資信託が含まれるとされている（キャッシュ・フロー計算書注解（注26）。

（3）計算区分と表示形式

　キャッシュ・フロー計算書は、「業務活動によるキャッシュ・フロー」、「投資活動によるキャッシュ・フロー」及び「財務活動によるキャッシュ・フロー」に区分して計算を行い、当期の「現金等の増減額」に「現金等の期首残高」を加えて、「現金等の期末残高」を求めるものである。この「現金等の期末残高」は、貸借対照表に計上されている現金及び現金同等物に分類された金額の合計と一致することになる。

なお、それぞれの計算区分の内容は、以下のとおりである。
① 「業務活動によるキャッシュ・フロー」の区分には、医業損益計算の対象となった取引のほか、投資活動及び財務活動以外の取引によるキャッシュ・フローを記載する。
② 「投資活動によるキャッシュ・フロー」の区分には、固定資産の取得及び売却、施設設備補助金の受入れによる収入、現金同等物に含まれない短期投資資産の取得及び売却等によるキャッシュ・フローを記載する。
③ 「財務活動によるキャッシュ・フロー」の区分には、資金の調達及び返済によるキャッシュ・フローを記載する。

表示方法は、「業務活動によるキャッシュ・フロー」の表示の仕方により、「直接法」と「間接法」があり、「第4章 キャッシュ・フロー計算書」にて解説を行う。

なお、キャッシュ・フロー計算書の作成にあたって、病院会計準則と異なる扱いをした場合は、以下の対応が求められている。

- キャッシュ・フロー計算書の資金の範囲が、病院会計準則と異なる場合には、その旨及びキャッシュ・フロー計算書の各区分（現金等の期首残高及び期末残高を含む）に与える影響額を「比較のための情報」として記載する（ガイドライン5－1）。
- キャッシュ・フロー計算書が、病院会計準則の区分、すなわち、「業務活動によるキャッシュ・フロー」、「投資活動によるキャッシュ・フロー」及び「財務活動によるキャッシュ・フロー」に区分されていない場合には、その旨、病院会計準則によった場合の業務活動によるキャッシュ・フロー、投資活動によるキャッシュ・フロー及び財務活動によるキャッシュ・フローを「比較のための情報」として記載する（ガイドライン5－2）。
- キャッシュ・フロー計算書が、上記病院会計準則の区分がされている場合であっても、そのなかに病院会計準則と異なる区分に計上されている項目がある場合には、その旨、病院会計準則によった場合の業務活動によるキャッシュ・フロー、投資活動によるキャッシュ・フロー及び財務活動によるキャッシュ・フローを「比較のための情報」として記載する（ガイドライン5－3）。

7．附属明細表原則

　第6章 附属明細表原則においては、附属明細表の作成目的と種類を示し、次いで様式と記載上の注意を示している。ここでは作成目的、種類及びその内容を確認する。

(1) 作成目的

　附属明細表の作成目的については附属明細表原則第49において、「附属明細表は、貸借対照表、損益計算書及びキャッシュ・フロー計算書の記載を補足する重要な事項について、その内容、増減状況等を明らかにするものでなければならない。」と示されている。これは、明瞭性の原則や重要性の原則から財務諸表が作成されており、財務諸表の科目について、基本財務諸表（貸借対照表、損益計算書、キャッシュ・フロー計算書）上は、集約化を図り、一覧性を重視して科目設定していることから、詳細な情報は附属明細表によって補完して開示するようになっているためである。

(2) 種　類

　附属明細表の種類及び内容は、次に掲げるとおりである。
　① 　純資産明細表
　　純資産の期首残高、当期における増加額、減少額及び期末残高について、当期純利益及び当期純損失を区分して記載。
　② 　固定資産明細表
　　有形固定資産、無形固定資産及びその他の資産（長期貸付金を除く。）について資産の種類ごとに期首残高、当期における増加額、減少額、期末残高、減価償却額及び減価償却累計額の明細を記載。
　③ 　貸付金明細表
　　長期貸付金及び短期貸付金に区分し、長期貸付金は貸付先（役員従業員、他会計を含む）ごとに期首残高、当期における増加額、減少額及び期末残高の明細を、短期貸付金は貸付先ごとに当期における期末残高の明細を記載。

④ 借入金明細表

　長期借入金と短期借入金に区分し、長期借入金は借入先（役員従業員、他会計を含む）ごとに期首残高、当期における増加額、減少額及び期末残高の明細を、短期借入金は借入先（役員従業員、他会計を含む）ごとに当期における期末残高の明細を記載。

⑤ 引当金明細表

　引当金の種類ごとに、期首残高、当期における増加額、減少額及び期末残高の明細を記載。

⑥ 補助金明細表

　交付の目的が施設設備の取得の補助に係るものと運営費の補助に係るものとに区分し、交付の種類及び交付元ごとに、当期における収入総額、収益計上額、負債計上額等の明細を記載。

⑦ 資産につき設定している担保権の明細表

　担保に供している資産の種類ごとに当期末における帳簿価額、担保権の種類、担保権によって担保されている債務の内容及び残高の明細を記載。

⑧ 給与費明細表

　職種ごとに当期における給与手当、賞与、退職給付費用等の明細を記載。

⑨ 本部費明細表

　設定された配賦基準を適用する項目ごとに当期における本部費及び当病院への配賦額を記載。

　なお、附属明細表に関連する項目について、病院会計準則と異なる処理を行っている場合には、以下のいずれかの方法により、附属明細表を作成する（ガイドライン6−1）。

① 附属明細表は、病院会計準則の処理方法に従ったものを作成し、損益計算書及び貸借対照表との関係について必要に応じて注記する。

② 附属明細表は、開設主体の会計基準に従った損益計算書及び貸借対照表を基礎に作成し、「比較のための情報」に係る附属明細表の項目について注記する。

また、開設主体の会計基準に定められた類似の附属明細表又は明細書が存在する場合、病院会計準則で規定している内容を「比較のための情報」として当該明細表又は明細書に注記することにより、代替することができる(ガイドライン6-2)。

8．注記事項

財務諸表の利用者が病院の財政状態や運営状況をより的確に理解するため、補足情報として注記事項の開示が求められている。

一般原則、貸借対照表原則、損益計算書原則及びキャッシュ・フロー計算書原則で要求されている注記事項について、ここでまとめて説明を行う。

(1) 一般原則の注記
① 重要な会計方針の注記（一般原則注解（注5））

会計方針とは、病院が貸借対照表、損益計算書及びキャッシュ・フロー計算書の作成にあたって、その財政状態及び運営状況を正しく示すために使用した会計処理の原則及び手続並びに表示の方法をいう。これは、1つの会計事実について2つの処理方法が認められている場合に、選択する方法によって損益の額が異なってくることから開示が求められているものである。したがって、代替的な方法が認められていない場合には、会計方針の注記は省略することができる。会計方針の例としては、次のようなものがある。

(ⅰ) 有価証券の評価基準及び評価方法
(ⅱ) たな卸資産の評価基準及び評価方法
(ⅲ) 固定資産の減価償却の方法
(ⅳ) 引当金の計上基準
(ⅴ) 収益及び費用の計上基準
(ⅵ) リース取引の処理方法
(ⅶ) キャッシュ・フロー計算書における資金の範囲
(ⅷ) 消費税等の会計処理方法

(ix) その他重要な会計方針
② **会計方針を変更した場合の注記（一般原則注解（注6））**
　会計方針の変更を行った場合は、その旨、理由、影響額等について財務諸表に注記しなければならない（詳細は「3.一般原則（5）継続性の原則」を参照）。会計方針変更の例としては、次のようなものがある。
　（ⅰ）会計処理の原則又は手続の変更
　（ⅱ）表示方法の変更
③ **重要な後発事象の注記（一般原則注解（注7））**
　後発事象とは、貸借対照表日後（決算日後財務諸表を作成する日までに）に発生した事象で、次期以後の財政状態及び運営状況に影響を及ぼすものをいう。
　重要な後発事象としては、次のようなものがある。
　（ⅰ）火災・出水等による重大な損害の発生
　（ⅱ）重要な組織の変更
　（ⅲ）重要な係争事件の発生又は解決
④ **追加情報の注記（一般原則注解（注8））**
　土地・建物等の無償使用等を行っている場合、その旨とその内容について注記する。

（2）貸借対照表原則の注記
① **担保提供資産の注記（貸借対照表原則第14　1.）**
　借入金等の債務の担保に供している資産等がある場合に、担保提供資産とその簿価を注記する。
② **債権のうち役員等及び他会計に対するものを区分表示しなかった場合の注記（貸借対照表原則第19　2.（3））**
　役員従業員向け及び他会計の債権を勘定科目で別掲しなかった場合に、計上勘定科目とその項目及び金額の注記を行う。

③ **債務のうち役員等及び他会計に対するものを区分表示しなかった場合の注記（貸借対照表原則第19　3．（3））**
　役員従業員向け及び他会計の債務を勘定科目で別掲しなかった場合に、計上勘定科目とその項目及び金額の注記を行う。

④ **重要な外貨建資産又は負債の注記（貸借対照表原則注解（注16）2．）**
　外貨建ての資産や負債がある場合で、金額的に重要な場合は注記を行う。

⑤ **リース会計関連の注記**
　病院会計準則においては、注記を明示されているものではないが、リース会計基準「リース取引に係る会計基準」「同注解」平成19年3月30日において要求されている注記である。

⑥ **退職給付会計関連の注記**
　病院会計準則においては、注記を明示されているものではないが、退職給付会計基準（「退職給付に関する会計基準」「退職給付に関する会計基準の適用指針」平成24年5月17日）において要求されている注記である。

（3）損益計算書原則の注記

　病院会計準則においては、注記を明示されているものではないが、税効果会計基準（「税効果会計に係る会計基準」平成10年10月30日）において要求されている注記である。

（4）キャッシュ・フロー計算書原則の注記

① **資金の範囲に含めた現金等の内容及びその期末残高の貸借対照表科目別の内訳の注記**
② **重要な非資金取引の注記**
③ **各表示区分の記載内容を変更した場合の注記（キャッシュ・フロー計算書原則第48）**

VI 医療法人会計基準と病院会計準則の関係と相違点

「Ⅳ　医療法人会計基準の体系」及び「Ⅴ　病院会計準則の体系」において、目的、その適用の対象、範囲等について説明してきたが、医療法人会計と病院会計準則の共通点・相違点を整理すると下表のとおりになる。

図表 1-8　病院会計準則と医療法人会計基準との比較

	病院会計準則	医療法人会計基準（運用指針含む）
目的	病院の財政状態及び運営状況を適正に把握し、病院の経営体質の強化、改善向上に資することを目的とする。	明文規定なし。
適用の原則	●病院ごとに作成される財務諸表の作成基準を示したものであること。 ●病院会計準則に規定がない取引及び事象について、開設主体の会計基準及び一般に公正妥当と認められる会計の基準に従うものとすること。 ●開設主体が会計規則を定める場合には、この会計規則に従うものとすること。	明文規定なし。
会計期間	1年間	明文規定はないが、医療法の規定により、1年間を基本としつつ、定款又は寄付行為で別途定めることが可能

会計単位	病院単位で作成	法人単位で作成
財務諸表の範囲	●貸借対照表 ●損益計算書 ●キャッシュ・フロー計算書 ●附属明細表	医療法第51条第2項に規定する医療法人・社会医療法人 ●貸借対照表 ●損益計算書 ●財産目録 ●附属明細表 ●純資産変動計算書 ●注記
一般原則	●真実性の原則 ●正規の簿記の原則 ●損益取引区分の原則 ●明瞭性の原則 ●継続性の原則 ●保守主義の原則 ●重要性の原則 ●単一性の原則	●真実性の原則 ●明瞭性の原則 ●正規の簿記の原則 ●継続性の原則 ●重要性の原則
貸借対照表	●資産の部、負債の部、純資産の部の3区分 ●流動性配列法を採用	●同左 ●流動性配列法に関する規定はないが、様式第1号では流動性配列法を採用している。
損益計算書	●医業損益計算、経常損益計算、純損益計算に区分	●事業損益計算、経常損益計算、純損益計算 ●事業損益計算は、さらに本来業務事業損益、附帯業務事業損益、収益業務事業損益に区分する。

キャッシュ・フロー計算書	●「業務活動によるキャッシュ・フロー」、「投資活動によるキャッシュ・フロー」、「財務活動によるキャッシュ・フロー」の3区分 ●表示方法として「直接法」と「間接法」がある。	●医療法人会計基準の直接の対象としていないため、規定なし。
附属明細表	●純資産明細表 ●固定資産明細表 ●貸付金明細表 ●借入金明細表 ●引当金明細表 ●補助金明細表 ●資産につき設定している担保権の明細表 ●給与費明細表 ●本部費明細表	●医療法人会計基準での規定はないが、運用指針において、以下作成が求められている。 ●有形固定資産等明細表 ●引当金明細表 ●借入金等明細表 ●有価証券明細表 ●事業費用明細表
注記	●重要な会計方針の注記 ●会計方針を変更した場合の注記 ●重要な後発事象の注記 ●追加情報の注記 ●貸借対照表原則の注記 ●損益計算書注記 ●キャッシュ・フロー計算書原則の注記	●継続事業の前提に関する事項 ●重要な会計方針に関する事項 ●会計方針の変更に関する事項 ●資産及び負債のうち、収益業務に関する事項 ●収益業務からの繰入金の状況に関する事項 ●担保に供されている資産に関する事項 ●関係事業者に関する事項 ●重要な偶発債務に関する事項 ●重要な後発事象に関する事項 ●その他医療法人の財政状態又は損益の状況を明らかにするために必要な事項

医療法人会計基準と病院会計準則との主な相違は、第1に会計単位である。医療法人会計基準は開設主体である医療法人を対象とした基準であるのに対し、病院会計準則は病院という施設を会計単位とした準則である点にある。つまり、開設主体が複数の病院を保有している場合において、医療法人会計基準は法人全体としての財務諸表を作成することになるが、病院会計準則の場合には保有する病院の数だけ財務諸表を作成することを意味する。

また、医療法人は病院以外に、介護老人施設等を運営している場合もあるが、医療法人会計基準は、医療法人が運営しているすべての事業が対象となるのに対して、病院会計準則は病院のみを対象としている点で異なる。

第2に、財務諸表の範囲について、貸借対照表、損益計算書は共通しているが、キャッシュ・フロー計算書は医療法人会計基準の直接の対象とはなっていない。反面、注記と財産目録の作成が必要となっている。なお、附属明細表については、作成すべき明細表が病院会計準則とで異なっているため留意が必要である。

第3に、病院会計準則に比べて医療法人会計基準（運用指針含む）の注記の範囲が広くなっている。関係事業者の注記については、病院会計準則にはない注記となっている。

第2章

貸借対照表

資 産

　資産は、大きく流動資産と固定資産の2つに区分される。流動資産と固定資産の区分は、正常営業循環基準（主たる営業取引の過程にある資産）とワンイヤールール（貸借対照表日の翌日から1年以内に現金化される資産）により分類する。

　流動資産には、現金及び預金、医業未収金、医薬品などのたな卸資産、その他の流動資産が属する。

　固定資産は、有形固定資産、無形固定資産及びその他の資産の3つに区分して表示される。

　病院会計準則においては、流動資産及び固定資産以外の、いわゆる繰延資産の計上は認められない。開設主体の会計基準に基づき繰延資産を計上する場合には、その旨及び損益計算書に与える影響額を「比較のための情報」として記載する（ガイドライン3-1）。

　固定資産のうち有形固定資産には、建物、構築物、医療用器械備品など減価償却により費用化する資産と土地など減価償却しない資産が含まれる。無形固定資産には、借地権、ソフトウェアなど実体はないが財産的に価値のある資産が含まれる。その他の資産には、長期保有目的の有価証券、長期貸付金など1年以内に現金化される予定のない資産が属する。

　なお、開設主体の会計基準により、資産、負債の区分又は科目名称について、病院会計準則と異なる場合には、その内容を「比較のための情報」として記載する（ガイドライン3-2）。

　資産科目の配列の方法は、流動性の高い資産を先に掲げる流動性配列法を採用している。この表示方法は資金化しやすい順番で表示する方法であり、流動資産、固定資産の順に表示する。

　なお、貸借対照表において流動資産と固定資産、流動負債と固定負債が区別されている限り、項目の配列が病院会計準則と異なっても利用者が病院の財政状態及び運営状況を判断することは困難ではない。そのため、開設主体の会計基準により、固定性配列法を採用している場合であっても、組替え又は「比較のための情報」記載は要しないものとする（ガイドライン3-3）。

Ⅰ

流動資産

　流動資産には、現金及び預金、経常的な活動によって生じた未収金等の債権及びその他1年以内に回収可能な債権、売買目的有価証券等、医薬品、診療材料、給食用材料、貯蔵品等のたな卸資産及び前払費用で1年以内に費用となるもの等が含まれる。

　なお、未収金その他流動資産に属する債権は、医業活動上生じた債権とその他の債権とに区分して表示しなければならない。

　流動資産の表示は、流動性配列法により現金及び預金から、医業未収金、未収金、有価証券、たな卸資産、前渡金、前払費用、未収収益、短期貸付金、その他の流動資産の順に記載される。

1　現金及び預金

（1）　勘定科目の説明

　現金には、現金のほか、小口現金、手元にある当座小切手、送金小切手、送金為替手形、預金手形、郵便為替証書及び振替貯金払出証書等が含まれる。

　預金とは、金融機関に対する預金、貯金及び掛金、郵便貯金並びに郵便振替貯金をいう。ただし、貸借対照表日の翌日から起算して1年を超えて期限が到来するものは長期性預金として固定資産の部のその他の資産に含める。なお、当座預金について銀行と当座貸越契約を締結している場合には、預金残高が貸方に発生する場合がある。この場合には、当該貸方残高は、短期借入金として表示する必要がある。

(2) 会計処理
① 病院特有の論点
(i) 現金過不足の管理

　病院事業において、現金は会計窓口で収受する患者からの入金が主であると想定される。病院では多数の患者から現金収受が行われることから、実務においては帳簿上の現金と実際の現金有高の一致を確認するため、少なくとも日々締め処理を実施し、両者を照合する作業が必要である。

　帳簿上の現金と実際の現金有高が一致しない場合は、速やかにその原因を追及する必要がある。その原因が不明であった場合は、現金過不足報告など所定の手続を行ったうえで、現金過不足として、実際の現金が少ない場合は「その他の医業外費用」に、実際の現金が多い場合は「その他の医業外収益」に、費用または収益として会計処理する。

　現金過不足の管理は毎日実施する一方で、会計処理は、日次で窓口収入計上を行っている場合は日次で行い、月次で収入計上する場合は日々の現金過不足を月次もしくは定期的にまとめて現金過不足としての会計処理を行うことが実務的には多いと考えられる。

(ii) 銀行勘定調整表の作成

　実務においては決算期末に、預金について銀行等の金融機関から残高証明書を入手して、帳簿残高と照合していると想定される。決算期末の病院側の会計処理と銀行側の入出金の処理のタイミングで預金残高に差が生じた場合等、帳簿上の預金残高と残高証明書に記載されている金額が異なっている場合には、帳簿残高と銀行残高を調整して差異の内容を確認する必要がある。

　たとえば、窓口の収入金を銀行の夜間金庫に預け入れた場合は、病院では当日の預金入金として認識するが、銀行では翌日の入金処理となり、残高に差異が生じる。

　このような場合は、銀行勘定調整表を作成して、病院の帳簿残高と銀行の預金残高の差額についての調整を行い、差異原因を明確にした後に必要があれば帳簿残高の修正を行うこととなる。

(iii) キャッシュ・フロー計算書の作成

　病院会計準則では、キャッシュ・フロー計算書の作成が義務付けられている。キャッシュ・フロー計算書の対象となる資金の範囲には、現金のほかに当座預金、普通預金、通知預金及び郵便貯金が含まれるが、取得日から満期日までの期間が3ヶ月超の定期預金はキャッシュ・フロー計算書の資金の範囲に含まれない。

　キャッシュ・フロー計算書は、病院の基本財務諸表として位置付けられており、これによって病院の業績が資金の動きを通じて明らかになる。

　なお、キャッシュ・フロー計算書に関する解説は「第4章」にて詳述している。

② **仕訳例**

（i）窓口での現金収受時

　外来診療後、患者自己負担分100を窓口で収受した。

現　金	100	／	外来診療収益	100

（ii）日次の締め

　日次の処理時に現金過不足15が発生した。

〈帳簿残高と比較して現金が不足している場合〉

現金過不足	15	／	現　金	15

〈帳簿残高と比較して現金が多い場合〉

現　金	15	／	現金過不足	15

（iii）決算時（又は月次決算時）

　決算整理時に現金過不足5の原因が追及できずに過不足のまま残っていたため、精算することとした。

〈帳簿残高と比較して現金が不足している場合〉

その他の医業外費用	5	／	現金過不足	5

〈帳簿残高と比較して現金が多い場合〉

| 現金過不足 | 5 / その他の医業外収益 | 5 |

(iv) 決算時

　預金残高につき残高証明書と照合の結果、50の差異が発見された。当該差異の原因を追究したところ、窓口での収入金50を夜間金庫に預けたためということが判明した。

仕訳なし

(3) 開　示

図表2-1　現金及び預金の開示

	病院会計準則	医療法人会計基準
開示場所	貸借対照表の流動資産に表示。ただし、貸借対照表日の翌日から起算して、1年を超えて期限が到来するものについては、固定資産に属するものとして表示。	医療法人会計基準では、詳細に明示されておらず、病院会計準則に準ずると考えられる。
	外貨建現金預金がある場合は、決算時の為替相場による円換算額をもって貸借対照表価額とする。なお、為替相場は採用する為替レート（TTMやTTB）を決めて継続的に適用する。	同上
注記	外貨建現金預金の金額に重要性がある場合には、その旨を注記する必要がある。	同上
附属明細表	不要	不要

【関連条文等】

　病院会計準則　貸借対照表原則　第19　貸借対照表科目の分類
　　　　　　　　貸借対照表原則注解　（注10）3.、（注16）

2 医業未収金

（1）勘定科目の説明

　医業未収金とは、医業収益に対する未収入金、すなわち入院診療収益、室料差額収益（差額ベット料）、外来診療収益、保健予防活動収益、受託検査・施設利用収益、その他の医業収益（文書料など）という、病院が営む主たる活動である医業活動に起因して発生した未収入金である。

　医業未収金は、預貯金等の受取利息の未収分、有価証券売却、運営費補助金、施設設備補助金、患者外給食などの医業活動以外の収益に対する未収金及び未収収益とは発生要因が異なるため、厳密に区別されなければならない。

（2）会計処理
① **病院特有の論点**
（ⅰ）医業未収金の計上時期

　医業未収金は、病院会計特有の勘定科目であり、企業会計では売掛金勘定に相当する勘定科目である。医業未収金は、診療行為など医業活動を実施した時点で現金を受け取らず、後で受け取る場合に発生する未収入金である。

　診療報酬債権の発生は、会計上、実現主義の原則から診療行為を行った時に認識することになる。このため、各種保険対象診療の自己負担分及び自由診療等に係る未収入金の場合は、診療時あるいは診療月次に医業未収金を計上する。また、社会保険診療報酬支払基金等の負担分は診療報酬明細書（以下「レセプト」という）作成後の診療報酬請求額を、診療を行った月次に医業未収金として計上する。

　たとえば、入院患者の自己負担分の診療報酬請求については、定時または退院時に請求することが一般的である。定時請求において月末締めの翌月10日で請求を行う場合であれば、請求時の月次で未収金を計上するのではなく、診療を行った月次の収益（請求月の前月の収益）になるように医業未収金の計上を行う。また、定時請求の間に退院する場合の

退院時請求において退院患者の未払いがあった場合は、その月次において医業未収金を計上する。外来患者の自己負担分の診療報酬請求において未収があった場合についても、診療を行った月次で医業未収金を計上する。

　また、保険番号の変更等でレセプトによる請求を保留しているものがある。これについては、診療行為は行われてはいるが、最終請求先が確定していないことを理由に医業未収金（医業収益）を計上していない場合があるが、収益認識基準は実現主義とされていることから、診療行為が行われたことをもって診療報酬の請求権が確定したとして、仮に医事的に請求を留保していたとしても、診療を行った事実に基づいて収益を計上すべきである。

　他にも、レセプトによる請求が返戻された場合には、当該金額を減額する処理がされる場合がある。これについては、返戻はされているものの、診療行為を行ったという事実に変更はないため、減額している場合には、減額した医業未収金（医業収益）を再計上する必要がある。

　なお、未収計上のタイミングは、原則的には診療を行った時点（日次）と考えられるが、実務的には医事システムや会計システム上の対応の問題もあることから、少なくとも月次ごとに計上することが必要である。

(ⅱ) 診療報酬債権の流動化

　近年に見られる病院における資金調達方法の一つとして、診療報酬債権の流動化がある。診療報酬債権は、通常、国民健康保険連合会や社会保険診療報酬支払基金等へレセプトにより請求され、レセプト審査後の診療月から2ヶ月後に受け取ることが一般的である。診療報酬債権の流動化は、この診療報酬債権を金融機関等の特定目的会社に売却する等により、通常2ヶ月程度かかる資金回収を早期化する方法である。病院側のメリットとしては、資金調達の多様化が図られること、早期の資金回収による財務流動性の向上などがある。ただし、診療報酬債権を流動化するには手数料等のコストが発生するというデメリットも存在するため、上述のメリットと比較して導入の検討を行う必要がある。

② 仕訳例—入院患者自己負担分の入金処理

(i) 入院診療費の自己負担分の定時請求時

入院患者自己負担分は月末と退院時に請求している。月末締め分は、請求後10日以内に入金してもらい、退院時はその場で入金してもらう。

今回、月末締め請求分が300あった。

医業未収金	300	/	入院診療収益	300

(ii) 入院診療費の自己負担分の窓口収納時

月末締め請求分300について、窓口で入金があった。

現　金	300	/	医業未収金	300

(3) 開　示

図表 2-2　医業未収金の開示

	病院会計準則	医療法人会計基準
開示場所	貸借対照表の流動資産に表示。ただし、長期分割払い等の理由で診療報酬を1年以内に回収されないことが明らかなものは、固定資産に属する。	同左
注記	不要	不要
附属明細表	不要	不要

【関連条文等】

病院会計準則　貸借対照表原則　第24　医業未収金、未収金、貸付金等の貸借対照表価額
　　　　　　　貸借対照表原則注解　（注10）1.

3　未収金

(1) 勘定科目の説明

未収金とは、医業収益に対する未収金以外の未収金、すなわち入院診療収益、室料差額収益（差額ベット料）、外来診療収益、保健予防活動収益、受託検

査・施設利用収益、その他の医業収益（文書料など）という病院が営む主たる活動である医業活動以外の活動に起因して発生した未収入金である。

したがって、医業活動により発生する医業未収金と厳密に区別しなければならず、また継続的な役務提供契約に基づき、時の経過に伴って発生する受取利息、賃貸料などの未収収益とも区別しなければならない。

（2）会計処理
① 病院特有の論点
特筆すべき事項はない。
② 仕訳例
（ⅰ）土地売却時

医療用器械備品（帳簿価額1,000）を1,500で売却することとなり、契約を締結し、土地を引き渡した。代金は2ヶ月後に回収予定である。

未収金	1,500	機械装置	1,000
		固定資産売却益	500

（ⅱ）代金回収時

医療用機械備品売却代金1,500が普通預金口座へ振り込まれた。

預　金	1,500	未収金	1,500

（3）開　示
図表2-3　未収金の開示

	病院会計準則	医療法人会計基準
開示場所	貸借対照表の流動資産に表示。ただし、貸借対照表日の翌日から起算して、入金の期限が1年を超えて到来するものについては、固定資産に属する。	同左
注記	不要	不要
附属明細表	不要	不要

【関連条文等】
　病院会計準則　貸借対照表原則　第 24　医業未収金、未収金、貸付金等の貸借対照表価額
　　　　　　　　貸借対照表原則注解　（注 10）2.

4　有価証券

（1）勘定科目の説明

　有価証券は、金融商品取引法第 2 条において、国債証券、地方債証券、株券などと限定列挙する形で定義されている。これに対して、金融商品に関する会計基準（平成 20 年 3 月 10 日改正　企業会計審議会）（以下、「金融商品会計基準」という）では、金融商品取引法に定義する有価証券以外でも金融商品取引法上の有価証券に準じて時価評価、取得原価又は償却原価法による処理を行うことが適当と認められるもの（国内譲渡性預金（国内 CD という）など）は、有価証券に準じて取り扱うこととしている（金融商品会計に関する実務指針（平成 27 年 4 月 14 日最終改正　日本公認会計士協会）（以下、「金融商品実務指針」という）8、58）。

　流動資産に属する有価証券には、国債、地方債、株式、社債、証券投資信託の受益証券などのうち時価の変動により利益を得ることを目的とする売買目的有価証券、及び満期保有目的の有価証券のうち貸借対照表日の翌日から起算して 1 年以内に満期の到来する有価証券が含まれる。

　有価証券の取得原価は、購入代価に手数料等の付随費用を加算し、移動平均法等の方法を適用して算定する。

（2）会計処理
①　病院特有の論点

　病院事業における余裕資金の運用は、経営の健全性の観点から国債、公社債など安全確実な有価証券で運用することが求められる。このため、病院事業では、時価変動により利益を得ることを目的とする売買目的有価証券の保有は比較的少ない、あるいはほとんどないと考えられる（医療法人運営管理指導要綱参照）。

　したがって、流動資産の有価証券に分類されるものは、1 年内の償還期限のある投資信託や 1 年以内に満期になる債券などに限定されると考えられる。

② 有価証券の保有目的による区分

　金融商品会計基準では、有価証券は保有目的等の観点から、売買目的有価証券、満期保有目的の債券、子会社株式及び関連会社株式、その他有価証券に区分し、それぞれの区分は取得時に判断するだけでなく、取得後もその要件を満たしていることを検討することが必要とされている（金融商品実務指針59）。ただし、病院会計準則においては、病院が投機的な株式投資をすることは想定しておらず、また他の会社を支配し、その会社を通じて営利活動を行うことを想定していないため、子会社株式及び関連会社株式の規定はない。

　以上より、病院会計準則における有価証券の分類は、その保有目的の観点から下記の3区分となる。

図表2-4　有価証券の区分

有価証券の区分	有価証券の内容	勘定科目との関係
売買目的有価証券	時価の変動により利益を得ることを目的として保有する有価証券	流動資産の部の有価証券勘定
満期保有目的の債券	満期まで所有する意図をもって保有する債券、及び余裕資金運用など長期保有目的の債券	固定資産の部の有価証券勘定（ただし1年以内に満期の到来するものは流動資産）
その他有価証券	売買目的有価証券、満期保有目的の債券以外の有価証券	固定資産の部の有価証券勘定（一部流動資産あり）

　なお、病院会計準則においては、長期保有目的の債券は保有期間のなかで売却の可能性があっても、満期保有目的の債券に含めることとしている。金融商品会計基準では満期保有目的の債券を満期到来までの間に売却した場合、残りの満期保有目的の債券をその他有価証券に振り替えることが必要とされているが、病院会計準則ではその他有価証券への振替処理までは求められていないと考えられる。

③ 有価証券の時価評価等

金融商品会計基準では、金融資産が市場で取引され、そこで成立している価格があれば、原則として当該金融資産は時価として「市場価格に基づく価額」により評価しなければならないとしている。ここに「市場価格に基づく価額」とは、具体的には(ア)取引所に上場されている金融資産、(イ)店頭において取引されている金融資産、(ウ)上記(ア)又は(イ)に準じて随時、売買・換金等が可能なシステムにより取引されている金融資産について公表されている取引価格を市場価格としている（金融商品実務指針48）。

このような有価証券に関しては、時価による評価を原則としながらも、保有目的に応じて、以下のように評価基準及び評価差額の処理方法を定めている。

図表 2-5　評価基準及び評価差額の処理方法

有価証券の区分	評価基準	評価差額の取扱い
売買目的有価証券	時価	評価差額は損益計算書に計上
満期保有目的の債券	償却原価	償却額を損益計算書に計上 また、時価が著しく下落したときは、回復する見込みがあると認められる場合を除き、損益計算書に費用として計上
その他有価証券	時価	純資産の部に直接計上 ただし、時価が著しく下落したときは、回復する見込みがあると認められる場合を除き、損益計算書に費用として計上

なお、前述のとおり、子会社及び関連会社株式は病院会計準則では想定されていないが、実務上、関連会社株式等に分類されるケースが生じた場合には、評価について、金融商品会計基準により原価法が採用される。

また、有価証券の評価基準及び評価方法について、開設主体の会計基準やその他事情により病院会計準則と異なる会計処理を行っている場合には、その旨、採用した評価基準及び評価方法、病院会計準則に定める方法によった場合と比較した影響額を「比較のための情報」として記載する（ガイドライン3-6）。

④ **有価証券の売買契約の認識**

　金融商品会計基準では、約定日から受渡日までの期間が市場の規則又は慣習に従った通常の期間である場合、売買契約日に、買手は有価証券を貸借対照表に計上し、売手は有価証券の売却処理をする（約定日基準）。ただし、約定日基準に代えて保有目的区分ごとに買手は約定日から受渡日までの時価の変動のみを認識し、また、売手は売却損益のみを約定日に認識することも認められる（修正受渡日基準）（金融商品実務指針22、23）。

⑤ **売買目的有価証券の評価及び会計処理**

　売買目的有価証券とは、時価の変動により利益を得る、つまり短期間の価格変動により利益を得ることを目的として保有する有価証券をいい、通常は同一銘柄に対して相当程度反復的な購入と売却が行われるものをいう（金融商品会計基準15、金融商品実務指針65）。

　売買目的有価証券については、投資家にとっての有用な情報は有価証券の期末時点での時価に求められるため、当期において時価が変動した銘柄については貸借対照表日における時価により当該有価証券の評価を行い、評価差額を損益計算書に計上する（病院会計準則注解（17）1.、金融商品実務指針66）。

　売買目的有価証券を売却した場合、売却時点で付されている帳簿価額に基づき売却原価を算定し、当該売却原価と売却価額との差額を当期の売却損益として処理する。

⑥ **仕訳例**

（i）有価証券の購入時（約定時）

　国債（満期保有目的）A2口を900で購入し、買入手数料100と合わせて現金で支払った（1年内償還予定である）。

有価証券	1,000 ／	現　金	1,000

（ii）有価証券売却時

　A国債1口を時価700で売却し現金を受け取った。

現　金	700 ／	有価証券	500
		有価証券売却益	200

(iii) 期末評価時

保有A国債1口の期末時価は400であった。

> 仕訳なし（著しい下落ではない）

なお、満期保有目的の債券、その他有価証券及び減損の会計処理については、「Ⅴ その他の資産・1. 有価証券」に詳述しているため、ここでの解説は省略する。

（3）開　示

図表2-6　有価証券の開示

	病院会計準則	医療法人会計基準
開示場所	売買目的有価証券及び1年以内に満期の到来する有価証券は貸借対照表の流動資産に表示。	同左
	上記以外の有価証券は固定資産のその他の資産に表示。	同左
注記	有価証券の評価基準及び評価方法については重要な会計方針として注記が必要。	同左
附属明細表	不要	有価証券明細表を作成する。債券については銘柄、券面総額、貸借対照表価額を記載する。その他については、種類及び銘柄口数等、貸借対照表価額を記載する。

【関連条文等】
　病院会計準則　貸借対照表原則　第22　有価証券の評価基準及び評価方法
　　　　　　　　貸借対照表原則注解　（注10）4.、（注17）、（注18）
　医療法人会計基準　第3条　重要な会計方針の記載
　　　　　　　　　　第11条　有価証券の評価
　医療法人会計基準運用指針　27　附属明細表について

5 医薬品

(1) 勘定科目の説明

医薬品とは、薬事法（昭和35年8月10日法律第145号）第2条にいう医薬品のことをいい、具体的には、投薬用薬品、注射用薬品（血液、プラズマを含む）、検査用試薬、造影剤、外用薬等の薬品のことをいう。

〔参考〕薬事法第2条――――――――――――――――――――――――

第2条　この法律で「医薬品」とは、次に掲げる物をいう。

一　日本薬局方に収められている物

二　人又は動物の疾病の診断、治療又は予防に使用されることが目的とされている物であつて、機械器具等（機械器具、歯科材料、医療用品、衛生用品並びにプログラム（電子計算機に対する指令であつて、一の結果を得ることができるように組み合わされたものをいう。以下同じ。）及びこれを記録した記録媒体をいう。以下同じ。）でないもの（医薬部外品及び再生医療等製品を除く。）

三　人又は動物の身体の構造又は機能に影響を及ぼすことが目的とされている物であつて、機械器具等でないもの（医薬部外品、化粧品及び再生医療等製品を除く。）

---

(2) 会計処理

① 病院特有の論点

（ⅰ）医薬品の取得原価

取得原価は、原則として購入代価に引取費用等の付随費用を加算して取得原価を算定する。付随費用としては、引取運賃、運送保険料、購入手数料、買入事務費、移управ費及び保管費などがある。

また、医薬品については値引が発生することがある。値引については医薬品の購入代価から控除することとなる。

（ⅱ）値引の処理

医薬品の購入においては、期中の取引単価は仮単価とし、後に取引量を勘案した価格交渉により年間を通じての最終取引単価が決定されることがあり、このとき価格交渉の過程で個別品目ごとに値引を行う場合もあれば、年間取引数量・金額等を鑑み一括値引が行われる場合もある。

個別品目ごとに値引が行われた場合には、該当品目単価を修正した医薬品費を計算し、仮単価で計上されている医薬品費から値引分を減額させる必要がある。また、期末に在庫が存在する場合には、医薬品の貸借対照表価額も値引後の単価で計算された評価単価で評価する必要がある。
　一括値引の場合には、重要性を考慮して在庫には影響させずに医薬品費から値引相当額を控除する方法と一括値引金額を医薬品費と在庫金額に按分しそれぞれの総額より控除する方法がある。
(iii) 医薬品の評価基準及び評価方法
　医薬品の評価については、あらかじめ定めた方法を適用し算定した取得原価をもって貸借対照表価額とすることになっている。ここで「あらかじめ定めた方法」とは、継続的な受払記録に基づく移動平均法、総平均法、先入先出法等による方法をいい、期末数量に最終の購入単価を乗じてたな卸高を算定する最終仕入原価法はその目的から原則として認められていないと解釈されている。
　なお、医療法人会計基準では、先入先出法、移動平均法、総平均法のなかから選択適用することを原則とする一方で、最終仕入原価法についても期間損益の計算上著しい弊害がない場合には用いることができると規定されている（運用指針7）。
　また、国立病院が適用対象となる独立行政法人会計基準では、個別法、先入先出法、平均原価法等の採用が認められており、国立大学の附属病院が対象となる国立大学法人会計基準では、原則として移動平均法を採用することが規定されているが、病院会計準則では移動平均法等と規定されており、開設主体及び各病院のそれぞれの状況に応じて、合理的方法とした評価方法を適用すればよい。いずれを採用する場合においても、個々の医薬品ごとに受払記録を帳簿で管理する必要があるが、医薬品の数量の多さや管理に膨大な作業を要する点から、たな卸資産の受払管理システムが未導入の多くの病院ではこのような受払記録は整備されていない。今後、効率的に処理するためにはたな卸資産管理のためのソフトウェアの導入と管理手続の実施が必要になると想定される。
　なお、受払記録による期末帳簿数量は帳簿上の理論値であるため、使

用や廃棄の記録もれや蒸発する等の理由により実際の残高数量と相違する場合がある。このため、期末時には実地たな卸を行い、継続記録の残高数量を実際数量に置換する作業と今後の管理課題となるたな卸減耗数量の把握が必要となる。さらに、実地たな卸にあたっては、単に数量をカウントするだけではなく、実地たな卸の過程で消費期限切れの医薬品の廃棄等の利用価値からみた資産性の検討や消費期限切れに近い医薬品のリスト作成により使用促進を図る取組みを行うことも肝要である。

期末の時価が取得原価よりも下落した場合には、時価をもって貸借対照表価額とする。ここでいう時価の定義は明確にされていないものの、医薬品の時価には薬価と納入価があり、通常、薬価＞納入価となっており、取得原価は納入価が基本となっていることを考えると、時価は当該医薬品を新たに取得するために必要な再調達価額（納入価）と捉えられる。

なお、すべての医薬品の時価を調査するのは膨大な事務作業になること、診療報酬として請求可能な価額（販売可能価額）は薬価であることから、薬価をもって時価に代える方法も国立大学法人会計（国立大学法人会計基準及び国立大学法人会計基準に関する実務指針 30-2（2））には明示されている。

時価が下落した場合の評価損は、医業費用の雑費に含めて計上されるが、部門の廃止や災害のような臨時の事象に起因し、かつ多額である場合には、臨時費用にたな卸資産評価損等の科目で計上する。

たな卸資産の評価基準及び評価方法について、開設主体の会計基準やその他の事情により病院会計準則と異なる会計処理を行っている場合にはその旨、採用した評価基準及び評価方法と病院会計準則に定める方法によった場合を比較した影響額について「比較のための情報」として記載する必要がある（ガイドライン 3-7）。

② **仕訳例**

（ⅰ）医薬品の取得原価

医薬品 A を 10 個、単価 15 で購入した。なお、送料 10 をまとめて現金で支払った。

医薬品	160	現　金	160

＊取得原価＝ 15/ 個× 10 個＋ 10 ＝ 160

なお、上記仕訳は受払管理（払い出した分を医薬品費として計上する）を前提とした原則処理である。受払管理が整備されるまでの経過措置として最終仕入原価法を採用する場合は、購入時に、医薬品に代え医薬品費として計上する。

(ⅱ) 医薬品の評価方法

ここでは、代表的な評価方法である移動平均法、総平均法、先入先出法について説明する。同数の受払いであっても評価方法によって貸借対照表価額が異なることに留意されたい。なお、評価方法は、毎期継続して適用し、みだりに変更してはならない。

(A) 移動平均法

移動平均法とは、医薬品の購入の都度、その数量及び金額を直前の残高数量及び残高金額に加えて、新しい加重平均単価を算出し、その単価を次に購入するまでの払出単価とする方法である。総平均法のように一定期間を経過しなくても払出単価の計算を行うことができるという長所があるが、計算手続が煩雑であるという短所を有する。

図表 2-7　移動平均法の例示

	受入れ			払出し			残高		
	数量	単価	金額	数量	単価	金額	数量	単価	金額
4/1							50	100	5,000
4/30	10	130	1,300				60	105	6,300
9/30				20	105	2,100	40	105	4,200
10/30	20	120	2,400				60	110	6,600
3/31				10	110	1,100	50	110	5,500

4/30の購入後の単価は次のように計算され、以後新たに購入が行われるまでの払出単価となる。

4/30の移動平均単価＝（5,000 ＋ 1,300）÷（50 ＋ 10）＝ 105

(B) 総平均法

総平均法とは、払出しの時は数量だけを記録し、事業年度末（年間）に繰越高と当該事業年度の購入高の合計金額を繰越数量と当該事業年度の購入数量の合計数量で割ったものを、その会計期間中の払出単価とする方法である。この方法は計算は簡便であるという長所がある一方で、事業年度が終了した後でなければ払出単価が算出できないという短所を有する。

図表 2-8　年間総平均法の例示

	受入れ			払出し			残高		
	数量	単価	金額	数量	単価	金額	数量	単価	金額
4/1							50	100	5,000
4/30	10	130	1,300				60	108.75	6,525
9/30				20	108.75	2,175	40	108.75	4,350
10/30	20	120	2,400				60	108.75	6,525
3/31				10	108.75	1,087	50	108.75	5,438

当期の払出単価は次のように計算される。

$$(5,000 + 1,300 + 2,400) \div (50 + 10 + 20) = 108.75$$

総平均法は一会計期間の購入額が確定しないと払出単価が計算できないため、上記のように年間で計算する方法のほかに月次単位で計算する方法もある。

総平均法では、期中は払出単価が確定しないため、月次決算管理を行うには予定価格で払出しを行い月次損益を試算し期末に確定させることになる。

(C) 先入先出法

先入先出法とは、医薬品を先に購入したものから先に払い出されると仮定し、購入の早いものから、順次払い出したものとして、払出単価を計算する方法であり、一般的な物の流れに合致する方法といえる。

図表 2-9　先入先出法の例示

	受入れ			払出し			残高		
	数量	単価	金額	数量	単価	金額	数量	単価	金額
4/1							50	100	5,000
4/30	10	130	1,300				60	105	6,300
9/30				20	100	2,000	40	107.5	4,300
10/30	20	120	2,400				60	111.7	6,700
3/31				10	100	1,000	50	114	5,700

　当期の払出数量 30 個は期首残高の 50 個から充当できるため、払出単価はすべて 100 となる。先入先出法は、払出し時に購入履歴のなかから古い単価を抽出して計算するために、払出し直前の単価、払出単価及び払出し直後の単価のすべてが異なっている。期末単価は次のように計算される。

$$(5,000 - 2,000 - 1,000 + 1,300 + 2,400) \div (50 - 20 - 10 + 10 + 20) = 114$$

(iii)　減耗・廃棄処理及び評価損処理

　医薬品の期末帳簿数量は 50 個であったが、実地たな卸の結果 48 個しかなく、かつ、実地たな卸数量 48 個のうち 1 個が使用期限切れであった。これらの帳簿単価は 110 である。また、期末帳簿単価 110 の期末における時価は 100 であった。

たな卸資産減耗損	220	／	医薬品	220

＊（50 個 － 48 個）× 110 ＝ 220

たな卸資産廃棄損	110	／	医薬品	110

＊1 個 × 110 ＝ 110

たな卸資産評価損	470	／	医薬品	470

＊（110 － 100）× 47 個 ＝ 470

(3) 開　示

図表 2-10　医薬品の開示

	病院会計準則	医療法人会計基準
開示場所	貸借対照表の流動資産に表示。	たな卸資産として診断材料、給食用材料、貯蔵品等とまとめて表示。
注記	たな卸資産の評価基準及び評価方法については、重要な会計方針として注記が必要。	同左
附属明細表	不要	不要

【関連条文等】

　　病院会計準則　貸借対照表原則　第23　たな卸資産の評価基準及び評価方法
　　　　　　　　　貸借対照表原則注解　（注10）6
　　医療法人会計基準　第3条　重要な会計方針の記載
　　医療法人会計基準運用指針　7　棚卸資産の評価方法等について

6　診療材料

(1) 勘定科目の説明

　診療材料とは、カテーテル、縫合糸、酸素、ギプス粉、レントゲンフィルム、など診療の都度消費する材料のことをいう。なお、これらは例示であり、医療用器械備品以外で診療の都度消費するものという広い概念と考えられる。

　近年はディスポーザル製品化されたものが多く、たとえば、注射針や注射筒などは、従前は使用後滅菌され再使用されていたが、現在では病気感染防止の観点から患者に使用したらその都度廃棄されることが一般的となっているように使用形態が変化しており、使用形態に応じて区分することが必要である。

（2）会計処理
① 病院特有の論点
(ⅰ) 診療材料の取得原価

　取得原価は、原則として購入代価に引取費用等の付随費用を加算して取得原価を算定する。付随費用としては、引取運賃、運送保険料、購入手数料、買入事務費、移管費及び保管費などがある。

　また、診療材料については値引が発生することがある。値引については診療材料の購入代価から控除することとなる。

(ⅱ) 値引の処理

　診療材料についても、医薬品と同様に、診療材料卸業者との間で値引交渉が行われるケースがある。

　この値引の処理については、上述の医薬品と同様であることから、「5 医薬品」にて解説しているため、ここでの記載は省略する。

(ⅲ) 診療材料の評価基準及び評価方法

　医薬品と同様に、診療材料の評価方法についてもあらかじめ定めた方法を適用し算定した取得原価をもって貸借対照表価額とすることになる。詳細は、「5 医薬品」の項を参照されたい。

(ⅳ) 購入時点での費用処理の適用

　診療材料は、1個当たりの購入単価が少額で大量に消費するものが少なくない。これらのすべてについて数量の受払管理や時価の調査を行っていては事務量が膨大なものとなる。したがって、最終仕入原価法の適用や金額に重要性がないものについては購入時に費用処理する方法という簡便的な処理を行うことも認められる。

　なお、近年はSPD（Supply Processing and Distribution）を導入する事例が増加している。SPDは在庫管理の手間からは開放されるが、消費責任の管理を行わないと納入業者からの請求誤りを発見できない場合があり、その結果、診療材料費が増加するリスクもある。このため、導入にあたっては単価や消費数量の分析を行い、対象品目及び管理方法を慎重に決定する必要がある。特に、購入量については、SPD業者に一任している場合は、病院側で発注、納品という行為がなく、実際納品量の

把握が困難なことに留意が必要である。

なお、SPDについては「第3章 損益計算書・Ⅱ 医業費用・1. 材料費・2 診療材料費」にてその運用例を記載している。

② 仕訳例—診療材料の取得原価

診療材料の会計処理は、基本的に医薬品と同様であるため、購入に関する会計処理のみを例示する。また評価方法、減耗・廃棄処理及び評価損処理についても医薬品の場合と同様であるため、上述の「5 医薬品」の会計処理を参照することとし、ここでは説明は省略する。

診療材料Bを100個、単価80で購入した。なお、引取運賃100をまとめて現金で支払った。

診療材料	8,100	/	現 金	8,100

＊取得原価＝80/個×100個＋100＝8,100

上記仕訳は受払管理（払い出した分を診療材料費として計上する）を前提とした原則処理である。受払管理が整備されるまでの経過措置として最終仕入原価法を採用する場合、購入時には、診療材料に代え診療材料費として計上する。

(3) 開 示

図表2-11 診療材料の開示

	病院会計準則	医療法人会計基準
開示場所	貸借対照表の流動資産に表示。	たな卸資産として医薬品、給食用材料、貯蔵品等とまとめて表示。
注記	たな卸資産の評価基準及び評価方法については、重要な会計方針として注記が必要。	同左
附属明細表	不要	不要

【関連条文等】

　病院会計準則 貸借対照表原則 第23 たな卸資産の評価基準及び評価方法
　　　　　　貸借対照表原則注解 （注10）6.
　医療法人会計基準 第3条 重要な会計方針の記載
　医療法人会計基準運用指針 7 棚卸資産の評価方法等について

7　給食用材料

（1）勘定科目の説明
給食用材料とは、患者給食のために使用する食品のことをいう。

（2）会計処理
① **病院特有の論点**
（i）給食用材料の取得原価

取得原価は、原則として購入代価に引取費用等の付随費用を加算して取得原価を算定する。付随費用としては、引取運賃、運送保険料、購入手数料、買入事務費、移管費及び保管費などがある。

なお、近時では患者のニーズにきめ細かに応えるために給食を外部委託するケースが増加している。患者給食に係る業務を委託する場合で給食材料費も委託業者が負担する場合は、給食用材料のたな卸資産管理は不要となる。

（ii）給食用材料の評価基準及び評価方法

医薬品、診療材料と同様に、給食用材料の評価についてもあらかじめ定めた方法を適用し算定した取得原価をもって貸借対照表価額とすることになっている。詳細は、「5　医薬品」の項を参照。ただし、重要性は十分考慮され、簡便な処理方法も認められる。

（iii）特殊な給食に用いる材料

災害時用の備蓄食料については、長期間有することが想定されるが、備蓄することによって、その目的を達成し費消したと考えた場合に費用処理することも認められる。

② **仕訳例―給食用材料の取得原価**

給食用材料の会計処理は、基本的に医薬品、診療材料と同様であるため、購入に関する会計処理のみを例示する。なお、評価方法、減耗・廃棄処理及び評価損処理についても、上述の「5　医薬品」と同様であるため、ここでは説明を省略する。

給食用材料Cを50食分、単価30で購入した。なお、引取運賃100を

まとめて現金で支払った。

| 給食用材料 | 1,600 | / | 買掛金 | 1,600 |

＊取得原価＝30/食×50食＋100＝1,600

なお、上記仕訳は受払管理を前提とした原則処理である。受払管理が整備されるまでの経過措置として最終仕入原価法を採用する場合、購入時には、給食材料費として計上する。

（3）開　示

図表 2-12　給食用材料の開示

	病院会計準則	医療法人会計基準
開示場所	貸借対照表の流動資産に表示。	たな卸資産として医薬品、診断材料、貯蔵品等とまとめて表示。
	病院がその医業目的を達成するために所有し、かつ短期的な費消を予定しない備蓄用の給食用材料は、固定資産に表示することも認められる。	同左
注記	たな卸資産の評価基準及び評価方法については、重要な会計方針として注記が必要。	同左
附属明細表	不要	不要

【関連条文等】

　病院会計準則　貸借対照表原則　第23　たな卸資産の評価基準及び評価方法
　　　　　　　　　貸借対照表原則注解　（注10）6.
　医療法人会計基準　第3条　重要な会計方針の記載
　医療法人会計基準運用指針　7　棚卸資産の評価方法等について

8 貯蔵品

（1）勘定科目の説明

　貯蔵品には、医療消耗器具備品及び消耗器具備品、その他の消耗品が含まれる。医療消耗器具備品とは診療、検査、看護、給食などに使用する医療用の器械、器具備品及び放射性同位元素をいう。また、消耗器具備品とは事務用その他の器械、器具備品をいう。

　医療消耗器具備品のうち、固定資産の計上基準額に満たないもの、または1年内に消費するものは医療消耗器具備品費として、消耗器具備品のうち固定資産の計上基準額に満たないもの、または1年内に消費するものは消耗器具備品費として購入時に費用処理するが、たな卸高について資産計上する場合に当該科目に計上する。

　医薬品と同様に、病院会計準則では期末時価が取得原価よりも下落した場合には、時価をもって貸借対照表価額とするという低価法で評価する。

　しかしながら、貯蔵品は、金額的及び質的にも重要性の低い物品であり、個別に受払管理することを省略し得るものであることから、低価法の適用対象外にすることも容認されると考えられる。

（2）会計処理

① 病院特有の論点

（ⅰ）貯蔵品の取得原価

　貯蔵品は、原則として、購入代価に引取費用等の付随費用を加算して取得原価を算出することになっている。したがって、引取運賃等の購入諸掛費用についても取得原価に算入する必要がある。

（ⅱ）貯蔵品の評価基準及び評価方法

　医薬品と同様に、貯蔵品の評価はあらかじめ定めた方法を適用し算定した取得原価をもって貸借対照表価額とすることになっている。ここで「あらかじめ定めた方法」とは、継続的な受払記録に基づく移動平均法、総平均法、先入先出法等をいう。詳細は、「5 医薬品」の項を参照されたい。

ただし、貯蔵品は1個当たりの購入単価が少額で大量に消費するものが少なくない。これらのすべてについて数量の受払管理や時価の調査を行っていては事務量が膨大なものとなる。したがって、実地たな卸を行い最終仕入原価法で評価する方法も認められると考えられる。

② **仕訳例―貯蔵品の取得原価**

貯蔵品の会計処理は、基本的に医薬品と同様であるため、取得に関する会計処理のみを例示する。評価方法、減耗処理及び評価損処理については「5 医薬品」の項を参照されたい。

なお、貯蔵品について、最終仕入原価法を採用した場合には、通常期末における減耗処理や評価損計上のための受払記録は採用しない場合が多い。その結果、受払記録が前提となる減耗処理や帳簿原価はそもそも把握できないが、最終仕入原価と期末時価はほぼ近似していると考えられる。

医療消耗器具備品を1,000個、単価20で購入した。なお、引取運賃はかからなかった。

| 貯蔵品 | 20,000 | / | 買掛金 | 20,000 |

＊取得原価＝20/個×1,000個＝20,000

（3）開　示

図表2-13　貯蔵品の開示

	病院会計準則	医療法人会計基準
開示場所	貸借対照表の流動資産に当該勘定科目名で表示。	たな卸資産として医薬品、診療材料、給食用材料、貯蔵品等とまとめて表示。
注記	たな卸資産の評価基準及び評価方法については重要な会計方針として注記する。ただし、貯蔵品の金額的重要性が低い場合は、省略できる。	同左
附属明細表	不要	不要

【関連条文等】
病院会計準則　貸借対照表原則　第 23　たな卸資産の評価基準及び評価方法
　　　　　　　貸借対照表原則注解　（注 10）6.
　　　　　　　一般原則注解　（注 4）
医療法人会計基準　第 3 条　重要な会計方針の記載
医療法人会計基準運用指針　7　棚卸資産の評価方法等について

9　前渡金

（1）勘定科目の説明
　前渡金とは、医薬品、医療材料や燃料の購入代金の前渡額、修繕代金の前渡額、その他これに類する前渡額をいう。

（2）会計処理
①　病院特有の論点
特筆すべき事項はない。
②　仕訳例
　医療用器械の修理見積り 1,000 について、修理依頼時に 300 を支払い、修理完了後、残額 700 を支払った。

（i）前渡金の支払い

　医療用器械の修理を依頼するにあたり、手付金として 300 を現金にて支払った。

前渡金	300	/	現　金	300

（ii）前渡金の減少

　修理完了に伴い業者より請求書を受領した。請求金額は 1,000 であった。残額 700 については翌月払いとした。

修繕費	1,000	/	前渡金 未払金	300 700

（3）開　示

図表 2-14　前渡金の開示

	病院会計準則	医療法人会計基準
開示場所	貸借対照表の流動資産に当該勘定科目名で表示。 ただし、貸借対照表日の翌日から起算して契約上の決済期限、もしくは法律上の債務確定日が1年を超えて到来するものについては、固定資産に属するものとする。	貸借対照表の流動資産にその他の流動資産に含めて表示。
注記	不要	不要
附属明細表	不要	不要

【関連条文等】

病院会計準則　貸借対照表原則　第 19　貸借対照表科目の分類
　　　　　　　貸借対照表原則注解　（注 10）1.

10　前払費用

（1）勘定科目の説明

　前払費用とは、一定の契約に従い、継続して役務の提供を受ける場合、いまだ提供されていない役務に対し支払われた対価をいう。

　たとえば、コンピューターの年間保守料（X1 年 1 月～ 12 月）を 1 月に一括納付した場合、X1 年 3 月の決算時点では 9 ヶ月分（4 月～ 12 月）は次年度に受ける保守の対価である。そこで、9 ヶ月分を当年度の損益計算から除外するとともに、次年度の費用とするため、前払費用として貸借対照表の資産の部に計上する。ほかに、医師賠償責任保険料、火災保険料、賃借料、購読料など、時間の経過につれてサービス提供を受けるための支出のうち、いまだ提供されていない期間に相当する対価が前払費用であり、役務提供契約以外の契約等による前払金とは区別しなければならない。

（2）会計処理
① 病院特有の論点
特筆すべき事項はない。

② 仕訳例
（i）前払費用の計上

保険会社との間で法律上の損害賠償責任に備えるための医師賠償責任保険契約を行い、X0年1月に保険料を支払った。
・支払金額：2,400
・契約期間：X0年1月1日からX0年12月31日
　　　　　なお、会計期間は4月～3月である。

〈X0年1月1日〉

保守料	600	/	預　金	2,400
前払費用	1,800			

（ii）翌期首の振替え

前払費用（経過勘定）は原則として翌期首に(i)の反対仕訳をする。

保守料	1,800	/	前払費用	1,800

なお、設例は年度決算を前提としているが、月次決算を行う場合は、月次ごと月単位の金額を仕訳処理することが望まれる。

（3）開　示

図表 2-15　前払費用の開示

	病院会計準則	医療法人会計基準
開示場所	貸借対照表の流動資産に当該勘定科目名で表示。 ただし、貸借対照表日の翌日から起算して役務の費消時期が1年を超えて到来するものについては、固定資産に属するものとする。	同左
注記	不要	不要
附属明細表	不要	不要

【関連条文等】

病院会計準則　貸借対照表原則　第19　貸借対照表科目の分類
　　　　　　　貸借対照表原則注解　（注10）5.
　　　　　　　損益計算書原則　第32　発生主義の原則
　　　　　　　損益計算書原則注解　（注21）1.

11　未収収益

（1）勘定科目の説明

　未収収益は、一定の契約に従い、継続して役務の提供を行う場合、すでに提供した役務に対して、いまだその対価の支払いを受けていないものをいう。

　すなわち、支払期日前であるが計算期間における経過部分の受取利息や賃貸料等は、請求債権としては確定していないものの、時間の経過に伴い、当事業年度末時点においてすでに提供した役務に対する対価として発生しているものであり、当該対価を当年度の収益として計上するとともに、貸借対照表の資産の部に計上する。

　なお、未収収益は請求債権として確定している未収金とは区別しなければならない。

（2）会計処理

① 病院特有の論点

　特筆すべき事項はない。

② 仕訳例

（i）未収収益の計上

　期末決算時（X1年3月）に、定期預金に対する受取利息のうち当事業年度に属するものを未収処理する。

　定期預金利息は年2回(2月末と8月末)支払で、半期での利息は60である。

未収収益（未収利息）　　10　 / 　受取利息　　10

＊ $60 \times 1/6$ ヶ月 $= 10$

(ⅱ) 翌期首の処理

経過勘定である未収収益については、原則として翌期首にⅰの反対仕訳を行う。

| 受取利息 | 10 | / | 未収収益 | 10 |

(ⅲ) 利息の受取り

X1年8月31日に定期預金利息を受け取った。

| 預　金 | 60 | / | 受取利息 | 60 |

(ⅰ)(ⅱ)の仕訳を合わせると実際に利息を受け取った事業年度の利息収益は50（＝60×1/6ヶ月）となる。

なお、設例は年度決算を前提としているが、月次決算を行う場合は、月単位の金額を仕訳処理することが望まれる。

（3）開　示

図表2-16　未収収益の開示

	病院会計準則	医療法人会計基準
開示場所	貸借対照表の流動資産に当該勘定科目名で表示。ただし、貸借対照表日の翌日から起算して入金の期限が1年を超えて到来するものについては、固定資産に属するものとする。	貸借対照表の流動資産にその他の流動資産に含めて表示。ただし、貸借対照表日の翌日から起算して入金の期限が1年を超えて到来するものについては、固定資産に属するものとする。
注記	不要	不要
附属明細表	不要	不要

【関連条文等】

病院会計準則　貸借対照表原則　第19　貸借対照表科目の分類
　　　　　　　貸借対照表原則注解　（注10）5.
　　　　　　　損益計算書原則　第32　発生主義の原則
　　　　　　　損益計算書原則注解　（注21）4.

12 短期貸付金

(1) 勘定科目の説明

　短期貸付金とは金銭消費貸借契約等に基づく開設主体の外部に対する貸付取引のうち、当初の契約において1年以内に弁済期限の到来するものをいう。

　また、貸借対照表日の翌日から起算して1年内に回収予定の長期貸付金も短期貸付金に含める。

　なお、開設主体の関係者等（役員、従業員、他会計、本部）に対する貸付とは区別しなければならない。役員、従業員、他会計、本部に対する貸付金は短期貸付金と区別して処理する方法と短期貸付金に含めて処理し、その内容と金額を注記する方法が認められている。

(2) 会計処理

① **病院特有の論点**

　病院において病院外の第三者に貸付けが行われることは限定的であると考えられ、医療関連の業務を行うメディカルサービス法人（MS法人）への貸付や看護学生に対する奨学貸付等が考えられる。

② **仕訳例**

（i）貸付けの実行

　メディカルサービス法人（MS法人）に運転資金として、1年間の期限で2,000を貸し付けた。金利は3％とした。

短期貸付金	2,000	／	預　金	2,000

（ii）利息の受取り

半年分の貸付金の利息として30受け取った。

預　金	30	／	貸付金利息	30

　未収収益の計上については、上述の「11　未収収益」を参照されたい。

(iii) 貸付金の回収

先に貸し付けた 2,000 の返済を受けた。

| 預　金 | 2,000 | ／ | 短期貸付金 | 2,000 |

（3）開　示

図表 2-17　短期貸付金の開示

	病院会計準則	医療法人会計基準
開示場所	貸借対照表の流動資産に当該勘定科目名で表示。 ただし、貸借対照表日の翌日から起算して入金の期限が1年を超えて到来するものは、固定資産に属するものとする。	貸借対照表の流動資産にその他の流動資産に含めて表示。
注記	不要	不要
附属明細表	短期貸付金明細表を作成しなければならない。 貸付金明細表には、長期貸付金及び短期貸付金に区分し、短期貸付金は貸付先ごとに当期における期末残高の明細を記載する。	不要

【関連条文等】

病院会計準則　貸借対照表原則　第 19　貸借対照表科目の分類
　　　　　　　貸借対照表原則注解　（注 10）2.

13　役員従業員貸付金

（1）勘定科目の説明

　役員、従業員に対する貸付金のうち当初の契約において1年以内に弁済期限の到来するものをいう。

　また、貸借対照表日の翌日から起算して1年内に回収予定の役員従業

員長期貸付金も役員従業員短期貸付金に含める。

なお、役員、従業員への貸付金は第三者に対する短期貸付金と区別して処理する方法と短期貸付金に含めて処理しその内容と金額を注記する方法が認められている。

（2）会計処理
① 病院特有の論点
特筆すべき事項はない。
② 仕訳例
(i) 貸付の実行

X1年2月1日に役員に対して2,000の貸付を実行した。返済条件は3年後（X4年1月31日）一括返済、金利条件は3％で年1回1月31日に後払い。

役員従業員長期貸付金	2,000 ／ 預　金	2,000

(ii) X1年3月31日決算時

2ヶ月分の利息を未収収益計上する。

未収収益	10 ／ 受取利息	10

なお、未収利息については上述の「11　未収収益」を参照されたい。

(iii) X3年3月31日決算時

弁済期限が1年内となるため、役員従業員短期貸付金に振り替えた。

役員従業員短期貸付金	2,000 ／ 役員従業員長期貸付金	2,000

(iv) 貸付金の回収

返済日に銀行口座に入金があった。

預　金	2,000 ／ 役員従業員短期貸付金	2,000

（3）開　示

図表 2-18　役員従業員貸付金の開示

	病院会計準則	医療法人会計基準
開示場所	貸借対照表の流動資産に当該勘定科目名で表示。 ただし、貸借対照表日の翌日から起算して入金の期限が1年を超えて到来するものは、固定資産に属するものとする。	貸借対照表の流動資産にその他の流動資産に含めて表示。
注記	役員、従業員等に対する貸付金を通常の貸付金と区別せずに表示する場合には、注記によりその内容を明瞭に表示。	関係事業者との一定額以上の取引に該当する場合は、関係事業者に関する注記をする。
附属明細表	短期貸付金明細表を作成しなければならない。 貸付金明細表には、長期貸付金及び短期貸付金に区分し、短期貸付金は貸付先ごとに当期における期末残高の明細を記載する。	不要

【関連条文等】

病院会計準則　貸借対照表原則　第 19　貸借対照表科目の分類
　　　　　　　貸借対照表原則注解　（注 10）2.
医療法人会計基準　第 22 条　貸借対照表等に関する注記
医療法人会計基準運用指針 23　関係事業者に関する注記について

14　他会計短期貸付金

（1）勘定科目の説明

　本部や他の施設など他の会計単位に対する貸付金のうち、当初の契約において 1 年以内に弁済期限の到来するものをいう。役員、従業員と違い、同じ開設主体の内部取引でありながら区分が求められるのは、施設会計として位置付けられる病院会計準則の性質から、施設管理上、開設主体の外部に

対する貸付金と区別しつつ、施設間の資金融通の事実を表示することにある。
　また、他会計長期貸付金のうち弁済期限が貸借対照表日の翌日から起算して1年内のものも他会計短期貸付金に含める。
　なお、他会計への貸付金は短期貸付金と区別して独立の勘定科目とするか、短期貸付金に含めて処理しその内容と金額を注記する。

(2) 会計処理
① 病院特有の論点―施設間取引の会計処理
　病院会計準則は、病院という施設又は事業に関する会計基準であるが、病院の開設主体は、複数の病院を開設するだけでなく、病院以外にも診療所、研究所、学校、介護老人保健施設、社会福祉施設などのさまざまな施設や事業を営んでいることが多い。
　一開設主体が複数の施設等を営んでいる場合は、施設間取引（本部や他施設との取引をいう）が発生することが一般的であり、これを財務諸表を作成する単位ごとに、どのように取り扱うかが論点となる。
　施設間取引（本部や他施設との取引をいう）に関しては「病院会計準則適用における実務上の取扱い」において、(i)施設間の貸借勘定を用いて会計処理するもの、(ii)借入金または貸付金として取り扱うもの、(iii)純資産の直接増減として取り扱うものの3つに分類し、さらに(iv)収益又は費用に対応する取引の会計処理について、その内容に応じた会計処理が求められている。
（ⅰ）施設間の貸借勘定を用いて会計処理するもの
　本部や施設間との取引について、最終的に施設間（本部を含む）で貸し借りの精算を行うことを前提にしている場合は、相手方の本部や施設に対する貸し借りを集約する勘定として施設勘定（施設名を称した勘定科目）という特別な勘定科目を使用して、資産ないしは負債に計上する会計処理を行う。
　この施設勘定を用いる施設間取引としては、後日精算を前提とした各施設の収益又は費用に対応する取引以外に、短期的な資金の融通や費用の肩代り処理を行うものも含まれる。

この施設勘定は、各施設間の債権と債務を集計しているので、それぞれの施設に債権（資産）として計上されている施設勘定とそれに対応する各施設の債務（負債）に計上されている施設勘定とは金額が一致することになる。したがって、施設勘定には各施設間の取引残高を照合する機能がある。

また、各施設勘定は、各施設にとっては債権債務となり、精算がなされていない場合は各施設単位の財務諸表には計上されるが、開設主体全体としてみれば内部的な取引であり、全体の財務諸表を作成するにあたっては、施設勘定は相殺消去されることになる。

(ii) 借入金又は貸付金として取り扱うもの

施設間（本部を含む）との取引のうち、一定条件にあてはまる資金の融通の場合には会計貸付金あるいは他会計借入金として取り扱うこととされている。

借入金の使途については、約定時点で明確になっているのが通常であるため、資金調達の管理を本部で一括して取り扱っている場合であっても、特定の施設等の建築資金のように、その帰属が明確なものは、各病院の財務諸表に計上しなければならない。したがって、各病院の財務諸表において、他会計からの借入金又は他会計への貸付金として会計処理をするものは、施設間（本部を含む）での明確な約定（目的、返済期限、返済方法、金利等）があるものに限定されることになる。

なお、約定が明確でない一次的な資金の融通は、返済がなされることが前提であれば、前述の施設間の貸借勘定である施設勘定の増減に含まれることになる。

以上から、他会計短期貸付金は、他の短期貸付金とは区分して独立の勘定科目とすることが規定されている。

(iii) 純資産の直接増減として取り扱うもの

上記(i)及び(ii)以外の取引については、すべて純資産の直接増減として会計処理を行う。この分類に該当する取引は、施設間の取引について精算を前提としないことから、施設等に対してその分の元手（純資産）を増加もしくは減少させたことになり、各施設において資本取引となるからである。

また、取引を行った時点において最終的に精算を行うかどうか明確でない場合には、当初は貸借勘定に会計処理しておき、精算を行わないことが決定した時点で、純資産に振り替える会計処理を行う。

　なお、病院会計準則では、純資産の部における勘定科目は開設主体の会計基準に応じて任意に区分することを前提としているため、行われる取引の性質に応じて純資産としての施設勘定や他施設からの繰入金勘定等を設定して会計処理を行うことになる。

　この純資産の増減として取り扱う施設間取引としては精算を前提としない各施設の収益・費用に対応する取引のほか、返済を前提としない施設間の資金移動等が含まれる。たとえば、同一開設主体の病院から他施設に対し返済を要しない資金移動をした場合、当該病院では、以下のとおりの会計処理を行うことになる。

```
　　純資産　　　×××　／　預　金　　　×××
```

受入施設では、次の会計処理を行う。

```
　　預　金　　　×××　／　純資産　　　×××
```

(ⅳ)　収益又は費用に対応する取引の会計処理

　この項目は、上述の(ⅰ)から(ⅲ)の施設間取引の分類による会計処理と内容が異なっており、(ⅰ)や(ⅱ)の分類の施設間取引の場合に、収益や費用に対応する取引の会計処理について確認しているものである。

　施設間取引であっても、病院会計準則の収益又は費用の定義に該当する取引については、医業サービスの提供の内容に応じた科目に計上する。たとえば、Ａ病院においてＢ病院の職員に対する健康診断を実施した場合には、それぞれの病院及び本部において、以下のような会計処理を行うことになる。ここでは、当該取引に関する施設間の費用負担についての精算は行わないことを前提としている。

〈Ａ病院〉

```
　　純資産　　　×××　／　保健予防活動収益　×××
```

〈B病院〉

| 福利厚生費 | ××× | / | 純資産 | ××× |

なお、施設間の取引価額は、客観性を有した外部に対するサービス提供に準じた適正な金額水準である必要があることに留意する。

② **仕訳例**

(ⅰ) 貸付の実行

A病院は、借入金利負担を考え、B病院から1年間の期限で借入書により10,000を借り入れた。当該貸付は、特定の施設Cセンターの建築資金であり、その帰属が明確である。また、施設間では明確な約定（目的、返済期限、返済方法、金利等）がある。

〈A病院〉

| 預　金 | 10,000 | / | 他会計短期借入金 | 10,000 |

〈B病院〉

| 他会計短期貸付金 | 10,000 | / | 預　金 | 10,000 |

(ⅱ) 診療業務の応援

収益費用に該当する施設間取引としてA医療センターの医師がB医療センターに診療業務の応援を行った。1時間当たりの付替給与レートは10,000円（給与の実績レートや実績+α等の振替レートが考えられる）であり、時間は3時間であった。当該取引は費用負担について精算を行う施設間取引である。

〈A医療センター〉

| B医療センター | 30,000 | / | 給　料 | 30,000 |

〈B医療センター〉

| 給　料 | 30,000 | / | A医療センター | 30,000 |

(3) 開　示

図表 2-19　他会計短期貸付金の開示

	病院会計準則	医療法人会計基準
開示場所	貸借対照表の流動資産に当該勘定科目名で表示。 ただし、貸借対照表日の翌日から起算して入金の期限が1年を超えて到来するものは、固定資産に属するものとする。	法人単位の財務諸表では開示されない。
注記	他会計、本部などに対する貸付金を通常の貸付金と区別せずに表示する場合には、注記によりその内容を明瞭に表示。	不要
附属明細表	短期貸付金明細表を作成しなければならない。 貸付金明細表には、長期貸付金及び短期貸付金に区分し、短期貸付金は貸付先ごとに当期における期末残高の明細を記載する。	不要

【関連条文等】

病院会計準則　貸借対照表原則　第19

　　　　　　　貸借対照表原則注解　（注10）2.

15　繰延税金資産

(1) 勘定科目の説明

　繰延税金資産とは、発生主義に基づく会計と法人税等の税金計算のための税務会計を調整することを目的として、税金費用の期間配分を行うこと等の税効果会計の採用により生じる資産科目である。その発生原因は、法人税等が課税される開設主体においては、会計上の発生主義に基づいて会計処理された収益・費用のうち一部は、税務上においては益金・損金に算入されないため、会計上の収益・費用と税務上の益金・損金の認識時期にズレが生じる（当

該一時的な認識のズレを「一時差異」という）結果、会計上の利益と税金の関係が歪んだものとなる。これを是正するために使用される勘定科目であり、資産の評価替えに関連して生じる内容も含む。詳細の会計処理については「純資産・Ⅲ　税効果会計」に記載しているため、そちらを参照されたい。

　繰延税金資産は、税効果会計を適用した場合において、一時差異等（一時差異と繰越欠損金）に係る税金の額のうち将来の法人税等の支払額を減額する効果を有すると判断される額をいう。

　なお、流動区分で計上するものは、その解消（たとえば、税務上否認したものが容認される）が貸借対照表日の翌日から起算して1年以内に見込まれるものである。

（2）会計処理
①　病院特有の論点

　病院会計準則の貸借対照表、損益計算書の様式例には税効果会計関連の勘定科目は記載されていないが、病院会計準則の損益計算書原則第40や損益計算書原則注解（注24）において税効果会計の適用が明記されているため、関連する勘定科目として解説する。

　一方、医療法人会計基準においても、運用指針15において税効果会計が原則的に運用されることが明示されている。

　法人税、住民税及び事業税は、開設主体全体で計算されるため、課税対象法人になっている病院の開設主体全体で計算された税金について、各病院に対応する額を配分することが必要となり、税効果会計の適用にあたっても、全体として計算された繰延税金資産を各病院等に配分することが必要となる。

　病院会計準則には、具体的な配分方法は示されていないが、法人税等の計算にあたっては、各病院等の損益計算から個別の税務計算を試算することが可能であり、これから見積りの課税所得を求めて、これを基礎として法人税等の配分が行われるものと考えられる。これにより、税効果会計を適用する一時差異等も病院ごとに把握できることから、これに基づいて繰延税金資産を計上することになる。

② 仕訳例

（ⅰ）X1年度決算時

A病院の見積りの法人税法上の課税所得を計算をしたところ、会計上計上した診療材料評価損500については使用見込みがほとんどないと判断したため会計上費用処理したが、実際の廃棄は翌期に行ったため、法人税法上損金算入が認められず否認した。法定実効税率は30％であった。

| 繰延税金資産 | 150 | ／ | 法人税等調整額 | 150 |

＊ 500 × 30％ = 150

（ⅱ）X2年度決算時

上記診療材料500を実際に廃棄したため、損金算入が認められた。

| 法人税等調整額 | 150 | ／ | 繰延税金資産 | 150 |

（3）開　示

　税効果会計については、病院会計準則の損益計算書原則及び損益計算書原則注解において適用する旨明記されているが、具体的な表示方法については様式例にも記載がないため、公表されている会計基準等の表示方法に従うことになる。

　医療法人会計基準においては、様式通知において流動資産及び固定資産のその他の資産の区分に当該勘定科目が示されているため、公表されている会計基準等の表示方法に従うことになると考えられる。

① 貸借対照表関係

　繰延税金資産は、その解消時期が貸借対照表日の翌日から起算して1年以内である場合には流動資産として、1年超である場合には固定資産のその他の資産として表示する。なお、流動資産に属する繰延税金資産と流動負債に属する繰延税金負債がある場合及び固定資産のその他の資産に属する繰延税金資産と固定負債に属する繰延税金負債がある場合には、それぞれ相殺して表示するものとする。

　なお、繰延税金資産は、各病院に振り替えられた法人税の繰戻還付金の

未収金額である未収還付法人税等とは区別して表示する。

② **損益計算書関係**

損益計算書原則では、税引前当期純利益から法人税、住民税及び事業税負担額を控除して当期純利益を表示する形となっている。

③ **注記事項**

「税効果会計に係る会計基準」（平成10年10月30日 企業会計審議会）では以下の事項の注記が求められている。

1. 繰延税金資産及び繰延税金負債の発生原因別の主な内訳
2. 税引前当期純利益又は税金等調整前当期純利益に対する法人税等（法人税等調整額を含む）の比率と法定実効税率との間に重要な差異があるときは、当該差異の原因となった主要な項目別の内訳
3. 税率の変更により繰延税金資産及び繰延税金負債の金額が修正されたときは、その旨及び修正額
4. 決算日後に税率の変更があった場合には、その内容及びその影響

なお、医療法人会計基準では、上記1.について注記を行うことが明示されている。

開示についての詳細は「純資産・Ⅲ 税効果会計」にて解説を行っているため、そちらを参照されたい。

【関連条文等】

病院会計準則 損益計算書原則 第40 当期純利益
　　　　　　　損益計算書原則注解　（注24）
医療法人会計基準適用指針15 税効果会計の適用について
　　　　　　　24 貸借対照表注記事項について

16 その他の流動資産

（1）勘定科目の説明

立替金、仮払金など前掲の科目に属さない債権等であって、貸借対照表日の翌日から起算して1年以内に精算されるものはその他の流動資産としてまとめて表示する。ただし、金額の大きいものについては独立の勘定

科目を設けて処理することが望ましい。

(2) 会計処理
① 病院特有の論点
特筆すべき事項はない。
② 仕訳例
(i) 立替払い

売店の外部委託先と折半にする電話代300を取りまとめて支払った。

通信費	150	預　金	300
立替金	150		

(ii) 立替えの回収

外部委託先より委託先負担額を回収した。

現　金	150	立替金	150

(3) 開　示

図表 2-20　その他の流動資産の開示

	病院会計準則	医療法人会計基準
開示場所	貸借対照表の流動資産に当該勘定科目名で表示。ただし、貸借対照表日の翌日から起算して入金の期限が1年を超えて到来するものは、固定資産に属するものとする。	貸借対照表の流動資産にその他の流動資産に含めて表示。
注記	不要	不要
附属明細表	不要	不要

【関連条文等】
　病院会計準則　貸借対照表原則　第19　貸借対照表科目の分類

17 貸倒引当金

（1）勘定科目の説明

　貸倒引当金とは、医業未収金、未収金、短期貸付金などの金銭債権に関する取立不能見込額の引当額をいう。

　病院会計準則において、貸倒引当金は、債務者の財政状態及び経営成績等に応じて、合理的な基準により算定した見積高をもって計上しなければならないとされている（病院会計準則貸借対照表原則第24　2．）。

　病院会計準則では、企業会計をはじめ近年の会計制度改革を反映し財務諸表によって病院経営の実態をより適切に反映するため金融商品会計基準が導入されている。

　金融商品会計基準においては、まず債務者の財政状態及び経営成績等に応じて、債権を一般債権、貸倒懸念債権、破産更生債権等の3つに分類し、その分類ごとに貸倒見積高を算定することとしている（金融商品会計基準Ⅴ）。ここに一般債権とは経営状態に重大な問題が生じていない債務者に対する債権をいい、貸倒懸念債権とは経営破綻の状態には至っていないが、債務の弁済に重大な問題が生じているか又は生じる可能性の高い債務者に対する債権、破産更生債権等とは経営破綻又は実質的に経営破綻に陥っている債務者に対する債権をいう。

（2）会計処理

① 病院特有の論点

　医業未収金のうち国民健康保険連合会や社会保険診療報酬支払基金等を通じて回収される保険者負担分には返戻、査定減等が生じ得るが、いわゆる貸倒れの可能性が低いため、貸倒引当計算の対象にはならないものと考えられる。

　病院事業において貸倒れが生ずる可能性があるのは、患者自己負担分の医業未収金及び貸付金等の債権である。患者自己負担分の未収金については、以下のように分類される。

- 一般債権　　　：　通常の問題なく回収が予定される債権
- 貸倒懸念債権：　(a) 支払いが通常回収期間以上延滞している債務者（患者）に対する債権
　　　　　　　　　　(b) 分割支払いの患者で支払期間の延長又は支払いの一時棚上げ及び支払いの一部を免除するなど債務者（患者）に対し弁済条件の大幅な緩和を行っている債権
- 破産更生債権等：行方不明、自己破産等の債務者（患者）に対する債権

ただし、すべての債務者について現況の把握及び財務内容に関する情報の入手を行うことは実務上困難を伴うと考えられることから、原則的な区分方法に代えて、たとえば、債権の計上月又は弁済期限からの経過期間に応じて債権区分を行うなどの簡便な方法も認められている（金融商品実務指針107）。

つまり、医業未収金については患者未収金など個々の債権金額が小さいものが多く、重要性がない場合には、簡便的に滞留期間等を用いて債権区分を行うことも認められると考えられる。

② **仕訳例**

(i) 貸倒見積額の算定

(A) 一般債権

一般債権の貸倒見積額の算定として債権全体または同種・同類の債権ごとに、債権の状況に応じて求めた過去の貸倒実績率等合理的な基準により貸倒見積高を算定するとしている（金融商品会計基準Ⅴ）。

ここでの同種とは医業未収金、貸付金、未収金等の科目別の区分を指し、同類とは同種よりも大きな区分であり、すなわち、医業債権（医業未収金）と医業外債権（未収金、貸付金等）あるいは、短期（期日が1年以内の債権）と長期（期日が1年超の債権）の期間別区分をいう。グルーピングは信用リスクの程度に応じて行うため、細分化の程度は各病院の取引の実情による。

一般債権の貸倒見積高＝債権金額（※）×貸倒実績率
　※　債権全体、または同種、同類ごとにグルーピングされた債権

ここで使用される貸倒実績率は、ある期における債権残高を分母とし、翌期以降における貸倒損失額を分子として算定される（金融商品実務指針110）。ここでの「貸倒損失額」には法的破綻等の債権（貸倒懸念債権及び破産更生債権等）に対する直接償却及び個別引当が該当すると考えられる。

この算式において貸倒実績率を算定する期間は、一般的には債権の平均回収期間が妥当とされるが、病院事業の平均回収期間は数ヶ月程度である場合が多く、このような場合でも、貸倒損失の過去のデータを算定する算定期間は、最低ラインとして1年とする。また、貸倒実績率を算定するにあたっては、その年度を含むそれ以前の2〜3算定期間に係る貸倒実績率の平均値によるとされている（金融商品実務指針110）。

たとえば、貸倒実績率は次のように算定される。

設例 債権の平均回収期間が1年未満の場合

[前提条件]
　一般債権である医業未収金における過去3年間の貸倒れの発生状況は次のとおりである。

	T-3期	T-2期	T-1期	T期（当期）	当初元本損失合計
元本期末残高 当期貸倒損失	300 	 2			300 2
元本期末残高 当期貸倒損失		400 	0 3		400 3
元本期末残高 当期貸倒損失			350 	0 1	350 1
元本期末残高 当期貸倒損失				500 	500
合計元本期末残高 合計当期貸倒損失	300 	400 2	350 3	500 1	

（注）平均回収期間は3ヶ月とする。

[会計処理]

〈決算日〉

　　貸倒引当金繰入額　3百万円　／　貸倒引当金　3百万円

　貸倒実績率＝(2÷300[T-3期]＋3÷400[T-2期]＋1÷350[T-1期])÷3
　　　　　　＝0.57％
　T期の貸倒引当金計上額＝500×0.57％＝3

医療法人会計基準運用指針12では、前々会計年度末の負債総額が200億円未満の医療法人においては、法人税法における貸倒引当金の繰入限度相当額が取立不能見込額を明らかに下回っている場合を除き、その繰入限度額相当額を貸倒引当金に計上することができるとされている。

(B) 貸倒懸念債権

貸倒懸念債権の貸倒見積額の算定は、個別にそれぞれの債権の状況に応じて、後述する財務内容評価法とキャッシュ・フロー見積法のいずれかの方法により貸倒見積高を算定する。

ただし、同一の債権については、債務者の財政状態及び経営成績の状況等が変化しない限り、同一の方法を継続して適用することが求められている（金融商品会計基準Ⅴ）。

しかしながら、貸倒懸念債権に該当する患者未収金の件数が多い病院も想定され、この場合は個別債権ごとに毎期検討することが実務的に困難になると思われる。患者未収金は滞留が1年以上経過するとその回収可能性は高くない実態から、過去の実績等により一定の基準に従い一定年度経過後に償却するためのルールを策定することも検討の余地があると考える。一定のルールは病院ごとの実態に合ったものとすべきである。

なお、貸倒懸念債権の貸倒引当金の計上方法については、通常、以下の方法が説明されている。

(あ) 財務内容評価法

財務内容評価法とは、債権額から担保の処分見込額及び保証による回収見込額を減額し、その残額について債務者の財政状態及び経営成績を考慮して貸倒見積高を算定する方法をいう（金融商品実務指針113(1)）。

財務内容評価法を採用する場合、債務者の支払能力を総合的に判断する必要があるが、病院においては債務者の支払能力を判断する資料の入手が困難であることから、簡便的に貸倒懸念債権と初めて認定した期には、担保の処分見込額及び保証による回収見込額を控

除した残額の50％を引き当て、次年度以降において、毎期見直す等の方法が考えられる。ただし、個別に重要性の高い貸倒懸念債権については、可能な限り資料を入手して、評価時点における回収可能額の最善の見積りを行うことが必要である（金融商品実務指針114）。

(ロ)　キャッシュ・フロー見積法

キャッシュ・フロー見積法とは、債権の元本の回収及び利息の受取りに係るキャッシュ・フローを合理的に見積もることができる債権について、債権の元本及び利息について元本の回収及び利息の受取りが見込まれるときから当期末までの期間にわたり当初の約定利子率で割り引いた金額の総額と債権の帳簿価額との差額を貸倒見積高とする方法をいう（金融商品実務指針113　(2)）。

キャッシュ・フロー見積法を採用する場合、債権者の元利回収に係る契約上の将来キャッシュ・フローが予定どおり入金されないおそれがあるときは、その都度、回収可能性の判断に基づいて入金可能な時期と金額を反映した将来キャッシュ・フローの見積りを行ったうえで、それを債権の発生当初の約定利子率または取得当初の実効利子率で割り引くとされている。そのため、キャッシュ・フロー見積法を採用するためには継続的な債権管理が前提となる。

将来キャッシュ・フローの見積りは、少なくとも各期末に更新し、貸倒見積高を洗い替えるとしている。なお、割引効果の時間の経過による実現分のうち貸倒見積高の減額分は、原則として、受取利息に含めて処理する。ただし、それを受取利息に含めないで貸倒引当金戻入額として処理することもできる（金融商品実務指針115）。

(C)　破産更生債権等

破産更生債権等の貸倒見積額の算定は、個別にそれぞれの債権額から担保の処分見込額及び保証による回収見込額を減額し、その残額を貸倒見積高とする（金融商品会計基準第五　二　3）。

債権額から担保の処分見込額及び保証による回収見込額を減額した残債権に対し引当を設定するという意味では貸倒懸念債権と同様であ

るが、貸倒懸念債権が残債権のうち貸倒見込高を見積もって引当を設定するのに対し、破産更生債権等は残債権全額を貸倒見積高としている点で異なる。

　貸倒見積高は原則として貸倒引当金として処理する以外に債権金額又は取得価額から直接減額することができるとされている（金融商品会計基準注解（注10））。

(ⅱ)　貸倒引当金の会計処理

　貸倒引当金を算定する方法は、貸倒懸念債権や破産更生債権の貸倒見積りのように個々の債権ごとに見積もる方法（以下、「個別引当法」という）と一般債権のように債権をまとめて過去の貸倒実績率により見積もる方法（以下、「総括引当法」という）とがある。一方、貸倒引当金の繰入れ及び取崩しの処理は、引当の対象となった債権の区分ごとに行わなければならない（金融商品実務指針122）。

　また、債権の回収可能性がほとんどないと判断された場合においては、当該貸倒損失額を債権から直接減額する。当該債権に対してすでに貸倒引当金を見積もっていた場合は、貸倒損失額と当該債権に係る貸倒引当金残高のいずれか少ない金額まで貸倒引当金を取り崩し貸倒損失と相殺しなければならない（金融商品実務指針123）。なお、「債権の回収可能性がほとんどないと判断された場合」とは必ずしも契約上の債権の全部又は一部が消滅する場合だけでなく、請求しないとか債権額以上の請求コストが要する場合など法人の実質判断によるものを含む（金融商品実務指針302）。

　相殺すべき貸倒損失より当該債権に係る貸倒引当金残高が不足している場合においては貸倒引当金の不足が対象債権の当期中における状況の変化によるものである場合、相殺後の貸倒損失残高をそれぞれの債権の性格により、医業費用または医業外費用に計上する。

設例 貸倒損失に関する会計処理

[前提条件]
A病院は下記の破産更生債権等につき当期貸倒処理を行うこととなった。
1. 医業未収金 20 百万円（前期貸倒引当金 10 百万円を個別引当）
　（貸倒理由）患者Bとの間で翌期の返済を約定していたが、当期に患者Bが自己破産したため、全額回収不能となった。
2. 長期貸付金 50 百万円（前期貸倒引当金 40 百万円を個別引当）
　（貸倒理由）当期に貸付先であるM社が倒産し、会社清算の結果、M社への貸付金 50 百万円が全額回収不能となった。

[会計処理]
〈貸倒時点〉

| 貸倒引当金　　　　　　　　10 百万円 | 医業未収金　20 百万円 |
| 貸倒損失（医業費用）　　　10 百万円 | |

| 貸倒引当金　　　　　　　　　40 百万円 | 長期貸付金　50 百万円 |
| 貸倒損失（医業外費用）　　　10 百万円 | |

医業費用　：20（医業未収金）− 10（貸倒引当金）= 10
医業外費用：50（長期貸付金）− 40（貸倒引当金）= 10

設例 期末時点における会計処理

[前提条件]
C病院の期末処理（単位：百万円）
1）繰入額 100（医業債権 60、医業外債権 40）、取崩高 30 の場合
2）繰入額 40、取崩高 70 の場合

[会計処理]
① 1）のケース

| 貸倒引当金繰入（医業費用）　　42 百万円 | 貸倒引当金　　　　　70 百万円 |
| 貸倒引当金繰入（医業外費用）　28 百万円 | |

(注) 繰入額の基礎となった対象債権の比で、医業費用と医業外費用を按分している。

② 2）のケース

| 貸倒引当金　　　　　　　　30 百万円 | 貸倒引当金戻入　　30 百万円 |
| | （医業外収益） |

(3) 開 示

図表 2-21 貸倒引当金の開示

	病院会計準則	医療法人会計基準
開示場所	貸借対照表に資産の控除項目として表示。 医業未収金、未収金などの流動資産を貸倒見積対象債権とする場合は、貸倒引当金は流動資産の部の最後行に控除額として表示する。	同左
注記	引当金の計上基準を記載。	同左
附属明細表	引当金明細表において、期首残高、当期増加額、貸倒損失充当による目的使用額、その他減少額、期末残高を開示	同左

【関連条文等】

病院会計準則 貸借対照表原則 第24 医業未収金、未収金、貸付金等の貸借対照表価額
　　　　　　　貸借対照表原則注解 （注13）
医療法人会計基準 第12条 金銭債権の評価
医療法人会計基準適用指針 12 引当金の取扱いについて
　　　　　　　　　　　　　27 附属明細表について

II
有形固定資産

1．有形固定資産の論点

　有形固定資産とは1年以上使用することを目的として所有され、物理的形態があり、かつその金額が一定額以上の資産をいう。有形固定資産は、建物、構築物、医療用器械備品、車両及び船舶、放射性同位元素等のように使用、時の経過や陳腐化などにより価値が減少する償却資産と土地のように使用等により価値が減少しない非償却資産に区分される。

（1）取得形態の区分による取得価額
　有形固定資産の取得原価には、原則として当該資産の引取費用等の付随費用を含める。
　購入による取得の場合は、当該資産の購入の対価に付随費用である引取運賃、荷役費、運送保険料、購入手数料、関税その他資産の購入のために要した費用を含め、さらに当該資産を事業の用に供するために直接要した費用を加えたものを取得原価とする。
　受贈等によって取得した資産の取得価額は、その取得時における公正な評価額とする。
　なお、貸借対照表価額については、その取得原価から減価償却累計額を控除した価額をもって貸借対照表価額とする（医療法人会計基準第10条）。

（2）耐用年数と償却方法
　土地、建設仮勘定等以外の有形固定資産については、使用や時の経過とともに消耗、減耗し、利用可能期間にわたって価値が減少していく償却資産である。償却資産は取得に要した費用等の取得原価から、残存価額を除

いた金額を定額法や定率法等の一定の方法によって利用可能期間にわたって各年分の費用として配分していく。これを減価償却という。

　減価償却は、残存価額、耐用年数、償却方法の3つの要素で決まる。

　残存価額とは、固定資産が耐用年数を経過し廃棄される時、これを売却処分することによって回収されると見積もられる価額である。償却済みの有形固定資産は、除却されるまで残存価額又は備忘価額で記載する。

　利用可能期間は耐用年数と呼ばれ、償却資産の単なる物理的使用可能期間ではなく、経済的使用可能予測期間に見合ったものでなければならない。耐用年数は、対象となる償却資産の材質・構造・用途等（物理的使用可能期間に用いる）のほか、使用上の環境、技術の革新、経済事情の変化による陳腐化の危険の程度、その他当該施設の特殊的条件（経済的使用可能予測期間に用いる）も検討し、決定される。

　残存価額と耐用年数は、原則として、法人自らが過去の状況や使用方法等の実態を勘案して、自主的に見積もり、決定する。しかし、実務上は自主的に耐用年数を見積もることが困難であること等の理由により、法人税法上の残存価額や耐用年数を適用することが一般的となっている。なお、中古資産を取得した場合には、原則として法定耐用年数によらず、取得後の見積使用可能期間を適用する。

　減価償却の方法については定額法、定率法などがあり、定額法の減価償却費の額は【（取得価額－残存価額）÷耐用年数】もしくは、定額法の償却率を用いた場合の【（取得価額－残存価額）×償却率（定額法）】で求める。定率法の減価償却費の額は【簿価×償却率（定率法）】で求める。

　仕訳例にて説明を行う。

第2章 貸借対照表

設例

購入価額：10,000,000
残存価額：ゼロ
耐用年数：5年（償却率：定額法 0.200　定率法 0.400）

① 定額法の減価償却額
　（ⅰ）1年目
　　　定額法の場合は、毎年の減価償却額は一定となる。

減価償却費　　2,000,000　／　減価償却累計額　　2,000,000

＊(10,000,000 － 0)÷ 5 ＝ 2,000,000

　（ⅱ）2年目

減価償却費　　2,000,000　／　減価償却累計額　　2,000,000

＊(10,000,000 － 0)÷ 5 ＝ 2,000,000

② 定率法の減価償却額
　（ⅰ）1年目
　　　定率法の場合は減価償却額は逓減する。

減価償却費　　4,000,000　／　減価償却累計額　　4,000,000

＊10,000,000 × 0.400 ＝ 4,000,000

　（ⅱ）2年目

減価償却費　　2,400,000　／　減価償却累計額　　2,400,000

＊(10,000,000 － 4,000,000)× 0.400 ＝ 2,400,000

③ 減価償却方法の変更
　　会計方針である減価償却方法は継続適用されなければならない。減価償却方法を変更する場合は、正当な理由に基づく場合に限られる。

（3）資本的支出と修繕費の区分

　固定資産の取得後に行う改良または修繕に係る支出については、資産価値を高めたりあるいは耐用年数を延長させるものと、通常の維持管理または原状回復のためのものがある。前者は資本的支出として資産処理し、後

者は修繕費として費用処理することとなる。実務上その判定が難しい場合、法人税法の規定により取り扱うことも認められている。

これを受けて、会計上は下記に該当するときは修繕費として処理を行うことが多いと考えられる（下記は例示である）。

- 修理、改良等のために要した費用の額が20万円に満たない場合
- その修理、改良等がおおむね3年以内の期間を周期として行われることが既往の実績その他の事情から見て明らかである場合

また、費用のうちに資本的支出であるか修繕費であるか明らかでない金額がある場合において、その金額が次のいずれかに該当するときは、修繕費として処理する。

- その金額が60万円に満たない場合
- その金額がその修理、改良等に係る固定資産の前期末における取得金額のおおむね10％相当額以下である場合

図表 2-22　法人税法における資本的支出と修繕費の区分等の基準

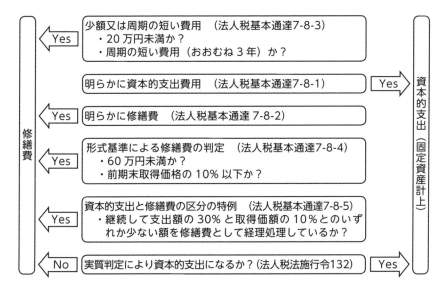

（4）補助金の会計処理

運用指針19①によれば「固定資産の取得に係る補助金等については、直接減額方式又は積立金経理により圧縮記帳する」とされている。補助金に係る会計処理の詳細は、「負債・Ⅱ　固定負債・8　長期前受補助金」において、「補助金の会計処理」として解説を行っているため、ここにおいての説明は省略する。

（5）減損処理（強制評価減）

有形固定資産に天災や火災等の偶発的な事由により物理的減価が生じる場合がある。医療法人会計基準第10条2によれば、このような場合も包含して「資産の時価が著しく低くなった場合には、回復の見込みがあると認められるときを除き、時価をもって貸借対照表価額とする。」とされており、固定資産に時価の著しく下落した場合の減損処理（強制評価減）が規定されている。詳細は、以下のとおりです。

２．固定資産の減損処理（強制評価減）

（1）減損会計の概要

医療法人会計基準第10条において「固定資産（有形固定資産及び無形固定資産に限る。）については、次項及び第三項の場合を除き、その取得価額から減価償却累計額を控除した価額をもって貸借対照表価額とする。

2　固定資産（次条に規定する有価証券及び第十二条第一項に規定する金銭債権を除く。）については、資産の時価が著しく低くなった場合には、回復の見込みがあると認められるときを除き、時価をもって貸借対照表価額とする。

3　第一項の固定資産については、使用価値が時価を超える場合には、前二項の規定にかかわらず、その取得価額から減価償却累計額を控除した価額を超えない限りにおいて使用価値をもって貸借対照表価額とすることができる。」とされ、固定資産の評価において、減損会計の考え方が取り入れられた。

減損会計は、企業会計において平成14年8月に「固定資産の減損に係

る会計基準」」が公表されて適用に至っている。企業会計における減損会計とは、収益性が低下するような「減損の兆候」の有無を判断し、「減損の兆候」が生じていれば、固定資産の「回収可能額」を算定することで簿価と「回収可能額」の差額を「減損損失」として計上するといったプロセスを経る。つまり、企業会計における減損会計は収益性の低下などの「減損の兆候」の有無の判定から検討を行うこととなる。

一方、医療法人は収益獲得を第一義とした組織ではないため、企業会計の減損会計の基準をそのまま取り入れることは合理的ではないと考え、ここにおいては、同様に非営利法人である公益法人会計基準に適用されている減損会計のルールを解説する。なお、今後実務指針で手当てされた場合は、それに従うことになる。

(2) 減損会計の適用フローの解説と仕訳例

医療法人会計基準では減損会計について、現在のところ運用指針等に適用にあたっての特別な記載はない。そのため、実務上の適用にあたっては、公益法人会計基準の適用方法が参考になると思われる。公益法人会計基準における適用にあたっての考え方のフローは「公益法人会計基準に関する実務指針」(平成28年3月22日　日本公認会計士協会非営利法人委員会実務指針38号)(以下、「公益法人会計基準実務指針」という)となっている。

図表 2-23 減損会計の適用フロー

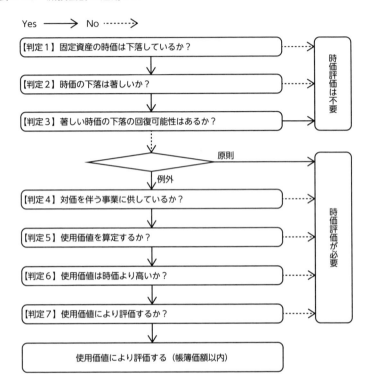

　医療法人会計基準においてもこの適用フローに沿って検討するべきと思われるため、以下判定方法の内容について順次解説していく。

【判定1】固定資産の時価は下落しているか？
① 減損の対象となる固定資産

　上記の適用フローに従って考えなければならない固定資産は、原則的に貸借対照表に計上されている全ての固定資産であると考えられる。ただし、他の基準に減損処理に関する定めがある資産（たとえば、金融商品に関する会計基準における金融資産や税効果会計における繰延税金資産）は除かれる。

② 固定資産の時価

　企業会計において、時価とは、公正な評価額をいう。通常、それは観察可能な市場価格をいい、市場価格が観察できない場合には合理的に算定された価額とされている。土地や建物については不動産鑑定評価等により、また、電話加入権は、一般的に売買されているため、時価の把握は比較的容易であるといえる。

　しかし、通常に使用している医療用機械備品、その他の機械備品や車両については、金額的に重要性がない場合が多く、一般的に時価が下がっているとは考えられないため、厳密に時価を把握することは不要である。

　以上のことから、減損の適用フローとして考えるべき固定資産は、土地や建物などの一定の資産に限られると思われる。これらの固定資産に時価の下落が見られる場合、判定2へと進むことになる。

【判定2】時価の下落は著しいか？

① 著しい時価の下落

　著しい時価の下落がどの程度であるかについて、医療法人会計基準では明確に定義されていない。この点、「公益法人会計基準の運用指針」（平成20年4月11日内閣府公益認定等委員会）（以下、「公益法人会計基準運用指針」という）においては、「資産の時価が著しく下落したときとは、時価が帳簿価額からおおむね50％を超えて下落している場合」とされているため、医療法人会計基準においても同様であると考えられる。

【判定3】著しい時価の回復可能性はあるか？

① 回復可能性

　「時価の回復可能性がある」とは、相当の期間に時価が回復できることを、合理的な根拠をもって予測できることをいう。合理的な根拠がない場合は、回復可能性があると判断することはできず、原則として時価評価を行う必要がある。

【判定4】対価を伴う事業に供しているか？

当該判定は、公益法人を前提としているために存在している。公益法人においては、対価を伴わない事業を実施している場合もあるが、医療法人においては、一般的にそのような事業は想定されない。

【判定5】使用価値を算定するか？

① 使用価値

使用価値とは、資産又は資産グループの継続的使用と使用後の処分によって生ずると見込まれる将来キャッシュ・フローの現在価値とされている。

② 資産のグルーピング

使用価値を算定する場合、合理的な範囲で資産のグルーピングを行うことが考えられる。なぜなら、固定資産は通常単独ではキャッシュ・フローを生み出すことは基本的にないためである。この趣旨から、固定資産のグルーピングは、他の資産又は資産グループのキャッシュ・フローからおおむね独立したキャッシュ・フローを生み出す最小の単位で行うこととされている。

【判定6】使用価値は時価より高いか？及び【判定7】使用価値により評価するか？

使用価値が時価より高ければ、使用価値によって評価を行うことが検討できることとなり、時価及び使用価値のどちらで評価するかを選択することになる。仮に使用価値が時価より低ければ、時価により評価することとされる。

使用価値で評価する場合、使用価値が帳簿価額を超えたとしても帳簿価額を上限として評価することとなる。

> **設例**
>
> 帳簿価額50,000（時価：20,000）の土地を保有しているが、時価の回復の見込み及びその使用価値は不明である。
>
> | 減損損失 | 30,000 | / | 土　地 | 30,000 |
> |---|---|---|---|---|
>
> ＊下落率＝(50,000−20,000)／50,000＝60%＞50%　∴減損損失を認識
> 　減損損失＝50,000−20,000＝30,000

Ⅱ　有形固定資産

設例

帳簿価額 50,000（時価：20,000）の土地を保有しているが、時価の回復の見込みは、不明である。使用価値は 45,000 と見込まれた。

| 減損損失 | 5,000 | ／ | 土　地 | 5,000 |

＊下落率＝(50,000－20,000)／50,000＝60%＞50%　∴減損損失を認識
　　　　使用価値は時価より高いため、使用価値をもって評価する。
　減損損失＝50,000－45,000＝5,000

（3）減損処理後の会計処理

固定資産に減損処理を行った後の会計処理方法についても、公益法人会計基準実務指針に記載されている。

① 減価償却

建物などの償却性資産について減損を行った場合については、減損損失を控除した帳簿価額に基づいて償却計算を行う。

② 減損損失の戻入れ

減損損失計上後に時価が上がったなどの事象があったとしても、減損損失について戻入れは行わない。

（4）開　示

図表 2-24　減損処理の開示

	病院会計準則	医療法人会計基準
開示場所	減損処理について明示されていない。	◆減損処理を行った固定資産 (直接控除形式) ●減損処理前の取得価額から減損損失を直接控除し、控除後の金額をその後の取得価額として表示する。 (関節控除形式) ・減損損失累計額を取得価から関節的に控除する形式で表示。なお、減価償却累計額と合算して表示することも認められる。

		◆減損損失 損益計算書の特別損失の区分で表示する。
注記	同上	重要な減損損失を認識した場合には、減損損失の内容を注記することが望ましい。 注記の内容としては、固定資産の種類、場所、減損損失の金額、グルーピングの方法、評価金額の算定方法を記載する。
附属明細表	同上	減損損失を計上した固定資産についても、固定資産明細表を作成することとなる。 減損損失及び減損損失累計額については、「当期償却額」及び「当期末減価償却累計額又は償却累計額に含めることになると思われる。

【関連条文等】
医療法人会計基準 第10条 固定資産の評価
医療法人会計基準運用指針 27 附属明細表について

3．有形固定資産の種類

1 建 物

（1）勘定科目の説明
　会計上の建物は、病棟、診療棟、管理棟、職員宿舎等の建物本体と、それらに附属する電気、空調、冷暖房、昇降機、給排水などの建物附属設備と包含するものである。建物と建物附属設備と管理上は区分されるものの、表示上は合わせて表示する。

（2）会計処理
① 病院特有の論点
病院事業における特殊性はない。

なお、複数の施設で共同使用される管理棟や職員宿舎棟がある場合においては、減価償却費や管理経費等の各施設への按分が必要になる。

また、法人税法では「減価償却資産の耐用年数等に関する省令」において診療所及び助産所用の建物は別表第一の「建物」に掲げる「病院用」のものに含めることができるとされているので、病院用の耐用年数で償却することができる。

② 仕訳例
(i) 小切手振出し時

ゼネコン業者と新棟の建設工事の契約を締結し、工事代金10,000,000を小切手を振り出し支払った。

建設仮勘定	10,000,000	預　金	10,000,000

(ii) 建物完成時

建設中の新棟が完成し、引渡しが行われた。建築費用は合計で20,000,000であった。残金10,000,000のうち7,000,000を振り込み、残りは月末払いとした。

建　物	20,000,000	建設仮勘定	10,000,000
		預　金	7,000,000
		未払金	3,000,000

(iii) 決算日

上記建物（耐用年数39年、残存価額：ゼロ円、定額法）について、決算日が到来したため減価償却を行った。なお、完成後事業の用に供した日は5月1日、決算日は3月31日とする。

減価償却費	470,085	減価償却累計額	470,085

＊ 20,000,000 ÷ 39年 ×（11/12）ヶ月 = 470,085

(iv) 除却日

旧棟建物（取得価額 12,000,000、減価償却累計額 11,400,000）の解体撤去工事が完了したため、除却処理した。

減価償却累計額	11,400,000	建　物	12,000,000
建物除却損	600,000		

（3）開　示

開示順序としては償却資産を先に配列し、有形固定資産の配列の最初に建物、構築物、医療用器械備品、その他の器械備品、車両及び船舶、放射性同位元素、その他の有形固定資産、土地、建設仮勘定の順序で表示される。

図表 2-25　建物の開示

	病院会計準則	医療法人会計基準
開示場所	貸借対照表の固定資産の有形固定資産に表示。	同左
注記	重要な会計方針として財務諸表に減価償却の方法の記載が必要。また、減価償却の方法、耐用年数及び残存価額を変更した際には会計方針の変更として記載が必要。さらに、建物が借入の担保として供されている場合には、別途注記が必要。	同左 また、固定資産の償却年数又は残存価額の変更に重要性がある場合には影響額の記載が必要。
附属明細表	固定資産明細表を作成しなければならない。固定資産明細表では、資産の種類ごとに期首残高、当期増加額、当期減少額、期末残高、当期末減価償却累計額又は償却累計額、当期償却額及び差引当期末残高の明細を記載する。さらに、建物が借入の担保として供されている場合には、別途担保権明細表を記載する。	固定資産明細表を作成しなければならない。記載項目は左と同じ。

【関連条文等】
病院会計準則　貸借対照表原則　第19　貸借対照表科目の分類
　　　　　　　　　　　　　　　第25　有形固定資産の評価
医療法人会計基準　第3条　重要な会計方針の記載
　　　　　　　　　第22条　貸借対照表等に関する注記
医療法人会計基準運用指針　8　減価償却の方法等について
　　　　　　　　　　　　　27　附属明細表について

2　構築物

(1) 勘定科目の説明

門、塀、舗装道路、緑化施設、貯水池など建物以外の工作物及び土木設備であって土地に定着したものである。

(2) 会計処理

① 病院特有の論点

特筆すべき事項はない。

② 仕訳例

病院敷地の周囲に塀を建設し、2月1日に完成引渡しを受けた。なお、工事代金の支払いは4月1日である。

　取得価額：5,000,000、耐用年数：20年、残存価額：ゼロ円、定額法
　　　　　　決算日は3月31日である。

(i) 完成引渡し日（2月1日）

構築物	5,000,000 / 未払金	5,000,000

(ii) 決算日（3月31日）

減価償却費	41,667 / 減価償却累計額	41,667

＊ 5,000,000 ÷ 20年 × (2/12) ヶ月 = 41,667

（3）開　示

図表 2-26　構築物の開示

	病院会計準則	医療法人会計基準
開示場所	貸借対照表の固定資産の有形固定資産に表示。	同左
注記	重要な会計方針として財務諸表に減価償却の方法の記載が必要。 また、減価償却の方法、耐用年数及び残存価額を変更した際には会計方針の変更として記載が必要。 さらに、構築物が借入の担保として供されている場合には、別途注記が必要。	同左 また、固定資産の償却年数又は残存価額の変更に重要性がある場合には影響額の記載が必要。
附属明細表	固定資産明細表を作成しなければならない。 固定資産明細表では、資産の種類ごとに期首残高、当期増加額、当期減少額、期末残高、当期末減価償却累計額又は償却累計額、当期償却額及び差引当期末残高の明細を記載する。 さらに、構築物が借入の担保として供されている場合には、別途担保権明細表を記載する。	固定資産明細表を作成しなければならない。記載項目は左と同じ。

【関連条文等】

病院会計準則　貸借対照表原則　第19　貸借対照表科目の分類
　　　　　　　　　　　　　　　　第25　有形固定資産の評価
医療法人会計基準　第3条　重要な会計方針の記載
　　　　　　　　　第22条　貸借対照表等に関する注記
医療法人会計基準運用指針　8　減価償却の方法等について
　　　　　　　　　　　　　27　附属明細表について

3 医療用器械備品

(1) 勘定科目の説明

　CTやMRI、内視鏡など医療活動（治療、検査、看護等）のために使用する器械、器具備品などであり、ファイナンス・リース取引により使用するものも含む。なお、リース会計に関しては「資産・Ⅳ リース会計」にて詳細解説を行っているため、そちらを参照されたい。

(2) 会計処理

① 病院特有の論点

　病院では、組織的に分業体制で診療行為が行われているため、医療用器械備品の設置場所は多岐にわたる。また、ポータブル機器など院内を移動して使用するものが多い、といった特徴がある。それゆえ、現物の管理責任の所在を明確にしておくことが肝要であり、新規取得時には、所管部署が検収・作動確認し、検収日・稼動日等を記入した報告書を作成して報告するとともに、経理部門では報告書に基づき遅滞なく固定資産台帳への登録、固定資産の計上を行うことが必要である。

　留意すべき点として、通常購入と取引形態が異なるリース資産については、自己所有資産と区別しつつも、同じようにリース資産台帳等による管理が必要である。また、購入する前に試験的に使用しているものがある場合は、自己所有資産とは区分しておく必要がある。

　さらに、除却・売却の際は、遅滞なく所管部署等からの報告書により除却処理を行う必要がある。

② 仕訳例

　病院用医療用器械備品を購入し、2月1日に利用を開始した。なお、支払いは4月1日である。

　取得価額：3,000,000、耐用年数：10年、残存価額：ゼロ円、定額法
　決算日は3月31日である。

　(i) 利用開始日（2月1日）

医療用器械備品	3,000,000	/	未払金	3,000,000

(ii) 決算日（3月31日）

| 減価償却費 | 50,000 | / | 減価償却累計額 | 50,000 |

＊ 3,000,000 ÷ 10 年 ×（2/12）ヶ月 = 50,000

（3）開　示

図表 2-27　医療用器械備品の開示

	病院会計準則	医療法人会計基準
開示場所	貸借対照表の固定資産の有形固定資産に表示。	同左
注記	重要な会計方針として財務諸表に減価償却の方法の記載が必要。また、減価償却の方法、耐用年数及び残存価額を変更した際には会計方針の変更として記載が必要。さらに、リース取引を行っている場合には、重要な会計方針としてリース取引の処理方法の記載が必要。そのうえ、医療用器械備品が借入の担保として供されている場合には、別途注記が必要。	同左 また、固定資産の償却年数又は残存価額の変更に重要性がある場合には影響額の記載が必要。
附属明細表	固定資産明細表を作成しなければならない。固定資産明細表では、資産の種類ごとに期首残高、当期増加額、当期減少額、期末残高、当期末減価償却累計額又は償却累計額、当期償却額及び差引当期末残高の明細を記載する。さらに、医療用器械備品が借入の担保として供されている場合には、別途担保権明細表を記載する。	固定資産明細表を作成しなければならない。記載項目は左と同じ。

【関連条文等】

病院会計準則 貸借対照表原則 第19 貸借対照表科目の分類
　　　　　　　　　　　　　　第25 有形固定資産の評価
医療法人会計基準 第3条 重要な会計方針の記載
　　　　　　　　第22条 貸借対照表等に関する注記
医療法人会計基準運用指針　8　減価償却の方法等について
　　　　　　　　　　　　　27　附属明細表について

4　その他の器械備品

（1）勘定科目の説明
器械、器具・備品のうち医療用器械備品以外のものである。

（2）会計処理
① 病院特有の論点
「3 医療用器械備品」と同様である。

② 仕訳例
（i）購入日

事務用として備品 50,000 を 4 月 1 日に購入、現金で支払った。取得価額は 50,000 である。

その他の器械備品　50,000	／	現　金	50,000

（ii）決算日

上記備品（耐用年数 3 年、残存価額：ゼロ円、定率法：償却率 0.667）について、決算日が到来したため償却を行った。なお、決算日は 3 月 31 日とする。

減価償却費　　　33,350	／	減価償却累計額	33,350

＊ 50,000 × 0.667 ＝ 33,350

（iii）除却

上記備品を翌期首に除却した。ただし、除却した備品の評価額は 0 である。

減価償却累計額　33,350	／	その他の器械備品	50,000
固定資産除却損　16,650			

（3）開　示

図表 2-28　その他器械備品の開示

	病院会計準則	医療法人会計基準
開示場所	貸借対照表の固定資産の有形固定資産に表示。	同左
注記	重要な会計方針として財務諸表に減価償却の方法の記載が必要。 また、減価償却の方法、耐用年数及び残存価額を変更した際には会計方針の変更として記載が必要。 さらに、リース取引を行っている場合には、重要な会計方針としてリース取引の処理方法の記載が必要。 そのうえ、その他の器械備品が借入の担保として供されている場合には、別途注記が必要。	同左 また、固定資産の償却年数又は残存価額の変更に重要性がある場合には影響額の記載が必要。
附属明細表	固定資産明細表を作成しなければならない。 固定資産明細表では、資産の種類ごとに当期における期首残高、当期増加額、当期減少額、期末残高、当期末減価償却累計額又は償却累計額、当期償却額及び差引当期末残高の明細を記載する。 さらに、その他器械備品が借入の担保として供されている場合には、別途担保権明細表を記載する。	固定資産明細表を作成しなければならない。記載項目は左と同じ。

【関連条文等】

病院会計準則　貸借対照表原則　第19　貸借対照表科目の分類
　　　　　　　　　　　　　　　第25　有形固定資産の評価
医療法人会計基準　第3条　重要な会計方針の記載
　　　　　　　　　第22条　貸借対照表等に関する注記
医療法人会計基準運用指針　8　減価償却の方法等について
　　　　　　　　　　　　　27　附属明細表について

5 車両及び船舶

(1) 勘定科目の説明

　救急車、レントゲン車、その他の自動車、船舶などであり、ファイナンス・リース取引により使用するものも含む。

(2) 会計処理

① **病院特有の論点**

　特筆すべき事項はない。

② **仕訳例—車の買換えの処理**

　車（取得価額 1,200,000、減価償却累計額 700,000）を 300,000 で下取りしてもらい、1,400,000 の車を 1,100,000 で購入した。なお、代金は翌月末に支払う予定である。

車両及び船舶	1,400,000	未払金	1,100,000
減価償却累計額	700,000	車両運搬具	1,200,000
固定資産売却損	200,000		

(3) 開　示

図表 2-29　車両及び船舶の開示

	病院会計準則	医療法人会計基準
開示場所	貸借対照表の固定資産の有形固定資産に表示。	同左
注記	重要な会計方針として財務諸表に減価償却の方法の記載が必要。 また、減価償却の方法、耐用年数及び残存価額を変更した際には会計方針の変更として記載が必要。 さらに、リース取引を行っている場合には、重要な会計方針としてリース取引の処理方法の記載が必要。 そのうえ、車両及び船舶が借入の担保として供されている場合には、別途注記が必要。	同左 また、固定資産の償却年数又は残存価額の変更に重要性がある場合には影響額の記載が必要。
附属明細表	固定資産明細表を作成しなければならない。 固定資産明細表では、資産の種類ごとに当期における期首残高、当期増加額、当期減少額、期末残高、当期末減価償却累計額又は償却累計額、当期償却額及び差引当期末残高の明細を記載する。 さらに、車両及び船舶が借入の担保として供されている場合には、別途担保権明細表を記載する。	固定資産明細表を作成しなければならない。記載項目は左と同じ。

【関連条文等】

　　病院会計準則　貸借対照表原則　第19　貸借対照表科目の分類
　　　　　　　　　　　　　　　　　第25　有形固定資産の評価
　　医療法人会計基準　第3条　重要な会計方針の記載
　　　　　　　　　　　第22条　貸借対照表等に関する注記
　　医療法人会計基準運用指針　8　減価償却の方法等について
　　　　　　　　　　　　　　　27　附属明細表について

6 放射性同位元素

(1) 勘定科目の説明
診療用の放射性同位元素で、1年以上使用するものである。

(2) 会計処理
① 病院特有の論点
X線やガンマ線などによる撮影、治療、アイソトープ検査などを実施する病院では、放射性同位元素を保有することがある。それゆえ、当該科目は、病院の特徴を勘案して設定されているものと言えるが、固定資産の計上基準に合致する放射性同位元素を一般の病院が保有することは稀で、高度医療を志向する大規模病院などで使われることが多い。

② 仕訳例
特筆すべき会計処理はない。

(3) 開 示

図表 2-30　放射性同位元素の開示

	病院会計準則	医療法人会計基準
開示場所	貸借対照表の固定資産の有形固定資産に表示。	同左
注記	重要な会計方針として財務諸表に減価償却の方法の記載が必要。 また、減価償却の方法、耐用年数及び残存価額を変更した際には会計方針の変更として記載が必要。	同左 また、固定資産の償却年数又は残存価額の変更に重要性がある場合には影響額の記載が必要。
附属明細表	固定資産明細表を作成しなければならない。 固定資産明細表では、資産の種類ごとに当期における期首残高、当期増加額、当期減少額、期末残高、当期末減価償却累計額又は償却累計額、当期償却額及び差引当期末残高の明細を記載する。	固定資産明細表を作成しなければならない。記載項目は左と同じ。

【関連条文等】
病院会計準則 貸借対照表原則 第19 貸借対照表科目の分類
　　　　　　　　　　　　　第25 有形固定資産の評価
医療法人会計基準 第3条 重要な会計方針の記載
医療法人会計基準運用指針　8　減価償却の方法等について

7　その他の有形固定資産

（1）勘定科目の説明

　立木竹（1本単位の樹木、面積単位の立木、束単位の竹を指す）など前掲の科目に属さないものである。ただし、金額の大きいものについては独立の勘定科目を設けて処理することが望ましい。

（2）会計処理

①　病院特有の論点
特筆すべき事項はない。

②　仕訳例
特筆すべき会計処理はない。

（3）開　示

図表2-31　その他の有形固定資産の開示

	病院会計準則	医療法人会計基準
開示場所	貸借対照表の固定資産の有形固定資産に表示。	同左
注記	重要な会計方針として財務諸表に減価償却の方法の記載が必要。また、減価償却の方法、耐用年数及び残存価額を変更した際には会計方針の変更として記載が必要。さらに、その他の有形固定資産が借入の担保として供されている場合には、別途注記が必要。	同左 また、固定資産の償却年数又は残存価額の変更に重要性がある場合には影響額の記載が必要。

附属明細表	固定資産明細表を作成しなければならない。 固定資産明細表では、資産の種類ごとに当期における期首残高、当期増加額、当期減少額、期末残高、当期末減価償却累計額又は償却累計額、当期償却額及び差引当期末残高の明細を記載する。 さらに、その他の有形固定資産が借入の担保として供されている場合には、別途担保権明細表を記載する。	固定資産明細表を作成しなければならない。記載項目は左と同じ。

【関連条文等】
病院会計準則 貸借対照表原則 第19 貸借対照表科目の分類
　　　　　　　　　　　　　　第25 有形固定資産の評価
医療法人会計基準 第3条 重要な会計方針の記載
医療法人会計基準運用指針 8 減価償却の方法等について

8 土 地

(1) 勘定科目の説明
病院事業のために使用している土地である。

(2) 会計処理
① 病院特有の論点
病院事業における特殊性はない。
② 仕訳例
有形固定資産の取得原価には、原則として当該資産の引取費用等の付随費用を含める。現物出資として受け入れた固定資産については、公正な評価額を取得原価とする。

以下、簡単な仕訳例にて説明を行う。

病院を建て替えるための用地として30,000,000で土地を購入し、代金は仲介手数料500,000を含めて支払った。

| 土　地 | 30,500,000 | ／ | 預　金 | 30,500,000 |

（3）開　示
図表2-32　土地の開示

	病院会計準則	医療法人会計基準
開示場所	貸借対照表の固定資産の有形固定資産に表示。	同左
注記	土地が借入の担保として供されている場合には、別途注記が必要。	同左
附属明細表	固定資産明細表を作成しなければならない。 固定資産明細表では、資産の種類ごとに当期における期首残高、当期増加額、当期減少額、期末残高、当期末減価償却累計額又は償却累計額、当期償却額及び差引当期末残高の明細を記載する。 さらに、土地が借入の担保として供されている場合には、別途担保権明細表を記載する。	固定資産明細表を作成しなければならない。記載項目は左と同じ。

【関連条文等】

病院会計準則　貸借対照表原則　第19　貸借対照表科目の分類
　　　　　　　　　　　　　　　第25　有形固定資産の評価
医療法人会計基準　第22条　貸借対照表等に関する注記
医療法人会計基準運用指針　27　附属明細表について

9 建設仮勘定

(1) 勘定科目の説明

有形固定資産の建設、拡張、改造などの工事が完了して稼働するまでに発生する請負前渡金、建設用材料部品の買入代金などである。

(2) 会計処理

① 病院特有の論点

特筆すべき事項はない。

② 仕訳例

(i) 新病棟の建築を 10,000,000 で発注し、手付金 1,000,000 を現金で支払った。

建設仮勘定	1,000,000	/	現　金	1,000,000

(ii) 工事期間中であるが、契約に基づいて 4,000,000 を中間払いとして現金で支払った。

建設仮勘定	4,000,000	/	現　金	4,000,000

(iii) 新病棟が完成し、残金を現金で支払い、引渡しを受けた。

建　物	10,000,000	/	現　金	5,000,000
			建設仮勘定	5,000,000

（3）開　示

図表 2-33　建設仮勘定の開示

	病院会計準則	医療法人会計基準
開示場所	貸借対照表の固定資産の有形固定資産に表示。	同左
注記	不要	不要
附属明細表	固定資産明細表を作成しなければならない。 固定資産明細表では、資産の種類ごとに当期における期首残高、当期増加額、当期減少額、期末残高、当期末減価償却累計額又は償却累計額、当期償却額及び差引当期末残高の明細を記載する。	固定資産明細表を作成しなければならない。記載項目は左と同じ。

【関連条文等】

病院会計準則　貸借対照表原則　第 19　貸借対照表科目の分類
　　　　　　　　　　　　　　　第 25　有形固定資産の評価
医療法人会計基準運用指針　27　附属明細表について

10　減価償却累計額

（1）勘定科目の説明

土地及び建設仮勘定等以外の有形固定資産について行った減価償却の累計額であり、現在所有している減価償却資産に計上した減価償却費の積み重ね分である。

（2）会計処理

①　**病院特有の論点。**

病院事業における特殊性はない。

② 仕訳例

決算日に 1,000 の固定資産減価償却を行った。

| 減価償却費　　1,000　　／　　減価償却累計額　　1,000 |

(3) 開　示

図表 2-34　減価償却累計額の開示

	病院会計準則	医療法人会計基準
開示場所	貸借対照表の固定資産の有形固定資産に表示。	同左
注記	取得価額から減価償却累計額を控除した帳簿価額を各勘定科目ごとに記載する直接控除方式と、取得価額とこれの控除科目としての減価償却累計額とを勘定科目ごともしくは一括して記載する間接控除方式とがあり、直接控除の表示にする場合、有形固定資産の減価償却累計額を貸借対照表に注記する必要がある。	同左
附属明細表	固定資産明細表を作成しなければならない。 固定資産明細表では、資産の種類ごとに当期における期首残高、当期増加額、当期減少額、期末残高、当期末減価償却累計額又は償却累計額、当期償却額及び差引当期末残高の明細を記載する。	同左

【関連条文等】

病院会計準則　貸借対照表原則　第 19　貸借対照表科目の分類
　　　　　　　　　　　　　　　第 25　有形固定資産の評価
医療法人会計基準　第 3 条　重要な会計方針の記載
医療法人会計基準運用指針　8　減価償却の方法等について
　　　　　　　　　　　　　27　附属明細表について

Ⅲ

無形固定資産

1．無形固定資産の論点

（1）範　囲

　無形固定資産は、法律上や契約上の諸権利のほか、物理的な実態を有しないが将来の経済的便益をもたらすと期待される経済的資源をいう。「法律上や契約上の諸権利」には貸借対照表原則で例示されている借地権のほか、特許権・商標権・電話加入権などがある。また、経済的便益をもたらす経済的資源には個別に識別可能な「ソフトウェア」やいわゆる「のれん」が含まれる。

（2）貸借対照表価額

　無形固定資産の貸借対照表価額は、有形固定資産と同様に、取得時に支払った価額である取得原価により、当該資産が収益獲得等の能力が毀損する等、資産性がなくなった場合は評価減を行うことが必要となる。

　取得原価の範囲については、有償で取得した場合は取得のために支出した金額（＝購入対価＋付随費用）が取得原価となるため、取得時に発生した関連費用は内容を精査し取得原価に含めるか検討を行わなければならない。仮に無償で取得した場合には、公正な評価額をもって取得原価とする（貸借対照表原則第21）。なお、無形固定資産であるのれんについては、施設全体の購入時に取得価額と対象施設の時価評価純資産との差額として計上される場合がある。

　無形固定資産は、有形固定資産と同様、有効期間（耐用年数）にわたって一定の減価償却の方法により費用化する。これは、無形固定資産を活用することによる経済的有利性が、耐用年数の間、時の経過によって減価し

ていくという考え方に基づくものである。ただし、借地権や電話加入権については有形固定資産の土地と同様、時の経過によって利用価値が減額しないため、減価償却は行われない。

なお、有形固定資産と異なる点として、無形固定資産については取得価額から減価償却累計額を控除した未償却残高を貸借対照表価額とすることとなっている（病院会計準則貸借対照表原則第26）。

（3）減価償却方法

病院会計準則には減価償却の方法に関する規定がないため、一般に公正妥当と認められる会計の基準（いわゆる「企業会計基準」）に従うこととなる。

減価償却の方法には、定率法・定額法・その他合理的な方法があるが、無形固定資産は機能的減価等の生じる可能性が低いことから、一般には定額法が多く採用されている。

償却期間は、当該無形固定資産の使用期間を合理的に見積もる必要があるが、合理的に見積もることが困難な場合も多いため、実務的には法人税法上の法定耐用年数を用いることが一般的である。

なお、無形固定資産の減価償却の方法は、重要な会計方針として注記する必要がある。

1 借地権

（1）勘定科目の説明

借地権とは、建物の所有を目的とする「地上権」及び土地の「賃借権」をいう（借地借家法第2条）。

「地上権」は、他人の土地において工作物を所有するために、土地の所有者と地上権の設定契約を締結して、その土地を直接的に支配し利用することができる権利であり、地上権者は土地所有者の承諾なく地上権を譲渡又は賃貸することができる。これに対し、「賃借権」は、土地の賃貸借契約を締結し有償で利用する権利で、借地権を譲渡又は転貸する際には土地所有者の承諾が必要となる。

現在の「借地借家法」が平成4年8月1日から施行されたことにより、

従来の「借地法」「借家法」「建物保護に関する法律」は同日をもって廃止されたが、新法の施行前にすでに締結されている借地契約には新法の期間、契約の更新など、多くの規定について旧法が適用されることになっている。

なお、借地権には次の種類がある。

図表2-35　借地権の種類

	種　類	期　間	内　容
旧法	① 借地法に基づく借地権	●存続期間に定めある場合 　堅固な建物　：30年以上 　非堅固な建物：20年以上 ●存続期間に定めない場合 　堅固な建物　：60年 　非堅固な建物：30年	平成4年7月31日までに設定された借地権
新法	② 借地借家法に基づく借地権（普通借地権）	●存続期間に定めある場合 　堅固・非堅固の区別なく一律30年以上 ●存続期間に定めない場合 　堅固・非堅固の区別なく一律30年	平成4年8月1日以降に設定された借地権のうち、下記③④⑤以外のもの
新法	③ 定期借地権	50年以上	借地契約の更新、存続期間の延長、借地借家法第13条の規定による建物の買取請求はできない。なお、借地契約満了時に当該借地上の建物を取壊し、更地にして土地所有者に明け渡さなければならない。
新法	④ 建物譲渡特約付借地権	30年以上	借地権設定後30年以上経過した日に当該借地上の建物を土地所有者に譲渡する旨が定められている。

新法	⑤ 事業用借地権	10年以上50年未満	借地契約の更新、存続期間の延長、借地借家法第13条の規定による建物の買取請求はできない。なお、借地契約満了時に当該借地上の建物を取壊し、更地にして土地所有者に明け渡さなければならない。

（2）会計処理
① 病院特有の論点

通常、借地契約は開設主体である法人が契約者となって地代の支払いを行うが、支払われた地代は当該借地を利用する病院施設で計上することが適切である。そのためには、法人が締結している借地契約を施設ごとに区分管理したり、あらかじめ借地権や地代に関わる経費を各病院に按分する合理的な基準（配賦基準）を設定しておくことが必要である。

② 仕訳例

(i) 取得原価

借地契約にあたって、土地所有者に支払った借地権の対価を「借地権」として計上する。なお、直接の対価以外でも以下のものは取得原価に含まれる。

- 借地契約にあたって、支払った手数料などの費用
- 賃借した土地を改良するために行った地盛り、地ならし、埋立てなどの整地費用
- 建物などを増築や改築するにあたって、その土地の所有者に支払った費用
- 土地の上にある建物などを取得した場合に、その建物などの買入価額のうちに借地権の対価が含まれているときのその金額
- 借地するにあたって建物を取得した場合に、その取得後おおむね1年以内に建物を取り壊すなど、当初から建物を取り壊して借地権を利用する目的であることが明らかなときの建物の帳簿価額や取壊費用

（ⅱ）減価償却

非償却資産であり減価償却は行われない。

（ⅲ）仕訳例

医療法人甲は、A病院の増築を目的としてA病院の隣接地を所有する乙氏と借地契約を締結し、借地権設定の対価として50,000を現金で支払った。

| 借地権 | 50,000 | ／ | 現　金 | 50,000 |

（3）開　示

図表2-36　借地権の開示

	病院会計準則	医療法人会計基準
開示場所	貸借対照表の固定資産の無形固定資産に表示。	同左
注記	不要	同左
附属明細表	固定資産明細表を作成する。固定資産明細表には、期首残高、当期増加額、当期減少額、期末残高、当期末減価償却累計額又は償却累計額、当期償却額及び差引当期末残高の明細を記載する。	同左

【関連条文等】

病院会計準則　貸借対照表原則　第19　貸借対照表科目の分類
　　　　　　　　　　　　　　　第26　無形固定資産の評価
医療法人会計基準運用指針 27　附属明細表について

2　ソフトウェア

（1）勘定科目の説明

ソフトウェアとはコンピュータを機能させるように指令を組み合わせて表現したプログラム等であり、システム仕様書やフローチャート等の関連

文書も含まれる。

これに対し、コンテンツとは、プログラムにより処理される電子データ（電子カルテや画像管理システムにおける画像データなど）であり、ソフトウェアには該当しないことに留意が必要である。

ソフトウェアの制作費は、制作目的により分類され次のとおり会計処理される。

図表2-37　ソフトウェアの制作費

目　的		条　件	会計処理
研究開発目的		（すべて研究開発費）	費用処理
研究開発目的以外	受注製作	（請負工事の会計処理に準じた処理）	
	市場販売目的制作	最初に製品化された製品マスターの完成までの制作費	費用処理（研究開発費）
		製品マスターの完成後の機能の改良・強化に係る制作費	無形固定資産
	自社利用目的制作	将来の収益獲得又は費用削減が ・確実であると認められる場合	無形固定資産
		・不確実又は不明である場合	費用処理
	自社利用目的購入	将来の収益獲得又は費用削減が ・確実であると認められる場合	無形固定資産
		・不確実又は不明である場合	費用処理

上表のとおり、無形固定資産として計上されるソフトウェア及びその範囲は、以下のとおりとなる。

(ア)　販売する目的で制作したソフトウェアで、その制作費のうち製品マスターの完成後の機能の改良・強化に係る制作費
（病院において対象となるケースは多くないと考えられる）

(イ)　自社で利用する目的で制作したソフトウェアで、自社利用することにより将来の収益獲得又は費用削減が確実であると認められる場合の制作費
（病院においては作業の効率化による費用削減を目的としたソフトウェアの導入が主になると考えられる）

(ウ) 自社で利用する目的で購入したソフトウェアで、自社利用することにより将来の収益獲得又は費用削減が確実であると認められる場合の購入費

((イ)と同様に作業の効率化による費用削減を目的としたソフトウェアの導入が主であるが、ワープロソフトや表計算ソフトなどは金額的に重要性がない場合は含まれない)

(2) 会計処理
① 病院特有の論点

　近年、医療のIT化は画像処理等の個別業務系のシステムに加え、それら個別業務系システムを繋ぐ医事会計システムやオーダーリングシステム、電子カルテシステムなど基幹系システムへと高度・複雑化しており、IT投資も高額化している。また、医療機関と外部の医療・介護事業者との連携に係るICT化も同様に推し進められており、もはやIT投資は今後医療機関が法人のビジョンに基づき重要な役割を継続して果たしていくためには不可欠なものとなっている。

　先に挙げたソフトウェアの制作目的のうち、医療機関では自社利用目的に該当することがほとんどであると思われるが、自社利用目的のソフトウェアを無形固定資産として計上するためには、「利用による将来の収益獲得又は費用削減が確実である」という要件が満たされなければならない。自社利用ソフトウェアについて将来の収益獲得又は費用削減が確実であると認められる場合の判断は容易ではないが、たとえば、費用削減効果によって、ネット・キャッシュ・イン・フローの増加が確実となるかどうかに着目することが必要である。ある業務が抱える業務上の課題を解消するため当該業務をコンピュータ処理に置き換えることで、利用する前に比し人件費の削減効果が確実に見込まれる場合には、将来の費用削減が確実であると認められる要件を満たしているものと考えられる。

② 仕訳例

(i) 取得原価

　ソフトウェアの取得形態には購入や委託製作のほか、自社制作による取得が考えられる。

　購入・委託制作の場合は取得に要した対価を客観的に測定することができるため取得原価の把握は容易である。なお、購入の場合、ソフトウェアの導入にあたって必要とされる設定作業及び自社の仕様に合わせるために行う付随的な修正作業等の費用は取得原価に含まれる（ただし、金額的に重要でない場合は費用処理することができる）ことに留意が必要である。

　他方、自社制作の場合は、適切な原価計算を実施して当該ソフトウェアの取得に要した人件費等を集計し、取得原価を算定しなければならない。また、制作の場合、作業着手から完了までにかかった費用が取得原価となるため、着手と完了の時点を立証できる証憑を備えておくことが必要である。自社制作の場合であっても資産計上を要することに留意されたい。

● 機器組込みソフトウェアの取扱い

　医療用器械等に組み込まれているソフトウェア（たとえば、検査測定装置に組み込まれているプログラムで、それがないと装置自体が機能しないもの）はハードウェアと一体のものとして扱い、原則として有形固定資産の「医療用器械備品」等に含めて処理する。区分処理しない理由は、機器組込みソフトウェアは、両者が別個では何ら機能せず一体として初めて機能するもので、経済的耐用年数も両者に相互関連性が高いと考えられるからとされている。しかし、当初からソフトウェアの交換（バージョンアップ）が予定されている場合で、バージョンアップによる機能向上が革新的であるようなときは、機器とは別個にソフトウェアとして処理することが適切なこともある。

● 制作途中のソフトウェア制作費の取扱い

　制作途中であるが、完成後に無形固定資産として計上することとなるソフトウェアの制作費については、有形固定資産の建設仮勘定と同様に、「ソフトウェア」とは区分し「ソフトウェア仮勘定」として処理する。通常、その他の無形固定資産に含めて計上するが、金額的に重要な場合には独立表示することが適当である。

(ii) 減価償却

　ソフトウェアの性格に応じて合理的な方法により償却することとなっているが、自社利用のソフトウェアに関しては、有形固定資産のように物理的劣化を伴わないことから、一般的に定額法による償却（耐用年数は5年以内の利用可能期間）が合理的とされる。

　なお、ソフトウェアは有形固定資産のように除却や廃棄が明確に把握されずに減価償却を耐用年数にわたり継続的に実施されていることがあるが、耐用年数到来前に当該ソフトウェアを利用した業務の廃止や他のソフトウェアを利用することで当該ソフトウェアを明らかに利用しなくなった場合には除却損失の計上が必要である。ソフトウェアの一部の機能を利用しなくなった場合にも、除却した部分の帳簿価額を合理的に算定のうえ、除却処理することが適切である。

(iii) 仕訳例

　病院甲は、電子カルテシステムを導入することを決定し、パッケージソフトを8,000で購入した。10月に導入作業が完了し、その作業費用1,000と合わせ翌月末の支払いとした。

ソフトウェア	9,000	未払金	9,000

決算整理（3月末）で年間の減価償却費（耐用年数5年）を計上する。

ソフトウェア償却費	900	ソフトウェア	900

＊ 9,000×(6/60)ヶ月（10月〜翌年3月）＝900

（3）開　示

図表 2-38　ソフトウェアの開示

	病院会計準則	医療法人会計基準
開示場所	貸借対照表の固定資産の無形固定資産に表示する。	同左
注記	ソフトウェアの償却方法を重要な会計方針として注記する。	同左
附属明細表	固定資産明細表を作成する。固定資産明細表には、期首残高、当期増加額、当期減少額、期末残高、当期末減価償却累計額又は償却累計額、当期償却額及び差引当期末残高の明細を記載する。	同左

【関連条文等】

病院会計準則　貸借対照表原則　第19　貸借対照表科目の分類
　　　　　　　　　　　　　　　第26　無形固定資産の評価
　　　　　　　　貸借対照表原則注解　（注11）
医療法人会計基準　第3条　重要な会計方針の記載
医療法人会計基準運用指針　8　減価償却の方法等について
　　　　　　　　　　　　　27　附属明細表について

3　その他の無形固定資産

（1）勘定科目の説明

　無形固定資産に属するものとして、上記以外に以下のものがある。

図表 2-39　その他の無形固定資産の例示

勘定科目	病院会計準則
電話加入権	加入電話により電話通信サービスを受ける権利
施設利用権	施設設置費用を負担し事業者の設置施設を利用する権利
給湯権	温泉の給湯を受ける権利
特許権(注)	特許発明に係る発明(特許発明)を特許権者が独占的に実施できる権利

(注)「病院」(法人)として特許を取得した場合に計上することとなる。

(2) 会計処理

① 病院特有の論点

特筆すべき事項はない。

② 仕訳例

(i) 取得原価、減価償却

上記に例示した勘定科目に関する取得原価の取扱い及び減価償却の方法は次のとおりである。

図表 2-40　その他の無形固定資産の会計処理

勘定科目	取得原価	減価償却
電話加入権	取得に要した費用(付随費用を含む)を無形固定資産として計上する	非償却資産であり、減価償却は行わない
施設利用権	同上	定額法による償却 (法定耐用年数による ・水道施設利用権(15年) ・電気通信施設利用権(20年)等)
特許権	同上	同上(同:8年)

(ii) 仕訳例

電話の新設・加入を申し込み、100を現金で支払った。

| 電話加入権 | 100 | / | 現　金 | 100 |

（3）開　示

図表 2-41　その他の無形固定資産の開示

	病院会計準則	医療法人会計基準
開示場所	金額的に重要なもの（貸借対照表の資産合計の1％以上）については、貸借対照表の固定資産の無形固定資産に独立の勘定科目を設けて計上することが望ましい。	同左
注記	その他の無形固定資産の償却方法を重要な会計方針として注記する。	同左
附属明細表	固定資産明細表を作成する。固定資産明細表には、期首残高、当期増加額、当期減少額、期末残高、当期末減価償却累計額又は償却累計額、当期償却額及び差引当期末残高の明細を記載する。	同左

【関連条文等】

病院会計準則　貸借対照表原則　第 19　貸借対照表科目の分類
　　　　　　　　　　　　　　　　第 26　無形固定資産の評価
医療法人会計基準　第 3 条　重要な会計方針の記載
医療法人会計基準運用指針　8　減価償却の方法等について
　　　　　　　　　　　　　27　附属明細表について

IV

リース会計

1．リース会計の概要

　リース取引は、医療用器械や事務用機器等の器械備品を調達する方法の一つとして、あらかじめ設備資金を準備することなく設備を整備できる点や事務管理上の簡便性その他の経済的利点から多くの病院で利用されている取引である。リース取引契約の法的形式は、リース会社に所有権が帰属し、リース期間終了時には物件を返還する場合が多いが、リース取引の中にはその実態が賃貸借取引ではなく売買取引と同じ状態にあるものもある。たとえば、リース期間中において中途解約が不能な契約であったり、リース資産の借手がリース資産を使用することによって生じる収益をすべて享受し、かつ、リース資産の使用に伴って生じる費用をすべて負担する場合である。

　具体的には、リース取引はリース会社に資金の肩代りをしてもらい、その元本返済、利息支払い等を含めた費用をリース料として支払うものであるが、当該リース契約が中途解約不能な場合は、会計的に見れば、資金を借り入れて資産を購入する取引と取引の実態が同じと考えられるということである。

　このようなリース取引をすべて一律に賃貸借取引として会計処理することは、その取引実態を財務諸表に適切に反映するものとは言えないため、取引の経済的実態に応じて会計処理を行うべく、企業会計をはじめとする会計制度にリース会計が導入されている。

　病院における会計においても、平成16年に改正された病院会計準則において、リース会計はすでに導入されていたが、医療法人会計基準においても、例外的な取扱いが規定されているものの、基本的に一般企業と同様

の基準に準拠することが基準として明確に定められた。

具体的には、リース取引のうちその経済的実態が売買取引であるもの（ファイナンス・リース取引）については通常の売買取引に係る方法に準じて会計処理を行い、その他のリース取引（オペレーティング・リース取引）については通常の賃貸借取引に係る方法に準じて会計処理を行うことになる。

リース会計の概要は、下表のとおりである。

図表2-42　リース会計の概要

リース取引の種類	取引の内容	会計処理
ファイナンス・リース取引	・解約不能（ノンキャンセラブル） ・フルペイアウト	通常の売買取引に係る方法に準じた会計処理
オペレーティング・リース取引	ファイナンス・リース取引以外のリース取引	通常の賃貸借取引に係る方法に準じた会計処理

なお、リース会計については、「リース取引に関する会計基準（企業会計基準第13号　平成19年3月30日　企業会計基準委員会）」（以下、「リース会計基準」という）及び「リース取引に関する会計基準の適用指針　（企業会計基準適用指針第16号　平成23年3月25日　企業会計基準委員会）」（以下、「リース適用指針」という）に具体的に規定されているので、以下これに即して解説する。

（1）リース取引の意義

リース取引とは、特定の物件の所有者たる貸手（レッサー。たとえばリース会社）が、当該物件の借手（レッシー。たとえば病院）に対し、合意された期間（リース期間）にわたりこれを使用収益する権利を与え、借手は、合意された使用料（リース料）を貸手に支払う取引である（リース会計基準4項）。「リース会計基準」におけるリース取引の定義を満たすものについては、リース契約、レンタル契約、賃貸借契約などの名称に関わらず、リース適用指針を適用する上で、リース取引として取扱われることに留意する必要がある。このリース取引は上述したとおりファイナンス・リース取引とオペレーティング・リース取引とに区分される。

図表 2-43　リース取引の全体像―医療機器リースの一例

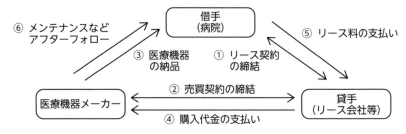

(2) ファイナンス・リース取引の意義

　ファイナンス・リース取引とは、解約不能（ノンキャンセラブル）とフルペイアウトという2つの要件を満たすリース取引をいい、オペレーティング・リース取引とはファイナンス・リース取引以外のリース取引をいう。

　ファイナンス・リース取引とオペレーティング・リース取引とでは会計処理が異なるが、次の2要件を満たせばファイナンス・リース取引に該当する。

① 解約不能（ノンキャンセラブル）

　解約不能（ノンキャンセラブル）なリース取引とは次のようなリース取引である。

　(ア)　契約上、中途解約不能なリース取引

　(イ)　中途解約が可能であっても解約時に相当の規定損害金を支払わなければならない等事実上解約不能なリース取引（たとえば、解約時に残リース料の全額を支払うものや解約時に残リース料から利息等を控除した全額を支払うものなど）

　ただし、このとき、解約可能であることが明記されていなければ解約不能として取り扱われるわけではないことに留意する必要がある。事実上解約不能であるかどうかは、契約条項の内容、商習慣等を勘案し契約の実態に応じて判断することになる。

② フルペイアウト

　フルペイアウトとは次の2要件を満たすものをいう。

　●　借手（病院）がリース物件を自己所有した場合に得られると期待さ

れるほとんどすべての経済的利益を享受すること
- 借手（病院）がリース物件の取得価額相当額、維持管理等の費用、陳腐化によるリスク等のほとんどすべてのコストを負担すること

（3）ファイナンス・リース取引の具体例と判定基準

ファイナンス・リース取引は、リース契約上の諸条件に照らしてリース物件の所有権が借手に移転すると認められるもの（以下、「所有権移転ファイナンス・リース取引」という）と、それ以外の取引（以下、「所有権移転外ファイナンス・リース取引」という）に分類する。

① ファイナンス・リース取引の具体的な判定基準

ファイナンス・リース取引に該当するかどうか（解約不能とフルペイアウトの2要件を満たすかどうか）については、その取引の経済的実態に基づいて判断することになるが、次の2つの判定基準のうちいずれかに該当する場合はファイナンス・リース取引と判定される。

（i）現在価値による判定（90％基準）（原則法）

解約不能のリース期間中のリース料総額の現在価値が、借手の見積現金購入価額（当該リース物件を現金で購入すると仮定した場合の合理的な見積金額）のおおむね90％以上であれば、ファイナンス・リース取引と判定される。

このとき、借手の残価保証額はリース料総額に含め、現在価値算定の割引率は貸手の計算利子率（リース料総額と見積残存価額との合計額の現在価値が、リース物件の購入価額等と等しくなるような利子率）を知り得るとき

図表2-44　現在価値基準（90％基準）による判定

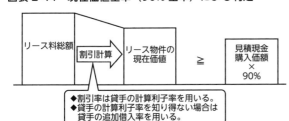

は当該利子率とし、知り得ない場合は借手の追加借入に適用されると合理的に見積もられる利率（追加借入率）を用いる。なお、維持管理費用相当額は、リース料総額から控除するのが原則であるが、一般的に、契約書等で維持管理費用相当額が明示されていない場合が多く、また、リース物件の取得価額相当額に比較して重要性が乏しい場合が少なくない。したがって、その金額がリース料に占める割合に重要性が乏しい場合は、リース料総額から控除しないことができる。

この現在価値がリース物件の見積現金購入価額のおおむね90％以上であるということは、借手は当該リース物件の取得原価相当額、維持管理等の費用等のコストのほとんどすべてを負担することになるといえるので、経済的利益のほとんどすべてを享受するものと推定できる。したがって、ファイナンス・リース取引と判定されるのである。

(ⅱ) 経済的耐用年数による判定（75％基準）（簡便法）

解約不能のリース期間が当該リース物件の経済的耐用年数のおおむね75％以上であれば、ファイナンス・リース取引と判定される。ただし、リース物件の内容により、経済的耐用年数のおおむね75％以上であっても借手がリース物件にかかるほとんどすべてのコストを負担しない場合は、90％基準のみにより判定を行う。

ここで経済的耐用年数とは、物理的使用可能期間ではなく経済的使用可能予測期間に見合った年数を意味するため、著しい相違がない限り税法耐用年数を用いて判定することも認められる。

この基準に該当するリース取引は、通常、借手がリース物件からもたらされる経済的利益のほとんどすべてを享受することができるといえるので、コストのほとんどすべてを負担するものと推定できる。したがっ

図表 2-45　経済的耐用年数基準（75％基準）による判定

IV　リース会計

て、ファイナンス・リース取引と判定されることになる。
　上記の判定は90％基準、75％基準という具体的数値基準を用いているが、たとえば、それぞれの数値が88％、73％といった場合でも実質的にフルペイアウトと考えられる場合には、ファイナンス・リース取引と判定されることに留意が必要である。

設例

次のリース取引が、ファイナンス・リース取引かどうか判定しなさい。

[資料]
・解約不能のリース期間：5年
・借手の見積現金購入額：47,000
・リース料総額：60,000、リース料月額：1,000
　（支払いは半年ごとに各半期の期末に支払う）
・貸手の計算利子率：不明
・借手の追加借入利子率：年8％
・リース物件の経済的耐用年数：8年

[解答]
現在価値による判定（90％基準）
　貸手の計算利子率がわからないため、借手の追加借入率8％を用いてリース料総額を現在価値に割り引くと、
$12,000/(1 + 0.08 \times 1/2) + 12,000/(1 + 0.08 \times 1/2)^2 +$
　　　　　　$\cdots\cdots + 12,000/(1 + 0.08 \times 1/2)^{10} = 48,665$
したがって、現在価値 48,665 ÷ 見積現金購入価額 47,000 = 103％ ≧ 90％と計算され、ファイナンス・リース取引と判定される。

（参考）経済的耐用年数による判定（75％基準）
　解約不能リース期間5年 ÷ 経済的耐用年数8年 = 63％ ＜ 75％と計算され、経済的耐用年数による判定では75％を下回る。なお、現在価値による判定基準と経済的耐用年数による判定基準のいずれかに該当する場合はファイナンス・リース取引と判定されるため、現在価値による判定基準が90％以上であることから、当該取引はファイナンス・リース取引に該当する。

② **所有権移転ファイナンス・リース取引の要件**

　ファイナンス・リース取引と判定されたもののうち、次の(ⅰ)～(ⅲ)のいずれかに該当する場合には、所有権移転ファイナンス・リース取引に該当するものとし、それ以外のファイナンス・リース取引は、所有権移転外ファイナンス・リース取引に該当するものとする。

　なお、ファイナンス・リース取引においては、リース物件の所有権の移転が認められるか否かにより、リース資産の償却など会計処理の適用に違いが生じるため、両者を区分する必要がある。

（ⅰ）譲渡条件付リース

　リース契約上、リース期間終了後又はリース期間の中途で、リース物件の所有権が借手に移転することとされているリース取引。

（ⅱ）割安購入選択権付リース

　リース契約上、借手に対して、リース期間終了後又はリース期間の中途で、名目的価額又はその行使時点のリース物件の価額に対して著しく有利な価額で買い取る権利が与えられており、その行使が確実に予想されるリース取引。

（ⅲ）特別仕様物件リース

　リース物件が借手の用途等に合わせて特別の使用により製作又は建設されたものであって、当該リース物件の返還後、貸手が第三者に再びリース又は売却することが困難であるため、その使用可能期間を通じて借手によってのみ使用されることが明らかなリース取引。

図表 2-46 ファイナンス・リースとオペレーティング・リースの判定

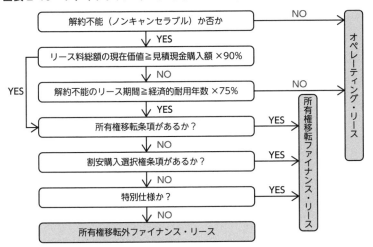

③ 不動産に係るリース取引

　土地、建物等の不動産のリース取引（契約上、賃貸借となっているものも含む）についても、ファイナンス・リース取引に該当するか、オペレーティング・リース取引に該当するかを判定する。ただし、土地については、所有権移転ファイナンス・リース取引のうち、譲渡条件付リース、割安購入選択権付リースのいずれかに該当する場合を除き、オペレーティング・リース取引に該当するものと推定される。

2．会計処理

(1) 医療法人会計基準との関係

　医療法人会計基準において、ファイナンス・リース取引については、通常の売買取引に係る方法に準じて会計処理を行うことを原則とするが、運用指針9において以下の場合には、賃貸借処理を行うことができることとしている。そのうち(ii)が、医療法人特有の容認規定となっており、医療法人以外の設立主体の会計基準では適用されないことに留意が必要である。

(ⅰ) リース取引開始日が、医療法人会計基準の適用前の会計年度である所有権移転外ファイナンス・リース取引
(ⅱ) リース取引開始日が、前々会計年度末日の負債総額が200億円未満である会計年度である、所有権移転外ファイナンス・リース取引
(ⅲ) 一契約におけるリース料総額が300万円未満の、所有権移転外ファイナンス・リース取引

なお、上記の取扱いにより、賃貸借処理したものは、貸借対照表上、リース債務が計上されないことから、リース料総額と未経過リース料の残高を貸借対照表に関する注記として記載する。

（２）所有権移転外ファイナンス・リース取引に係る借手の会計処理

ファイナンス・リース取引については、通常の売買取引に係る方法に準じて会計処理を行う。すなわち、資産を購入したときと同様に、取得時にリース資産を固定資産として貸借対照表に計上し、期末においては減価償却を行うことになる。

ファイナンス・リース取引の実態は、解約不能とフルペイアウトの2要件からもわかるとおり、借手（病院）が貸手（リース会社など）から資金を借り入れ、その資金を元手に資産を購入し、その後借入金を利息とともに返済するという取引と何ら変わりがない。このような実態を財務諸表に的確に反映させるためには、売買取引として会計処理することが求められるのである。

ファイナンス・リース取引に係る会計処理は、大きく分けてリース資産取得時、リース料支払い時及び決算時の3時点に行われる。そしてそれぞれ次のような仕訳となる。

① **仕訳例**

（ⅰ) リース資産取得時

| 固定資産(リース資産)　×××　／　リース債務　×××　|

(ⅱ) リース料支払い時

| リース債務 ××× / 現金預金 ××× |
| 支払利息   ××× |

(ⅲ) 決算時

| 減価償却費 ××× / 減価償却累計額 ××× |

② **リース資産及びリース債務の計上価額**

　リース資産取得時に仕訳を行うにあたって、リース物件とこれに係る債務をリース資産及びリース債務として貸借対照表に計上する場合の価額は以下のように算定する。

　まず、借手においてリース物件の貸手の購入価額等などが明らかな場合は、リース料総額（残価保証がある場合は、残価保証額を含む）を貸手の計算利子率（不明な場合は借手の追加借入率）で割り引いた現在価値と貸手の購入価額等とのいずれか低い額を貸借対照表計上額とする。

　貸手の購入価額等が明らかでない場合は、リース料総額（残価保証がある場合は、残価補償額を含む）を貸手の計算利子率（不明な場合は借手の追加借入率）で割り引いた現在価値と見積現金購入価額とのいずれか低い額とする（リース適用指針22項）。

③ **支払いリース料の処理**

　リース料支払い時に仕訳を行うにあたって、リース料総額は、原則として、利息相当額部分とリース債務の元本返済額部分とに区分計算する必要がある。そして前者は支払利息として処理し、後者はリース債務の元本返済として処理することになる。

　全リース期間にわたる利息相当額の総額は、リース開始時におけるリース料総額とリース資産（リース債務）の計上価額との差額になる（リース適用指針23項）。

図表 2-47　リース料総額と元本相当額、利息相当額

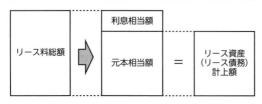

④　利息相当額の各期への配分

　リース料支払い時に仕訳を行うにあたって、支払利息相当額は、原則として、利息法により計算する。利息法とは、各期の支払利息相当額をリース債務の未返済元本残高に一定の利率を乗じて算定する方法である。この利率は、リース料総額を貸手の計算利子率（不明な場合は借手の追加借入率）で割り引いた現在価値が、リース取引開始日におけるリース資産（リース債務）の計上価額と等しくなる利率として求められる。

　なお、具体的な利息法の計算方法については、後述する設例において示している。

⑤　リース資産の償却

　決算時にはリース資産を減価償却する必要がある。耐用年数は、原則として、リース期間とし、ファイナンス・リースの判定に再リース期間を含めた場合は、耐用年数に含める。残存価額は原則として0とするが、残存保証の取決めがある場合は、当該残存保証額を残存価額とする。

　償却方法は、病院の実態に応じたものを選定する。この場合、自己所有の固定資産に適用する減価償却方法と同一の方法により減価償却費を算定する必要はない。

⑥　リース期間終了時及び再リース

　リース期間の終了時においては、通常、リース資産の償却は完了し、リース債務も完済しているため、リース物件を貸手に返却する処理を除き、特に会計処理を要しない。ただし、残価保証の取決めがある場合は、貸手に対する不足額の確定時に、当該不足額をリース資産売却損等として処理する。

　また、再リースは期間1年とするのが通常であり、再リース料も少額

であるのが一般的であることから、リース契約時から借手が再リースを行う意思が明らかな場合を除き、再リース料は、原則として、発生時の費用として処理する（リース適用指針114項）。

⑦ **その他**

中途解約した場合は、リース資産の未償却残高をリース資産除却損等として処理する。

設例

X1年の期首に医療機器のリース契約を結んだ。ファイナンス・リース取引（所有権移転外）を前提として、リース資産の借手の会計処理を行いなさい。

[資料]
・リース期間：5年
・リース料：総額60,000（年額12,000）、毎年3月31日に後払い。
・貸手の購入価額：50,000
・減価償却：耐用年数5年、残存価額は所有権移転外ファイナンス・リースのため0円とし、減価償却方法は定額法による。
・決算日：3月31日

[解答]

① **リース資産取得時の仕訳**

医療用器械備品（リース資産） 50,000 ／ リース債務 50,000

リース資産(医療機器)を取得した時点で、リース資産（医療用器械備品）として資産計上するとともにリース債務という負債を計上する。このときのリース資産(リース債務)計上額はリース料総額60,000ではないことに注意が必要である。

設例においては貸手の購入価額が50,000と判明しているので、これをリース資産（リース債務）計上額とし、リース料総額とリース資産（リース債務）計上額との差額10,000をリース会社への利息分としている。

② **1年目のリース料支払い時の仕訳**

リース債務 8,800 ／ 現金預金 12,000
支払利息 3,200

まず、利息相当額の算定に必要な利子率（rとする）は次のように計算される。

$12,000/(1+r) + 12,000/(1+r)^2 + \cdots\cdots + 12,000/(1+r)^5 = 50,000 \quad r = 6.4\%$

次に、利息相当額の各期への配分は下表のように計算され、上記のような仕訳が行われる。

利息相当額の各期への配分

支払日	①期首元本	②リース料	③利息分 (=①×6.4%)	④元本分 (=②-③)	⑤期末元本 (=①-④)
X1年3月31日	50,000	12,000	3,200	8,800	41,200
X2年3月31日	41,200	12,000	2,637	9,363	31,837
X3年3月31日	31,837	12,000	2,038	9,962	21,875
X4年3月31日	21,875	12,000	1,400	10,600	11,275
X5年3月31日	11,275	12,000	725	11,275	0
合　計	-	60,000	10,000	50,000	-

上記仕訳は、リース料の支払いによりリース債務が減少するとともに、支払額のうち一部が利息分として費用処理されていることを表している。

これは前述したように、取引の実態がリース会社から資金（50,000）を借り入れ、その資金を元手に医療機器（50,000）を購入し、その後借入金を利息とともに返済する（12,000／年）というものだからである。したがって、支払ったリース料のうち一部が借入金（勘定科目はリース債務）の返済として、一部が利息の支払いとして処理されることになる。

③　決算時の仕訳

| 減価償却費 | 10,000 | / | 減価償却累計額 | 10,000 |

資産の減価償却費を費用に計上し、同時に減価償却累計額を計上する。設例は、所有権移転外ファイナンス・リース取引であるため、耐用年数はリース期間となる。

減価償却費＝（資産価額50,000－残存価額0）÷リース期間5年＝10,000

④　2年目のリース料支払い時の仕訳

| リース債務 | 9,363 | / | 現金預金 | 12,000 |
| 支払利息 | 2,637 | | | |

上表で計算した通り、1年目と2年目の支払利息の金額は異なる。リース債務の減少に伴い、支払利息は毎年減少することになる。

（３）所有権移転ファイナンス・リース取引に係る借手の会計処理

ファイナンス・リース取引については、通常の売買取引に係る方法に準じて会計処理を行うという考え方は所有権移転外ファイナンス・リース取引と同様である。しかし、所有権が移転するという取引の性質上、いくつかの異なる処理が要求されているため、それらの処理について留意する必要がある。

① リース資産及びリース債務の計上価額

リース資産取得時に仕訳を行うにあたって、リース物件とこれに係る債務をリース資産及びリース債務として貸借対照表に計上する場合の価額は以下のようになる。

まず、借手においてリース物件の貸手の購入価額等などが明らかな場合は、当該価額を貸借対照表計上額とする。

貸手の購入価額等が明らかでない場合は、所有権移転外ファイナンス・リース取引と同様であるが、割安購入選択権がある場合には、リース料総額にその行使価額を含める。

② 利息相当額の各期への配分

所有権移転外ファイナンス・リース取引の処理と同様であるが、割安購入選択権がある場合には、リース料総額にその行使価額を含める。

③ リース資産の償却

自己所有の固定資産とリース資産とを区分する理由はないため、自己所有の固定資産に適用する減価償却方法と同一の方法により減価償却額を算定することになる。この場合の耐用年数は、経済的使用可能予測期間となる。

リース資産の償却は下表のようになる。

図表 2-48

区　分	耐用年数	残存価額	会計処理
所有権移転 ファイナンス・リース取引	経済的使用可能予測期間	自己所有資産と同様	同左
所有権移転外 ファイナンス・リース取引	リース期間	原則　ゼロ （残価保証のある場合、残価保証額）	定額法、級数法、生産高比例法など、実態に応じて選択

④ リース期間終了時等の処理

リース期間の中途またはリース期間終了時に所有権が移転した場合、自己所有の固定資産に振り替え、減価償却を継続する。

⑤ その他

支払リース料の処理、中途解約の処理については、所有権移転外ファイナンス・リース取引の処理と同様である。

（4）重要性の判断基準

「リース実務指針」では、「リース会計基準」を実務に適用する場合の会計処理の簡略化に関する重要性の原則を定めている。なお、医療法人会計基準においてはこれとは別に、運用指針9において、「リース取引開始日が、前々会計年度末日の負債総額が200億円未満である会計年度である、所有権移転外ファイナンス・リース取引」については、賃貸借処理を行うことができるとされている。

① リース資産総額に重要性が乏しいと認められる場合の取扱い

リース資産総額に重要性が乏しいと認められる場合は、次のいずれかの方法を適用することができる。

(ア) 支払リース料の処理に関して、リース料総額から利息相当額の合理的な見積額を控除しない方法によることができる。この場合、リース資産及びリース債務は、リース料総額で計上され、支払利息は計上されず、減価償却費のみが計上される。

(イ) 利息相当額の各期への配分に関して、利息相当額の総額をリース期間中の各期に配分する方法として、定額法を採用することができる。

未経過リース料の期末残高が当期末残高、有形固定資産及び無形固定資産の期末残高の合計額に占める割合が10%未満である場合に、リース資産総額に重要性が乏しいと認められる。

② 少額リース資産及び短期のリース取引に関する簡便的な取扱い

リース実務指針では、一般の固定資産購入の際に適用される重要性の基準とリース基準に従った重要性の基準の2つの基準を示している。そしてこれらの基準のいずれかに該当する場合には資産計上を省略できるもの

としている。

(i) 一般の重要性の基準

　重要性の一般原則の適用により、減価償却資産のうち重要性の乏しいものは、購入時に費用として処理する方法が採用されるので、ファイナンス・リース取引についてもリース物件の価額が少額なものについては、資産計上を省略することができる。その際の判断基準としてはリース料総額が用いられるが、リース料総額にはリース物件の取得価額のほかに利息相当額が含まれているので、その基準値は当該病院が減価償却資産の処理について採用している基準値より利息相当額だけ高めに設定することができる（リース適用指針35項）。

　一般的には、法人税法の固定資産計上の基準が10万円であることから、リース資産を計上するうえでも10万円を計上基準とすることになる病院が多いと考えられる。

　また、この基準は、通常取引される単位ごとに適用されるので、リース契約に複数の単位のリース物件が含まれる場合は、当該契約に含まれるリース物件の単位ごとに適用できることになる。

(ii) リース基準に従った重要性の基準

　リース適用指針では、リース期間が1年以内のリース取引及び病院の事業内容に照らして重要性の乏しいリース取引でリース契約1件当たりのリース料総額が300万円以下（維持管理費用相当額又は通常の保守等の役務提供相当額のリース料総額に占める割合が重要な場合には、その合理的見積額を除くことができる）の取引は、オペレーティング・リース取引の会計処理に準じて、通常の賃貸借取引に係る方法に準じた会計処理を行うことができるとしている。ただし、1つのリース契約に科目の異なる有形固定資産または無形固定資産が含まれている場合は、異なる科目ごとに、その合計金額によることができるものとされている。

③ 所有権移転ファイナンス・リース取引に係る重要性の判断基準

　所有権移転外ファイナンス・リース取引において認められている少額リース資産及び短期のリース取引に関する簡便的な取扱いについて、一般の重要性の基準及びリース期間が1年以内のリース取引のみが、オペレー

ティング・リース取引の会計処理に準じて、通常の賃貸借取引に係る方法に準じた会計処理を行うことができる。したがって、リース取引及び病院の事業内容に照らして重要性の乏しいリース取引でリース契約1件当たりのリース料総額が300万円以下の取引は認められていない。

また、所有権移転外ファイナンス・リース取引において認められているリース資産総額に重要性が乏しいと認められる場合の取扱いについても、所有権移転ファイナンス・リース取引においては認められていない。

(5) オペレーティング・リース取引の会計処理
① 仕訳例

オペレーティング・リース取引については、通常の賃貸借取引に係る方法に準じて会計処理を行うため、会計処理が必要となるのはリース料の支払い時だけとなり、利息計算は不要である。

先のファイナンス・リース取引を前提とした設例について、オペレーティング・リース取引を前提として仕訳すると以下のようになる。

(i) リース資産取得時

オペレーティング・リース取引は通常の賃貸借取引に係る方法に準じて会計処理を行うため、仕訳は不要となる。

仕訳なし

(ii) 1年目のリース料支払い時

ファイナンス・リース取引とは異なり、リース料の支払額全額を賃借料（勘定科目は支払リース料）として費用処理する。

支払リース料 12,000 / 預 金 12,000

(iii) 決算時

ただし、リース料支払日が決算日と異なる場合は、経過勘定を用いて当期に帰属する部分を費用計上することとなる（詳細は「負債 Ⅰ 流動負債」参照）。

仕訳なし

(iv) 2年目のリース料支払い時の仕訳

| 支払リース料　12,000 ／ 預　金　12,000 |

（6）セール・アンド・リースバック取引の会計処理

セール・アンド・リースバック取引は、特殊なリース取引のなかで比較的多く見られるものであり、借手がその所有する物件を貸手に売却し、貸手から当該物件のリースを受ける取引のことをいう。

このリースバック取引がファイナンス・リース取引に該当するかどうかの判定は、「1．リース会計の概要　（3）ファイナンス・リース取引の具体例と判定基準」で述べた判定基準により判断される。

ただし、この判定のなかで「現在価値による判定（90％基準）」を行う際、当該リース物件の見積現金購入価額については、実際の売却価額を用いることとなる。また、「経済的耐用年数による判定（75％基準）」を行う際は、リースバック時におけるリース物件の性能、規格、陳腐化の状況等を考慮して見積もった経済的使用可能予測期間を経済的耐用年数の代わりに用いることになる。

セールス・アンド・リースバック取引におけるリース取引がファイナンス・リース取引に該当する場合、借手はこれを売買取引として会計処理することとなる。このとき、当該リース物件の売却に伴い生じた損益の取扱いであるが、長期前払費用又は長期前受収益等として繰延処理し、リース資産の減価償却費の割合に応じ減価償却費に加減して損益に計上することが必要

図表 2-49　セールス・アンド・リースバック取引

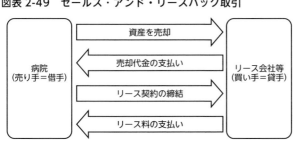

となる。これはセール・アンド・リースバック取引の当事者間で売買価額を操作し、利益操作が行われる可能性を排除するために重要な処理である。

ただし、当該物件の売却損失が実質的に当該資産の評価損に相当するような場合（当該資産の合理的な見積市場価額が帳簿価額を下回ることにより売却損失が生じた場合など）には、売却損を繰延処理せずに売却時の損失として計上することになる。

3．開　示

（1）リース資産及びリース債務の計上科目

リース資産取得時に仕訳を行うにあたって、リース資産については、原則として、有形固定資産、無形固定資産の別に、一括してリース資産として表示する。ただし、リース物件ごとに「医療用器械備品」、「その他の器械備品」、「車両及び船舶」などの有形固定資産又は無形固定資産に属する各科目に含めることもできる。

また、リース債務については、貸借対照表日後1年以内に支払いの期限が到来するものは流動負債に属するものとし、貸借対照表日後1年を超えて支払いの期限が到来するものは固定負債に属するものとして表示する。

（2）財務諸表への注記

①　ファイナンス・リース取引の注記

リース資産について、その内容（主な資産の種類等）及び減価償却の方法を注記する。

②　オペレーティング・リース取引の注記

リース基準では、オペレーティング・リース取引のうち解約不能なものについては財務諸表への注記が必要となる。具体的には、解約不能オペレーティング・リース取引の未経過リース料を、貸借対照表日後1年以内のリース期間に係るものと、貸借対照表日後1年を超えるリース期間に係るものとに区分して注記する。

解約不能のリース取引として取り扱われるものは「1．リース会計の概

要・(2) ファイナンス・リース取引の意義」で述べたものと同様である。

注記例 解約不能オペレーティング・リース取引に係る

```
未経過リース料
 １年内          ×××千円
 １年超          ×××千円
  計            ×××千円
```

　解約不能オペレーティング・リース取引は通常の賃貸借取引に係る方法に準じて会計処理を行うため、将来必ずリース料を支払わなければならないにもかかわらず、その金額が貸借対照表に負債として計上されない。そこでこのような注記が必要とされるのである。

(3) 重要性の判断基準
① 注記を省略できるファイナンス・リース取引
　所有権移転外ファイナンス・リース取引について、上記「2 会計処理 (4) 重要性の判断基準 ①」に該当する場合は、リース資産の内容及び減価償却費の方法の注記を省略することができる。

② 注記を省略できるオペレーティング・リース取引
　リース適用指針では、解約不能のオペレーティング・リース取引は財務諸表への注記が必要とされるが、重要性の乏しいものは注記を省略することができるとされている。注記を省略できるのは、次のいずれかに該当する場合である。
　(ア) 個々のリース物件のリース料総額が、上記「2 会計処理・(4) 重要性の判断基準 ②」の一般の重要性の基準に該当するリース取引
　(イ) リース期間が１年以内のリース取引
　(ウ) 契約上数ヶ月程度の事前予告をもって解約できるものと定められているリース契約で、その予告した解約日以降のリース料の支払いを要しない事前解約予告期間に係る部分のリース料
　(エ) 病院の事業内容に照らして重要性の乏しいリース取引で、リース契

約1件当たりのリース料総額（維持管理費用相当額又は通常の保守等の役務提供相当額のリース料総額に占める割合が重要な場合には、その合理的見積額を除くことができる）が300万円以下のリース取引

図表 2-50　リース取引関連の開示

	病院会計準則	医療法人会計準則
開示場所	◆リース資産 　原則として、有形固定資産、無形固定資産の別に、一括してリース資産として表示する。 　ただし、リース物件ごとに「医療用器械備品」、「その他の器械備品」、「車両及び船舶」などの有形固定資産又は無形固定資産に属する各科目に含めることもできる。	同左
	◆リース債務 　貸借対照表日後1年以内に支払いの期限が到来するものは流動負債に属するものとし、貸借対照表日後1年を超えて支払いの期限が到来するものは固定負債に属するものとして表示する。	同左
注記	◆ファイナンス・リース取引 　リース資産について、その内容（主な資産の種類等）及び減価償却の方法を注記する。 　ただし、重要性が乏しい場合は省略することができる。	同左
	◆オペレーティング・リース取引 　解約不能なオペレーティング・リース取引の未経過リース料を、貸借対照表日後1年以内のリース期間に係るものと、貸借対照表日後1年を超えるリース期間に係るものとに区分して注記する。 　ただし、重要性の乏しい場合は省略することができる。	同左

		ファイナンス・リース取引については、通常の売買取引に係る方法に準じて会計処理を行うことを原則とするが、以下の場合には、賃貸借処理を行うことができることとしている。 (i) リース取引開始日が、医療法人会計基準の適用前の会計年度である所有権移転外ファイナンス・リース取引 (ii) リース取引開始日が、前々会計年度末日の負債総額が200億円未満である会計年度である所有権移転外ファイナンス・リース取引 (iii) 一契約におけるリース料総額が、300万円未満の所有権移転外ファイナンス・リース取引 上記の取扱いにより、賃貸借処理したものは、リース料総額及び未経過リース料の残高を貸借対照表に関する注記する。
附属明細表	固定資産明細表を作成しなければならない。 固定資産明細表では、資産の種類ごとに当期における期首残高、当期増加額、当期減少額、期末残高、当期末減価償却累計額又は償却累計額、当期償却額及び差引当期末残高の明細を記載する。	同左

【関連条文等】

病院会計準則　貸借対照表原則　第19　貸借対照表科目の分類
　　　　　　　一般原則注解（注5）
医療法人会計基準　第3条　重要な会計方針の記載
　　　　　　　　　第22条　貸借対照表等に関する注記
医療法人会計基準運用指針　8　減価償却の方法等について
　　　　　　　　　　　　　9　リース取引の会計処理について
　　　　　　　　　　　　　27　附属明細書について

V

その他の資産

　流動資産に属さない有価証券、長期貸付金及び有形固定資産並びに無形固定資産に属するもの以外の長期資産をその他の資産に属するものとして区分する。

1 有価証券

（1）勘定科目の説明
　国債、地方債、株式、社債、証券投資信託の受益証券などのうち満期保有目的の債券、その他有価証券及び市場価格のない有価証券である。ただし、所有有価証券のうち、売買目的有価証券及び貸借対照表日の翌日より起算し1年内に満期期限の到来する有価証券は流動資産に属するものとし、投資有価証券より振り替える。それ以外の有価証券が固定資産の投資有価証券に計上される。

（2）会計処理
① 病院特有の論点
　病院会計準則では、病院経営の実態をより適切に財務諸表へ反映するため、企業会計をはじめ近年の会計制度改革を汲んで金融商品会計基準が導入されており、有価証券の評価に関しては時価による評価を行う。具体的な会計処理については、企業会計において適用されている金融商品会計基準に準じた処理が必要となる。

　なお、保有する子会社株式・関連会社株式についての規定は、特に医療法人には実質的に有価証券に対する保有規制があり、他の会社等の株式を保有することがないため、病院会計準則では特に設けられていない。

② **会計処理**
(ⅰ) 有価証券取引の認識

有価証券取引は、売買約定日に買手が発生（取得）を認識し、売手は消滅（売却）を認識する（約定日基準）。ただし、継続適用を条件として、期中においては受渡日で認識するが、期末において買手側は約定日から受渡日までの時価の変動のみを認識し、また、売手側は売却損益のみを約定日に認識することも認められている（修正受渡日基準）。

また、有価証券の取得原価は購入代価に手数料等の付随費用を加算し、これに移動平均法等の評価方法を適用して算定する。

以下に約定日基準での仕訳例を示す。

A法人（買手）はB法人（売手）と有価証券（普通社債）の売買契約を締結した。詳細は下記のとおり。

　　約定日　：X1年3月30日
　　入金日　：X2年4月2日
　　売買価格：25,000千円
　　B法人の有価証券の等価：23,000千円
　　決算日（X1年3月31日）の時価：25,500千円

A法人の保有目的が、売買目的有価証券、満期保有目的の債券、その他有価証券のケースに区分して仕訳例を示す。

図表2-51　買手側　　　　　　　　　　　　　　　　　　　　　（単位：千円）

	売買目的有価証券 借方（貸方）	満期保有目的の債券 借方（貸方）	その他有価証券 借方（貸方）
X1年3月30日			
有価証券	25,000	25,000	25,000
未払金	(25,000)	(25,000)	(25,000)
X1年3月31日			
有価証券	500	仕訳なし	500
有価証券運用損益	(500)		-
その他有価証券評価差額金	-		(500)

X1年4月1日			
有価証券運用損益	500	仕訳なし	-
その他有価証券評価差額金	-		500
有価証券	(500)		(500)
X1年4月2日			
未払金	25,000	25,000	25,000
現金	(25,000)	(25,000)	(25,000)

B法人の保有目的が、売買目的有価証券及び、その他有価証券のケースに区分して仕訳例を示す。

図表 2-52　売手側　　　　　　　　　　　　　　　　　　　　　　　（単位：千円）

	売買目的有価証券 借方（貸方）	その他有価証券 借方（貸方）
X1年3月30日		
未収入金	25,000	25,000
有価証券	(23,000)	(23,000)
有価証券運用損益	(2,000)	
有価証券売却益		(2,000)
X1年3月31日	仕訳なし	仕訳なし
X1年4月2日		
現金	25,000	25,000
未収入金	(25,000)	(25,000)

(ii)　有価証券の区分と評価

　有価証券については、売買目的有価証券、満期保有目的の債券、その他有価証券に区分し、それぞれの区分ごとの評価額をもって貸借対照表価額とする。

　金融商品会計基準では金融資産であるが市場で取引され、そこで成立している市場価格が存在するのであれば、原則、当該金融資産（有価証券）は時価として「市場価格に基づく価額」により評価しなければならないとしている。ここに「市場価格に基づく価額」とは具体的には(ア)取引所に上場されている金融資産、(イ)店頭において取引されている金融資産、

(ウ)上記(ア)又は(イ)に準じて随時、売買・換金等が可能なシステムにより取引されている金融資産について公表されている取引価格を市場価格としている（金融商品実務指針48）。

有価証券については時価による評価を原則としながらも、保有目的に応じて上記のように評価基準及び評価差額の会計処理を定めている。

図表2-53　金融商品会計基準における区分別取扱い

有価証券の区分	評価基準	評価差額の取扱い
売買目的有価証券	時価	評価損益は損益計算書に計上
満期保有目的の債券	償却原価	－
子会社・関連会社株式	原価	－
その他有価証券	時価	純資産の部に直接計上

なお、子会社及び関連会社株式は病院会計準則では想定されていない。ただし、実務上、関連会社株式等に分類されるケースが生じた場合には、その評価について、金融商品会計により原価法が採用されると考えられる。

(iii)　保有目的ごとの有価証券の評価及び仕訳例

(A)　売買目的有価証券

売買目的有価証券については、前述の「II 流動資産」にて説明しているため、ここでは満期保有目的の債券及びその他有価証券について説明する。

(B)　満期保有目的の債券

満期保有目的の債券とは満期まで所有する意図をもって保有する社債その他の債券をいう（金融商品会計基準IV 2 (2) 16.）。病院会計準則ではさらに、余裕資金等の運用として、利息収入を得ることを主たる目的として保有する国債、地方債、政府保証債、その他の債券であって、長期保有の意思をもって取得した債券も資金繰り等から長期的には売却の可能性が見込まれる債券であっても、満期保有目的の債券に含めるものとしている（病院会計準則注解18.2.）。

満期保有目的の債券については時価が算定できるものであっても、それが満期まで保有することによる約定利息及び元本の受取りを目的とし

ており、満期までの間の金利変動による価格変動のリスクを認める必要がないことから、原則として、取得原価をもって貸借対照表価額とし、債券を債券金額より低い価額又は高い価額で取得した場合においては、取得価額と債券金額との差額の性格が金利の調整と認められるときには償却原価法（債券を債券金額より低い価額又は高い価額で取得した場合において、当該差額に相当する金額を償還期に至るまで毎期一定の方法で貸借対照表価額に加減する方法）に基づいて算定された価額をもって貸借対照表価額としなければならない（病院会計準則注解17.2.）。

償却原価法は原則として利息法によるが、継続適用を条件として定額法を採用することもできる（金融商品実務指針70）。

満期保有目的の債券を償還期限前に売却した場合は、売却価額と売却時の償却原価との差額を当期の売却損益に計上する（金融商品実務指針71）。また、金融商品会計では、償還期間前に売却した場合は、他の満期保有目的の債券をその他の債券等に振り替えることが要請されているが、病院会計準則ではその点について明確になっていない。しかし、後述する「(G) 保有目的変更」にあるように、病院会計準則では、長期保有の意思を持って取得した債券で資金繰り等から長期的には売却の可能性が見込まれる場合であっても、満期保有目的の債券に区分すると規定しており、たとえ満期前に売却したとしても、他の満期保有目的のものまで、強制的に振り替えることまでは予定していない。

(C) 満期保有目的の債券の会計処理

設例

X1年1月1日にA社社債97,000で取得した。この債券は、満期まで所有する意図をもって所有するものである。なお、取得価額と債券金額（額面）との差額（取得差額）は、すべて金利の調整部分（金利調整差額）である。

　　額面：100,000
　　満期：X3年12月31日
　　クーポン利子率：年利0.5％
　　利払日：毎年12月末日

(a) 利息法による場合

利息法を適用する場合にはまず、実効利子率を計算する必要がある。
実効利子率 r は次の算式が成立するような率として求められる。
$500/(1+r) + 500/(1+r)^2 + (500 + 100,000)/(1+r)^3 = 97,000$
これにより r = 1.531％と求められる。
各利払日における利息及び償却原価の計算法は次のとおり。

(単位：千円)

年月日	クーポン受取額	利息配分額	金利調整差額の償却額	償却原価（帳簿価額）
X1年1月1日				97,000
X1年12月31日	500	1,485	985	97,985
X2年12月31日	500	1,500	1,000	98,985
X3年12月31日	500	1,515	1,015	100,000
合　計	1,500	4,500	3,000	

1) X1年1月1日（取得日）

有価証券	97,000	/	現　金	97,000

2) X1年3月31日（決算日）

未収収益	125	/	有価証券利息	371
有価証券	246	/		

＊ 1,485 ×(3/12)ヶ月 = 371
＊ 500 ×(3/12)ヶ月 = 125

3) X1年12月31日（利払日）

現　金	500	/	未収利息	125
有価証券	739	/	有価証券利息	1,114

(b) 定額法による場合

1) X1年1月1日（取得日）

有価証券	97,000	/	現　金	97,000

2) X1年3月31日（決算日）

未収収益	125	/	有価証券利息	125
有価証券	250	/	有価証券利息	250

＊ 500×(3/12)ヶ月 ＝ 125
＊ (100,000 − 97,000)×(3/36)ヶ月 ＝ 250
3) X1年12月31日（利払日）

現　金	500	／	未収利息	125
有価証券	750		有価証券利息	1,125

(D) その他有価証券

　その他有価証券とは売買目的有価証券、満期保有目的の債券以外の有価証券をいい、長期的な時価の変動により利益を得ることを目的として保有する有価証券や、政策的な目的から保有する有価証券をいう（病院会計準則注解18.1.）。金融商品会計基準では、これ以外に子会社株式及び関連会社株式も区分表示されるが、病院会計準則では、それらの保有は想定されていない。

　その他有価証券においても、時価をもって貸借対照表価額とすることが原則であるが、事業遂行上等の必要性から直ちに売買・換金を行うことには制約を伴う要素もあり、評価差額を直ちに当期の損益として処理することは適切でないと考えられるため、金融商品会計基準や病院会計準則では評価差額を当期の損益として処理するのではなく、直接純資産の部に計上するとしている（病院会計準則注解17.3.）。

　また、評価差額の処理は洗替方式に基づき評価差額（評価差益及び評価差損）の合計額を純資産の部に計上する方法（全部資本直入法）としている。

　時価評価に使用する時価は、原則として期末日の時価を使用するが、継続適用を条件として、期末日前1ヶ月の市場価格の平均を使用することができる。

　その他有価証券の評価差額は洗替方式により処理されるため、その他有価証券を売却した場合には、売却前の取得原価又は償却原価に移動平均法、先入先出法等を適用して算定した売却原価と売却価額との差額を当期の売却損益として処理する（金融商品会計に関する実務指針76）。

　時価のないものについては、取得原価により評価する。ただし、時価のあるもの、ないもの双方とも金融商品会計上は減損処理（(H)減損処理）

の対象となっている。

　金融商品会計基準では、社債その他の債券については、債券の貸借対照表価額に準じた価額、そして社債その他債券以外の有価証券については取得原価をもってそれぞれの貸借対照表価額とすると規定している。

(E) その他有価証券の会計処理

設例

　以下の銘柄の上場株式を各1,000株保有している。取得原価及び各年度における時価は下記のとおり。

銘柄	X1年度		X2年度	
	取得原価	期末時価	売却時時価	期末時価
A株式	20,000	25,000	28,000	－
B株式	8,000	10,000	－	7,500
C株式	15,000	6,000	－	8,000
D株式	35,000	32,000	－	34,000
合計	78,000	73,000	28,000	49,500

注：A株式はX2年度中に28,000で売却
　　C株式はX1年度中において時価が著しく下落し、取得原価まで回復する見込みがあると認められないと判断し、減損処理を行った。
　　その他有価証券の帳簿価額と税務上の資産計上額との差額は一時差異に該当し、税効果会計を適用する。実効税率は30％であり、繰延税金資産の回収可能性に問題はないものとする。

1) X1年度期末
ⅰ　C株式の減損処理

有価証券評価損益　9,000 ／ 有価証券　　　　　9,000

＊ 15,000 － 6,000 ＝ 9,000

ⅱ　A株式及びB株式の評価差益の計上

有価証券　　　　7,000 ／ 繰延税金負債　　　　2,100
その他有価証券評価差額金　4,900

＊ (25,000 － 20,000) ＋ (10,000 － 8,000) ＝ 7,000
＊ 7,000 × 30％ ＝ 2,100

iii　D株式の評価差損の計上

| 繰延税金資産　　　　　　　　900 | 有価証券　　　　　　　3,000 |
| その他有価証券評価差額金　2,100 | |

　　＊ 35,000 － 32,000 ＝ 3,000
　　＊ 3,000 × 30% ＝ 900

　2) X2年度期首
　　A株式、B株式及びD株式の評価差額の洗替処理

| 繰延税金負債　　　　　　　　2,100 | 繰延税金資産　　　　　　900 |
| その他有価証券評価差額金　2,800 | 有価証券　　　　　　　4,000 |

　3) A社株式売却時の処理

| 現　金　　　　　　　　　　28,000 | 有価証券　　　　　　　20,000 |
| | 有価証券売却益　　　　 8,000 |

　4) X2年度期末
　　i　C株式の評価差益の計上

| 有価証券　　　　　　　　　2,000 | 繰延税金負債　　　　　　900 |
| | その他有価証券評価差額金　1,100 |

　　＊ 8,000 － 6,000 ＝ 2,000
　　＊ 2,000 × 30% ＝ 600

　　ii　B株式及びD株式の評価差損の計上

| 繰延税金資産　　　　　　　　 450 | 有価証券　　　　　　　1,500 |
| その他有価証券評価差額金　1,050 | |

　　＊ (7,500 － 8,000) ＋ (34,000 － 35,000) ＝ 1,500
　　＊ 1,500 × 30% ＝ 450

(F) 子会社株式及び関連会社株式

　病院においては事業投資や他会社を支配することは想定されていないため、規定はない。ただし、メディカルサービス法人（MS法人）の設立等で実務上、今後の検討課題となる場合もあると考えられる。
　子会社株式とは、法人及びその子会社が他の会社の意思決定機関を支配している当該他の会社の株式をいい、関連会社株式とは法人及びその子

会社が出資、人事、資金、技術、取引等の関係を通じて子会社以外の他の会社等財務及び営業又は事業の方針の決定に対して重要な影響を与えることができる場合における当該子会社以外の他の会社等の株式をいう（財務諸表等規則第8条参照）。

なお、これらに該当する場合、病院会計準則においては、その他有価証券に含めて計上するものと考える。

(G) 保有目的変更

有価証券の保有目的区分により評価基準や評価差額等の会計処理が異なることから、有価証券の保有目的区分は正当な理由なく変更することができない。保有区分の変更が認められるのは次の場合に限られる（金融商品実務指針80）。

- 資金運用方針の変更又は特定の状況の発生に伴って、保有目的区分を変更する場合
- 保有目的区分の変更があったとみなされる場合
- 株式の追加取得又は売却により持株比率等が変動したことに伴い、子会社株式又は関連会社株式区分から他の保有目的区分又はその逆の保有目的区分に変更する場合
- 法令又は基準等の改正又は適用により、保有目的区分を変更する場合

ただし、病院会計準則においては、長期保有の意思をもって取得した債券も資金繰り等から長期的には売却の可能性が見込まれる債券であっても、満期保有目的の債券に含めるものとしている（病院会計準則注解18.2.）。したがって、債券は満期保有目的の債券にほぼ該当することになり、その他有価証券との保有区分の変更の問題は通常発生しないものと考えられる。一方、医療法人会計基準においては、上記の規定は存在せず、その他有価証券が金融資産に含まれることとされている。医療法人会計基準における金融商品会計の会計処理については、医療法人に馴染まない特異なものを除き基本的に企業会計と同様に取り扱うこととされていることから、長期保有の意思をもって取得した債券で資金繰り等から長期的には売却の可能性が見込まれる債券についてその他有価

証券として会計処理すると考えられる。

(H) 減損処理

　金融商品会計基準では、満期保有目的の債券、子会社株式及び関連会社株式並びにその他有価証券のうち、時価を把握することが極めて困難と認められる金融商品以外のものについて、時価又は実質価額が著しく下落したときは、回復する見込みがあると認められる場合を除き、当該時価をもって貸借対照表価額とし、評価差額を当期の損失として処理（以下、「減損処理」という）しなければならないとしている（金融商品会計基準Ⅳ2(6)20.）。なお、その他有価証券については、減損処理の基礎となった時価まで帳簿価額を減額し取得原価を修正し、修正後の取得原価と決算期末時点の時価とを比較して評価差額を算定する。

　病院会計準則においては、満期保有目的の債券及びその他有価証券のうち市場価格のあるものについての減損の規定を明文化している（病院会計準則注解17）。

　一方、医療法人会計基準においては、市場価格のある有価証券で満期保有を意図する債権を除いて時価をもって貸借対照表価額とするとされている（医療法人会計基準第11条）。

　「時価又は実質価額が著しい下落した時」とは、有価証券の時価が取得原価に比べて50％程度、又はそれ以上に下落した場合をいう。これは、個々の銘柄ごとに判断すべきものとされる。

　これ以外の場合には、状況に応じ個々の法人において時価が著しく下落したと判断するための合理的な基準を設け、当該基準に従って回復可能性の判定の対象とするかどうかを判断する。なお、個々の銘柄の有価証券の時価の下落率がおおむね30％未満の場合には、著しく下落した時に該当しないものと考えられる。回復する可能性がある場合とは、時価の下落が一時的であり、期末日後おおむね1年以内に時価が取得原価にほぼ近い水準まで回復する見込みのあることを合理的な根拠をもって予測できる場合を意味する。ただし、時価が過去一定期間にわたり著しく下落した状態にある場合や、有価証券の発行会社が債務超過の状態にある場合、又は2期連続で赤字であり、かつ翌期も赤字が

予想される場合には、通常は回復する見込みがあるとは認められない。
減損処理のプロセスは次のように要約される。

図表 2-54 「著しい下落」の判定基準

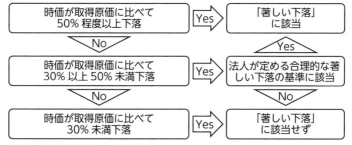

「時価の回復可能性」の判定基準

株式の場合、時価の下落が1年以内に取得原価に近い水準まで回復する見込みがあることを個別銘柄ごとの合理的な根拠を持って予測できない場合には回復する見込みがあるとは認められない。

債券の場合、信用リスクの増大に起因して時価が著しく下落した場合には、回復する見込みがあるとは認められない。

(I) 市場価格又は合理的に算定された価額のある有価証券の減損処理

売買目的有価証券以外の有価証券のうち市場価格又は合理的に算定された価額（すなわち時価）が著しく下落した時で回復する見込み（回復可能性）が認められない場合は減損処理をしなければならない（金融商品実務指針91）。

設例 市場価格又は合理的に算定された価額のある有価証券の減損処理

[前提条件]
1. S法人が保有する有価証券（すべてその他有価証券）につき期末時点で時価評価を行った。その取得原価及び期末時点における時価は次のとおり。

銘柄	取得原価	期末時価	下落率
A債券	20,000千円	8,000千円	△60%
B債券	10,000千円	6,200千円	△38%
C債券	7,000千円	4,200千円	△40%

2．S法人は減損処理の基準を定めており、2事業年度にわたって期末時価が30％以上下落している銘柄については「合理的な著しい下落」にあたり減損処理対象とするとしている。
　　B債券の前期末の時価は6,500千円（下落率△35％）、C債券の前期末の時価は5,600千円（下落率△20％）となっている。
3．どの債券も1年内に取得価額まで回復する見込みがあるとは認められない。
4．税効果会計は考慮しないものとする。
5．評価差額の会計処理方法は直接純資産に計上する方法である。

[仕訳例]
① 決算日

| その他有価証券評価損 | 15,800千円 | 有価証券 | 18,600千円 |
| その他有価証券評価差額金 | 2,800千円 | | |

　A債券は時価が取得原価に比べて50％程度以上下落しているため、B債券は下落率が38％であるが、S法人の減損処理の基準（2事業年度にわたって期末時価が30％以上下落）に該当しているため、「著しい下落」に該当し、どちらも時価の回復可能性が見込めないことから減損処理を行う。
　C債券は下落率が40％であるが、S法人の減損処理の基準に該当しないため、「著しい下落」には該当せず、評価差額を計上する。

　　減損処理額 =（20,000 + 10,000）-（8,000 + 6,200）= 15,800
　　評価差額　 = 7,000 - 4,200 = 2,800

② 翌年度期首

| 有価証券 | 2,800千円 | その他有価証券評価差額金 | 2,800千円 |

　A債券及びB債券は減損処理の基礎となった時価により帳簿価額を付け替えて取得原価を修正しているため洗替処理は行わず、翌年度以降修正後の取得原価と毎期末の時価とを比較して評価差額を算定する。

(J) 市場価格のない有価証券の減損処理

　市場価格のない株式は当該株式の発行会社の財政状態の悪化により実質価額（資産等の時価評価に基づく評価差額等を加味して算定した1株当たり純資産額）が著しく低下（取得原価に比べて50％程度以上低下）した場合で回復可能性が見込めない場合は減損処理をしなければならない（金融商

品実務指針92）。

時価のない（市場価格がなく、かつ時価を合理的に算定できない）債券は償却原価法を適用したうえで、債権の貸倒見積高の算定方法に準じて信用リスクに応じた償還不能見積高を算定し、会計処理を行う（金融商品実務指針93）。

設例 市場価格のない有価証券の減損処理

[前提条件]
1. S法人が保有する有価証券（すべてその他有価証券に該当する）のうち市場価格のない有価証券（R社株式40,000株、取得価額88,000千円）の期末時点の評価を行うにあたり、R社の直近の財務諸表を入手した。
   （R社財務諸表より抜粋）
   　資産総額：680,000千円
   　負債総額：328,000千円
   　純資産　：352,000千円
   　発行済株式総数：400,000株
2. R社の資産に含まれている有価証券は時価評価されている。
3. R社の財政状態の改善は合理的に実証できない。

[仕訳例]
① 決算日

| 有価証券評価損　52,800千円 ／ 有価証券　52,800千円 |

- 1株当たり純資産額の算定
  352,000千円÷400,000株＝880円
- R社実質価額の算定
  40,000株×880円＝35,200千円
  R社株式は実質価額が取得原価に比べて50％程度以上下落しているため、「著しい下落」に該当し、回復可能性が見込めないことから減損処理を行う。
  減損処理額＝88,000千円－35,200千円＝52,800千円
② 翌年度期首

| 仕訳なし |

R社株式は減損処理の基礎となった実質価額により、帳簿価額を付け替えて取得原価を修正しているため洗替処理は行わない。

(K) 受取配当金・利息等の計上

金融商品会計では以下のように規定されている。

(a) 市場価格のある株式配当金（中間配当を含む。以下同じ）

原則的な方法では、市場価格のある株式については、各銘柄の配当権利落ち日をもって、前回の配当実績又は公表されている1株当たり予想配当額に基づいて未収配当金を見積計上する。その後、配当金の見積計上額と実際配当額とに差異があることが判明した場合には、判明した事業年度に当該差異を修正することになる。

ただし、継続適用を条件に(b)の市場価格のない株式と同様の処理によることも認められる（金融商品実務指針94（1））。

(b) 市場価格のない株式配当金

市場価格のない株式については、発行会社の株主総会、取締役会、その他決定権限を有する機関において配当金に関する決議があった日の属する事業年度に計上する。ただし、決議があった日の後、通常要する期間内に支払いを受けるものであれば、その支払いを受けた日の属する事業年度に認識（現金主義による認識）することも、継続適用を条件として認められる（金融商品実務指針94（2））。

(c) 債券利息

債券利息は、その利息計算期間に応じて算定し、当該事業年度に属する利息額を計上する（発生主義による認識）。したがって、期末日に利払日が到来していない分に対応する当期の利息額は、未収利息として計上しなければならない（金融商品実務指針95）。

（3）開 示

図表 2-55 有価証券の表示

	病院会計準則	医療法人会計基準
開示場所	売買目的有価証券及び1年内に満期の到来する債券は貸借対照表の流動資産に有価証券として表示する。それ以外の有価証券については固定資産のその他の資産に有価証券として表示。	同左
注記	財務諸表の重要な会計方針に有価証券の評価基準及び評価方法を注記する。	・重要な会計方針として有価証券の評価基準及び評価方法を記載する。 ・満期保有目的の債券に重要性があれば内訳並びに帳簿価額、時価及び評価損益を記載する。
附属明細表	・固定資産明細表を作成する。期首残高、当期増加額、当期減少額、期末残高を記載する。 ・純資産明細表にその他有価証券の評価差額の増減を記載する。	・有価証券明細表を作成する。記載すべき項目は流動資産の有価証券と同様。 ・有形固定資産等明細表にも記載を要する。

【関連条文等】

病院会計準則　貸借対照表原則　第19　貸借対照表科目の分類
　　　　　　　　　　　　　　　　第22　有価証券の評価基準及び評価方法
　　　　　　　貸借対照表原則注解（注10）、（注17）、（注18）
医療法人会計基準　第3条　重要な会計方針の記載
　　　　医療法人会計基準運用指針　11　有価証券等の評価について
　　　　　　　　　　　　　　　　　27　附属明細表について

2　長期貸付金

（1）勘定科目の説明

金銭消費貸借契約等に基づく開設主体の外部に対する貸付取引のうち、返済期限が決算日の翌日から起算して1年を超えて到来するものである。

（2）会計処理
① 病院特有の論点
　病院において病院外の者に貸付が行われることは限定的と思われ、医療関連の業務を行ういわゆるメディカルサービス法人（MS法人）への貸付や看護学校生徒に対する奨学金が考えられる。

② 仕訳例

設例

> X1年4月1日にX医療法人に対し、金銭消費貸借契約を締結した。
> 　貸付金額：300,000千円
> 　貸付利率：年1.5％
> 　利払い日：9月30日、3月31日、年2回払い
> 　返済期限：X6年3月31日
> 　返済方法：60,000千円／年・毎年3月末支払い
>
> (i) X1年4月1日（貸付時）
>
> | 長期貸付金 | 300,000 | ／ | 預　金 | 300,000 |
> |---|---|---|---|---|
>
> (ii) X1年9月30日（利払日）
>
> | 預　金 | 2,250 | ／ | 受取利息 | 2,250 |
> |---|---|---|---|---|
>
> 2,250 = 300,000 × 0.015 × (6/12)
>
> (iii) X2年3月31日（決算日・利払日・返済日）
>
> | 預　金 | 60,000 | ／ | 長期貸付金 | 60,000 |
> |---|---|---|---|---|
> | 短期貸付金 | 60,000 | | 長期貸付金 | 60,000 |
> | 預　金 | 2,250 | | 受取利息 | 2,250 |

（3）開　示

図表 2-56　長期貸付金の開示

	病院会計準則	医療法人会計基準
開示場所	貸借対照表の固定資産のその他の資産に長期貸付金として表示する。ただし、固定資産の長期貸付金に計上されていたものが、貸借対照表日の翌日から起算して1年以内に受取期限が到来する場合には、原則として、流動資産の短期貸付金に振り替えて表示する。	同左
注記	不要	不要
附属明細表	前期末残高、当期増加額、当期減少額、当期末残高の明細を記載する。	同左

【関連条文等】

病院会計準則　貸借対照表原則　第19　貸借対照表科目の分類
　　　　　　　　　　　　　　　第24　医業未収金、未収金、貸付金等の貸借対照表価額
　　　　　　　貸借対照表原則注解　（注10）
医療法人会計基準運用指針　27　附属明細表について

3　役員従業員長期貸付金

（1）勘定科目の説明

役員、従業員に対する貸付金のうち返済期限が決算日の翌日から起算して1年を超えて到来するものである。

（2）会計処理
① 病院特有の論点

特筆すべき事項はない。

② 仕訳例

設例

X1年4月1日に役員であるW氏に対し、金銭消費貸借契約を結んだ。
　貸付金額：4,600千円
　貸付利率：年2.0%
　利払い日：9月30日・3月31日、年2回払い
　返済期限：X6年3月31日
　返済方法：920/年・毎年3月末支払い

(i) X1年4月1日（貸付時）

役員従業員長期貸付金　4,600	/	預　金　4,600

(ii) X1年9月30日（利払日）

預　金　　　　　　46	/	受取利息　　46

　46 = 4,600 × 0.02 ×（6/12）

(iii) X2年3月31日（決算日・利払日・返済日）

預　金	920	役員従業員長期貸付金	920
役員従業員短期貸付金	920	役員従業員長期貸付金	920
預　金	46	受取利息	46

(3) 開　示

図表 2-57　役員従業員長期貸付金の開示

	病院会計準則	医療法人会計基準
開示場所	貸借対照表の固定資産のその他の資産に表示。ただし、貸借対照表日の翌日から起算して1年以内に入金の期限が到来する場合には、原則として、流動資産の役員従業員短期貸付金に振り替える必要がある。	同左
注記	役員、従業員等に対する貸付金を通常の貸付金と区分せずに表示する場合には、注記によりその内容を明瞭に表示しなければならない。	関係事業者との一定額以上の取引に該当する場合は、関係事業者に関する注記をする。
附属明細表	前期末残高、当期増加額、当期減少額、当期末残高の明細を記載する。	同左

【関連条文等】

病院会計準則　貸借対照表原則　第19　貸借対照表科目の分類
　　　　　　　　　　　　　　　第24　医業未収金、未収金、貸付金等の貸借対照表価額
　　　　　　　　貸借対照表原則注解　（注10）
医療法人会計基準運用指針　27　附属明細表について

4　他会計長期貸付金

(1) 勘定科目の説明

他会計、本部などに対する貸付金のうち返済期限が決算日の翌日から起算して1年を超えて到来するものである。

（2）会計処理

① 病院特有の論点

病院事業における特殊性はない。

② 仕訳例

設例

> K病院がX1年4月1日にL老人保健施設との間で金銭消費貸借契約を締結した。
> 　貸付金額：35,000千円
> 　貸付利率：年3.2%
> 　利払い日：9月30日・3月31日、年2回払い
> 　返済期限：X6年3月31日
> 　返済方法：7,000/年・毎年3月末支払い
> 病院と施設では明確な約定（目的、返済期限、返済方法、金利等）がある。

(i) X1年4月1日（貸付時）

他会計長期貸付金	35,000	/	預　金	35,000

(ii) X1年9月30日（利払日）

預　金	560	/	受取利息	560

560 = 35,000 × 0.032 ×（6/12）

(iii) X2年3月31日（決算日・利払日・返済日）

預　金	7,000	/	他会計長期貸付金	7,000
他会計短期貸付金	7,000		他会計長期貸付金	7,000
預　金	560		受取利息	560

(3) 開　示

図表 2-58　他会計長期貸付金の開示

	病院会計準則	医療法人会計基準
開示場所	貸借対照表の固定資産のその他の資産に当該勘定科目名で表示。ただし、貸借対照表日の翌日から起算して1年以内に入金の期限が到来する場合には、原則として、流動資産の他会計短期貸付金に振り替えて表示する。	同左
注記	他会計、本部などに対する貸付金を通常の貸付金と区分せずに表示する場合には、注記によりその内容を明瞭に表示しなければならない。	不要
附属明細表	前期末残高、当期増加額、当期減少額、当期末残高の明細を記載する。	同左

【関連条文等】

病院会計準則　貸借対照表原則　第19　貸借対照表科目の分類
　　　　　　　　　　　　　　　第24　医業未収金、未収金、貸付金の貸借対照表価額
　　　　　　貸借対照表原則注解　（注10）
医療法人会計基準　第22条　貸借対照表等に関する注記
医療法人会計基準運用指針　23　関係事業者に関する注記について
　　　　　　　　　　　　　27　附属明細表について

5　長期前払費用

（1）勘定科目の説明

　長期前払費用は、一定の契約に従い、1年を超えて継続して役務の提供を受ける場合、いまだ提供されていない役務に対し支払われた対価をいう。
　たとえば、3年分（X1年4月～X4年3月）の火災保険料を一括して前払いした場合、当年度末（X2年3月末）において、2年分（X2年4月～X4年3月）

は次年度以降の保償に対する対価である。そこで、これを当年度の損益計算から除去するとともに、次年度以降の費用とするため、長期前払費用として貸借対照表の資産の部に計上する。また、役務提供契約以外の契約等による前払金とは区別しなければならない。

なお、決算にあたり長期前払費用のうち、貸借対照表日の翌日から起算して1年内に費用化される部分は流動資産の前払費用に振替計上する。

（2）会計処理
① 病院特有の論点
特筆すべき事項はない。
② 仕訳例
設例

> Y医療法人は保険会社との間で5年間の建物火災保険の契約を締結し、X0年4月1日に保険料を現金で支払った。
> 　支払金額：500
> 　保険期間：X0年4月1日からX5年3月31日
> なお、各年度100を費用化するものとする。
> (i) X0年4月1日
>
> | 長期前払費用 | 400 | 現　金 | 500 |
> |---|---|---|---|
> | 保険料 | 100 | | |
>
> (ii) X1年3月31日
>
> | 前払費用 | 100 | 長期前払費用 | 100 |
> |---|---|---|---|

（3）開 示

図表 2-59　長期前払費用の開示

	病院会計準則	医療法人会計基準
開示場所	貸借対照表の固定資産のその他の資産に当該勘定科目名で表示する。ただし、貸借対照表日の翌日から起算して役務の費消時期が1年以内に到来する場合には、原則として、流動資産の前払費用に振り替えて表示する。	同左
注記	不要	不要
附属明細表	前期末残高、当期増加額、当期減少額、当期末残高の明細を記載する。	同左

【関連条文等】

病院会計準則　貸借対照表原則　第19　貸借対照表科目の分類
　　　　　　　貸借対照表原則注解　（注10）

6　繰延税金資産

（1）勘定科目の説明

　繰延税金資産とは、発生主義に基づく会計と法人税等の税金計算のための税務会計を調整することを目的として、税金費用の期間配分を行うこと等の税効果会計の採用により生じる資産科目である。その発生原因は、法人税等が課税される開設主体においては、発生主義に基づく会計処理のすべてが、税務上容認されていないため、会計上の収益・費用と税務上の益金・損金の認識時期にズレが生じる結果、会計上の利益と税金の関係が歪んだものとなる。これを是正するために使用される勘定科目であり、資産の評価替えに関連して生じる内容も含む。詳細な会計処理については本章「純資産・Ⅲ　税効果会計」に記載しているため、そちらを参照されたい。
　繰延税金資産は、税効果会計を適用した場合において、一時差異等に係る税金の額のうち将来の法人税等の支払額を減額する効果を有すると判断

される額をいう。

なお、固定区分で計上するものは、その解消が貸借対照表日の翌日から起算して1年超の長期となるものである。

(2) 会計処理
① 病院特有の論点
特筆すべき事項はない。
② 仕訳例

設例

> X1年度：K法人は当期首に6,000の車輌運搬具を取得し、減価償却計算を開始している。K法人では取得した車輌運搬具の耐用年数を「3年」と見積もり減価償却費を計上しているため、当会計年度として会計上は2,000計上している。
>
> 帳簿価額（取得価額）：6,000（残存価額はゼロ）
>
> 耐用年数：5年（税務上）
>
> 減価償却方法：定額法
>
> 　会計上の耐用年数で計算された減価償却費が、税務計算上の耐用年数で計算された減価償却費を超える部分（以下、「減価償却超過額」という）については税務上否認される項目である。当該否認される金額につき、税効果会計を適用し繰延税金資産を計上する。法定実効税率は30％と想定する。
>
> 　なお、繰延税金資産の資産性に問題はないものとする。また、減価償却超過額に関しては、減価償却計算を通じて税務上、毎期認容されるものとする。
>
> ① X1年度決算
>
> | 減価償却費 | 2,000 | 減価償却累計額 | 2,000 |
> |---|---|---|---|
> | 繰延税金資産 | 240 | 法人税等調整額 | 240 |
>
> ＊ 6,000 × 1/3 = 2,000
>
> 　2,000 −(6,000 × 1/5) × 30％ = 240
>
> 　　（減価償却超過額に対して法定実効税率を乗じる）

② X2年度決算

減価償却費	2,000	減価償却超過額	2,000
繰延税金資産	240	法人税等調整額	240

* 6,000 × 1/3 = 2,000
　2,000 − (6,000 × 1/5) × 30% = 240
　（減価償却超過額に対して法定実効税率を乗じる）

（3）開　示

詳細については、「Ⅰ 流動資産・15 繰延税金資産」で解説しているため、そちらを参照されたい。

図表2-60　繰延税金資産の表示

	病院会計準則	医療法人会計基準
開示場所	損益計算書原則及び損益計算書原則注解において適用する旨明記されているが、具体的な表示方法については様式例にも記載がない。したがって、企業会計における会計基準等の表示方法に拠る。	同左
注記	不要	繰延税金資産及び繰延税金負債の発生原因別内訳を注記する。
附属明細表	前期末残高、当期増加額、当期減少額、当期末残高の明細を記載する。	同左

【関連条文等】

病院会計準則　損益計算書原則　第40　当期純利益
　　　　　　　損益計算書原則注解　（注24）
医療法人会計基準運用指針　15　税効果会計の適用について
　　　　　　　　　　　　　24　貸借対照表等注記事項について

7 その他の固定資産

（1）勘定科目の説明

　関係団体に対する出資金、ゴルフ会員権、差入保証金など前掲の科目に属さないものが該当する。ゴルフ会員権は、通常、運営会社の発行する株式又は当該会社に対する預託金であり、これらは金融資産に該当する（金融商品実務指針12）。また、差入保証金は不動産の賃貸借契約の締結時に、借主が貸主に対して、敷金、保証金、権利金及び建設協力金等の名目で差し入れる金銭であり金銭債権に該当するため金融資産に該当する（金融商品実務指針10）。ただし、金額の大きいものについては独立の異なる勘定科目を設けて処理することが望ましい。

（2）会計処理
① 医療法人会計基準との関係

　従来、繰延資産として計上されていた項目である創立費などの科目は近時の会計基準の動向に鑑み、これを独立の区分としては計上しないこととした。

　なお、開設主体の会計基準に基づいて繰延資産を計上する場合には、その旨及び損益計算書に与える影響を「比較のための情報」として記載する。

② 会計処理と仕訳例

　その他の固定資産にはさまざまなものがあるため特定の会計処理を例示することは困難であるが、ここではゴルフ会員権と差入保証金の会計処理を説明する。

　（ⅰ）ゴルフ会員権の会計処理

　　ゴルフ会員権の期末帳簿価額は、原則として取得価額で計上することとなっているが、価値の著しい下落が生じた場合には、有価証券の減損処理に準じて、減損会計を適用する。

　（A）時価がある場合の減損処理

　　時価があるものについて著しい時価の下落が生じた場合、かつ、回復可能性が合理的に立証できない場合は、減損処理を行う。株式形式の場合、時価まで評価損を計上する。預託保証金形式の場合、預託金額を上回る

部分は評価損を計上し、預託金部分は貸倒引当金を計上する（金融商品実務指針135）。

時価は、現状では、ゴルフ会員権協同組合が公表している業者間の取引相場表、ゴルフ会員権売買業者が公表しているゴルフ会員権相場などの使用が考えられる。

著しい下落の判定は、実務的には、時価が簿価の50％を下回るかで判断することになる。ただし、厳しいルールを独自で定めることは支障ないと思われる。

(B) 時価がない場合の減損処理

額面又は時価を有しないものについては、当該株式の発行会社の財政状態が著しく悪化した場合には有価証券の減損処理に準じて減損会計を適用する。また、預託保証金の回収可能性に疑義が生じた場合には債権の評価勘定として貸倒引当金を設定する（金融商品実務指針135）。

時価がないものに関して、ゴルフ会員権については、ゴルフ場運営会社の財政状態が著しく悪化した場合に減損処理を行う。減損の会計処理は、時価のあるものと同様である。

著しい下落の判定すなわち、ゴルフ場運営会社の財政状態の判断は、ゴルフ場運営会社の財務諸表をベースに行うが、入手できない場合には大手のゴルフ会員権取引業者に評価鑑定を依頼する方法も考えられる。これ以外にもゴルフ運営会社が、破産法、民事再生法などの申立てを行っている場合や、預託保証金の償還期限を守れていない場合などは、減損を認識すべきと思われる。

(ii) 差入保証金の会計処理

差入保証金は、一般的に敷金と保証金に分類される。

(A) 敷金の会計処理

敷金は、賃料の担保となるもので、通常ビル等から退去するまで返還されないものである。敷金については、取得原価で計上し、仮に返還されないと見込まれる場合は、貸倒引当金を設定する必要がある。また、敷金のうち、返還されない部分が契約書上明記されている場合は、賃借期間にわたって償却処理する。

(B) 保証金の会計処理

保証金は、ビル等の賃貸人に対する実質的な貸付金の性格を有するもので、償還条件が定められており、契約期間中に返済を受ける場合が多いと思われる。貸付金の性格を持つため、ビルの賃貸人等が変わった場合でも、債権の相手先は元の賃貸人のまま変更されない。建設協力金という名称で呼ばれることもある。

建設協力金のように実質的に貸付金の性格を有するが市場より低い利息が付されているものについては、当初支払額が保証金の時価相当（貸付金的金銭債権）と前払賃料で構成されていると考えられる。具体的には、当初支払額のうち、保証金時価相当部分は返済期日までのキャッシュ・フローを割り引いた現在価値で計上し、現在価値と返済金額の差額は契約期間にわたり利息法又は定額法で受取利息として計上する。また、支払金額と現在価値の差額は長期前払賃料に計上し、契約期間にわたり定額償却し家賃として処理する。なお、返済期日までのキャッシュ・フローを割り引く割引率は、土地建物への抵当権の設定等で保証金の貸倒リスクが少ない場合は、リスクフリーの利子率（例:国債利回り）を使用する（金融商品実務指針 133）。

（3）開 示

図表 5-61　その他の固定資産の開示

	病院会計準則	医療法人会計基準
開示場所	貸借対照表の固定資産に表示する。	同左
注記	不要	不要
附属明細表	前期末残高、当期増加額、当期減少額、当期末残高の明細を記載する。	同左

【関連条文等】

病院会計基準　貸借対照表原則　第 19　貸借対照表科目の分類
医療法人会計基準運用指針　27　附属明細表について

8 貸倒引当金

(1) 勘定科目の説明

固定資産区分の貸倒引当金は、長期貸付金など固定資産に計上される金銭債権に関する取立不能見込額についての勘定科目をいう。決算時に債権の信用リスクを診断して、合理的な基準により算定した貸倒れの予想見積高を計上する。

なお、債権の信用リスクの診断は、債権の延滞等の事実や債務者の財政状態及び経営成績で行われる。

(2) 会計処理

① 病院特有の論点

特筆すべき事項はない。

② 仕訳例

設例

Aに対する長期貸付金が29,000（X1年3月末現在）あった。Aに対する債権については個別引当により、貸倒引当額を14,500と見積もり、貸倒引当金を設定している。

(i) X1年3月決算時

貸倒引当金繰入額	14,500	/	貸倒引当金	14,500

翌期Aに対する債権全額の回収可能性がないと判断された。

(ii) 貸倒処理時

貸倒損失	14,500	/	長期貸付金	29,000
貸倒引当金	14,500			

（3）開　示

図表 2-62　貸倒引当金の開示

	病院会計準則	医療法人会計基準
開示場所	貸借対照表のその他の資産の資産の控除項目として当該勘定科目名でマイナス金額を表示する。	同左
注記	引当金の計上基準を記載。	同左
附属明細表	流動資産の貸倒引当金を参照。	同左

【関連条文等】

病院会計基準　貸借対照表原則　第19　貸借対照表科目の分類
　　　　　　　　　　　　　　　第24　医業未収金、未収金、貸付金等の貸借対照表価額
　　　　　　貸借対照表原則注解　（注10）
医療法人会計基準　第12条　金銭債権の評価
医療法人会計基準運用指針　12　引当金の取扱いについて
　　　　　　　　　　　　　27　附属明細表について

負 債

　負債は、流動負債と固定負債に分類して表示する。

　流動負債と固定負債は、正常営業循環基準（医業活動により生じた債務か否か）とワンイヤールール（貸借対照表日の翌日から起算して1年以内に支払いの期限が到来するか否か）により分類する。

　流動負債には、医業活動により生じた買掛金、支払手形、未払金等の正常営業循環基準に基づく債務及び貸借対照表日の翌日から起算して1年以内に支払いの期限が到来する債務並びに通常1年以内に使用される見込みの賞与引当金等のワンイヤールールに基づく負債が属する。

　一方、固定負債には、長期借入金、医業活動以外の原因から生じた未払金のうち、貸借対照表日の翌日から起算して1年を超えて支払いの期限が到来する債務及び退職給付引当金のように通常1年を超えて使用される見込みの負債が属する。

　配列の方法は、流動性配列法を採用している。この表示方法は流動性の高い負債から順に掲げる方法であり、流動負債、固定負債の順に表示する。

　なお、貸借対照表において流動資産と固定資産、流動負債と固定負債が適切に区別されている限り、項目の配列が病院会計準則と異なったとしても利用者が病院の財政状態及び運営状況の判断を困難にするものではない。したがって、開設主体の会計基準により固定性配列法を採用している場合であっても、組替え又は「比較のための情報」記載は要しないものとされている（ガイドライン3-3）。

　具体的な勘定科目としては、流動負債には、医業活動から生じた債務である買掛金、支払手形、未払金等と、その他の債務である短期借入金、役員従業員短期借入金、他会計短期借入金、未払費用、前受金、預り金、従業員預り金、前受収益、賞与引当金、その他の流動負債等が含まれる。

　固定負債には、長期借入金、役員従業員長期借入金、他会計長期借入金、長期未払金、退職給付引当金、長期前受補助金、その他の固定負債等が含まれる。

　なお、開設主体の会計基準により、負債の区分又は科目名称について病院会計準則と異なる場合には、その内容を「比較のための情報」として記載する（ガイドライン3-2）。

I

流動負債

　流動負債とは、経常的に行われる医業活動により生じた買掛金、支払手形等の債務、その他期限が1年以内に到来する債務、及び引当金のうち賞与引当金のように通常1年以内に使用される見込みのものをいう。

　つまり、医業活動により生じた負債については、正常営業循環基準（医業活動により生じた債務か否か）に基づき、例え支払期限が1年以上の買掛金があったとしても、通常の医業活動の周期（購入活動→診療活動→資金支払活動）において現金支出されるものとして、理論的には流動負債とされる。ただし、買掛金のような支払債務が通常取引において1年以上滞留することは稀である。

　貸借対照表に記載する流動負債の価額は、原則として、合理的な将来の支出見込額又は過去の収入額を基礎として計上しなければならない。

- 買掛金、支払手形、その他金銭債務の貸借対照表価額は、契約に基づく将来の支出額とする。実務上は、契約書、請求書、見積書などに基づいた支払予定額が計上される。
- 前受金等の貸借対照表価額は、過去の収入額を基礎とし、次期以降の期間に配分すべき金額とする。実務上は、翌期に予定する診療、検診、治験等に対して診療報酬等を前もって収受した場合の収受額が計上される。
- 将来の特定の費用や損失であって、その発生が当期以前の事象に起因し、発生の可能性が高いものに対応する引当金の貸借対照表価額は、合理的に見積もられた支出見込額とする。

　なお、外貨建負債がある場合は、原則として、決算時の為替相場による円換算額をもって貸借対照表価額とする。

1 買掛金

（1）勘定科目の説明

買掛金とは、医薬品、診療材料、給食用材料等のたな卸資産の購入取引に基づいて発生した支払債務をいう。

給食用材料については、職員などへの患者外給食がある場合には、対応する給食材料費を医業外費用の患者外給食費に計上することから、厳密にはその支払債務については買掛金と区別される。しかしながら、実務上、給食用材料を仕入れた時点で、患者用の材料か患者外用の材料かを明確に判別することは困難な場合が多い。したがって、給食用材料の購入に係る買掛金についてはこれを区別せず、費用を認識する際に患者と患者外を区分すればよいと考えられる。

企業会計における買掛金には、通常の取引に基づいて発生した役務の提供による営業上の未払額、たとえば、電気・ガス・水道料、外注費なども含めることができるが、病院会計準則における買掛金は、たな卸資産に係る支払債務に限定されている。したがって、材料費以外の医業費用に対する支払債務や医療用器械備品などの固定資産の購入取引に基づいて発生した支払債務である未払金とは区別しなければならない。

（2）会計処理

① **病院特有の論点**

医業未収金の大半を占める国民健康保険団体連合会や社会保険診療報酬支払基金に対する未収金の回収には、診療から2ヶ月以上を要する。資金繰りの観点から、買掛金の支払条件は医業未収金の回収期間に合わせて2ヶ月以上にしておくことが望ましい。医療法人会計基準においては、MS法人などの関係事業者に対する債務について、一定の条件で注記が求められる。詳細な内容については第6章にて解説する。

② **仕訳例**

（ⅰ）医薬品の仕入（検収時）

医薬品100を仕入れ、検収が完了した。代金は翌月払いとした。

医薬品	100 ／	買掛金	100

第2章　貸借対照表

(ii) 買掛金の支払い

買掛金 100 の支払期日が到来したので、振込みで支払った。

買掛金	100	／	預　金	100

（3）開　示

図表 2-63　買掛金の開示

	病院会計準則	医療法人会計基準
開示場所	貸借対照表の流動負債に表示。	同左
注記	不要	不要
附属明細表	不要	不要

【関連条文等】

病院会計準則　貸借対照表原則　第 19　貸借対照表科目の分類
　　　　　　　　　　　　　　　第 27　負債の貸借対照表価額
　　　　　　　貸借対照表原則注解　（注 10）

2　支払手形

（1）勘定科目の説明

　支払手形とは、医業活動に基づいて発生した手形債務をいう。

　支払手形勘定で処理されるのは、医業活動によって生じた買掛金や未払金の支払いのために振り出される手形に限定されており、固定資産の購入取引によって生じた手形債務（設備支払手形）や、資金調達のために振り出す金融手形（短期借入金）とは区別しなければならない。

（2）会計処理

①　病院特有の論点

　医療法人会計基準においては、MS法人などの関係事業者に対する債務について、一定の条件で注記が求められる。詳細な内容については第6章にて解説する。

Ⅰ　流動負債

② **仕訳例**

（ⅰ）支払手形の振出し

買掛金 100 の支払いのため、同額の約束手形を振り出した。

| 買掛金 | 100 | ／ | 支払手形 | 100 |

（ⅱ）支払手形の決済

振り出した支払手形 100 の支払期日となり、預金より引落しがされた。

| 支払手形 | 100 | ／ | 預　金 | 100 |

（3）開　示

図表 2-64　支払手形の開示

	病院会計準則	医療法人会計基準
開示場所	貸借対照表の流動負債に表示。	同左
	固定資産の購入取引によって生じた手形債務や資金調達のための金融手形は、金額的な重要性がある場合には、設備支払手形や短期借入金として、独立の勘定科目を設けて表示する。なお、金額的重要性が低い場合は、その他の流動負債に含めて表示する。	同左
注記	不要	不要
附属明細表	不要	不要

【関連条文等】

病院会計準則　貸借対照表原則　第 19　貸借対照表科目の分類
　　　　　　　　　　　　　　　第 27　負債の貸借対照表価額
　　　　　　貸借対照表原則注解　（注 10）

3 未払金

(1) 勘定科目の説明

未払金とは、医療用器械備品などの固定資産の購入取引に基づいて発生した支払債務や、医業活動により生じた買掛金の対象となる材料費以外の医業費用に対する支払債務をいう。

医薬品、診療材料、給食用材料などのたな卸資産の購入取引に基づいて発生した支払債務である買掛金とは区別しなければならない。

また、賃金、支払利息、賃借料など時の経過に依存する継続的な役務給付取引において、すでに役務の給付は受けたが、会計期間末までにいまだ支払期日が到来せず、あるいは法的にその対価の支払債務が確定していない分の金額である未払費用とも区別しなければならない。

(2) 会計処理

① **病院特有の論点**

医療法人会計基準においては、MS法人などの関係事業者に対する債務について、一定の条件で注記が求められる。詳細な内容については第6章にて解説する。

② **仕訳例**

（i）消耗器具備品の購入

消耗器具備品100を購入し、代金は翌月払いとした。

| 消耗器具備品費 | 100 | / | 未払金 | 100 |

（ⅱ）未払金の支払い

未払金100の支払期日が到来したため、振込みで支払った。

| 未払金 | 100 | / | 預　金 | 100 |

(3) 開　示

図表 2-65　未払金の開示

	病院会計準則	医療法人会計基準
開示場所	正常営業循環基準対象の未払金と支払期限が貸借対照表日の翌日から起算して1年以内の未払金は貸借対照表の流動負債に表示。 ただし、返済期限が貸借対照表日の翌日から起算して1年を超えて到来するものは固定負債に表示。	同左
注記	不要	不要
附属明細表	不要	不要

【関連条文等】
　病院会計準則　貸借対照表原則　第 19　貸借対照表科目の分類
　　　　　　　　　　　　　　　　第 27　負債の貸借対照表価額
　　　　　貸借対照表原則注解　（注 10）

4　短期借入金

(1) 勘定科目の説明

　短期借入金とは、公庫、事業団、金融機関などの外部からの借入金で、当初の契約において1年以内に返済期限が到来するものをいう。貸借対照表日の翌日から起算して1年内に返済予定の長期借入金も、短期借入金に含める。

　なお、役員、従業員からの借入金である「5 役員従業員短期借入金」、本部や他施設からの借入金である「6 他会計短期借入金」とは区別しなければならない。

(2) 会計処理
① 病院特有の論点
　特筆すべき事項はない。

② 仕訳例

(i) 資金の借入れ

運転資金に充てるため、銀行から1,000を借り入れた。借入期間は3ヶ月である。

預　金	1,000 / 短期借入金	1,000

(ii) 利息の支払い

利払い日になり、借入金利息30が預金から引き落とされた。

支払利息	30 / 預　金	30

(iii) 借入金の返済

返済期日が到来したため、借入額が銀行口座より引き落とされた。

短期借入金	1,000 / 預　金	1,000

(3) 開　示

図表2-66　短期借入金の開示

	病院会計準則	医療法人会計基準
開示場所	貸借対照表の流動負債に表示。ただし、返済期限が貸借対照表日の翌日から1年を超えて到来するものは固定負債に表示。	同左
	1年内返済予定の長期借入金も、短期借入金に含めて表示する。	1年内返済予定の長期借入金の表示については明示されておらず、病院会計準則に準ずると考えられる。
注記	借入れに対して資産が担保として供されている場合、その内容を注記する。	同左
附属明細表	借入金等明細表において、前期末残高、当期末残高、平均利率、返済期限の明細を記載する。	同左

【関連条文等】
病院会計準則 貸借対照表原則 第19 貸借対照表科目の分類
　　　　　　　　　　　　　　第27 負債の貸借対照表価額
　　　　　　　貸借対照表原則注解 （注10）
医療法人会計基準運用指針 27 附属明細表について

5 役員従業員短期借入金

（1）勘定科目の説明

　役員従業員短期借入金とは、役員・従業員からの借入金のうち、当初の契約において1年以内に返済期限が到来するものをいう。役員従業員長期借入金のうち返済期限が貸借対照表日の翌日から1年以内となったものも、役員従業員短期借入金に含める。

　なお、役員従業員短期借入金は、短期借入金とは区分して独立の勘定科目とするか、又は別掲記せずに短期借入金として計上し、その内容を注記する。

（2）会計処理

① 病院特有の論点

特筆すべき事項はない。

② 仕訳例

(i) 資金の借入れ

運転資金のため、役員から1,000を借り入れた。借入期間は3ヶ月である。

| 預　金 | 1,000 ／ 役員従業員短期借入金 1,000 |

(ii) 借入金の返済

返済期日が到来したため、借入額が銀行口座より引き落とされた。

| 役員従業員短期借入金 1,000 ／ 預　金 | 1,000 |

（3）開　示

図表 2-67　役員従業員短期借入金の開示

	病院会計準則	医療法人会計基準
開示場所	貸借対照表の流動負債に表示。ただし、貸借対照表日の翌日から返済期限が1年を超えて到来するものは固定負債に表示。なお、短期借入金に含めて表示する場合は、注記によりその内容を明瞭に表示しなければならない。	同左
注記	借入に対して資産が担保として供されている場合、その内容を注記する。	関係事業者との一定額以上の取引である場合、関係事業者に関する注記を行う
附属明細表	借入金等明細表において、前期末残高、当期末残高、平均利率、返済期限の明細を記載する。	同左

【関連条文等】

病院会計準則　貸借対照表原則　第19　貸借対照表科目の分類
　　　　　　　　　　　　　　　第27　負債の貸借対照表価額
　　　　　　　貸借対照表原則注解　（注10）
医療法人会計基準　第22条　貸借対照表等に関する注記
医療法人会計基準運用指針　23　関係事業者に関する注記について
　　　　　　　　　　　　　27　附属明細表について

6　他会計短期借入金

（1）勘定科目の説明

　他会計短期借入金とは、本部や他施設からの借入金で、当初の契約において1年以内に返済期限が到来するものをいう。他会計長期借入金のうち返済期限が貸借対照表日の翌日から1年内となったものも他会計短期借入金に含める。

　なお、他会計短期借入金は、短期借入金とは区分して独立の勘定科目と

するか、又は別掲記せずに短期借入金として計上し、その内容を注記する。

後述の「施設間取引の会計処理」で解説するが、他会計借入金で処理するものは、本部や他施設などからの資金融通のうち本部・施設間での明確な約定（目的、返済期限、返済方法、金利等）があるものに限定される。一時的な資金融通とは区別される点に注意が必要である。

（2）会計処理

① 病院特有の論点 ─ 施設間取引の会計処理

病院の開設主体は、病院以外にも診療所、研究所、学校、介護老人保健施設、訪問看護や訪問リハビリテーションなどのさまざまな施設や事業（以下、「施設等」という）を営んでいることが多い。

したがって、開設主体が複数の施設等を営んでいる場合は、施設間取引（本部や他施設との取引をいう）が発生することが一般的であり、これを財務諸表を作成する単位ごとに、どのように取り扱うかが論点となる。

病院が本部や他施設との取引を行う場合、通常は取引の相手方の施設に対する債権債務として、本部勘定もしくは施設勘定（施設名を称した勘定科目）を計上するのが一般的である。このような場合には、最終的に各施設間で債権債務の精算を行う必要がある。

他会計短期借入金として会計処理されるものは、施設間（本部を含む）での明確な約定（目的、返済期限、返済方法、金利等）がある資金融通に限定される。なお、同一開設主体内での資金融通で契約書が作成されることは稀であるため、実務上は、資金融通を実施する際に内部で作成される決裁書、稟議書といった決裁関連資料や、借入先に宛てた借入申込書等にて約定内容が書面で明確にされていることが要件であると考えられる。一方、約定が明確でない一時的な資金融通の場合は、他会計短期借入金は計上せず、単に上述の施設勘定の増減に含めることになる。

「病院会計準則適用における実務上の取扱い」では、施設間取引を(ⅰ)施設間の貸借勘定を用いて会計処理するもの、(ⅱ)借入金又は貸付金として取り扱うもの、(ⅲ)純資産の直接増減として取り扱うものの3つに分類し、さらに(ⅳ)収益又は費用に対応する取引について、その内容に応じた会計

処理が求められている。

(i) 施設間の貸借勘定を用いて会計処理するもの

　本部や他施設との取引について、最終的に当該債権債務の精算を行うことを前提にしている場合は、取引の相手方の本部や施設に対する債権債務を集約する勘定として本部勘定もしくは施設勘定（診療所勘定や介護老人福祉施設勘定など、施設名を冠した勘定科目）という特別な勘定科目を用いて会計処理を行い、資産ないしは負債に計上する会計処理を行う。たとえば本部との収益又は費用に対応する取引であれば、収益の相手勘定として借方に本部勘定（資産の性質）を計上し、費用の相手勘定として貸方に本部勘定（負債の性質）を計上する。計上するのが借方であれ貸方であれ、同じ本部勘定を用いる点が特徴的である。

　施設勘定を用いる施設間取引としては、後日精算を前提とした各施設の収益又は費用に対応する取引以外に、短期的な資金融通や費用の肩代り処理を行うものも含まれる。

　施設勘定は、各施設間の債権と債務を集計しているので、それぞれの施設において、債権（資産）として計上されている施設勘定とそれに対応する施設の債務（負債）に計上されている施設勘定とは金額が一致する。一致しない場合にはどちらかの施設で会計処理が誤っていることになる。したがって、施設勘定には各施設間の取引残高を照合する機能がある。

　また、施設勘定は各施設にとっては債権債務となり、精算がなされていない場合は各施設単位の財務諸表には計上されるが、開設主体全体として見れば内部的な取引にすぎず、全体の財務諸表の利用者にとっては意味のない勘定科目である。したがって、全体の財務諸表を作成するにあたっては、本部勘定及び施設勘定は相殺消去されることになる。

(ii) 借入金又は貸付金として取り扱うもの

　本部や他施設との取引のうち、一定条件に該当する資金融通の場合には、他会計貸付金あるいは他会計借入金として取り扱うこととされている。

　各施設の財務諸表において、他会計からの借入金又は他会計への貸付金として会計処理をするものは、施設間（本部を含む）での明確な約定（目的、返済期限、返済方法、金利等）があるものに限定されることになる。

したがって、たとえ資金調達の管理を本部で一括して取り扱っている場合であっても、特定の施設等の建築資金のように、その帰属が明確なものは、各施設の財務諸表に計上しなければならない。

一方、約定が明確でない一時的な資金融通は、返済されることが前提であれば、上述の施設間の債権債務勘定である施設勘定の増減に含まれることになる。

以上から、他会計短期借入金は、他の短期借入金とは区分して独立の勘定科目とすることが規定されている。

(iii) 純資産の直接増減として取り扱うもの

上記(i)及び(ii)以外の取引については、すべて純資産の直接増減、つまり資本取引として会計処理を行う。資本取引は本部や他施設との間で精算を前提としない点が特徴的である。

取引を行った時点において最終的に精算を行うかどうか明確でない場合には、いったん債権債務勘定で会計処理しておき、精算を行わないことが決定した時点で、純資産に振り替える会計処理を行う。なお、病院会計準則では、純資産の部における勘定科目は開設主体の会計基準に応じて任意に区分することを前提としているため、行われる取引の性質に応じて純資産としての施設勘定や他施設からの繰入金勘定等を用いて会計処理を行うことになる。

この純資産の増減として取り扱う施設間取引としては、精算を前提としない各施設の収益・費用に対応するもののほか、精算を前提としない施設間の資金移動等が含まれる。たとえば、同一開設主体の病院から他施設に対し資金移動をした場合、資金移動元の施設では、以下のとおりの会計処理を行うことになる。

| 純資産 | ××× | / | 現金預金 | ××× |

資金移動先の施設では、次の会計処理を行う。

| 現金預金 | ××× | / | 純資産 | ××× |

(iv) 収益又は費用に対応する取引の会計処理

施設間取引であっても、病院会計準則の収益・費用の定義に該当する取引については、提供した医業サービスの内容に応じた勘定科目を用いて会計処理を行う。たとえば、A病院においてB病院の職員に対する健康診断を実施した場合には、それぞれの病院及びB病院において、以下のような会計処理を行うことになる。

なお、当該取引に関する施設間の費用負担についての精算は行わないことを前提とする。

〈A病院〉

| 純資産 | ××× | / | 保健予防活動収益 | ××× |

〈B病院〉

| 福利厚生費 | ××× | / | 純資産 | ××× |

なお、施設間の取引価額は、客観性を有した外部に対するサービス提供に準じた適正な水準であるべきことに注意が必要である。

② **仕訳例**

(i) 資金の借入

運転資金のため、本部から1,000を借り入れた。借入期間は3ヶ月である。本部とはこの借入について、明確な約定（目的、返済期限、返済方法、金利等）を取り交わしている。

| 預　金 | 1,000 | / | 他会計短期借入金 | 1,000 |

(ii) 借入金の返済

返済期日が到来したため、借入額が銀行口座より引き落とされた。

| 他会計短期借入金 | 1,000 | / | 預　金 | 1,000 |

(3) 開　示

図表 2-68　他会計短期借入金の開示

	病院会計準則	医療法人会計基準
開示場所	貸借対照表の流動負債に表示。ただし、返済期限が貸借対照表日の翌日から1年を超えて到来するものは固定負債に表示。	法人単位の財務諸表では開示されない。
注記	短期借入金に含めて表示する場合は、注記によりその内容を明瞭に表示しなければならない。	不要
附属明細表	借入金等明細表において、前期末残高、当期末残高、平均利率、返済期限の明細を記載する。	不要

【関連条文等】

病院会計準則　貸借対照表原則　第19　貸借対照表科目の分類
　　　　　　　　　　　　　　　第27　負債の貸借対照表価額
　　　　　　　貸借対照表原則注解　（注10）

7　未払費用

(1) 勘定科目の説明

　未払費用とは、賃金、支払利息、賃借料など時の経過に依存する継続的な役務給付取引において、すでに役務の給付は受けたが、会計期間末までにいまだ支払期日が到来せず、あるいは法的にその対価の支払債務が確定していない分の金額をいう。

　支払期日が到来していないため債務としてはまだ確定していないが、その計算期間（契約期間等）のうち会計期間末までにすでに提供を受けた役務の対価は、時が経過することに伴いすでに当期の費用として発生しているため、これを当期の費用として計上するとともに、見合いの債務を貸借対照表の負債の部に計上する。支払期日が到来していない以上、請求書等は未入手であるため、契約書等に基づき当期に発生した金額を算定する必要がある。

未払費用と混同しやすい勘定科目として、すでに支払期日が到来し、あるいは支払債務が確定している場合の未払額である未払金があるが、両者は明確に区別しなければならない。

（2）会計処理
① 病院特有の論点
特筆すべき事項はない。
② 仕訳例
（i）未払費用の計上

借入を行っているが、決算日時点で利払い日が未到来である。次回の借入金利息支払額60（6ヶ月分）のうち経過期間4ヶ月分の40は当期に発生した費用であるため、未払計上を行った。

| 支払利息 | 40 | ／ | 未払費用 | 40 |

＊60 ×（4/6）ヶ月 = 40

（ii）翌期首の処理

未払費用（経過勘定）は、原則として翌期首に②(i)の反対仕訳を切る。

| 未払費用 | 40 | ／ | 支払利息 | 40 |

（iii）利息の支払い

借入金の利息支払期日に、利息60を銀行口座から支払った。

| 支払利息 | 60 | ／ | 預　金 | 60 |

(ii)(iii)の仕訳を合わせると、利息支払期の支払利息は20計上されたことになる。

(3) 開　示

図表 2-69　未払費用の開示

	病院会計準則	医療法人会計基準
開示場所	貸借対照表の流動負債に表示。	同左
注記	不要	不要
附属明細表	不要	不要

【関連条文等】
病院会計準則　貸借対照表原則　第 19　貸借対照表科目の分類
　　　　　　　　　　　　　　　第 27　負債の貸借対照表価額
　　　　　　　貸借対照表原則注解　（注 10）

8　前受金

(1) 勘定科目の説明

　前受金とは、医業収益の前受額、その他これに類する前受額をいう。

　前受金は、医業活動による収益の前受額を処理する勘定であり、有価証券や固定資産売却に係る医業外の前受金とは区別しなければならない。この場合は、仮受金として処理する。また、受取利息、賃借料など時の経過に依存する継続的な役務提供取引に対する前受分のうち未経過分の金額である前受収益とも区別しなければならない。

(2) 会計処理

① 病院特有の論点

　翌期に予定する診療、検診、治験等に対して診療報酬等を前もって収受した場合が想定される。

② 仕訳例

（i）前受金の発生

　他の医療機関から検査の委託を受け、契約締結時に契約額 1,000 の半分である 500 が振り込まれた。

| 預　金 | 500 | ／ | 前受金 | 500 |

(ⅱ) 役務の提供の完了時

受託した検査が完了したため、残金500を請求した。入金は1ヶ月後である。

| 前受金 | 500 | ／ | 受託検査・施設利用収益 | 1,000 |
| 医業未収金 | 500 | | | |

（3）開　示

図表 2-70　前受金の開示

	病院会計準則	医療法人会計基準
開示場所	貸借対照表の流動負債に表示。	同左
注記	不要	不要
附属明細表	不要	不要

【関連条文等】
病院会計準則　貸借対照表原則　第19　貸借対照表科目の分類
　　　　　　　　　　　　　　　第27　負債の貸借対照表価額
　　　　　　　貸借対照表原則注解　（注10）

9　預り金

（1）勘定科目の説明

預り金とは、相手から一時的に金銭を受け入れ、後日その者又は第三者にこれを返還すべき債務であり、入院預り金など従業員以外の者からの一時的な預り金をいう。

給料等に係る源泉徴収額や社会保険料の徴収額といった従業員からの一時的な預り金は、従業員預り金として預り金と区別しなければならない。

（2）会計処理
① 病院特有の論点
　一般に入院診療に係る自己負担額は多額になることが予想されることから、入院時に保証金としての意味合いで徴収した入院預り金がこれに当たる。

　また、救急や夜間などの時間外診療などにおいても、診療当日に会計窓口での計算ができない場合などに、後日精算することを前提に預り金として一定額を収受した預り金もこれに当たる。

② 仕訳例
（ⅰ）預り金の発生

　患者の入院時に、規約に基づき入院預り金100を現金で受領した。

現　金	100	預り金	100

（ⅱ）預り金の精算

　患者の退院時に診療報酬を算定し、請求額500と預り金100の差額400を現金で受領した。

預り金	100	入院診療収益	500
現　金	400		

（3）開　示

図表2-71　預り金の開示

	病院会計準則	医療法人会計基準
開示場所	貸借対照表の流動負債に表示。	同左
注記	不要	不要
附属明細表	不要	不要

【関連条文等】
病院会計準則　貸借対照表原則　第19　貸借対照表科目の分類
　　　　　　　　　　　　　　　第27　負債の貸借対照表価額
　　　　　　　貸借対照表原則注解　（注10）

10 従業員預り金

(1) 勘定科目の説明
　従業員預り金とは、源泉所得税や社会保険料の徴収額など、従業員に関する一時的な預り金をいう。入院預り金など、従業員以外からの一時的な預り金とは区別しなければならない。

(2) 会計処理
① 病院特有の論点
特筆すべき事項はない。
② 仕訳例
（ⅰ）従業員預り金の発生

　4月25日に4月分従業員給料1,000を支給したが、源泉所得税100、住民税60、社会保険料40を差し引いた残額800を振込みにより支払った。また、当月分の社会保険料の会社負担額は40である。

給　料	1,000	従業員預り金	200
		預　金	800
法定福利費	40	未払費用	40

（ⅱ）従業員預り金の精算

　源泉所得税預り金100、住民税預り金60、社会保険料80（従業員預り分40、会社負担分40）を振り込み納付した。

従業員預り金	200	預　金	240
未払費用	40		

(3) 開　示

図表 2-72　従業員預り金の開示

	病院会計準則	医療法人会計基準
開示場所	貸借対照表の流動負債に表示。なお、預り金に含めて表示する場合は、注記によりその内容を明瞭に表示しなければならない。	貸借対照表の流動負債の預り金に含めて表示。
注記	不要	不要
附属明細表	不要	不要

【関連条文等】

病院会計準則　貸借対照表原則　第 19　貸借対照表科目の分類
　　　　　　　　　　　　　　　第 27　負債の貸借対照表価額
　　　　　　　貸借対照表原則注解　（注 10）

11　前受収益

(1) 勘定科目の説明

前受収益とは、受取利息、賃借料など時の経過に依存する継続的な役務提供取引に対する前受分のうち、未経過分の金額をいう。

役務提供終了期間前にその対価を収受しているが、その計算期間のうち当期以後に役務を提供する部分については、当期ではなく翌期の損益計算に含めるべきものであることから、これを貸借対照表の負債の部に前受収益として計上することにより、翌期へ収益を繰り延べるものである。

医業収益の前受額である前受金とは区別しなければならない。

(2) 会計処理

① 病院特有の論点

特筆すべき事項はない。

② 仕訳例

(i) 前受収益の計上

期末決算時に、MS法人への貸付金に係る利息600（6ヶ月分）を受領していたが、うち4ヶ月分の400は翌期以降の期間に係るもの（未経過）であり、前受処理した。

預　金	600	受取利息	200
		前受収益	400

(ii) 翌期首の処理

前受収益（経過勘定）は原則として翌期首に(i)の反対仕訳を切る。

前受収益	400	受取利息	400

（3）開　示

図表 2-73　前受収益の開示

	病院会計準則	医療法人会計基準
開示場所	貸借対照表の流動負債に表示。	同左
注記	不要	不要
附属明細表	不要	不要

【関連条文等】
病院会計準則　貸借対照表原則　第19　貸借対照表科目の分類
　　　　　　　　　　　　　　　第27　負債の貸借対照表価額
　　　　　　貸借対照表原則注解　（注10）

12　賞与引当金

（1）勘定科目の説明

賞与引当金とは、賞与規程等に定められた支給対象期間に基づいて定期に支給する従業員賞与のうち、当期に属する部分に係る引当金をいう。

すなわち、従業員賞与の支払いは翌期に行うものの、当期の職務執行に起

因しており、翌期に支給する可能性が高く、かつ支給対象期間に対応してその金額を合理的に見積もることができるため、引当金の要件を充足する。したがって、引当金として計上しなければならない。

なお、未払いの従業員賞与については、その内容により未払費用や未払金又は賞与引当金として計上する場合があり、留意が必要である。会計処理における判断基準は以下のとおりである。

〈未払従業員賞与の会計処理〉

(ⅰ) 支給額が確定している場合の未払従業員賞与

引当金は支払額を合理的に見積もって計上するものである。この点、支払額が確定している以上、引当金には該当しない。

(ア) 賞与支給額が支給対象期間に対応して算定されている場合

決算作業時において従業員への賞与支給額が確定しており、当該支給額が支給対象期間に対応して算定されている場合には、当期に帰属する額を「未払費用」として計上する。

(イ) 賞与支給額が支給対象期間以外の基準に基づいて算定されている場合

決算作業時において従業員への賞与支給額は確定しているが、当該支給額が支給対象期間以外の臨時的な要因に基づいて算定されたもの（たとえば、成功報酬的賞与等）である場合には、その額を「未払金」として計上する。

(注) 従業員への賞与支給額が確定している場合としては、個々の従業員への賞与支給額が確定している場合のほか、たとえば、賞与の支給率、支給月数、支給総額が確定している場合等が含まれる。

(ⅱ) 支給額が確定していない場合の未払従業員賞与

決算作業時において従業員への賞与支給額が確定していない場合には、支給見込額のうち当期に帰属する額を合理的に見積もり、「賞与引当金」として計上する。

（2）会計処理
① 病院特有の論点
特筆すべき事項はない。

② 仕訳例
（i）賞与引当金の計上

賞与は6月、12月の年2回支給することとしている。支給対象期間はそれぞれ、12月〜5月、6月〜11月である。年度決算（3月）において、翌6月賞与支給見込額600のうち、当期に属する400（12月〜3月の4ヶ月分）を支給見込額基準で賞与引当金に計上した。

賞与引当金繰入額	400	賞与引当金	400

（ii）賞与の支給

翌期6月に賞与600を振込みにて支給した。

賞与引当金	400	預金	600
賞　与	200		

つまり、賞与支給額600のうち400（12月〜3月の4ヶ月分）は当期に、残りの200（4月〜5月の2ヶ月分）は翌期に計上されたことになる。

（3）開　示

図表 2-74　賞与引当金の開示

	病院会計準則	医療法人会計基準
開示場所	貸借対照表の流動負債に表示。	同左
注記	引当金の計上基準を記載。	同左
附属明細表	引当金明細表において、期首残高、当期増加額、目的使用額、その他減少額、期末残高を開示。	同左

Ⅰ　流動負債

【関連条文等】
病院会計準則　貸借対照表原則　第19　貸借対照表科目の分類
　　　　　　　　　　　　　　　第27　負債の貸借対照表価額
　　　　　　　貸借対照表原則注解　(注10)、(注13)
医療法人会計基準　第3条　重要な会計方針の記載
医療法人会計基準運用指針　27　附属明細表について

13　その他の流動負債

(1) 勘定科目の説明

その他の流動負債とは、仮受金など上記の科目に属さない債務等であって、1年以内に決済期限が到来するものをいう。

(2) 会計処理

① **病院特有の論点**

特筆すべき事項はない。

② **仕訳例**

(i) 仮受金の計上

相手先、内容不明の振込入金が100あった。

預　金	100	／	仮受金	100

(ii) 仮受金の精算

調査の結果、患者の家族からの医業未収金の入金であることが判明した。

仮受金	100	／	医業未収金	100

(3) 開　示

図表 2-75　その他の流動負債の開示

	病院会計準則	医療法人会計基準
開示場所	貸借対照表の流動負債に表示。金額的に重要性が高い場合は、独立の勘定科目を設けて表示することが望ましい。	同左
注記	不要	不要
附属明細表	不要	不要

【関連条文等】
病院会計準則　貸借対照表原則　第 19　貸借対照表科目の分類
　　　　　　　　　　　　　　　第 27　負債の貸借対照表価額
　　　　　　　貸借対照表原則注解　（注 10）

II

固定負債

　固定負債とは、負債のうち、医業活動以外の活動によって発生した支払債務のうち期限が貸借対照表日の翌日から1年を超えて到来する債務、1年を超えて使用される引当金などをいう。具体的には、長期借入金、役員従業員長期借入金、他会計長期借入金、長期未払金、退職給付引当金、その他の引当金、長期前受補助金及びその他の固定負債がある。

1　長期借入金

（1）勘定科目の説明

　長期借入金とは、金融機関、福祉医療機構等の外部からの借入のうち、当初の借入期間が1年を超える借入契約をいう。なお、貸借対照表日の翌日から起算して1年以内に支払いの期限が到来する長期借入金は短期借入金に振り替える。また、内部に所属する者である役員や従業員からの借入である役員従業員長期借入金及び内部の他施設や本部からの借入である他会計長期借入金は、外部からの借入である長期借入金とは異なる勘定科目に計上する。

（2）会計処理

①　病院特有の論点

　特筆すべき事項はない。

②　仕訳例

（ⅰ）資金の借入

銀行から借入期間4年で8,000の融資を受け、普通預金口座に入金された。

預　金	8,000 ／	長期借入金	8,000

(ii) 年度決算による短期への振替え

長期借入金8,000のうち貸借対照表日の翌日から1年以内に支払いの期限が到来する2,000を短期借入金に振り替えた。

| 長期借入金 | 2,000 | ／ | 短期借入金 | 2,000 |

(iii) 長期借入金の一部返済

支払期限の到来した長期借入金（年度決算で短期に振替済み）2,000を普通預金口座からの振込みにより返済した。

| 短期借入金 | 2,000 | ／ | 預　金 | 2,000 |

（3）開　示

図表 2-76　長期借入金の開示

	病院会計準則	医療法人会計基準
開示場所	貸借対照表の固定負債に表示。ただし、貸借対照表日の翌日から起算して1年以内に返済の期限が到来する場合には、流動負債に属する。	同左
注記	借入れに対して資産が担保として供されている場合、その内容を注記する。	借入れの担保として資産が供されている場合には、注記が必要。
附属明細表	借入金等明細表において、前期末残高、当期末残高、平均利率、返済期限の明細を記載する。	同左

【関連条文等】
病院会計準則　貸借対照表　第 19　貸借対照表科目の分類
　　　　　　　　　　　　　第 27　負債の貸借対照表価額
医療法人会計基準　第 22 条　貸借対照表等に関する注記
医療法人会計基準運用指針　27　附属明細表について

2 役員従業員長期借入金

(1) 勘定科目の説明

役員従業員長期借入金とは、役員又は従業員からの借入のうち、当初の借入期間が1年を超える借入契約をいう。なお、貸借対照表日の翌日から起算して1年以内に支払の期限が到来する役員従業員長期借入金は役員従業員短期借入金に振り替える。また、外部からの借入である長期借入金及び内部の他施設や本部からの借入である他会計長期借入金とは異なる勘定科目に計上する。

(2) 会計処理

① 病院特有の論点

特筆すべき事項はない。

② 仕訳例

(i) 資金の借入

役員から借入期間4年で8,000の融資を受け、普通預金口座に入金された。

預　　金	8,000	／	役員従業員長期借入金	8,000

(ii) 年度決算による短期への振替え

役員従業員長期借入金8,000のうち1年以内に支払いの期限が到来する2,000を短期借入金に振り替えた。

役員従業員長期借入金	2,000	／	役員従業員短期借入金	2,000

(iii) 長期借入金の一部返済

支払期限の到来した役員従業員長期借入金(年度決算で短期に振替え済み)2,000を普通預金口座からの振込みにより返済した。

役員従業員短期借入金	2,000	／	預　　金	2,000

（3）開　示

図表 2-77　役員従業員長期借入金の開示

	病院会計準則	医療法人会計基準
開示場所	貸借対照表の固定負債に表示。ただし、貸借対照表日の翌日から起算して1年以内に返済の期限が到来する場合には流動負債に属する。	同左
注記	●役員又は従業員に対する借入金を通常の借入金と区別せずに表示する場合には、注記が必要。 ●借入の担保として資産が供されている場合には、貸借対照表に注記が必要。	●借入の担保として資産が供されている場合には、注記が必要。 ●関係事業者との一定額以上の取引である場合、関係事業者に関する注記を行う
附属明細表	借入金等明細表において、前期末残高、当期末残高、平均利率、返済期限の明細を記載する。	同左

【関連条文等】
　病院会計準則　貸借対照表　第19　貸借対照表科目の分類
　　　　　　　　　　　　　　第27　負債の貸借対照表価額
　医療法人会計基準　第22条　貸借対照表等に関する注記
　医療法人会計基準運用指針　23　関係事業者に係る注記について
　　　　　　　　　　　　　　27　附属明細表について

3　他会計長期借入金

（1）勘定科目の説明

　他会計長期借入金とは、内部の他施設や本部からの借入のうち、当初の借入期間が1年を超える借入契約をいう。なお、貸借対照表日の翌日から起算して1年以内に支払いの期限が到来する他会計長期借入金は他会計短期借入金に振り替える。また、外部からの借入である長期借入金及び内部に所属する者である役員や従業員からの借入である役員従業員長期借入金とは異なる勘定科目に計上する。

なお、他会計長期借入金で処理するものは、本部や他施設からの資金融通のうち明確な約定（目的、返済期限、返済方法、金利等）があるものに限定され、経費の立替払い等、一時的な資金融通とは区別される。

（2）会計処理
① **病院特有の論点**
特筆すべき事項はない。
② **仕訳例**
(ⅰ) 資金の借入

本部から借入期間4年で8,000の融資を受け、普通預金口座に入金された。本部とは、この借入について、明確な約定（目的、返済期限、返済方法、金利等）を取り交わしている。

預　　金　　　　　8,000 ／ 他会計長期借入金　8,000

(ⅱ) 年度決算による短期への振替え

他会計長期借入金8,000のうち貸借対照表日の翌日から1年以内に支払いの期限が到来する2,000を短期借入金に振り替えた。

他会計長期借入金　2,000 ／ 他会計短期借入金　2,000

(ⅲ) 長期借入金の一部返済

支払期限の到来した他会計長期借入金(年度決算で短期に振替え済み)2,000を普通預金口座からの振込みにより返済した。

他会計短期借入金　2,000 ／ 預　　金　　　　　2,000

（3）開　示

図表 2-78　他会計長期借入金の開示

	病院会計準則	医療法人会計基準
開示場所	貸借対照表の固定負債に表示。ただし、貸借対照表日の翌日から起算して1年以内に返済の期限が到来する場合には流動負債に属する。	法人単位の財務諸表では開示されない。
注記	他会計や本部等に対する借入金を通常の借入金と区別せずに表示する場合には、注記が必要。	不要
附属明細表	借入金等明細表において、前期末残高、当期末残高、平均利率、返済期限の明細を記載する。	不要

【関連条文等】
病院会計準則　第 19　貸借対照表科目の分類
　　　　　　　第 27　負債の貸借対照表価額

4　医療機関債

（1）勘定科目の説明

　医療機関債とは、借入に際し、医療法第 39 条に規定する医療法人が発行する債券のことをいう。機能としては民間企業の社債と同じであり、医業経営の安定性を高める方策の一つとして資金調達手段の多様性を図る趣旨のもと発行が認められている。一方で、医療機関債は、民間企業の社債と異なり、金融商品取引法第 2 条に規定される同法上の有価証券には該当しない。すなわち、医療機関債は、市場で流通することが法的に予定されていないという点で、民間企業が発行する社債とは決定的な違いがある。
　こうした医療機関債の法的な性格から、その実質は借入金とみなされ、「医療機関債」発行等のガイドライン（医政発第 1025003 号　平成 16 年 10 月 25 日付）でも、医療機関債は、資金を借り入れる医療法人の資産の取得の利便のために発行するものとし、その発行にあたっては、金銭消費貸借契

約に基づく医療法人の借入金を証するものである旨を、発行の目的、対象等とあわせて発行要項等に明確に記載するとともに、発行対象者に周知する手段を講ずる旨が定められている。

したがって、貸借対照表上には、負債の部の固定負債の区分に、長期借入金勘定で開示されると考えられる。

(2) 会計処理
① 病院特有の論点

医療機関債券の保有者は、利息と満期償還金を受け取る権利のみを有し、経営参加権はない。これによって、医療機関は、経営の安定性を確保したままで必要資金を調達することが可能となり、銀行との交渉力の向上といったメリットにつながる方策にもなりうる。

なお、「医療機関債」発行等のガイドラインでは、医療機関による医療機関債発行を円滑化するとともに、自己責任の下での適正な発行を可能とする観点から、債券の発行から償還に至るまでの各種手続等に関し、購入者の自主的な判断のための情報の開示をはじめとして医療法人が遵守すべきルール及び留意点を明らかにしている。

具体的には、医療機関債を発行する医療法人は、出資法及び医療法その他法令に抵触しないようにすることを求めているとともに、医療機関債を発行する年度の前年度から遡って3年度以上税引前純損益が黒字であるなど経営成績が堅実であることが望ましいとしている。

また、医療機関債を発行する医療法人のうち、以下に該当する場合には公認会計士又は監査法人の監査が要求されている。

(ア) 負債総額が100億円以上（債券発行により負債総額が100億円以上となる場合を含む）

(イ) 一会計年度における発行総額が1億円以上、もしくは一会計年度における購入人数が50人以上である場合

なお、上述のとおり、医療機関債の発行目的は資産の取得目的に限定される。よって、医療機関債の償還資金を調達するために、新たに医療機関債を発行することは許されない。

この他に、「医療法人の内部手続」、「発行要項等の策定等による情報開示」、「発行条件等」、「債券購入者等との関係」及び「償還」が遵守すべき事項等の項目に挙げられている。

② **仕訳例**

上述の「1 長期借入金」の項を参照されたい。

(3) 開　示

図表 2-79　医療機関債の開示

	病院会計準則	医療法人会計基準
開示場所	貸借対照表の固定負債に長期借入金として表示。 ただし、貸借対照表日の翌日から起算して、1年以内に償還予定がある部分は、流動負債に短期借入金として表示する。	貸借対照表の固定負債に医療機関債として表示。
注記	不要	不要
附属明細表	借入金等明細表において、前期末残高、当期末残高、平均利率、返済期限の明細を記載する。	同左

【関連条文等】

病院会計準則　第 19　貸借対照表科目の分類
　　　　　　　第 27　負債の貸借対照表価額
医療法人会計基準運用指針　27　附属明細表について

5 長期未払金

(1) 勘定科目の説明

長期未払金とは、固定資産に対する未払債務等、金額が確定している支払債務のうち、当初の支払期限が1年を超えるものをいう。なお、貸借対照表日の翌日から起算して1年以内に支払の期限が到来する長期未払金は流動負債の未払金に振り替える。

(2) 会計処理

① 病院特有の論点

特筆すべき事項はない。

② 仕訳例

(i) 長期未払金の発生

検査用のCT（医療用器械備品）を購入した。取得金額は30,000で支払条件は5年間の分割払いである。

| 医療用器械備品 | 30,000 | / | 長期未払金 | 30,000 |

(ii) 年度決算による短期への振替え

長期未払金30,000のうち1年以内に支払の期限が到来する6,000を流動負債の未払金に振り替えた。

| 長期未払金 | 6,000 | / | 未払金 | 6,000 |

(iii) 長期未払金の支払い

支払期限の到来した長期未払金（年度決算で流動負債に振替え済み）6,000及び利息120を普通預金口座からの振込みにより支払った。

| 未払金 | 6,000 | / | 普通預金 | 6,120 |
| 支払利息 | 120 | / | | |

(3) 開 示

図表 2-80　長期未払金の開示

	病院会計準則	医療法人会計基準
開示場所	貸借対照表の固定負債に表示。ただし、貸借対照表日の翌日から起算して、1年以内に支払期限が到来するものは、流動負債に属する。	同左
注記	不要	不要
附属明細表	不要	不要

【関連条文等】
　病院会計準則　第19　貸借対照表科目の分類
　　　　　　　　第27　負債の貸借対照表価額

6　その他の引当金

(1) 勘定科目の説明

　引当金とは、将来の特定の費用又は損失であって、その発生が当期以前の事象に起因し、発生の可能性が高く、かつ、その金額を合理的に見積もることができる場合に、当期の負担に属する金額を当期の費用又は損失として引き当てるために設定される勘定である。

　なお、項目は「その他の引当金」としているが、引当金を計上する場合はそれぞれの内容を示した勘定科目で計上する。

①　役員退職慰労引当金

　役員退職慰労金の支給に関する内規がある場合において、在任期間・担当職務等を勘案し、支給見込額が合理的に算出され、当該内規に基づく支給実績があり、このような状況が将来にわたって存続する場合には、内規に基づいて計算される要支給額を役員退職慰労引当金として計上する。

②　債務保証損失引当金

　病院が債務保証を行っている場合において、保証先が経営破たんに陥っている又は陥る可能性が高い等、財政状態の悪化等により債務不履行とな

る可能性があり、その結果、債権者が保証債務を履行した場合に履行に伴う債権が回収不能となる可能性が高く、その損失額を合理的に見積もることができる場合には、当期の負担に属する金額を債務保証損失引当金として計上する。

③ **損害補償損失引当金**

裁判中の医療過誤事案がある場合等において、いまだ判決に至らなくても、敗訴する可能性が極めて高く、医療損害賠償保険等の保険金でカバーできない病院負担となる損害賠償金額を合理的に見積もることができる場合には、その損失額を損害補償損失引当金として計上する。

なお、病院会計準則における引当金の設定要件を満たしているにも関わらず、当該事象における引当金を計上していない場合には、その旨、会計処理方法、病院会計準則に定める方法によった場合と比較した影響額を「比較のための情報」として記載する。

病院会計準則の引当金の定義に該当しない引当金を計上している場合も同様とする（ガイドライン3-11）。

(2) 会計処理

① **病院特有の論点**

特筆すべき事項はない。

② **仕訳例**

(i) 役員退職慰労引当金

(A) 役員退職慰労引当金の計上

決算において、役員退職慰労金の支給に関する内規に基づいて計算される要支給額30,000のうち、当期の負担額7,000を役員退職慰労引当金として繰り入れた。

| 役員退職慰労引当金繰入額 | 7,000 ／ 役員退職慰労引当金 | 7,000 |

(B) 役員退職金の支給

役員Aの退任にあたり、退職慰労金13,000を普通預金口座からの振込みにより支給した。

| 役員退職慰労引当金 | 13,000 | ／ | 預　金 | 13,000 |

(ii) 債務保証損失引当金

(A) 債務保証損失引当金の計上

債務保証先が深刻な経営難の状態にあり、再建の見通しが立たない状況により、保証債務額全額の履行に伴う損失の発生の可能性が高いと認められるため、債務保証額10,000を引き当てた。

| 債務保証損失引当金繰入額 | 10,000 | ／ | 債務保証損失引当金 | 10,000 |

(B) 債務保証の履行

債務保証10,000の履行を請求され、普通預金口座からの振込みにより全額代位弁済した。

| 債務保証損失引当金 | 10,000 | ／ | 預　金 | 10,000 |

(iii) 損害補償損失引当金

(A) 損害補償損失引当金の計上

現在裁判中の医療過誤に係る案件で、敗訴の可能性が高く、損害賠償額は40,000と合理的に見積もられた。このうち30,000は保険で補填されるため、差額の10,000について損害補償損失引当金を計上した。

| 損害補償損失引当金繰入額 | 10,000 | ／ | 損害補償損失引当金 | 10,000 |

(B) 損害賠償額の確定

　裁判中であった医療過誤事案について、判決が確定し、40,000 の損害賠償金を普通預金口座からの振込みにより支払った。このうち 30,000 は保険で補填される予定であるが、現在手続中につき保険会社からは未入金である。

| 損害補償損失引当金 | 10,000 | / | 預　　金 | 40,000 |
| 未収金 | 30,000 | | | |

（3）開　示

図表 2-81　その他の引当金の開示

	病院会計準則	医療法人会計基準
開示場所	１年を超えて使用される見込みのものは貸借対照表の固定負債に表示。	同左
注記	重要な会計方針を注記する。	同左
附属明細表	引当金明細表において、期首残高、当期増加額、目的使用額、その他減少額、期末残高を開示。	同左

【関連条文等】
　病院会計準則　第 19　貸借対照表科目の分類
　　　　　　　　第 27　負債の貸借対照表価額
　　　　　　　　貸借対照表原則注解（注 13）
　医療法人会計基準　第 3 条　重要な会計方針の記載
　医療法人会計基準運用指針　12　引当金の取扱いについて
　　　　　　　　　　　　　　27　附属明細表について

7　長期前受補助金

（1）勘定科目の説明

　長期前受補助金とは、償却資産を取得するための財源として収入した補助金等であり、当該償却資産の未償却額に対応する額である。補助金や助成金は資金的な補填であるが、会計上、こうした償却資産の取得財源とさ

れる補助金等については、対象資産の減価償却による費用を減殺する効果を見て、収入時に長期前受補助金として繰延経理を行い、減価償却に応じた相当額を補助金等収益へ振り替える処理を行う。

なお、固定資産の取得に関連して、交換や収用等による既存の資産の譲渡等や補助金・負担金等の特定の収入に係る一定の収益が発生した場合に、当該収益と相殺されて法人税の課税が直ちになされないための技法として、圧縮記帳が存在する。

医療法人は原則として法人税の課税対象であるため、圧縮記帳への配慮は必要となる。この点、医療法人会計基準においては、運用指針19にて圧縮記帳は可能とされ、その会計処理は直接減額方式と積立金経理が認められている。また、運営費補助金のように補助対象となる支出が事業費に計上されるものについては、事業収益に計上すると定められている。

（2）会計処理

ここでは、補助金の会計処理のうち長期前受補助金についての説明を行う。

① 病院特有の論点

病院に対する補助金は、国、自治体、福祉医療機構等から、へき地保健医療対策、救急医療対策、公的医療施設、教育関係施設等の整備事業費や運営事業費を補助する目的で交付される。

病院会計準則は補助金の会計処理について、その性格の違いにより、それぞれの業務の進行に応じた収益化を行う会計処理を採用している。病院会計準則では、「補助金については、非償却資産の取得に充てられるものを除き、これを負債の部に記載し、補助金の対象とされた業務の進行に応じて収益に計上しなければならない。設備の取得に対して補助金が交付された場合は、当該設備の耐用年数にわたってこれを配分するものとする。なお、非償却資産の取得に充てられた補助金については、これを純資産の部に記載するものとする。」と規定されている。また、補助金の収益化について、「非償却資産の取得に充てられるものを除き、これを負債の部に記載し、業務の進行に応じて収益に計上する。収益化を行った補助金は、医業外収益の区分に記載する。」とされている。

このような補助金の取扱いは、独立行政法人会計や国立大学法人会計においても採用されている。

一方で、医療法人会計基準では、上述のとおり圧縮記帳が認められているため、病院単位の財務諸表において圧縮記帳した損益計算書と貸借対照表を作成した場合には、各段階利益と貸借対照表の各区分に病院会計準則との相違が生ずることとなる。したがって、そのような場合には、この影響について注記することが必要となる。

なお、病院会計準則では、寄附金や固定資産等の受贈益について、収益の繰延処理は想定されていない。

② **補助金の分類**

補助金は、その内容によって次の3つに分類される。
(ⅰ) 運営費や研究費等の費用支出負担を補助する目的で助成される補助金：運営費補助金
(ⅱ) 施設及び設備等の償却資産の取得支出負担を補助する目的で助成される補助金：施設設備補助金
(ⅲ) 土地等の非償却資産の取得支出負担を補助する目的で助成される補助金：施設設備補助金

③ **補助金の分類と会計処理**

分類した補助金は、補助対象の違いにより対応する費用の計上時期が異なるため、それぞれの費用を計上する時期に対応して収益化する。

具体的には、以下のように処理を行うことになる。
(ⅰ) の運営費補助金は、費用負担を補助する目的で助成されるため、当該助成年度に一括して収益計上を行う。
(ⅱ) の償却資産に対応する施設設備補助金は、償却資産の取得負担を補助する目的で助成されるため、助成されたときにいったん全額を長期前受補助金に計上し、助成対象償却資産の減価償却に対応して収益に振り替える。
(ⅲ) の非償却資産に対応する施設設備補助金は、非償却資産の取得負担を補助する目的で助成されるため、収益計上は行わず、当該助成年度に一括して純資産の部に計上する。

以上を表形式にまとめると、以下のようになる。

図表 2-82　補助金の分類と会計処理の関係

補助金の分類	会計処理
(i) 費用負担を補助する目的で助成される補助金	当該助成年度に、運営費補助金収益として収益計上
(ii) 償却資産の取得に対して補助する目的で助成される補助金	補助金は長期前受補助金として負債に計上し、助成対象償却資産の減価償却に対応して、施設設備補助金収益として収益計上
(iii) 非償却資産の取得に対して補助する目的で助成される補助金	純資産の部に計上

④　仕訳例

(i) 単年度の費用負担を補助する目的で助成される補助金の会計処理

(A) 当年度の運営費補助金 5,000 が当年度に普通預金口座に入金された。

・補助金受入時

| 預　金 | 5,000 | ／ | 運営費補助金収益 | 5,000 |

(B) 当年度の運営費補助金 5,000 につき当期中に交付決定を受けているが、当期末時点で未収（翌年度入金）となっている。

・当期末

| 未収金 | 5,000 | ／ | 運営費補助金収益 | 5,000 |

・翌年度補助金受入時点（普通預金口座に入金）

| 預　金 | 5,000 | ／ | 未収金 | 5,000 |

(ii) 償却資産の取得支出負担を補助する目的で助成される補助金の会計処理

検査用の CT（医療用器械備品）を当期首に購入した。取得価額 30,000、定額法、耐用年数 5 年、残存価額 0 であり、普通預金口座から支払っている。一方、当該資産の取得支出負担を補助する目的で補助金 10,000 が助成された。当期首に普通預金口座に入金されている。

・償却資産取得時

| 医療用器械備品 | 30,000 | / | 預　金 | 30,000 |

・補助金受入時

| 預　金 | 10,000 | / | 長期前受補助金 | 10,000 |

・当期末

医療用器械備品にかかる減価償却を実施した。

| 減価償却費 | 6,000 | / | 減価償却累計額 | 6,000 |

＊ 30,000 × 1年/5年 = 6,000

長期前受補助金10,000のうち、当年度の減価償却に対応する部分を収益化した。

| 長期前受補助金 | 2,000 | / | 施設設備補助金収益 | 2,000 |

＊ 10,000 × 1年/5年 = 2,000

長期前受補助金8,000のうち、1年以内に収益化が予定される金額を前受補助金に振り替えた。

| 長期前受補助金 | 2,000 | / | 前受補助金 | 2,000 |

＊ 8,000 × 1年/4年 = 2,000

(iii) 非償却資産の取得支出負担を補助する目的で助成される補助金の会計処理

土地を取得価額10,000で当期首に購入した。普通預金口座から支払っている。一方、当該資産の取得支出負担を補助する目的で補助金5,000が助成された。当期首に普通預金口座に入金されている。

・非償却資産取得時

| 土　地 | 10,000 | / | 預　金 | 10,000 |

・補助金受入時点

| 預　金 | 5,000 | / | 施設設備補助金（純資産） | 5,000 |

(iv) 補助金の返還についての会計処理

　補助金の返還が行われることは通常想定されないが、一定の状況（補助金申請額より実際購入額が小さかった場合など）がある場合には返還を求められることがある。補助金の受入れと返還が同じ会計年度であれば、受入金額を修正する会計処理を行う。返還が受入会計年度の翌年度以降になる場合や補助金対象資産の売却などによって返還する場合については、次のように会計処理を行う。

(A) 単年度の費用負担を補助する目的で助成される補助金の返還処理

　前年度の運営費補助金5,000を前年度に受け入れたが、当年度にそのうち1,000を普通預金口座から返還した。

その他の臨時費用	1,000	/	預　金	1,000

(B) 償却資産の取得支出負担を補助する目的で助成される補助金の返還処理

　前期首に償却資産取得のための財源として補助金10,000を受け入れ、検査用のCT（取得価額30,000、定額法、耐用年数5年、残存価額0）を取得した（仕訳説明(ii)と同じ設定）。当期首に当該医療用器械備品を20,000（簿価24,000）で売却し、補助金全額を返還した。資金の受渡しは普通預金口座を使用している。

・医療用器械備品売却時

預　金	20,000	/	医療用器械備品	30,000
減価償却累計額	6,000			
固定資産売却損	4,000			

・補助金返還時

長期前受補助金	6,000	/	預　金	10,000
前受補助金	2,000			
その他の臨時費用	2,000			

(C) 非償却資産の取得支出負担を補助する目的で助成される補助金の返還処理

　移転に向けた誘致を受け、前年度に土地取得のための補てん財源として補助金5,000を受け入れ、土地10,000を取得した（仕訳説明(iii)と同じ設定）。

当年度に当該土地を 9,000 で売却し、補助金全額を返還した。資金の受け渡しは普通預金口座を使用している。

・土地売却時

| 預　　金 | 9,000 | / | 土　　地 | 10,000 |
| 固定資産売却損 | 1,000 | | | |

・補助金返還時

| 施設設備補助金（純資産） | 5,000 | / | 預　　金 | 5,000 |

（3）開　示

図表 2-83　長期前受補助金の開示

	病院会計準則	医療法人会計基準
開示場所	貸借対照表の固定負債に表示。	長期前受補助金という科目はなく、①固定資産の取得に係る補助金については、直接減額方式又は積立金経理により圧縮記帳する②運営費補助金のように補助対象となる支出が事業費に計上されるものについては、当該補助対象の費用と対応させるため、事業収益に計上する。
注記	非償却資産の取得のために交付を受けた補助金は、内容と金額を附属明細表に注記する。	補助金等の会計処理方法について注記する。また、補助金等に重要性がある場合には、補助金等の内訳、交付者及び貸借対照表等への影響額を注記する。
附属明細表	補助金明細表に、交付の目的が施設整備の取得の補助に係るものと運営費の補助に係るものとに区分し、交付の種類及び交付元ごとに補助総額、当期収益計上額、負債計上額等の明細を記載する。	不要

第2章　貸借対照表

【関連条文等】
病院会計準則　貸借対照表原則　第19　貸借対照表科目の分類
病院会計準則注解　（注15）　補助金の収益化について
医療法人会計基準運用指針　19　補助金等の会計処理について
　　　　　　　　　　　　　24　貸借対照表等注記事項について

8　その他の固定負債

（1）勘定科目の説明

　その他の固定負債とは、長期借入金、長期未払金など、前掲した固定負債の科目に属さない債務等、たとえば、長期預り金、長期預り保証金及び長期預り敷金等であって、弁済期限や契約期間が貸借対照表日の翌日から起算して1年を超えるものをいう。ただし、金額の大きいものについては独立の勘定科目を設けて処理することが望ましい。

（2）会計処理
①　病院特有の論点
特筆すべき事項はない。
②　仕訳例
（ⅰ）保証金の受取り

　病院内の売店の業者より、保証金として5,000（10年均等返済）が普通預金口座に振り込まれた。

| 預　金 | 5,000 | ／ | その他の固定負債
（長期預り保証金） | 5,000 |

（ⅱ）年度決算による短期への振替え

　長期預り保証金5,000のうち1年以内に支払いの期限が到来する500を流動負債に振り替えた。

| その他の固定負債
（長期預り保証金） | 500 | ／ | 預り保証金 | 500 |

(3) 開　示

図表 2-84　その他の固定負債の開示

	病院会計準則	医療法人会計基準
開示場所	貸借対照表の固定負債に表示する。ただし、金額が大きいものについては、独立の勘定科目を用いることが望ましい。 なお、貸借対照表日の翌日から起算して、1年以内に支払期限等が到来する部分は、流動負債に表示する。	同左
注記	不要	不要
附属明細表	不要	不要

【関連条文等】
病院会計準則　貸借対照表原則　第19　貸借対照表科目の分類

III

退職給付引当金

1．退職給付会計の概要

　病院会計準則においては、退職給付会計について詳細に定めた規程はなく、退職一時金又は退職年金を制度として導入している病院については、退職給付引当金について定められた企業会計の基準（「退職給付に関する会計基準」（企業会計基準第 26 号）（平成 10 年 6 月 16 日　企業会計審議会　改正平成 24 年 5 月 17 日）（以下、「退職給付会計基準」という））に準拠して会計処理を行うものと理解されている。一方、医療法人会計基準においても、退職給付会計をベースに考えることに病院会計準則と相違はないが、一定の修正が設けられている（運用指針 12）。

　医療法人に一般企業と同様の基準により退職給付に関する会計を導入する背景には、医療法人において、退職一時金又は退職年金を制度として導入している場合には、従事者の労働提供に対する対価がすでに発生しており、その費用や債務の認識において企業その他の組織と異なる点は存在しないことがある。他の会計基準においても例外なく、退職給付に関する会計は導入されており、退職給付に関する会計を全く導入しないことは、世間一般の評価に耐えられる基準とはなりえないためである。

　退職給付会計基準の意義は、支給方法や積立方法が異なる形態の退職給付制度を包括・統一的に会計処理することとした点にある。会計基準の導入により、外部の積立資産の運用状況が事業損益に反映され、それまで会計処理が行われていなかった退職給付に係る債務が顕在化することとなる。労働集約的といわれる医療機関への影響は大きく、場合によっては、債務超過に陥る事態も起こりうる。しかし、法人が永続的に存続するために、退職給付会計適用による実態の顕在化を機会に、退職給付制度の見直

しや人員配置の適正化など人的コストの改善に取り組んでいくことが望まれる。

2．退職給付会計の適用範囲

退職給付会計は、退職金規程が無いなど退職金を支給する制度が無い場合には適用されない。また、退職金相当を給与に含めて実質的に前払いしている場合も適用されない。つまり、退職給付会計は、
- 退職一時金制度及び給付建ての年金制度の枠内での給付である
- 退職給付が労働の対価としての性格をもつ
- 債務を合理的に測定できる

を充たす場合に適用される会計基準である。なお、上記3要件のうち「債務を合理的に測定できる」を充たすためには、次の2つの条件が必要とされている。
- 確実な支給実績があり、今後も支給が確実に見込まれる
- 支給額の発生確率について、事前に合理的見積りが可能である

これらの要件を充たす退職給付制度を分類して示すと、**図表 2-85** のとおりである。

図表 2-85　退職給付制度の形態

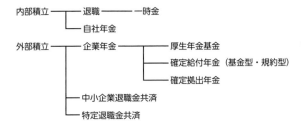

第2章　貸借対照表

　このうち、確定拠出年金及び中小企業退職金共済・特定退職金共済については、掛金の拠出以後、追加的な負担が生じないため、拠出した掛金額を退職給付費用として処理するだけでよい。これらのような拠出額以上の負担がない制度以外の退職給付制度を採用している場合には、以降解説する退職給付会計基準に従った実務対応が求められる。

3．勘定科目の説明

　退職給付引当金とは、退職給付に係る見積債務額（以下、「退職給付債務」という）から年金資産額等（以下、「年金資産の額」という）を控除したものをいう。引当金を計上するにあたっては、将来の退職給付のうち当期の負担に属する額を当期の費用として引当金に繰り入れ、当該引当金の残高を貸借対照表の負債の部に計上する。

　すなわち、退職給付債務に未認識過去勤務費用及び未認識数理計算上の差異、会計基準変更時差異未処理額をそれぞれ加算・減算した額から年金資産の額（期末における公正な評価額）を控除した額が貸借対照表に計上される退職給付引当金の額となる。

　これを、式と図で示すと以下のようになる。

　　退職給付引当金＝「退職給付債務」＋「未認識過去勤務費用」
　　　　　　　　　＋「未認識数理計算上の差異」
　　　　　　　　　＋「会計基準変更時差異未処理額」
　　　　　　　　　－「年金資産の額」

図表 2-86　退職給付債務と退職給付引当金の関係イメージ図

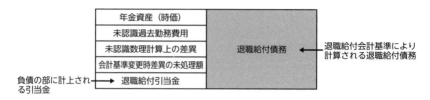

なお、これら退職給付に特有の用語については、以降の解説にて詳述する。

実務においては、退職給付債務に係る期末の実際額の確定を用いて引当金が計算されるのではなく、期首時点の実際の退職給付債務に、期中の増加及び減少要因（勤務費用、利息費用、期待運用収益相当額等）を加味して計算された期末の予測数値に基づき、退職給付引当金の計上額が決定するのである。

(1) 退職給付債務

① 定　義

退職給付債務とは、一定の期間にわたり労働を提供した等の事由に基づいて、退職以後に従業員に支給される給付（以下、「退職給付」という）のうち認識時点までに発生していると認められるものをいい、割引計算により測定される。

② 退職給付債務の計算

退職給付債務は、退職時に見込まれる退職給付の総額（以下、「退職給付見込額」という）のうち、期末までに発生していると認められる額を一定の割引率及び予想される退職時から現在までの期間（以下、「残存勤務期間」という）に基づき割り引いて計算する。

(i) 退職給付見込額は、予想退職時期ごとに、従業員に支払われる一時金支給見込額及び退職時点における年金現価の見込額に退職率及び死亡率を加味して計算する。この際、期末時点において受給権を有していない従業員についても、退職給付見込額は発生しているため、当該計算の対象となる。

(ii) 退職給付見込額のうち期末までに発生していると認められる額は、次のいずれかの方法を選択適用して計算する（退職給付会計基準19）。

・期間定額基準

　退職給付見込額について全勤務期間で除した額を各期の発生額とする方法

・給付算定式基準

　退職給付制度の給付算定式に従って各勤務期間に帰属させた給付に基づき見積もった額を、退職給付見込額の各期の発生額とする方

法。なお、勤務期間の後期の給付が初期よりも著しく高い水準になる場合は、当該期間の給付が均等に生じるとみなして補正した給付算定式に従わなければならない。

(iii) 予想退職時期ごとの退職給付見込額のうち期末までに発生していると認められる額を、一定の割引率を用いてそれぞれの残存勤務期間にわたって現在価値に割り引き、当該割り引いた個々の金額を合計し、退職給付債務を計算する。

図表2-87　退職給付債務の概念図

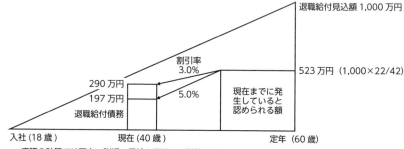

実際の計算では死亡・脱退・昇給を反映して計算する。
割引率3.0％の場合は290万円、5.0％では197百万円と計算基礎の違いで退職給付債務は大きく異なる

(iv) 基礎率について

上述のとおり退職給付債務は複雑な数理計算により算定されるが、計算を行うための割引率などの計算基礎の設定が非常に重要となる。

(ア) 割引率

割引率とは、退職給付見込額を現在価値に割引計算する際に用いる率である。割引率は安全性の高い債券の利回りを基礎として決定する（退職給付会計基準20項及び同注解（注6））。この安全性の高い債券とは、期末における国債、政府機関債、複数の機関から一定以上の評価（たとえばAA以上など）を得ている優良社債などである。

(イ) 退職率

退職率とは、在籍する従業員が自己都合や定年等により生存退職する年齢ごとの発生率のことであり、在籍する従業員が今後どのような割合で退職していくかを推計する際に使用する計算基礎である。そのため、将

来の予測を適正に行うために、計算基礎は、異常値（リストラクチャリングに伴う大量解雇、退職加算金を上乗せした退職の勧誘による大量退職等に基づく値）を除いた過去の実績に基づき、合理的に算定しなければならない」（「退職給付に関する会計基準の適用指針」（平成27年3月26日最終改正企業会計基準委員会）（以下、「退職給付適用指針」という）26）。

(ウ) 死亡率

　死亡率とは、従業員の在職中及び退職後における年齢ごとの死亡発生率のことである。年金給付は、通常退職後の従業員が生存している期間にわたって支払われるものであることから、生存人員数を推定するために年齢ごとの死亡率を使うのが原則である。この死亡率は、事業主の所在国における全人口の生命統計表等を基に合理的に算定する（退職給付適用指針27）。

(エ) 予想昇給率

　予想昇給率は、個別企業における給与規程、平均給与の実態分布及び過去の昇給実績等に基づき、合理的に推定して算定する。過去の昇給実績は、過去の実績に含まれる異常値（急激な業績拡大に伴う大幅な給与加算額、急激なインフレによる給与テーブルの改訂等に基づく値）を除き、合理的な要因のみを用いる必要がある（退職給付適用指針28）。

(オ) 予定一時金選択率

　予定一時金選択率は、退職年金制度の運用上、一時金選択が認められている場合に退職者が一時金給付を選択する割合の予測値である。

(カ) 平均残存勤務期間

　平均残存勤務期間は、在籍する従業員が貸借対照表日から退職するまでの平均勤務期間であり、原則として、退職率と死亡率を加味した年金数理計算上の脱退残存表を用いて算定するが、実務上は標準的な退職年齢から貸借対照表日現在の平均年齢を控除して算定することもできる（退職給付適用指針37）。

(キ) 長期期待運用収益率

　長期期待運用収益率は、期首の年金資産額について合理的に予測される収益率である。

（2）年金資産
① 定　義

　年金資産とは、特定の退職給付制度のために、その制度について企業と従業員の契約（退職金規程等）等に基づき積み立てられたものであり、以下の要件を満たした特定の資産をいう（退職給付会計基準7）。厚生年金基金制度及び確定給付企業年金制度において保有する資産は年金資産にあたる。
　　㋐　退職給付以外に使用できないこと
　　㋑　事業主及び事業主の債権者から法的に分離されていること
　　㋒　積立超過分を除き、事業主への返還、事業主からの解約・目的外の払出し等が禁止されていること
　　㋓　資産を事業主の資産と交換できないこと
　また、年金資産として適格な資産とは、退職給付の支払いに充当できる資産であり、たとえば、厚生年金基金制度及び確定給付企業年金制度における業務経理に係る資産は含まれない（退職給付適用指針17）。

② 年金資産の評価

　年金資産の額は事業年度末における時価により計算する。時価とは、公正な評価額をいい、資産取引に関し十分な知識と情報を有する売手と買手が自発的に相対取引するときの価格によって資産を評価した額をいう。なお、厚生年金基金制度等における数理的評価額は、退職給付会計基準における時価には該当しない（退職給付適用指針20）。

（3）退職給付費用
① 退職給付費用の処理額

　退職給付費用は、勤務費用及び利息費用、年金資産に係る期待運用収益相当額（退職給付費用から控除）、過去勤務費用の費用処理額、数理計算上の差異の費用処理額及び会計基準変更時差異の償却額からなる。以下、退職給付費用を構成する個々の項目の内容を説明する。

(i) 勤務費用

　勤務費用とは、一期間の労働の対価として発生したと認められる退職給付をいい、退職給付債務の計算と同様に退職給付見込額のうち当期に発生したと認められる額を一定の割引率及び残存勤務期間に基づき割り引いて計算する。

(ii) 利息費用

　利息費用とは、割引計算により算定された期首時点における退職給付債務について、期末までの時の経過により発生する計算上の利息をいい、期首の退職給付債務に割引率を乗じて計算する。

(iii) 期待運用収益相当額

　期待運用収益相当額は、期首の年金資産額に長期期待運用収益率を乗じて計算し、退職給付費用から控除する。これは、年金資産の運用収益が年金資産として積み上がることによって、現実に退職給付の支払いに備えられていくため、会計処理においては、期待運用収益相当額だけ退職給付費用を減殺させる効果が認められるからである。

(iv) 過去勤務費用

　過去勤務費用とは、退職給付水準の改訂等に起因して発生した退職給付債務の増加又は減少部分であり、退職金規程等の改訂に伴い退職給付水準が変更された結果生じる、改訂前の退職給付債務と改訂後の退職給付債務の改訂時点における差額を意味する。退職給付水準の改訂等の「等」には、初めて退職金制度を導入した場合で、給付計算対象が現存する従業員の過年度の勤務期間にも及ぶときも含まれる。給与水準の変動（ベースアップ）による退職給付債務の変動は、退職金規程自体の改訂には当たらないため、ここでいう過去勤務費用に該当しない（退職給付適用指針41）。なお、このうち費用処理（費用の減額処理または費用を超過して減額した場合の利益処理を含む。以下同じ）されていないものを未認識過去勤務費用という。

(v) 数理計算上の差異

　数理計算上の差異とは、年金資産の期待運用収益と実際の運用成果との差異、退職給付債務の数理計算に用いた見積数値と実績との差異及び見

積数値の変更等により発生した差異をいう（退職給付適用指針23）。なお、このうち費用処理されていないものを未認識数理計算上の差異という。
⑹　会計基準変更時差異
　会計基準変更時差異とは、退職給付会計基準の適用初年度における、従来の会計処理と新しい会計処理との差であり、これらは適用初年度の期首で算定する。会計基準変更時差異は、15年以内の一定の年数にわたり定額法により費用処理する。一度採用した費用処理年数は、以後、原則として変更できない。

② **過去勤務費用及び数理計算上の差異の費用処理年数**
　過去勤務費用及び数理計算上の差異は、原則として、各年度の発生額について平均残存勤務期間内の一定の年数で按分した額を毎期費用処理しなければならない。ただし、過去勤務費用と数理計算上の差異は発生原因又は発生頻度が相違するため、費用処理年数はそれぞれ別個に設定することができる。一度採用した費用処理年数は継続的に適用しなければならず、これを変更する場合には合理的な変更理由が必要となる（退職給付適用指針39）。リストラクチャリングによる従業員の大量退職などにより平均残存勤務期間の再検討を行った結果、平均残存勤務期間が短縮又は延長したことにより、再検討後の年数が従来の費用処理年数を下回る又は上回ることとなった場合には、費用処理期間を短縮又は延長する必要が生じる（退職給付適用指針40）。

③ **過去勤務費用及び数理計算上の差異の費用処理方法**
　過去勤務費用及び数理計算上の差異は、原則として、各年度の発生額について発生年度に費用処理する方法又は平均残存勤務期間内の一定の年数で按分する方法（定額法）により費用処理されるが、未認識過去勤務費用残高及び未認識数理計算上の差異残高の一定割合を費用処理する方法（定率法）によることもできる。なお、退職金規程等の改訂による過去勤務費用については頻繁に発生するものでない限り、発生年度別に一定の年数にわたって定額法による費用処理を行うことが望ましい。定額法と定率法は選択適用できるが、一度採用した費用処理方法は、正当な理由により変更する場合を除き、継続的に適用しなければならない（退職給付適用指針35）。

過去勤務費用及び数理計算上の差異の償却は、原則として発生年度から開始する。しかし、数理計算上の差異については、当期の発生額を翌期から償却することが認められている。これは、適時に数理計算上の差異の発生額を把握することが実務上は負担となることへ配慮したものであり、実務上は当期の発生額を翌期から償却するケースが多いと思われる。

4．簡便法

(1) 要　件

簡便法とは、退職給付債務等の計算を簡便的に行うものである。退職給付会計基準において、簡便法を適用できる要件とは、原則として従業員数300人未満の企業等をいうが、従業員数が300人以上の企業であっても年齢や勤務期間に偏りがあるなどにより、原則法による計算の結果に一定の高い水準の信頼性が得られないと判断される場合には、費用対効果の観点から簡便法によることができる。なお、この場合の従業員数とは退職給付債務の計算対象となる従業員数を意味し、複数の退職給付制度を有する事業主にあっては制度ごとに判定する（退職給付適用指針47）。

なお、医療法人会計基準においては、簡便法の適用要件に前々会計年度末日の負債総額が200億円未満の医療法人という要件が追加されている（運用指針12②）。

(2) 簡便法による退職給付債務の計算方法

採用している年金資産の種類に応じて以下のいずれかの方法で退職給付債務を計算する。

① **退職一時金制度**
  (a) 退職給付会計基準の適用初年度の期首における退職給付債務の額を原則法に基づき計算し、当該退職給付債務の額と自己都合要支給額との比（比較指数）を求め、期末時点の自己都合要支給額に比較指数を乗じた金額を退職給付債務とする方法（翌年度以降においては計算基礎等に重要な変動がある場合は、比較指数を再計算する）

この方法は原則法に近い方法であり、従業員が300人に近い大規模医療法人であるなど、将来的には原則法が適用される可能性が高いと予想される場合には、合理的な方法である。
(b) 退職給付債務に係る期末自己都合要支給額に、「退職給付適用指針」資料1及び資料2に示されている平均残存勤務期間に対応する割引率及び昇給率の各係数を乗じた額を退職給付債務とする方法（退職給付適用指針〔設例9〕1）

この方法は、原則法に近い方法であるが、昇給率が法人独自の判断でなされ、その算出根拠が不明確な場合には、退職給付債務の合理性が疑問視されるため、注意が必要である。
(c) 退職給付債務に係る期末自己都合要支給額を退職給付債務とする方法
退職一時金制度のみの場合、この方法が最も単純であり、税務計算を行う過程においても必要とされた計算であり、実務においても採用しやすい方法である。

② **企業年金制度**
(a) 退職給付会計基準の適用初年度の期首における退職給付債務の額を原則法に基づき計算し、当該退職給付債務の額と年金財政計算上の数理債務との比（比較指数）を求め、直近の年金財政計算における数理債務の額に比較指数を乗じた金額を退職給付債務とする方法（翌年度以後においては計算基礎等に重要な変動がある場合には、比較指数を再計算する）

企業年金制度がある場合には、すでに年金制度上の基礎率が存在するため、退職一時金制度のみの場合に比べるとこの方法が採用される可能性が高い。
(b) 在籍する従業員については上記①(a)又は(b)の方法により計算した金額を退職給付債務とし、年金受給者及び待機者については直近の年金財政計算上の数理債務の額を退職給付債務とする方法

企業年金制度のみの場合は、実務上、この方法を採用することが、事務負担が少ない。すなわち、上記①(c)の方が計算のための手続は簡単であるが、年金財政計算の結果に依存するため、あらかじめ年金

財政計算上の数理債務の金額を予想することが困難であり、年度予算の策定や、決算業務の早期化の観点から採用されやすい方法である。

(c) 直近の年金財政計算上の数理債務をもって退職給付債務とする方法（退職給付適用指針〔設例9〕2)

　この方法は、最も簡単な方法である。ただし、実務上は年金財政計算の結果が入手できる時期に留意すること、また、期末までの調整計算の要否を検討する必要がある。

③ **退職一時金制度の一部を企業年金制度に移行している場合**

退職一時金制度の一部を企業年金制度に移行している事業主においては、次のいずれかの方法で退職給付債務を計算する。

(a) 退職一時金制度の未移行分に係る退職給付債務と企業年金制度に移行した部分に係る退職給付債務を、①及び②と同様の方法によりそれぞれ計算する方法

(b) 在籍する従業員については企業年金制度に移行した部分も含めた退職給付制度全体としての自己都合要支給額を基に計算した額を退職給付債務とし、年金受給者及び待機者については年金財政計算上の責任準備金の額をもって退職給付債務とする方法（退職給付適用指針〔設例9〕3)

　この方法は在籍する従業員と年金受給者及び待機者とを区分して退職給付債務を計算する方法である。いわゆる縦割り制度（定年時には企業年金制度から退職金が支払われ、定年前の退職時には法人から一時金が支払われる場合）では、こちらの方法がより合理的と考えられる。

(3) 簡便法による退職給付引当金等の計算

非積立型の退職給付制度については、上述の「(2) 簡便法による退職給付債務の計算方法」で記載した方法（退職給付適用指針50、51）により計算された退職給付債務の額を退職給付引当金とする。また、積立型の退職給付制度（企業年金制度及び退職給付信託を設定した退職一時金制度を含む）については、退職給付債務の金額から年金資産の額（期末における時価）を控

除した金額を退職給付引当金とする。

　なお、期末における年金資産の時価を入手する代わりに、直近の年金財政決算における時価を基礎として合理的に算定された金額（たとえば、直近の時価に期末日までの拠出額及び退職給付の支払額を加減し、当該期間の見積運用収益を加算した金額）を用いることができる（退職給付適用指針48）。

　また、退職給付費用は、期首の退職給付引当金残高から当期の退職給付の支払額を控除した後の残高（積立型の場合は事業主が退職給付額を直接支払う場合はこの支払額も控除する）と期末の退職給付引当金残高との差額として計算される（退職給付適用指針49）。

　簡便法の特徴は、期首と期末の引当金残高が先に算出され、その差額として当期の退職給付費用が算出されることである。そのため、原則法を適用した場合の（未認識）数理計算上の差異、（未認識）過去勤務費用は簡便法では認識せず、期首と期末の引当金の差額として算出される退職給付費用のなかに、数理計算上の差異的要素が自動的に反映されるのである。

（4）簡便法を採用する場合の会計基準変更時差異

　退職給付会計基準の適用初年度に簡便法を適用する事業主においても、原則法と同様である。

5．会計処理

（1）医療法人会計基準との関係
① 簡便法の適用範囲

　病院会計準則における簡便法の適用範囲は、上述のとおり特段の規定がないため、企業会計と同様であると推測されている。

　一方、医療法人会計基準における簡便法の適用要件は、企業会計の簡便法適用要件に以下の項目が加えられている。
　・「前々会計年度末日の負債総額が200億円未満の医療法人においては、簡便法を適用することができる」（運用指針12②）。

　すなわち、年金数理計算が必要で事務的に煩雑な原則法による計算は、

負債総額200億円以上の医療法人で適用する条件を満たした法人に適用され、それ以外の法人は、判定することなく簡便法により計算することができる。

これにより、負債総額200億円未満の医療法人においては、職員数が300名を超えている場合であっても簡便法を適用することができるため、医療法人における簡便法の適用範囲は病院会計準則及び企業会計と比較して拡大されたといえる。

また、負債200億円以上の医療法人においても、法人全体に占める人員割合が高い医師、看護師等の職員の勤続年数が非常に短く、一定の基礎率が得難く、年金数理計算に精度が確保できないことから、計算された退職給付債務の信頼性が得られないと判断される場合には、職員数が300人以上であっても簡便法を採用することができるケースもあると思われる。

医療法人会計基準における簡便法の適用要件

下記のいずれかの要件をみたした場合、簡便法を適用できる。 ● 前々会計年度末日の負債総額が200億円未満 ● 従業員数が300人未満 ● 従業員数が300人以上であっても、年齢や勤務期間に偏りがある等の理由により、原則法による計算の結果に一定の高い水準の信頼性が得られないと判断される場合

② **会計基準適用時差異の処理**

医療法人会計基準を新たに適用することで過去経過年度分として必要な引当額（適用時差異）は、通常の会計処理とは区分して、適用後15年以内の一定の年数又は従業員の平均残存勤務年数のいずれか短い年数にわたり、定額法で処理できるとされている（運用指針12①）。

なお、適用時差異の未処理残高及び原則法を適用した場合の退職給付引当金の計算の前提とした退職給付債務等の内容は注記が必要となる。

（2）仕訳例

数理計算を用いた原則的な方法と、簡便法のそれぞれにつき、簡単な設例により説明する。

第2章 貸借対照表

設例 数理計算を用いた原則的な方法

適格退職年金制度を採用している場合の退職給付会計基準に基づいて原則法により計算する場合の会計処理は以下のとおりである。

[前提条件]
・適格退職年金制度を採用している。
・会計基準変更時差異の費用処理年数は10年としている。
・数理計算上の差異の費用処理は発生した翌年度から定額法（5年）で処理する方法を採用している。

(1) 適用初年度（X1年4月1日～X2年3月31日）
　　期首時点の数理計算による退職給付債務は40,000
　　当期勤務費用は3,000
　　期首時点の年金資産の時価は32,000
　　当期中における掛金拠出額は2,000、年金給付額は1,500であった。
　　割引率1.5％、長期期待運用収益率3％
　　期末時点の数理計算結果による退職給付債務は43,000
　　年金資産の時価は33,000

	実際 ×1年4/1	退職給付費用	年金・掛金 支払い	予測 ×2年3/31	数理計算上の 差異	実際 ×2年3/31
退職給付債務	(40,000)	①(3,000) ②(600)	1500	(42,100)	(900)	(43,000)
年金資産	32,000	③960	(1,500) 2,000	33,460	(460)	33,000
未積立退職給付債務	(8,000)			(8,640)		(10,000)
会計基準変更時差異	8,000	④(800)		7,200		7,200
未認識過去勤務債務	0			0		0
未認識数理計算上の差異	0			0	1,360	1,360
退職給付引当金	0	(3,440)	2,000	(1,440)	0	(1,440)

① 勤務費用とは、一期間の労働の対価として発生したと認められる退職給付である。

② 利息費用は、期首時点の退職給付債務に対して、期末までの時間の経過によって発生した利息をいう。ここでは、期首退職給付債務40,000×割引率1.5％＝600となる。

③ 期待運用収益相当額960＝期首年金資産の時価32,000×長期期待運用収益率3％で求められる。
④ 会計基準変更時差異当期償却額800＝,8,000÷10年で求められる。
1）退職給付費用計上の仕訳

退職給付費用 3,440 / 退職給付引当金 3,440

2）掛金拠出の仕訳（引当金減額の仕訳）

退職給付引当金 2,000 / 現金預金 2,000

(2) 適用次年度（X2年4月1日〜X3年3月31日）

前期末の数理計算結果による当期勤務費用は2,800
当期中における掛金拠出額は2,200、年金給付額は1,200であった。
割引率1.5％、長期期待運用収益率3％とする。
期末時点の数理計算結果による退職給付債務は46,000
年金資産の時価は38,000であった。

	実際 ×2年4/1	退職給付費用	年金・掛金支払い	予測 ×3年3/31	数理計算上の差異	実際 ×3年3/31
退職給付債務	(43,000)	(2,800)	1,200	(45,245)	(755)	(46,000)
		①(645)				
年金資産	33,000	②990	(1,200)	34,990	3,010	38,000
			2,200			
未積立退職給付債務	(1,0000)			(10,255)		(8,000)
会計基準変更時差異	7200	③(800)		6,400		6,400
未認識過去勤務債務	0			0		0
未認識数理計算上の差異	1360	④(272)		1,088	(2,255)	(1,167)
退職給付引当金	(1,440)	(3,527)	2,200	(2,767)	0	(2,767)

① 利息費用645＝期首退職給付債務43,000×割引率1.5％
② 期待運用収益相当額990＝期首年金資産の公正な評価額33,000×長期期待運用収益率3％
③ 会計基準変更時差異当期償却額800＝期首会計基準変更時差異未償却額7,200÷未償却年数（10－1）年で求められる。
④ 数理計算上の差異当期償却額272＝期首未認識数理計算上の差異1,360÷5年

なお、翌年度（X3年4月1日〜X4年3月31日）においては、それぞれの発生年度ごとに償却する必要がある。参考として計算例を以下に示す。翌年度の償却額は△179＝272＋（△451）となる。

- 適用初年度に発生した数理計算上の差異の償却272＝翌期首未認識数理計算上の差異1,088÷未償却年数（5－1）年
- 当年度に発生した数理計算上の差異の償却△451＝翌期首未認識数理計算上の差異△2,255÷未償却年数5）年（有利差異の償却なので、翌年度における当該数理計算上の差異の償却は費用のマイナスとなる）

1) X2年度の退職給付費用計上の仕訳

| 退職給付費用 | 3,527 | / | 退職給付引当金 | 3,527 |

2) X2年度の掛金拠出の仕訳

| 退職給付引当金 | 2,200 | / | 現金預金 | 2,200 |

設例 簡便法

［前提条件］

退職一時金制度を採用している。
退職給付債務の計算は、期末自己都合要支給額による。
期首時点における自己都合要支給額は20,000と計算された。
当期中における退職給付支払額は500である。
期末時点における自己都合要支給額は23,200と計算された。
なお、退職給付会計基準適用前までは、従来の会計基準に基づき退職給与引当金を計上しており、X1年3月31日残高は12,000である。
会計基準変更時差異の費用処理年数は10年としている。

	実際 ×1年4/1	退職給付費用	年金・掛金 支払い	実際 ×2年3/31
退職給付債務	(20,000)	③(3,700)	500	(23,200)
年金資産	0			0
未積立退職給付債務	(20,000)			(23,200)
会計基準変更時差異	①8,000	②(800)		7,200
退職給付引当金	(12,000)	(4,500)	500	(16,000)

① 会計基準変更時差異8,000 ＝ 20,000 － 12,000
② 会計基準変更時差異当期費用処理額800 ＝ 8,000 ÷ 10年
③ 当期の退職給付費用3,700 ＝ 23,200 －（20,000 － 500）

1) 期首時点での退職給与引当金から退職給付引当金への振替え仕訳

| 退職給与引当金 | 12,000 | / | 退職給付引当金 | 12,000 |

2) 退職給付費用計上の仕訳

| 退職給付費用 | 4,500 | / | 退職給付引当金 | 4,500 |

3) 退職金支払いの仕訳

| 退職給付引当金 | 500 | / | 現金預金 | 500 |

（3）開　示

図表 2-88　退職給付引当金に関連する開示

	病院会計準則	医療法人会計基準
開示場所	◆退職給付引当金 　固定負債の部に退職給付引当金として表示。	同左
	◆退職給付費用 　医業費用の給与費の項目に退職給付費用として計上する。	本来業務事業損益、附帯業務事業損益及び収益事業損益の区分に費用として計上する。
注記	◆引当金の計上基準 　引当金の計上基準について重要な会計方針として注記を行う必要がある。	◆引当金の計上基準 　引当金の計上基準について重要な会計方針として注記を行う必要がある。
		◆その他の注記 　適用時差異の未処理残高及び原則法を適用した場合の退職給付引当金の計算の前提とした退職給付債務等の内容について注記を行う必要がある。

附属明細表	◆引当金明細表 退職給付引当金の期首残高、当期増加額、当期減少額及び期末残高の明細を記載する。目的使用以外の要因による減少額については、その内容及び金額を注記する。	同左
	◆給与費明細表 給与費明細表には、職種ごとに当期における給料、賞与、退職給付費用等の明細を記載する。	◆事業費用明細表 事業費用明細表に、本来業務費用、附帯業務事業費用及び収益事業費用における明細を記載する。

【関連条文等】

病院会計準則　貸借対照表原則　第19　貸借対照表科目の分類
　　　　　　　　　　　　　　　第27　負債の貸借対照表価額
　　　　　　　貸借対照表原則注解　（注5）、（注14）
医療法人会計基準　第3条　重要な会計方針の記載
　　　　　　　　　第19条　事業損益
　　　　　　　　　第22条　貸借対照表等に関する注記
医療法人会計基準適用指針　12　引当金の取扱いについて
　　　　　　　　　　　　　27　附属明細表について

純資産

I 病院会計準則における純資産

　病院会計準則では、純資産を資産と負債の差額として定義し、出資金、資本剰余金、利益剰余金の区分をせずに、純資産として表示する。ただし、開設主体の会計基準の適用にあたり、必要に応じて勘定科目を適宜分類整理することが必要とされている。また、当期純利益または当期純損失を内書きし、損益計算書とのつながりを明示する必要がある。

　このほか、金融商品会計基準が病院会計準則に導入されていることから、有価証券については保有目的別に分類して評価し、その他有価証券を時価評価した際の評価差額を純資産の部に計上する。

1．内　容

(1) 勘定科目の説明

　純資産とは、資産と負債の差額として捉らえられ、病院が有する正味財産を表す。貸借対照表上における純資産の分類は開設主体の会計基準、課税上の位置付けによって異なるため必要に応じて勘定科目を分類整理することになる。

　このように資産、負債差額を資本としてではなく、純資産と定義することになったのは、次項で述べるとおり、配当等の利益処分を予定していないこと、病院施設の管理会計という位置付けでは、資本の部の区分はあまり意味をなさないこと等による。

　なお、開設主体の会計基準により、病院会計準則で負債に該当するものを純資産の部に計上している場合には、その旨、内容及び金額を「比較のための情報」として記載する（ガイドライン3-4）。

（2）会計処理

① 病院特有の論点

　病院会計準則は原則すべての病院で適用が求められていることにより、開設主体別会計基準と病院会計準則の両方の基準でそれぞれの財務諸表を作成する必要が生じる場合が考えられる。この場合に、病院会計準則への対応として、以下の3つの方法が考えられる。

　(ア)　日々の会計処理から開設主体別の会計基準と病院会計準則の両方の基準により作成する方法
　(イ)　決算時に開設主体別会計基準適用の財務諸表を病院会計準則適用の財務諸表へ組替えにより作成する方法
　(ウ)　開設主体別財務諸表に影響額注記及び比較のための情報を記載することにより対応する方法

　(ア)の方法によると、日々の帳簿を二重に作成することになり、経理作業が煩雑になる。また、(ウ)の方法は、影響額等を算出するためには、結局、病院会計準則に則った会計数値を算定する必要があり、また財務諸表自体が他の病院会計準則に則った財務諸表と比較する場合に不明確となる。よって、決算時点で会計処理の異なる部分の組替えを実施する(イ)の方法が実務的にも最適な方法と言える。

　病院会計準則に準拠した財務諸表への組替えには、開設主体別会計基準と異なる会計処理を洗い出して修正仕訳を把握し、それらを決算上の組替仕訳として、反映させていく必要がある。また、純資産に影響する修正仕訳は翌期以降は期首組替仕訳として計上し、繰り越していく必要がある。

> **設例** リース取引の修正の場合
>
> a. 開設主体別会計基準による会計処理がファイナンス・リース取引を賃貸借処理とする場合の仕訳
>
> | 支払リース料　　120 ／ 現金預金　　120 |
> |---|
>
> b. 病院会計準則の会計処理によるファイナンス・リース取引を売買処理する仕訳

医療用器械備品	500	リース債務	500
リース債務	88	現金預金	120
支払利息	32		
減価償却費	10	減価償却累計額	10

〈病院会計準則への修正仕訳〉

医療用器械備品	500	支払リース料	120
支払利息	32	リース債務	412
減価償却費	10	減価償却累計額	10

開設主体別会計基準の場合に比べて78純資産が増加している。

78 ＝ 120 － 32 － 10

〈翌期（期首）の期首振替仕訳〉

期首（開始）時点ですでに純資産78の差額が発生しているため、純資産78の増加を認識する。

医療用器械備品	500	純資産	120
純資産	32	リース債務	412
純資産	10	減価償却累計額	10

　施設としての病院における純資産は、医療活動を通じた損益計算の結果、増加または減少するだけでなく、非償却資産の取得に充てる補助金、その他有価証券の評価差額等が発生した場合、さらには同一開設主体の他の施設または開設主体外部との資金等の授受によっても変化する。

　病院会計準則は施設会計であるため、純資産の分類は、開設主体によって適用される会計基準が異なることから、統一的な取扱いを行うことができない。したがって、開設主体の会計基準の適用にあたり、必要に応じて勘定科目を適宜分類整理することになるため、補助科目を設定して管理する必要がある。

　また、当期純利益または当期純損失を内書きし、損益計算書とのつながりを明示する必要がある。

　なお、医療法人の出資・寄附等を巡る会計処理については、医療法人の特質が如実に表れる部分であり、さまざまな視点から検討が加えられてきた。この点、「医療法人会計基準」制定に際して、類型別に処理方法と表

示科目を明確にする目的をもって会計処理が示された。詳細は、「Ⅱ　医療法人会計基準における純資産」を参照されたい。

② 仕訳例

（ⅰ）施設拡張のために本部より 3,000 の出資を受けた。

現金預金	3,000 ／ 純資産（出資金）	3,000

（注）開設主体の会計基準の適用にあたり、必要に応じて勘定科目を適宜分類整理する（たとえば、出資金、基金など）。

（ⅱ）その他有価証券の簿価と時価の差額を決算に際して純資産に計上する。簿価 500 円、時価 400 円。

純資産(その他有価証券評価差額)	100 ／ 有価証券	100

2．開　示

図表 2-89　純資産の開示

	病院会計準則	医療法人会計基準（参考）
開示場所	負債の部の直後に純資産の部を設け、純資産額を表示し、当期純利益または当期純損失を内書きする。	負債の部の直後に純資産の部を設け、純資産額を表示する。
注記	当期純利益又は当期純損失以外の増減については、その内容を注記する。	不要
附属明細表	純資産明細表を作成する。明細表には、純資産の期首残高、当期における増加額、減少額及び期末残高を記載する。	純資産変動計算書を作成する。純資産変動計算書は、科目別に前期末残高、当期変動額及び当期末残高を記載する。

【関連条文等】

　病院会計準則　貸借対照表原則　第 19　貸借対照表科目の分類
　　　　　　　　貸借対照表原則注解　（注 9）（注 17）
　医療法人会計基準運用指針　26　純資産変動計算書について

II

医療法人会計基準における純資産

　医療法人は、純資産の会計処理に影響を与える異なる類型が存在するので、他の法人の会計基準の内容を準用することは困難で、明確な会計慣行も確立しておらず、さまざまな会計処理方法を行ってきた。実際、病院会計準則上は、「純資産には、損益計算書との関係を明らかにするため、当期純利益又は当期純損失の金額を記載するものとする（病院会計準則第19第4項）」と定められているに留まっており、勘定科目や会計処理については、各開設主体が、必要に応じて分類整理してきたのが実状となっている。

　このため、今回の医療法人会計基準の設定では、医療法人の類型別に純資産の表示科目及び会計処理が明確にすることは一つの論点であった。この点、今回の省令で定められた医療法人会計基準及び運用指針においては、会計処理の詳細な規定はされていない。しかし、平成26年2月26日に四病院団体協議会会計基準策定小委員会（以下、「四病協」という）から発出された「医療法人会計基準に関する検討報告書」（以下、「検討報告書」という）における純資産の部の科目分類が省令における医療法人会計基準においても同様に分類されていること、及び、現在においても検討報告書に定める会計処理が「一般に公正妥当と認められる会計の慣行の一つと認められる」（医政発0319第7号）から、医療法人会計基準における会計処理についても検討報告書における考え方を類推できるものと考える。そのため、医療法人会計基準に沿った会計処理を説明するにあたって、検討報告書における考え方も参考にする。なお、今後実務指針等で対応が明らかにされた場合は、それに従うことになる。

〔参考〕検討報告書の構成

検討報告書の構成は、以下のような構成となっている。
- 「はじめに」
- 「医療法人会計基準」前文
- 「医療法人会計基準」本文（以下、「四病協医療法人会計基準」という）
- 「医療法人会計基準」注解（以下、「四病協注解」という）
- 個別論点と実務上の対応（以下、「検討報告書A」という）
- 現行の省令、通知への影響（以下、「検討報告書B」という）
- 病院会計準則適用ガイドラインについて
- 本報告を前提とした計算書類のイメージ

ここで、医療法人会計基準における会計処理を考えるにあたっては、「四病協医療法人会計基準」、「四病協注解」、「検討報告書3」、「検討報告書4」が参考となると思われる。

1．内　容

（1）医療法人の類型と、純資産の区分（四病協注解4）

① **持分の定めのある社団医療法人**

出資金・積立金・評価換算差額等

② **持分の定めのない社団医療法人で基金制度を有するもの**

基金・積立金・評価換算差額等

③ **上記以外の医療法人**

積立金・評価換算差額等

（2）勘定科目の説明

① **出資金**

出資金の概念は、第5次医療法改正法（平成18年法律第84号）附則第10条第2項の適用を受ける医療法人（持分の定めのある社団医療法人）に限定されている（四病協注解4）。

出資金には、社員等が実際に払込みをした金額を純資産の部に直接計上し、退社による払戻しが行われた場合には、当該社員の払込み金額を直接

Ⅱ　医療法人会計基準における純資産

減額する（医療法人会計基準第13条、運用指針13）。

② **基　金**

基金の概念は、医療法施行規則第30条の37の規定により基金制度を定款に規定した持分のない社団医療法人に限定されており、基金の金額を純資産の部に直接計上する（医療法人会計基準第14条）。

当該基金に類するものであっても、当該法令上の基金でないものは、基金に計上することはできない（四病協注解6）。

③ **積立金**

積立金には、当該会計年度以前の損益を積み立てた純資産の金額を計上し、設立等積立金、代替基金及び繰越利益積立金その他積立金の性質を示す適当な名称を付した科目をもって計上する（医療法人会計基準第15条）。

具体的には、各会計年度の当期純利益又は当期純損失の累計額から当該累計額の直接減少額を差し引いたものとなるが、その性格により以下のとおり区分する。

- 医療法人の設立等に係る資産の受贈益の金額及び持分の定めのある社団医療法人が持分の定めのない社団医療法人へ移行した場合の移行時の出資金の金額と繰越利益積立金等の金額の合計額を計上した設立等積立金
- 基金の拠出者への返還に伴い、返還額と同額を計上した代替基金
- 固定資産圧縮積立金、特別償却準備金のように法人税法等の規定による積立金経理により計上するもの
- 将来の特定目的の支出に備えるため、理事会の議決に基づき計上するもの（以下、「特定目的積立金」という）。なお、特定目的積立金を計上する場合には、当該積立金とする金額について、当該特定目的を付した特定資産として通常の資産とは明確に区別しなければならない。
- 上記各積立金以外の繰越利益積立金

なお、持分の払戻しにより減少した純資産額と当該時点の対応する出資金と繰越利益積立金との合計額との差額は、持分払戻差額積立金とする（運用指針14）。

④ 評価・換算差額等

　評価・換算差額等は、その他有価証券評価差額金又は繰延ヘッジ損益の区分に従い、当該項目を示す名称を付した科目をもって掲記する。その他有価証券評価差額金とは、純資産の部に計上されるその他有価証券の評価差額をいう。また、繰延ヘッジ損益とは、ヘッジ対象に係る損益が認識されるまで繰り延べられるヘッジ手段に係る損益又は時価評価差額をいう（医療法人会計基準第16条）。

（3）会計処理
① 出資又は拠出に係る会計処理

　前述のとおり、医療法人には、①持分の定めのある社団医療法人、②持分の定めのない社団医療法人で基金制度を有するもの、③①及び②以外の医療法人の3類型がある。医療法人の基盤とするための資金の拠出に関し、持分の定めのある社団医療法人は、新たに設立することはできないが、既存の持分の定めのある社団医療法人が追加出資を求めることは可能である。また、基金制度を有する社団医療法人の場合は基金の拠出により行われるが、それ以外の医療法人の場合には、寄附金とならざるを得ない。このことから、会計処理上も、次の3類型が存在する。

（i）持分の定めのない社団医療法人が、基金制度を採用し、基金に10,000を拠出した。

現金預金	10,000	基　金	10,000

（注）基金として受け入れた金額は、損益計算に影響しないため、純資産の部の「基金」に直接計上する（検討報告書3(1)）。

（ii）持分の定めのない社団医療法人が、10,000の寄附により設立された。

現金預金	10,000	受取寄附金	10,000
当期純利益	10,000	繰越利益積立金	10,000
繰越利益積立金	10,000	設立等積立金	10,000

（注）持分の定めのない医療法人の設立時の寄附は、資本取引に準ずるものとして損益計算書を経由させずに直接純資産の積立金に計上するということも考えられるが、資本取引ではない以上、いったん収益計上して当期純利益に反

Ⅱ 医療法人会計基準における純資産

映させた上で、剰余金処分の形態により、寄附金額と同額を「設立等積立金」とする（検討報告書 3-(1)-イ））。

(ⅲ) 持分の定めのある社団医療法人が、10,000 の追加出資を実施した。

現金預金	10,000	出資金	10,000

（注） 出資額全額を「出資金」に計上する。なお、当該追加出資時点の貸借対照表の純資産額の状況から既存の出資金と持分の金額が異なることが通常であるため、出資金の総額に占める各出資者の出資金額が、持分割合を表すことにはならない点に留意が必要である（検討報告書 A(1)ロ））。

② **持分の払戻又は基金の返還に係る会計処理**

持分の定めのある社団医療法人の場合、社員の退社時、持分の払戻しを行う。実際の払戻金額が、出資金の金額を上回るかどうか、又は出資金と繰越利益積立金の合計額を上回るかどうかによって、会計処理が異なる点がポイントとなる。

また、持分の定めのない社団医療法人で基金制度を有する場合においても、拠出された基金の一部を返還することがある。返還時には、繰越利益積立金を代替基金へ振り替える処理が必要であり、留意が必要である。

(ⅰ) 持分に定めのある社団医療法人が、社員の退社に伴い、10,000 の払戻を行った（出資金額：5,000、繰越利益積立金：3,000）。

出資金	5,000	現金預金	10,000
繰越利益積立金	3,000		
持分払戻差額積立金	2,000		

（注） 払戻額が出資額より多い場合には、繰越利益積立金を減少させるが、これを全部使用しても足りない金額は、マイナスの持分払戻差額積立金とする。翌期以降の繰越利益を振り替えることにより、マイナスを解消する（検討報告書 A(1)ロ））。

(ⅱ) 持分に定めのある社団医療法人が、社員の退社に伴い、7,000 の払戻を行った（出資金額、繰越利益積立金は(ⅰ)と同様）。

| 出資金 | 5,000 | 現金預金 | 7,000 |
| 繰越利益積立金 | 2,000 | | |

(注) 払戻しが行われる場合には、当該退社社員の過去の出資額をまず出資金から減少させ、残余は、持分割合とは無関係に繰越利益積立金を減少させることを原則とする（検討報告書A(1)ロ)）。

(iii) 持分に定めのある社団医療法人が、社員の退社に伴い、4,000の払戻しを行った（出資金額、繰越利益積立金は(ア)と同様)。

| 出資金 | 5,000 | 現金預金 | 4,000 |
| | | 持分払戻差額積立金 | 1,000 |

(注) 払戻しが行われる場合に、当該退社社員の過去の出資額より払戻額が少ない場合には、払戻額を超える当該退社社員の過去の出資額は、持分払戻差額積立金に振り替える（検討報告書A(1)ロ)）。

(iv) 出資額限度法人が、社員の退社に伴い、5,000の払戻を行った（出資金額は(i)と同様)。

| 出資金 | 5,000 | 現金預金 | 5,000 |

(注) 当該退社社員の過去の出資額より払戻額が少ない場合には、(iii)に該当することとなる（検討報告書A(1)ロ)）。

(v) 基金制度を採用している、持分の定めのない社団医療法人が、拠出額のうち10,000を返還した（前期末の繰越利益積立金は12,000と、返還額を上回っている)。

| 基　金 | 10,000 | 現金預金 | 10,000 |
| 繰越利益積立金 | 10,000 | 代替基金 | 10,000 |

(注) 前期末の繰越利益積立金の残高が確定後、当該金額の範囲内で返還をする。同額を繰越利益積立金から代替基金へ振り替える（検討報告書A(1)ロ)）。

③ **剰余金の処分に係る会計処理**

医療法人は、定款又は寄附行為において剰余金の処分項目が定められて

いることが多いが、配当が禁止されているため法人外流出が発生することはない。また、予算の作成も必須であり、このための社員総会又は理事会が新年度開始前に開催されることとなっている（検討報告書A(1)ハ)）。したがって、剰余金の処分は当該年度終了前にその内容が決定することとなるため、未処分利益剰余金が存在することは想定されていない。

一方、そのままでは損益計算書の「当期純利益」と、貸借対照表との関連が明確にならないので、注記表にて、純資産の増減を項目として掲げることにより明らかにすることとしている（検討報告書A(1)ハ)）。

(i) 来年度予算に係る総会にて、「当年度決算において確定した当期純利益10,000を、すべて繰越利益積立金とする」旨、決議した。

| 当期純利益 | 10,000 | ／ | 繰越利益積立金 | 10,000 |

(ii) 来年度予算に係る総会にて、「当年度決算において確定した当期純利益と現在の繰越利益積立金を原資として、○○目的の積立金10,000を積み立てることとする」旨、決議した。

| 繰越利益積立金 | 10,000 | ／ | ○○積立金 | 10,000 |

(注) この場合、遅くとも翌期において実際に特定預金を設定する必要がある。また、税法上の積立金・準備金を設定する場合にも、同じような決議をし、決算処理にて確定額を振り替える（検討報告書A(1)ハ)）。

(iii) 来年度予算に係る総会にて、「当年度において○○積立金の目的となる事業が実施され、特定預金が10,000使用されたため、同額の積立金を取り崩し、繰越利益積立金に振り替える」旨の決議を実施した。

| ○○積立金 | 10,000 | ／ | 繰越利益積立金 | 10,000 |

(注) 税務上の積立金・準備金を規定により取り崩す場合にもこれに準じた決議をし、決算処理にて確定額を振り替える（検討報告書A(1)ハ)）。

④ 持分の定めのない社団医療法人への移行に係る会計処理

持分の定めのある社団医療法人から持分の定めのない社団医療法人への移行にあたっては、原則として移行時の純資産はすべて設立等積立金とし

て処理される。ただし、純資産の部には、資産の部の評価と対になっている評価・換算差額や、法令の規定により取り崩すことができない代替基金、税法上の取扱いで取崩しが規定されているものが存在するため、これらのものはそのまま引き継ぐこととなる。

(ⅰ) 持分の定めのある社団医療法人（出資金10,000、特定目的積立金0、繰越利益積立金10,000）が定款変更等の必要な手続を行い、持分の定めのない社団医療法人へ移行した。

| 出資金 | 10,000 | ／ | 未払金（贈与税課税分） | 4,000 |
| 繰越利益積立金 | 10,000 | ／ | 設立等積立金 | 16,000 |

(注) 出資金と繰越利益積立金を設立等積立金に振り替える。なお、移行に伴い払戻しをしないこととなった金額に対する法人税等は課税されないが、法人に贈与税が課税される場合がある。この場合の贈与税額は、損益計算書に計上せずに設立時積立金から直接減額する。出資金の金額と繰越利益積立金の金額の合計額よりも贈与税の金額が多い場合には、マイナスの設立等積立金となる（検討報告書A(1)ニ)）。

(ⅱ) 持分の定めのある社団医療法人（出資金10,000、特定目的積立金3,000、繰越利益積立金7,000）が定款変更等の必要な手続を行い、持分の定めのない社団医療法人へ移行した。

出資金	10,000	／	未払金（贈与税課税分）	4,000
○○積立金	3,000	／	設立等積立金	16,000
繰越利益積立金	7,000			

(注) 特定目的積立金は、移行に伴っていったん取崩し、設立時積立金の振替え対象とする。この場合に対応する特定預金は、取り崩すことも、継続することも、どちらでも可能である。なお、税法上の積立金・準備金は、移行により取崩しが生じる場合以外は、変更せずに引き継ぐ（検討報告書A(1)ニ)）。

2．開　示

(1) 医療法施行規則への影響

　資本剰余金の概念を使用しないこととしたことにより、第30条の38（基金の返還）の規定のうち、返還限度額を計算する要素として「資本剰余金

の価額」の掲記が不要となる。この結果、同様に資本概念のない一般社団法人の同趣旨の規定(一般社団法人又は一般財団法人に関する法律第141条)と同じになる(検討報告書4)。

(2) 社財規への影響

社財規第3章第4節及び第五章純資産変動計算書の純資産の各規定について、企業会計に合わせて資本剰余金、利益剰余金という構成になっているが(検討報告書4)、医療法人会計基準上は資本剰余金の概念は使用せず、利益剰余金は積立金として整理されている。したがって、社財規上の再構成が必要となる。このため、社財規が**図表 2-90** のとおり改正された(社財規附則第2条)。

なお、理論的には、積立金はすべて利益剰余金となるため、この改正が、金融商品取引法上の開示との不整合となることはない(検討報告書B)。

図表 2-90　医療法人会計基準を踏まえて再構成した社財規

箇所	再構成前	再構成後
第35条	純資産は、資本剰余金、利益剰余金及び評価・換算差額等に分類して記載しなければならない。	純資産は、積立金及び評価・換算差額等に分類して記載しなければならない。
第36条	次に掲げる剰余金は、資本剰余金の科目をもって掲記しなければならない。 一　法人税法施行令(昭和四十年政令第九十七号)第百三十六条の四(医療法人の設立に係る資産の受贈益等)の規定により所得の金額の計算上益金の額に算入されない金額 二　前号に掲げるもののほか、資本剰余金に属するもの	(削除)

第37条	第1項 利益剰余金に属する剰余金は、次に掲げる項目の区分に従い、当該剰余金を示す名称を付した科目をもって掲記しなければならない。 一　代替基金（基金（医療法施行規則第三十条の三十七に規定する基金をいう。）の返還に伴い、代替基金として計上された基金に相当する額をいう。） 二　その他利益剰余金	第1項 積立金は、次に掲げる項目の区分に従い、当該積立金を示す名称を付した科目をもって掲記しなければならない。 一　設立等積立金（医療法人の設立等に係る受贈益の金額及び持分の定めのある社団たる医療法人が持分の定めのない社団たる医療法人へ移行した場合に受贈益に準ずるものとして純資産の振替を行った金額をいう。） 二　代替基金（基金（医療法施行規則第三十条の三十七に規定する基金をいう。）の返還に伴い、代替基金として計上された基金に相当する額をいう。） 三　繰越利益積立金 四　特定目的積立金
	第2項 その他利益剰余金は、理事会又は社員総会の決議に基づく設定目的を示す科目又は繰越利益剰余金の科目をもって掲記しなければならない。	第2項 特定目的積立金は、社員総会又は評議員会若しくは理事会の決議に基づく設定目的を示す科目をもって掲記しなければならない。

出所：「医療法人会計基準」に基づき作成

（3）　医療法人における事業報告書等の様式への影響

　　資本金、資本剰余金、利益剰余金の概念を使用しないことから、医療法人会計基準適用後の貸借対照表における純資産の部の構成は、**図表2-91**となる。

II 医療法人会計基準における純資産

図表 2-91　貸借対照表の様式

医療法人会計基準適用前

（様式3-1）

純資産の部	
科目	金額
Ⅰ　資本剰余金	×××
Ⅱ　利益剰余金	×××
1　代替基金	×××
2　その他利益剰余金	×××
○○積立金	×××
繰越利益剰余金	×××
Ⅲ　評価・換算差額等	×××
その他有価証券評価差額金	×××
繰延ヘッジ損益	×××
Ⅳ　基金	×××
純資産合計	×××

（様式3-2）

純資産の部	
科目	金額
Ⅰ　資本金	×××
Ⅱ　資本剰余金	×××
Ⅲ　利益剰余金	×××
○○積立金	×××
繰越利益剰余金	×××
Ⅳ　評価・換算差額等	×××
その他有価証券評価差額金	×××
繰延ヘッジ損益	×××
純資産合計	×××

（様式3-3）

純資産の部	
科目	金額
Ⅰ　資本剰余金	×××
Ⅱ　利益剰余金	×××
1　代替基金	×××
2　その他利益剰余金	×××
Ⅲ　評価・換算差額等	×××
Ⅳ　基金	×××
純資産合計	×××

（様式3-4）

純資産の部	
科目	金額
Ⅰ　資本金	×××
Ⅱ　資本剰余金	×××
Ⅲ　利益剰余金	×××
Ⅳ　評価・換算差額等	×××
純資産合計	×××

医療法人会計基準適用後

（様式3-1）

純資産の部	
科目	金額
Ⅰ　基金	×××
Ⅱ　積立金	×××
代替基金	×××
○○積立金	×××
繰越利益剰余金	×××
Ⅲ　評価・換算差額等	×××
その他有価証券評価差額金	×××
繰延ヘッジ損益	×××
純資産合計	×××

純資産の部	
科目	金額
Ⅰ　出資金	×××
Ⅱ　積立金	×××
○○積立金	×××
繰越利益剰余金	×××
Ⅲ　評価・換算差額等	×××
その他有価証券評価差額金	×××
繰延ヘッジ損益	×××
純資産合計	×××

（様式3-2）

純資産の部	
科目	金額
Ⅰ　基金	×××
Ⅱ　積立金	×××
（うち代替基金）	(×××)
Ⅲ　評価・換算差額等	×××
純資産合計	×××

純資産の部	
科目	金額
Ⅰ　出資金	×××
Ⅱ　積立金	×××
Ⅲ　評価・換算差額等	×××
純資産合計	×××

出所：「医療法人における事業報告書等の様式について」及び
　　　「関係事業者との取引の状況に関する報告書の様式等について」に基づき作成

第2章　貸借対照表

【関連条文等】

医療法人会計基準　第13条　出資金
　　　　　　　　　第14条　基金
　　　　　　　　　第15条　積立金
　　　　　　　　　第16条　評価、換算差額等
医療法人会計基準運用指針　13　出資金の取扱いについて
　　　　　　　　　　　　　14　積立金の区分について

Ⅲ
税効果会計

　税効果会計とは、会計上の損益と法人税等を計上する認識期間を整合性させるための会計処理をいう。
　すなわち会計上の収益又は費用と税務上の益金又は損金の認識時点や、会計上と税務上の資産又は負債の額に相違がある場合には、会計上の利益に税率をかけるだけでは、税金の金額とならないことがある。この場合、会計上の損益と対応するように法人税等を適切に期間配分するための会計処理が税効果会計である。
　課税所得を基礎とした法人税等の額は会計上の費用とされる。そのため、税効果会計を適用しない場合には、税務上の計算によって算定された会計上の利益と課税所得とに差異の影響は、財務諸表に反映されない。この差額が会計と税務との認識するタイミングの差に起因する場合は、法人税等の額が税引前当期純利益と期間的に対応せず、その影響が重要な場合には財務諸表の比較可能性を損なうことになる。
　税効果会計の目的は、利益とそれに係る税金費用について費用収益対応の原則を適用し、会計上の収益・費用と税務上の益金・損金の認識時期のズレから生ずる税金費用の不整合部分を調整し、正しい対応関係を財務諸表に反映させようとするものである。したがって、会計上の収益・費用と税務上の益金・損金の認識のズレが単に時期の問題ではなく、本質的に相容れないもの（会計上は費用でも税務上はタイミングの問題ではなく、永続的に損金と認められないものなど）、たとえば、交際費の損金不算入等はここでいう「税効果」を認識する対象とはならない。
　なお、税金計算は病院単位で行われるものではなく、開設主体ごとに計算されるものであることに留意が必要である。施設会計である病院会計準則においては、開設主体全体で税務計算及び税効果会計が適用され、その

結果を受けて病院の会計処理が行われることを前提としている。したがって、病院会計準則の貸借対照表、損益計算書の様式や別表の勘定科目の説明には、税効果会計に関連する勘定科目が例示されていないが、これは開設主体の会計基準で手当てされていることによると考えられる。

また、開設主体全体で計算された税金は、各病院に配分することになるが、基本的に病院等の施設ごとに財務諸表が作成されていることから、各施設単位での見積りでの税務計算が可能である。ただし、施設別に計算した税金の合計は、開設主体全体の税金とは一致しないことがあるため留意が必要である。したがって、各施設の見積課税所得を求め、これを基準にして配分計算がされると考えられる。

なお、公的病院のように法人税等の税負担のない場合は、会計上の利益と課税所得に差異はないため、税効果会計は適用されない。

1．税効果会計導入の必要性

（1）会計と税務計算間の差異

会計上の収益・費用と税務上の益金・損金がその認識時期において全く同一であれば、税効果会計という会計手法は必要ないわけであるが、現実には会計と税務はその社会的な存在目的が異なることから、収益・費用と益金・損金の考え方に違いが生じている。すなわち、会計はすべての会計事象について、経済的価値の増減あるいは権利義務が発生した時に可能な限り会計取引として認識し財務諸表に反映させようとするのに対し、税務は国等の財政を念頭に置き、徴税上の側面から課税時期を法定するなど、かなり政策的な側面がある。ここに両者の取扱いの違いが発生する要因がある。

ただし、会計上においても収益の計上は堅実性を重んじ、いわゆる実現主義の考え方により計上時期が決められ、一方、費用あるいは損失については経済的価値の使用が行われた時または発生の可能性が生じた時（発生主義）等、取引の早い段階で計上することが要求される。

これに対し税務上は、益金についてはより早い段階で計上を要求し、費

用あるいは損失については堅実主義をとり計上時期をより遅い時期に決める傾向にある。

具体的に税務上の課税所得と会計上の利益とが異なる要因は、大きく分けて2つある。

(ⅰ) 収益や費用の概念は同一であるが損益の帰属期間の認識が違うもの
減価償却費（耐用年数や償却方法の違い）、引当金の繰入（損金算入額の制限）、貸倒損失（事実認定時点の違い）、特定の資産売却益（圧縮記帳による課税の繰延べ）等がある。これらは、費用・収益の認識時期が一時的に相違するものであるため、一時差異と言われている。

(ⅱ) 収益や費用の概念自体に違いがあるもの
税務上損金とならない交際費、寄附金、役員賞与等及び税務上益金とならない受取配当金等がある。これらは、その違いが永久に解消されないことから、永久差異といわれている。

(2) 税効果会計の必要性

上述の税務上の課税所得が会計上の利益と異なる要因のうち、(ⅱ)の要因は期間帰属とは関係しない要因であるため、その課税額は病院会計上も課税された期間に係る税金費用として考えられ、特段の調整の必要はない。

一方、(ⅰ)の要因による税金の帰属時期の差異は、将来の利益に対応すべき税額であるが当期に支払うべきものや当期の利益に対応すべき税額であるが将来支払うものを生じさせる。したがって、これらの税額を調整しないと税引前当期純利益と法人税等の額は対応せず、その結果、税引前当期純利益と税引後当期純利益の関係を歪めることとなり、病院の当期純利益の的確な把握が阻害されるとともに、適正な期間比較、病院間比較が困難になってしまう。

この(ⅰ)の要因による差異は、税法改正により各種引当金の税務上の損金算入枠が大幅に縮小されるなか、会計上は新会計制度導入などにより費用や損失の計上がされ、さらに増大する傾向となっている。適切な期間計算の観点から、税効果会計の導入が病院の会計や医療法人の会計においても必要とされた。

2．税効果会計の基本的な考え方

税効果会計の基本的な考え方は次の設例にて説明する。なお、病院会計準則においては、勘定科目の記載はされていないが、税効果会計導入により、税効果会計による法人税、住民税及び事業税に対する調整額は「法人税等調整額」の勘定科目で別途に計上するものである。

また、病院会計準則では病院の税金負担額は、「法人税、住民税及び事業税負担額」として計上するが、以下においては一般的な説明であることから「法人税、住民税及び事業税」の勘定科目を使用する。

設例

たな卸資産の時価が下がり、時価が簿価より500低くなったため、たな卸資産評価損500計上した。この評価損は税務上は損金として認められない（有税）である。なお、税引前当期純利益は1,000、税率は30％とする。

[解答]

	税効果会計適用前 損益計算書	
たな卸資産評価損	500	
税引前当期純利益	(1,000)	
法人税、住民税及び事業税	450	{(1,000+500)×30％}
当期純利益	(550)	

↓

	税効果会計適用後 損益計算書	
たな卸資産評価損	500	
税引前当期純利益	(1,000)	
法人税、住民税及び事業税	450	{(1,000+500)×30％}
法人税等調整額	(150)	(500×30％)
当期純利益（1,000×70％）	(700)	

会計上は、たな卸資産評価損を当期の費用に計上したが、税務上は損金算入の要件を満たしていないため、申告書上課税所得の計算において加算（有税処理）することを想定している。
　もしも会計上のたな卸評価損が当期に税務上損金算入が認められるのであれば、税引前当期純利益1,000に対する税金費用は、税率が30％とすれば本来300であり当期純利益は700となり、会計上の利益と当期税金負担額との間に合理性が保たれる（税引前当期純利益×税率＝当期税金負担額）が、税効果会計適用前の損益計算書においては、有税処理分500に対応する税金を当期に負担しているため、当期利益は550と歪んだものとなっている（税引前当期純利益×税率≠当期税金負担額）。
　税効果会計適用により、加算額500に対応する税金に対して、法人税等調整額150（500×30％）を計上することにより、この歪みが是正されることになる。

3．税効果会計の手法

（1）病院特有の論点
　特筆すべき事項はない。

（2）準拠する会計基準
　税効果会計の手法、考え方は、各開設主体における会計基準に従うことになるが、そのなかで具体的に規定について触れられていない場合は、企業会計の税効果会計に係る会計基準に準拠することになる。企業会計においては「税効果会計に係る会計基準」（以下、「税効果会計基準」という）が平成10年10月30日に企業会計審議会から公表されている。また、その詳細については「個別財務諸表における税効果会計に関する実務指針」（以下、「個別税効果実務指針」という）が日本公認会計士協会より最終改正：平成23年1月12日付けで公表されている。本書はこれに従い、説明を行う。
　なお、本書においては、平成20年度税制改正により創設された地方法人特別税と、平成26年3月31日に公布された「地方法人税法（平成26

年法律第11号)」により創設された地方法人税は、考慮対象外とさせていただいていることにあらかじめご留意いただきたい。

(3) 対象税金

税効果会計に係る会計基準では「第一　税効果会計の目的」として下記のように定めている。

「税効果会計は、企業会計上の資産又は負債の額と課税所得計算上の資産又は負債の額に相違がある場合において、法人税その他利益に関連する金額を課税標準とする税金(以下「法人税等」という)の額を適切に期間配分することにより、法人税等を控除する前の当期純利益と法人税等を合理的に対応させることを目的とする手続きである。」。

上記のように、税効果会計の対象となる税金は、利益を課税標準とする税金とされている。これは、税効果会計の目的が会計上の利益と税金費用との対応関係の調整にあることから当然のことといえる。したがって、決算期ごとに獲得した利益(所得)を課税対象とする税金を税効果会計の対象としている(個別税効果実務指針36)。

(対象税金)
(i)　法人税
(ii)　住民税(都道府県民税、市町村民税。但し均等割税を除く。)
(iii)　利益(所得)を課税標準とする事業税

(対象外税金)
(i)　土地譲渡益に課される特別税
(ii)　固定資産税や事業所税のような所得以外のものを課税標準とする税金
(iii)　過少申告加算税や重加算税のようなペナルティとしての性格を有する税金
(iv)　消費税のように利益に対する課税ではない税金
(v)　同族会社の留保金に課税される税金
(vi)　住民税の均等割税
(vii)　収入金額を課税標準とする事業税
(viii)　資本割、付加価値割の事業税

Ⅲ　税効果会計

　病院において税効果会計の導入が必要となるケースは、法人税、都道府県民税、市町村民税及び利益に関連する金額を課税所得とする事業税などが課税される医療法人や公益法人の収益事業としての病院などの医療機関である。
　つまり、自治体病院をはじめとする公的病院等のように法人税、住民税及び事業税の課税対象となっていない法人には税効果会計適用の必要はない。
　なお、以下において、法人税、住民税及び事業税等の利益を課税標準とする税金を「法人税等」と称することとする。

(4) 税率及び税率の種類

　税効果会計において、一時差異に係る税金相当額である繰延税金資産又は繰延税金負債の金額を計算するために使用する法人税等の税率について説明を行う。
　法人税等の税率は、一般的に次のようなものがある。
(ⅰ)　日本の法人税のように基本税率が決まっているもの
(ⅱ)　日本の中小法人に対する軽減税率あるいは外国で見られる累進税率のように所得水準によって税率が変わるもの
(ⅲ)　公益法人に対する税率のように業態に応じて適用税率の相違するもの(公益性が高いと認定された持分の定めのない社団法人または財団法人で、所轄税務署長を経由して大蔵大臣の承認を受け特定医療法人は、法人税法上、公益法人の収益事業と同様に軽減税率の適用を受けることができる)

　このように税率の定められ方は種々あるが、実務指針では事務上の簡便性を考慮し基本的な法定税率を適用することに統一した。また、中小法人においては軽減税率が経常的に適用されており、今後も同様に軽減税率の適用が見込まれる場合には、法定実効税率の計算に際しては軽減税率を使用することができる。これについては、特定医療法人等も同様と考えられる。なお、日本では支払事業税の課税所得計算上損金算入が認められるという特殊性があるため、次の計算式による法定実効税率を適用する。

$$\text{法定実効税率} = \frac{\text{法人税率} \times (1 + \text{住民税率}) + \text{事業税率}}{1 + \text{事業税率}}$$

計算例

> 法定税率が法人税22%、住民税17.3%及び事業税6.6%であった場合の法定実効税率は、以下のように計算される。
>
> 法人税率　　22.00%
> 住民税率　　17.30%
> 事業税率　　6.60%
> 法定実効税率
>
> $$\frac{0.22 \times (1+0.173) + 0.066}{1+0.066} = 0.3039 \fallingdotseq 30\%$$

　病院会計において実効税率を決定する際に発生する固有の課題は、社会保険診療報酬に係る所得については非課税となる事業税についての取扱いである。つまり、社会保険診療部分に対する実効税率とそれ以外の収入に対する実効税率が異なるものとなる点である。厳密には、両者を区分して税務上の調整項目を把握し、税効果会計を適用する必要があると考えられるが、このような区分は容易ではないケースが多いと考えられ、現実的ではないため、単純に法定実効税率をもって計算する対応になるものと考える。

（5）税法改正による税率の変更

　税効果会計基準では、繰延税金資産又は繰延税金負債の計算に際し適用される税率は、その原因となった一時差異が解消する時に適用される税率によることになっている。

　しかしながら実務上、将来適用されるであろう税率を予測することは極めて困難であるため、実務指針では決算日現在法律上有効な税率によることとしている。ただし、決算日現在改正税法が公布されており、将来の税率変更が確定している場合は、一時差異が解消する期に適用される改正後の税率によることとした。

　改正税法が決算日以降公布され、翌期以降の財務諸表に重要な影響を及ぼす場合は、後発事象として注記することとなる。

　なお、この適用税率は毎期見直すことになるため、税法の改正により税率が変更された場合は、過去に計上した繰延税金資産または繰延税金負債

についても改正後の税率により再計算しなければならない。なお、税率改正が経過措置を伴う段階的なものである場合には、一時差異の解消年度に合わせて再計算することになる。この再計算の結果生じた再計算差額は、損益計算書の法人税等調整額に計上することになる。

(6) 未払税金又は未収税金と税効果会計

　病院において、決算期ごとに法人税等の税務計算を行い、課税所得があり税金を支払う場合には未払法人税等を計上する。一方、税金が還付になる場合には未収還付法人税等を計上する。これら未払法人税等又は未収還付法人税等は、税務計算によって算定された確実な債務又は債権であるため、税効果会計のなかで計算上認識される繰延税金資産又は繰延税金負債とは性格の異なるものである。税効果会計は、決算期ごとに確定納付した税金の期間帰属調整計算としての意味をもつことから、確定債権・債務としての未払法人税等又は未収還付法人税等とは区別して会計処理する（個別税効果実務指針28、29）。

(7) 一時差異の意義

　税効果会計は将来の税金に影響する一時差異について、その税効果を認識計上するものであるが、この一時差異について「税効果会計に係る会計基準第二　一　2」では次のように定義している。

　「一時差異とは、貸借対照表及び連結貸借対照表に計上されている資産及び負債の金額と課税所得計算上の資産及び負債の金額との差額をいう。」

　ここでは便宜上「貸借対照表及び連結貸借対照表に計上されている資産及び負債の金額」を「会計上の簿価」、「課税所得計算上の資産及び負債の金額」を「税務上の簿価」とそれぞれ置き換えて説明をする。

　一時差異は会計上の簿価と税務上の簿価の差額と定義されている。会計上の簿価とは、財務諸表作成の基礎となった帳簿価額をいう。税務上の簿価とは財務諸表計上額に税務申告調整額を加減した金額をいう。すなわち、申告調整額のうち法人税申告書別表四及び五（一）において将来の申告調整のために繰り越される金額を加減したものである。通常この申告調整項

目は内部留保に関わるものが代表的なものとしてあげられるが、新規取得土地等に係る負債利子の損金不算入項目のように、申告書上社外流出として扱われるものであっても、将来申告減算されるものについては将来の税効果を有しているため、税効果を認識する必要がある。

計算例

> 有価証券1,000について、有税評価減を500行った場合の会計上の簿価と税務上の簿価との関係は次のようになる。
>
> | | 会計上の簿価 | 申告調整 | 税務上の簿価 |
> | --- | --- | --- | --- |
> | 有価証券 | 500 | 500（注） | 1,000 |
>
> （注）有価証券の有税評価減による申告加算額である。

なお、会計上の利益と課税所得の間には、資産及び負債に係る一時差異ではない永久差異がある。たとえば、交際費の損金不算入、寄附金の損金算入限度超過額、法律違反に対し課された罰課金、国内の出資先からの受取配当等の益金不算入等であるが、これらは税務上は損金又は益金にならないものであり、永久的に会計と税務の調整はなされないことから永久差異といわれ、将来の税効果は有しない。

（8）一時差異等の例示

税効果を認識する一時差異等について「税効果会計基準第二　一」では以下のように例示している。

> 2　(1)　財務諸表上の一時差異
> 　　① 収益又は費用の帰属年度が相違する場合
> 　　② 資産の評価替えにより生じた評価差額が直接資本の部に計上され、かつ、課税所得の計算に含まれていない場合
> 　　（略）
> 4　将来の課税所得と相殺可能な繰越欠損金等については、一時差異と同様に取り扱うものとする（以下、一時差異及び繰越欠損金等を総称して「一時差異等」という。）。

(注) 2(1)①の一時差異は、上述してきた税務と会計の期間帰属に係る差異である。また、(1)②は、金融商品会計基準に示されている純資産に計上されるその他有価証券の評価差額を意図している。4に一時差異に準ずる項目として挙げられている繰越欠損金等は、定義上は一時差異に該当しない。しかし、繰越欠損金等は一定の要件のもとに将来発生する課税所得を減額する権利を有しており、将来の税金を減額させる効果をもっている。税効果会計基準はこのような将来の税効果についても認識の対象とすることを認めている。

このように税効果会計基準では、「一時差異」と一時差異と同様に扱うものとして「繰越欠損金等」の2つを合わせて「一時差異等」と称している。

(9) 一時差異の種類

税効果会計基準では、一時差異について税効果を認識計上することとし、この一時差異を将来減算一時差異と将来加算一時差異に分類している。

将来減算一時差異とは、将来の課税所得を減算させる効果をもつ一時差異、すなわち、一時差異が発生した時に申告加算され、当該一時差異が解消するときに申告減算される一時差異である。この将来減算一時差異が繰延税金資産を発生させる。

将来加算一時差異とは、将来、課税所得に加算される効果をもつ一時差異、すなわち、一時差異が発生した時に申告減算され、当該一時差異が解消するときに申告加算される一時差異である。この将来加算一時差異が繰延税金負債を発生させる。

なお、上述した『「税効果会計基準第二　一」の2　(1) 財務諸表上の一時差異　①　収益又は費用の帰属年度が相違する場合』に該当する一般的な申告調整項目としては以下のようなものが挙げられる。

(i) 将来減算一時差異

　　たな卸資産の有税評価減

　　有価証券の有税評価減

　　減価償却費の税法限度超過額

　　長期前払費用の償却超過額

　　貸倒引当金の有税引当額

賞与引当金
　　　退職給付引当金
　　　役員退職慰労引当金
　　　保証債務引当金
　　　未払事業税
（ⅱ）将来加算一時差異
　　　利益処分方式による特別償却
　　　利益処分方式による租税特別措置法の各準備金

（10）繰越欠損金等

　以上説明したとおり、会計上の収益・費用あるいは税務上の益金・損金との計上時期の相違に、税効果が期待できるというものに加えて、税務上の繰越欠損金のように、収益・費用の計上時期の相違の問題ではなく、将来発生する課税所得から減額できる権利そのものを有するという税効果をもつため、税効果会計の対象となるものもある。

　なお、病院会計における繰越欠損金は、あくまでも税金計算の単位である開設主体で認識される点に注意が必要である。各施設会計の決算書を作成したうえでその合計として開設主体全体としての決算書を作成するが、各施設の決算書に基づいて施設ごとの見積りの課税所得を求めることにより、この課税所得基準により繰越欠損金を配分することになると考えられる。

（11）繰延税金資産及び繰延税金負債の意義

　繰延税金資産とは、将来支払うべき法人税等を減額する効果をもつ一時差異等にかかわる法人税等相当額をいい、原則として、その発生時には損益計算書に法人税等調整額（貸方）として計上し、当該一時差異の解消時に損益計算書に法人税等調整額（借方）として計上することにより税効果が終結するものをいう。

　将来減算一時差異の解消に伴う繰延税金資産の取崩しは、法人税等調整額の借方処理を行うことになるが、これは当該解消期の税引前当期純利益に対しその期の申告額が、将来減算一時差異の解消額に見合う税金相当額

だけ少なく計上されるため、税引前当期利益と税金費用との歪みを調整する意味がある。

一方、繰延税金負債とは、将来法人税等を増加させる効果をもつもので、その原因が当期に発生している一時差異に係る法人税等相当額をいい、原則としてその発生時には損益計算書に法人税等調整額（借方）として計上し、当該一時差異の解消時には損益計算書に法人税等調整額（貸方）として計上することにより税効果が終結するものをいう。

将来加算一時差異の解消に伴う繰延税金負債の取崩しは、法人税等調整額の貸方処理を行うことになるが、これは当該解消期の税引前当期純利益に対しその期の申告税額が、将来加算一時差異の解消額に見合う税金相当額だけ多く計上されるため、税引前当期純利益と税金費用との歪みを調整する意味がある。

設例

将来減算一時差異に対する税効果額が100、将来加算一時差異に対する税効果が50と計算された場合の仕訳は以下のとおりである。

〈仕訳例〉

発生時	繰延税金資産	100	法人税等調整額	100
	法人税等調整額	50	繰延税金負債	50
解消時	法人税等調整額	100	繰延税金資産	100
	繰延税金負債	50	法人税等調整額	50

［解説］

繰延税金資産又は繰延税金負債計上に際し、その相手勘定は原則として損益計算書に計上する。なお、金融商品会計基準による「その他有価証券」の時価評価差額のうち純資産の部に計上されるものについて税効果を認識することになり、この場合、繰延税金資産又は繰延税金負債の相手勘定は純資産の部の評価差額金から直接控除する処理を行う。その結果として損益計算書を経由しないで、繰延税金資産または繰延税金負債に直接計上されるものがある。

このように繰延税金資産または繰延税金負債はそれぞれにもつ意味合いが異なるため、その計上要件にも異なる扱いがあることから、会計処理としてはそれぞれ別々に認識する必要がある。

一時差異と繰延税金資産及び繰延税金負債との関係を整理すると次のようになる。

第2章　貸借対照表

図表 2-92

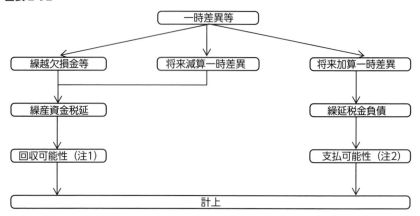

（注1）　繰延税金資産は資産として評価され、回収可能性のあるものだけが計上される。なお、繰延税金資産の回収可能性については、次節で解説を行う。
（注2）　繰延税金負債の支払可能性については、たとえば、将来、欠損が続き、将来加算一時差異が解消する期に当該一時差異が申告加算されても、課税所得が発生する可能性が確実にないと見込まれる場合には繰延税金負債の計上を中止することが考えられる。

4．具体例での説明

A 開設主体の3年間の税効果会計適用前の損益計算書は次のようになっている。

税効果会計適用前損益計算書

	×1年	×2年	(利益) ×3年
税引前当期純利益	(1,000)	(1,000)	(1,000)
法人税等	390	327	342
当期純利益	(610)	(673)	(658)

296

税引前当期純利益が1,000と3期とも同じであるにもかかわらず、法人税等及び当期純利益がそれぞれ異なっている。この原因は税引前当期純利益と課税所得に差異が生じているためと考えられるが、当該差異内容を分析した結果は次のとおりである。

申告調整項目の内容

	×1年	×2年	×3年 (利益)
税引前当期純利益	(1,000)	(1,000)	(1,000)
(加算)			
たな卸資産評価損	(100)		
貸倒引当金超過額	(200)	(140)	(100)
賞与引当金			(250)
退職給付引当金		(200)	
(減算)			
たな卸資産評価損認容		50	50
貸倒引当金超過額認容		200	140
退職給付引当金超過額認容			20
加減算計	(300)	(90)	(140)
課税所得	(1,300)	(1,090)	(1,140)
法人税等（30%）	390	327	342

　この差異の内容は、法人税申告書別表（四）の加算・減算項目であり、ここで挙げられている各調整項目は会計上の収益・費用と税務上の益金・損金の認識時期の相違に基づく差異であり、すべて一時差異である。
　これらの差異について税効果を見ると次のようになる。ここで、法人税等（30%）としている税率は、実効税率とする。

申告調整項目の推移

	×1年	×2年	×3年
			(申告加算)
たな卸資産評価損	(100)	50	50
貸倒引当金超過額	(200)	200	140
		(140)	(100)
賞与引当金			(250)
退職給付引当金		(200)	20
計	(300)	(90)	(140)
法人税等調整額	(90)	(27)	(42)
(実効税率30%)			

(i) ×1年

将来減算一時差異であるたな卸資産評価損100と貸倒引当金超過額200との合計額300について、その税効果はこれに実効税率30%をかけた90である。

繰延税金資産 90 ／ 法人税等調整額 90

(ii) ×2年

X1年にたな卸資産評価損100を税務上否認したうち、50が認容されている。また、貸倒引当金200がいったん認容され、X2年に新たに140が否認されている。さらに、退職給付引当金が発生し200が否認された。これらの合計額90の税効果はこれに実効税率30%をかけた27である。

(合計仕訳)

繰延税金資産 27 ／ 法人税等調整額 27

(iii) ×3年

たな卸資産評価損を税務上否認したうち、残りの50が認容されている。また、貸倒引当金超過額140がいったん認容され、X3年に新たに100が否認されている。さらに、賞与引当金超過額が発生し250が否認され、

退職給付引当金超過額は 20 認容されている。これらの合計額 140 の税効果はこれに実効税率 30％をかけた 42 である。

（合計仕訳）

| 繰延税金資産 | 42 | / | 法人税等調整額 | 42 |

ここで計算された法人税等調整額を、損益計算書に表示すると以下のようになる。

税効果会計適用後損益計算書

	×1年		×2年		×3年	
税引前当期純利益		(1,000)		(1,000)		(1,000)
税金費用						
法人税等	390		327		342	
法人税等調整額	(90)	300	(27)	300	(42)	300
当期純利益		(700)		(700)		(700)

このように税効果会計を採用することにより、税引前当期純利益と税金費用との関係が整理され、当期純利益が期間損益として適正に計算されることになる。

5．繰延税金資産の回収可能性

税効果会計において重要な項目の 1 つとして繰延税金資産の回収可能性がある。この繰延税金資産の回収可能性の判断は、企業会計の基準や実務指針等に従うことになる。

以下、繰延税金資産の回収可能性に関する取扱いについて説明する。

繰延税金資産に関して「税効果会計基準第二　二　1」で次のように規定している。

「一時差異等に係る税金の額は、将来の会計期間において回収又は支払が見込まれない税金の額を除き、繰延税金資産又は繰延税金負債として計

上しなければならない。繰延税金資産については、将来の回収の見込みについて毎期見直しを行わなければならない。」

繰延税金資産は一時差異等に係る税金相当額が将来回収できるものでなければ、貸借対照表に計上できないとしている。

「将来回収できるもの」とは、「将来の税金の支払いを減額することが見込まれるもの」と言い換えられる。ここにおける「回収」とは、「現金入金」ではなく「課税所得の減額」を意味する。したがって、将来の課税所得を減額するためには、将来において課税所得が発生することが前提となる。

つまり、将来減算一時差異に対して繰延税金資産を計上するためには、翌期以降に将来減算一時差異の金額を上回る十分な課税所得が獲得されて、一時差異の解消（税務上の認容等）によって、課税所得の減額がされると見込まれることが必要である。この将来の課税所得の発生と課税所得を減額する見込みがあるかないかを判断することを、回収可能性の判断という。

なお、「回収できるもの」とは、一時差異等全額の回収のみではなく、一部でも回収できるものがあれば繰延税金資産の計上が認められる（税効果会計基準注解（注5））。また、ここでの繰延税金資産は、税務上の繰越欠損金等に係るものも含んだものである。

一方、将来加算一時差異に対する繰延税金負債は、将来の支払いの可能性が検討されることになるが、明らかに将来加算一時差異を上回る損失が発生し、事業をやめる等課税所得が発生しないことが合理的に認められない限り、支払可能性があるとみなされる。

回収可能性の判断要素について、実務指針において将来の課税所得獲得要素として次のような考え方を示している。

- 収益力に基づく課税所得の十分性
- タックスプランニングの存在
- 将来加算一時差異の十分性

以下にそれぞれの考え方について説明する。

(1) 病院特有の論点

開設主体全体に対して課税が行われるが、医療機関が有する各施設の事業(病院のほか、診療所、介護老人保健施設等)に収益力の差がある場合、各施設会計における繰延税金資産の回収可能性についてどのように判断するかが問題となる。

たとえば、ある病院単独では収益力が低いが、他の病院では十分な収益が見込める場合等においてどのように考えるかである。

課税が発生するのは、開設主体全体で課税所得が発生する場合であるので、繰延税金資産の回収可能性は、原則的には開設主体として検討することになると考えられる。

(2) 収益力に基づく課税所得の十分性

これは病院の収益力(利益獲得能力)に基づいた判断を意味している。繰延税金資産の計上は将来の課税所得の減額効果があることが絶対条件であり、かつ、当該減額効果を吸収できるだけの十分な将来の課税所得があること及び課税所得獲得のタイミングが十分条件となる。すなわち、繰延税金資産の原因である将来減算一時差異が解消すると同じ時(決算期)に、当該一時差異を吸収するのに十分な課税所得の発生(獲得)が確実に見込まれる必要がある。収益力に基づく課税所得とは、通常の医業活動から獲得できる利益を源泉とするものである。よって、この課税所得獲得の可能性の判断に際しては、当該病院における将来の利益計画の実現可能性が判断のポイントとなる。また、過去の業績や納税状況等も重要な判断要素となる。

具体的には、平成27年12月28日付けで日本公認会計士協会が「繰延税金資産の回収可能性に関する適用指針」(企業会計基準適用指針第26号)(以下、「回収可能性の指針」という)を公表しており、これに基づいて判断がされる。

① 課税所得の見積りによる回収可能性の判断指針

繰延税金資産の回収可能性判断のポイントとなる将来課税所得の見積りは、将来の病院開設主体の収益力によるところが多いと考えられるが、将来予測という困難性を伴うことから、病院開設主体の過去の業績等を主たる判断基準として将来の課税所得の見積り、繰延税金資産の回収可能性を判断することが現実的である。過去の業績ごとにタイプ分けをし、繰延税金資産の回収可能性の判断をまとめると**図表 2-93** のようになる。

図表 2-93

	通常の将来減算一時差異	解消見込が長期にわたる将来減算一時差異（注） ・退職給付引当金 ・減価償却超過額等
① 期末における将来減算一時差異を十分に上回る課税所得を、毎期（当期及びおおむね過去3年以上）計上している開設主体 （タイプ1）	繰延税金資産の金額について回収可能性あるものとする。「スケジューリング不能な一時差異」も回収可能性があるものとする。	回収可能性があるものとする。
② 業績は安定（当期及び過去おおむね3年以上連続してある程度の経常的利益を計上）しているが、将来減算一時差異を十分上回るほどの課税所得はない開設主体 （タイプ2）	（合理的な）スケジューリングに基づき計上された繰延税金資産は回収可能性があるものとする。	回収可能性があるものとする。
③ 業績は不安定であり、将来減算一時差異を十分上回るほどの課税所得はない開設主体 （タイプ3）	おおむね5年以内の課税所得見積額を限度とし、スケジューリングに基づき計上された繰延税金資産は回収可能性があるものとする。	おおむね5年を超えた年度の解消予定額も回収可能性があるものとする。

④ 重要な税務上の繰越欠損金が存在する開設主体 (1) 期末に重要な繰越欠損金がある。 (2) おおむね過去3年以内に重要な繰越欠損金が期限切れとなった事実がある。又は当期末において重要な繰越欠損金の期限切れが見込まれる。 (3) 過去の経常的な利益水準を大きく上回る将来減算一時差異があり、翌期末において重要な税務上の繰越欠損金の発生が見込まれる。 （タイプ4）	〈原則〉 ・翌期の課税所得見積額を限度とし、スケジューリングに基づき計上された繰延税金資産は回収可能性があるものとする。 〈繰越欠損金が非経常性な特別の原因により発生している場合〉 ・税務上の繰越欠損金及び将来減算一時差異が非経常的原因により発生したものであり、それを除けば経常的な課税所得がある場合は、おおむね5年以内の課税所得見積額を限度とし、スケジューリングに基づき計上された繰延税金資産は回収可能性があるものとする。	同左 おおむね5年を超えた年度の解消予定額も回収可能性があるものとする。
⑤ 過去連続して重要な税務上の欠損金を計上している開設主体 ・おおむね過去3年以上連続して税務上の欠損金、かつ、当期も重要な税務上の欠損金 ・債務超過や資本の欠損が長期間続き、短期的に改善見込みがない。 （タイプ5）	原則として繰延税金資産の回収可能性はないものとする	同左

（注） 「解消見込みが長期にわたる将来減算一時差異」とは、一時差異の性格上その解消に長期間要するものと認められるものであり、その特殊性から回収可能性の判断の特例が認められているものである。

以上より、繰延税金資産の回収可能性に問題があると思われる場合を簡単に3つのパターンに分けて対応をまとめると以下のようになる。
　（ⅰ）最近事業年度で赤字決算を行っている場合
　　過去の赤字決算の内容が、臨時的要因によるものであり経常的には

十分な課税所得を獲得することができる場合であれば、将来の収益力をある程度期待できると思われるが、医業損失あるいは経常損失を計上しているような場合、及び財務内容に不安要素をもっている場合については、将来の医業計画等慎重に判断する必要がある。

(ⅱ) 赤字決算の経験はないが、将来減算一時差異の金額に比し将来の予想課税所得水準が相対的に低い場合

この場合は、将来減算一時差異全額について繰延税金資産を認識計上できるかどうかがポイントとなる。繰延税金資産の計上は、将来減算一時差異のうち回収可能と判断される部分について計上することとなるため、確実と思われる金額の算定が重要となる。

(ⅲ) 将来の課税所得計上に重要な不安要素がある場合

この場合は、回収可能性は低いと考え、繰延税金資産の計上は見送るべきと考える。

② **回収可能性判断基準**

回収可能性の判断をフローチャートで示すと**図表 2-94**のとおりである。

図表 2-94

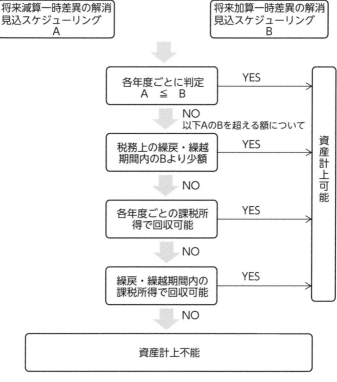

(注) 各ステップにおいての回収可能性は、各年度ごとの将来加算一時差異の解消見込みと各年度の課税所得見積額との合計で判断しなければならない場合があるので留意が必要。

③ スケジューリング不能な一時差異

一時差異の将来解消スケジューリングは、以下のいずれかの要件が満たされた場合にのみ可能となる。

(ⅰ) 将来の一定事実の発生による税務上の損金又は益金算入要件成立の見込み

(ⅱ) 法人による将来の一定行為実施の意思決定又は実施計画等の存在による税務上の損金又は益金算入要件成立の見込み

(ⅰ)または(ⅱ)の要件を見込めないものは、「スケジューリング不能な一

時差異」となり、回収可能性は見込めないことになる。その結果、繰延税金資産の計上はできない。ただし、「スケジューリング不能な一時差異」についても（3）又は(ii)の要件を見込めることとなったときに、回収可能性の判定に基づき、繰延税金資産の計上は可能となる。

（3）タックスプランニングの存在

　タックスプランニングとは、課税所得の発生時期を計画することである。たとえば、含み益のある有価証券あるいは不動産があり、いずれ処分を考えている場合、その時期の決定は開設主体の経営方針によって行うことができる。このとき、もし将来減算一時差異の解消する時期が決まっていれば、その時期に合わせて当該資産を処分することにより、課税所得を発生させ、将来減算一時差異を有効に使用することが可能となる。

　このように、実行可能なタックスプランニングの存在により将来課税所得を発生させることができる場合も、繰延税金資産を計上することができる。

　この実行可能性とは、仮の話では不十分であり、実際に行動に移せる状況にあることが重要である。不動産を売却したくても権利関係が複雑ですぐには行動に移せない場合などは実行可能性に問題があると言わざるを得ない。

　なお、前述したように「回収可能性の指針」では、「タックスプランニングの実現可能性の判断指針」を示しているので、その取扱いに基づき処理する必要がある。

　以下にタックスプランニングに基づく税効果について例で説明する。

記載例

	当期	×1年	(解消) ×2年	×3年	×4年
課税所得（注）	0	100	100	100	100
将来減算一時差異の発生又は解消	1,000	0	(1,000)	0	0
有価証券売却益			900		
申告上の課税所得	0	100	0	100	100
将来減算一時差異の回収額	1,000		(1,000)		
税金相当額（30％）	300		(300)		

（注） この課税所得は、将来減算一時差異の解消額を減算する前のものである。

（税効果会計仕訳）

当期　　　繰延税金資産　　　300　／　法人税等調整額　　　300
×1年以降　省略

　将来減算一時差異の解消は X2 年に予定されているが、通常での課税所得は大きく不足する予測である。ところが X2 年には有価証券売却を実行できる予定であり、将来減算一時差異の解消額と同額の課税所得を確保できる。よって、将来減算一時差異全額について繰延税金資産を計上することができる。

（4）将来加算一時差異の十分性

　繰延税金資産の計上は、その原因となった将来減算一時差異の解消額を吸収できる課税所得のあることが条件であるが、この課税所得は将来加算一時差異の解消によっても発生する。
　しかしながら、病院開設主体においては、該当する事例は稀であると考えられるため、詳細な説明は省略する。

（5）課税所得発生のタイミングと税務上の繰越欠損金の繰延べ

　繰延税金資産の回収可能性を判断する際に用いられる課税所得とは、将来減算一時差異あるいは税務上の欠損金を減額する前のものである。また、

重要なことは将来減算一時差異の解消時期と課税所得の発生時期が一致しなければ、将来減算一時差異のもっている課税所得の減額効果を実現させることができないということである。

　これは、原則的には期間的に一致することが必要であるが、税務上は課税所得の発生と税務上の欠損金（将来減算一時差異の解消額がそのときの課税所得を超過する場合を含む）を数期間にわたり調整することが認められていることから、この調整期間内での対応ができれば、実質的に一致していると見ることができる。すなわち、税務上の欠損金はわが国では9年間の繰延べ（平成29年度より10年間の繰延が認められる。現行法上、各事業年度の開始の前9年以内に開始した事業年度で生じた欠損金を当該事業年度に繰り越して損金算入することができる）が認められていることから、将来減算一時差異の解消額が、その期の課税所得で減額しきれない場合でも、この調整期間内に課税所得が発生し、結果として将来減算一時差異の減額効果が実現できる場合は、当該将来減算一時差異について繰延税金資産の計上が認められることになる。

（6）繰延税金資産の見直し（個別税効果実務指針23）

　「税効果会計基準二　二　1」では「……繰延税金資産については、将来の回収見込みについて毎期見直しを行わなければならない。」と規定している。

　繰延税金資産は、毎期その回収可能性について検討を加えなければならない。ここでの見直しは、繰延税金資産全体の見直しを意味していることから、過年度に発生した将来減算一時差異のうち、繰延税金資産の回収可能性の要件（本節（2）から（5）参照）を満たさないため繰延税金資産を計上していない、いわゆる潜在的な繰延税金資産の計上の可否についても見直しを行うことになる。

　見直しの具体的な方法は、次のように行う。

①　計上済みの繰延税金資産

　毎決算期ごとに将来の課税所得の発生可能性を検討し、当初繰延税金資産を計上した時に十分可能性が高いと予想した将来の課税所得の発生が達

成できない、すなわち、当該繰延税金資産に係る将来減算一時差異の解消額を上回る課税所得の獲得が、困難と見込まれる状況になった時は、計上済みの繰延税金資産を直接控除する。

> 記載例

> 前期から繰り越されてきた将来減算一時差異1,000について、その回収可能性を検討した結果250については将来の課税所得での回収が困難であることがわかった。将来減算一時差異1,000については、300（1,000×30％）の繰延税金資産が計上されているため、回収可能性に問題のある将来減算一時差異250の税金相当額75（250×30％）について控除する。
>
> | 法人税等調整額 | 75 | / | 繰延税金資産 | 75 |

② 未計上の繰延税金資産

一時差異が発生した時に、繰延税金資産の回収可能性の要件が満たされないため、一部の将来減算一時差異に関して繰延税金資産を計上しない場合がある。

これは将来減算一時差異の全部について未計上である場合あるいはその一部について未計上である場合がある。

税効果会計基準においては将来減算一時差異を有している場合で、かつ、その当該将来減算一時差異に係る税金相当額の回収が見込めるものについては、繰延税金資産を計上することとしている。したがって、未計上の繰延税金資産についてその回収可能性が高くなり、繰延税金資産の計上要件を満たすことになった場合は、貸借対照表に繰延税金資産を計上する必要がある。この場合、繰延税金資産を計上する金額は、回収可能見込額までであることは言うまでもない。

記載例

　Ａ開設主体では、過年度に発生した将来減算一時差異 1,000 について、業績低迷から将来の課税所得での回収が困難と判断し、その税金相当額の繰延税金資産計上を行っていなかった。
　しかし、新しく取扱いを開始した医療業務が極めて採算性がよく、今後の課税所得予想の大きなプラス要素となってきたことから、従来未計上であった将来減算一時差異 1,000 の税金相当額 300（1,000 × 30％）について繰延税金資産を計上することとした。

繰延税金資産　　　300　　　／　　　法人税等調整額　　　300

(iii) 見直し差額の処理

　繰延税金資産の見直しを行った結果生じた見直し差額は、当該見直しを行った期の損益計算書に法人税等調整額として計上することになる。

6．財務諸表への注記

　病院会計準則では、財務諸表への開示につき特段の規定がないため、企業会計、独立行政法人、国立大学法人などの会計基準等を参考にしつつ、各開設主体に適用される会計基準に従うことになる。

　企業会計に適用される「財務諸表等の用語、様式及び作成方法に関する規則第 8 条の 12」では、下記事項につき財務諸表への注記を求めている。

1. 繰延税金資産及び繰延税金負債の発生の主な原因別の内訳
2. 法定実効税率と税効果会計適用後の法人税等の負担率との間に差異があるときは、当該差異の原因となった主な項目別の内訳
3. 法人税等の税率の変更により、繰延税金資産及び繰延税金負債の金額が修正されたときは、その旨及び修正額
4. 決算日後に法人税等の税率の変更があった場合には、その内容及び影響

　なお、繰延税金資産の算定にあたり繰延税金資産から控除された金額がある場合には、当該金額を 1．の事項にあわせて注記する。

第3章

損益計算書

I

医業収益

　医業収益は、入院診療収益、室料差額収益、外来診療収益、保健予防活動収益、受託検査・施設利用収益及びその他の医業収益等に区分して表示する。また、医業収益のマイナス項目として、保険等査定減を区分して表示する。医業収益に区分表示される各勘定科目ごとの解説を後述しているので、ここでは「医業収益」についての概念を確認する。

　病院会計準則によると「収益とは、施設としての病院における医業サービスの提供、医業サービスの提供に伴う財貨の引渡し等の病院の業務に関連して資産の増加又は負債の減少をもたらす経済的便益の増加である。」（病院会計準則第29）と定義されている。収益の定義付けは非常に難しく、病院会計準則も一般的な表現であり、理解が難しい定義となっている。これをかみくだいていうと「病院において、診療行為、保健予防活動収益（健康診断、予防接種等）等の患者等へのサービス提供や医薬品・診療材料等の物品を提供することにより、病院の資産の増加（現金、医業未収金、受取手形等の増加）または負債の減少（前受収益等の減少）をもたらす経済的取引のうち、資本取引を除いたもの」となる。

　また、病院会計準則では「すべての費用及び収益は、その支出及び収入に基づいて計上し、その発生した期間に正しく割り当てられるように処理しなければならない。ただし、未実現収益は原則として、当期の損益計算に計上してはならない。」（病院会計準則第32）とされ、実現していることが、収益の計上が認められる要件となっている。つまり、収益が発生した期間に会計処理を行う必要があるが、「実現」という要件を満たさなければ、医業収益として会計処理は認められないと定められている。

　ここで実現とは、診療行為、保健予防活動収益（健康診断、予防接種等）等の患者等へのサービスや医薬品・診療材料等の物品を提供し、かつ、そ

の対価として現金を収受したこと、もしくは現金化されるのが確実な状況であること、この2つの要件を充たすことをいう。

　この実現主義の原則に基づき、医業収益は、診療報酬の対価等の入金時ではなく、診療行為等のサービスの実施時に収益を計上することが求められる。

　たとえば、保険請求分において保険番号の変更等により番号が未確定のため保険請求できないという理由により、診療報酬明細書（レセプト）請求を保留し、収益の計上処理を実施しないケースが見受けられる。しかし、診療行為等のサービスの提供によって報酬請求権は発生しているため、保険請求時点において保険請求ができないとしても、保険番号等の確認により後日請求できるものである。よって、保険請求を保留したとしても、診療報酬サービス等の提供の対価となる現金または現金化する権利を病院は有しているため医業収益の計上を行うことが必要となる。この場合、医業収益の相手勘定は医業未収金に保留分を示す補助科目コードなどを設定して計上し、請求を保留しているレセプトの保険請求に漏れがでないように管理することが必要である。

　しかしながら、このような請求保留の件数が少ないなど重要性が低い場合には、実際の保険請求時に収益計上する方法も容認される。ただし、会計情報利用者に対して病院の財政状態及び運営状況に関する判断を誤らせないか十分に検討することが必要となる。

　なお、病院会計準則における損益計算書は、医業損益計算、経常損益計算及び純損益計算に区分することとされているが、医療法人会計基準における損益計算書は、事業損益計算、経常損益計算及び純損益計算に区分することとされている。

　病院会計準則と医療法人会計基準の相違点に留意し、損益計算書の計上区分を確認する必要がある。病院会計準則上、医業収益に収益計上されているものは、医療法人会計基準上、本来業務事業損益に相当するものと考えられるが、本来業務事業、附帯業務事業又は収益業務事業のいずれの活動区分から生じた収益であるか医療法人の定款又は寄附行為に明確に定める必要がある。また、他の開設主体においても、病院会計準則と開設主体の会計基準の相違に同様の留意が必要である。

1．入院診療収益

（1） 勘定科目の説明

　入院診療収益とは、入院患者の診療、療養に係る収益（医療保険、公費負担医療、公害医療、労災保険、自動車損害賠償責任保険、自費診療、介護保険等）であり、入院患者の各種保険等対象診療の自己負担分及び自由診療等の収入と入院患者に係る各種保険等への請求による収入を合わせたものである。

　実現主義の原則から、入院診療収益は入金時点ではなく、診療サービス提供時に計上することが求められるため、未入金の収益については医業未収金として入院診療収益を計上する必要がある。

　また、保険請求を行った診療報酬明細書の審査の結果、形式不備により病院に返還されることがある（返戻）。返戻の会計処理については、病院会計準則では明記されていないが、実現主義の観点から原則的には返戻の事実を知り得る通知のあった時点に返戻の処理（医業収益の取消し）をすることが求められる。ただし、書類の形式不備を修正し再請求をすることを前提にレセプト返戻時に医業収入の取消しを行わない簡便な方法も容認される。この返戻の会計処理の解説は、以下「（2） 会計処理」にて、後述している。

　なお、保険請求を行った診療報酬明細書の審査の結果、診療内容が認められず、診療報酬が減額されることがある（査定）。診療報酬の査定減の会計処理については、後述する「7．保険等査定減」の勘定科目の説明にて行っている。

（2） 会計処理

① 病院特有の論点

　診療報酬の収益は、診療行為を行った時に発生するが、その金額は各種保険対象診療の自己負担分及び自由診療等の請求の時点において医事システムで計算し、診療後の窓口精算時もしくは月次にまとめて収益計上し、社会保険診療報酬支払基金等の負担分については、月次のレセプト作成後の保険請求時に月次で診療月の収益として計上することが実務的に行われている。

　具体的には、入院患者の自己負担分の診療報酬請求は、退院請求及び定

時請求が行われていることが一般的である。仮に月末締めの翌月10日で定時請求が行われている場合であれば、請求を行った月次に入院診療収益を計上するのではなく、診療を行った月次(請求した月の前月)で入院診療収益計上を行うことになる。また、退院時請求について、退院患者の自己負担分の未払いがあった場合は、退院月前月末の定時請求以降退院時までの入院診療収益がその時点で計上されることになる。なお、この場合の収益計上処理のタイミングは、原則的には請求時と考えられるが、医事システムや会計システムの対応により、月次にまとめて処理を行うことも容認されると考える。

(i) 自由診療と保険外併用療養費制度

自由診療とは、健康保険法、国民健康保険法、国家公務員共済組合法、地方公務員等共済組合法などの公的健康保険(健康保険証)を使わない又は使えないあるいは保険対象外の治療を受け、すべての治療費を患者が自己負担することをいう。

わが国では国民皆保険制度が導入されており、多くの診療サービスは公的保険の範囲に含まれており、保険を使って治療を受けることができる。その一方で公的健康保険が使えない診療(保険外診療)があり、治療費の全額が自己負担になる診療サービスがある。

公的健康保険が使えない保険外診療は、美容整形や不妊治療などの病気と認められないもの、高材質を使った歯の詰め物、規定範囲を超える量の器材・薬剤の使用、移植の一部、新薬や最先端治療などが対象とされている。

また、わが国の医療保険制度では、公的健康保険が使える保険診療と保険外診療の混在、いわゆる「混合診療の禁止」が原則となっている。この原則を例外なく禁止すると、たとえば、保険適用外の高度先進医療を行った場合、保険適用内の診療サービスを含めた治療費全額が患者の自己負担になってしまう。

そこで、医療技術の進歩や患者ニーズの多様化等に対応するために、混合診療禁止の原則の例外として一部例外が認められている。従来の特定療養費制度から「保険外併用療養費制度」に改められ、国が認めた一部の診療について「評価療養」と「選定療養」に整理されている。

この基本的な考え方は、特に定められたサービス(アメニティ部分)

や高度医療を含んだ療養に関して、基本的な部分を保険給付として、特別なサービス部分について自己負担とするものである。

なお、室料差額（差額ベッド）は、入院診療収益とは区別して、室料差額収益として計上される。

(ii) 返戻の会計処理

返戻とは、社会保険診療報酬支払基金、国民健康保険団体連合会等や健康保険組合等の保険者（以下、「支払基金等」という）への診療報酬請求に対して、レセプトの記載漏れや請求内容に不備が認められ、審査・支払機関からレセプトが返却されることである。病院は指摘された不備を検討し、再度保険請求を行うために修正・追記して再提出している。

支払基金等へのレセプトによる診療報酬請求は、通常診療月の翌月

保険外併用療養費制度の対象となるサービス

［評価療養］
- 先進医療
- 医薬品、医療機器、再生医療等製品の治験に係る診療
- 薬事法承認後で保険収載前の医薬品、医療機器、再生医療等製品の使用
- 薬価基準収載医薬品の適応外使用
  （用法・用量・効能・効果の一部変更の承認申請がなされたもの）
- 保険適用医療機器、再生医療等製品の適応外使用
  （使用目的・効能・効果等の一部変更の承認申請がなされたもの）

［選定療養］
- 特別な療養環境（差額ベッド）
- 歯科の金合金等
- 金属床総義歯
- 予約診療
- 時間外診療
- 大病院の初診
- 小児う蝕の指導管理
- 大病院の再診
- 180日以上の入院
- 制限回数を超える医療行為

10日までに行われ、支払基金等の審査機関によるレセプトの審査が行われた後、書面による決定通知書は診療月から2ヶ月後に受け取ることが一般的である。レセプト自体の支払基金等からの返却のタイミングは、決定通知書と同時の場合もあるが、決定通知書の受取り前に返却されていることが多い。

　このような返戻を受け、再請求途上の収益及び債権についての会計処理は2通りの考えがある。

1) レセプトが返却された時点で、いったん、医業未収金と医業収益の減額処理を行う。レセプトの不備等を修正し再請求した時点で医業未収金と医業収益を再度計上する方法

　なお、返戻の処理をレセプトの返却時点でなく、支払いの決定通知書（支払内訳書、振込通知書等：以下、「決定通知書」という）に基づき決定通知がされた月に行うことが、実務的に行われている場合があるが、次の問題が生じる可能性がある。

　請求したレセプトの返戻は、通常、決定通知書入手前に返却されることから、その前月分の返戻について当月の保険請求日前にレセプトが返却された場合で、当該返戻の再請求を当月分の保険請求に含めて同時に行う場合には、すでに前月次計上した医業収益が計上されたままとなっているため、当月に再請求した分が収益計上され一時的に収益の二重計上になる。したがって、レセプトの返却時に返戻処理をすることが必要である。

2) レセプトが返却された場合も通常ほぼすべて再請求されるため、返戻時には会計処理を行わない方法

　ただし、病院側の理由で再請求を行えないと決定した場合は、その時点で医業未収金と医業収益を減少させる。

　なお、この場合では返戻分の医業収益・医業未収金の残高は引き継がれているため、返戻分を再請求した時点では医業収益・医業未収金の計上を行ってはならない点に留意する必要がある。また、医業未収金の管理においては、返戻のレセプトのすべてを再請求することを前提としているため、再請求をしないレセプトが発生し

た場合の会計処理を漏れなく適時に実施されることが求められる。

② 仕訳例
(ⅰ) 患者自己負担分の処理
　入院患者の自己負担分は、15日、月末締めの月2回の定時請求と退院時に請求を行っている。15日、月末締め分は請求後1週間の期限で入金してもらい、退院時はその場で入金してもらう。

(ア) 入院診療費の自己負担分定時請求時
　当月は末締めの定時請求分が100あった。請求時に当月の収益として収益計上した。

| 医業未収金 | 100 | / | 入院診療収益 | 100 |

(イ) 入院診療費の自己負担分の定時請求分の窓口における収納時
　月末締め請求100について、窓口で入金があった。

| 現金及び預金 | 100 | / | 医業未収金 | 100 |

(ⅱ) 保険請求分の処理
(ア) 支払基金等への入院診療報酬請求時（前月返戻分1,000の再請求を含む）
　支払基金等へ1ヶ月分の入院診療報酬99,000を翌月10日に請求した。これらは当月分の収益として計上する。この時、前月の返戻分1,000も合わせて再請求をかけた。

| 医業未収金 | 100,000 | / | 入院診療収益 | 100,000 |

＊当月診療報酬請求分99,000＋前月返戻分1,000＝100,000

(イ) 支払基金等の審査により返戻を受けた時
　支払基金等から500のレセプト返戻があったため、収益をその分減少させる処理をする（前記1）の処理）。

| 入院診療収益 | 500 | / | 医業未収金 | 500 |

(ウ) 支払基金等からの決定通知書入手時（査定減処理）

支払基金等から、100 査定減額する旨の通知がきたため、保険等査定減として計上する。

| 保険等査定減 | 100 | / | 医業未収金 | 100 |

(エ) 支払基金等からの入金時

支払基金等から、当月請求分99,000のうち、返戻された500以外の98,500と前月以前の再請求分1,000の合計から減額された100を除いた99,400が入金された。

| 現金及び預金 | 99,400 | / | 医業未収金 | 99,400 |

なお、前記2）の場合、上記(イ)の仕訳は(オ)のようになる。

(オ) 支払基金等からのレセプト返戻時（前記2）の処理）

収益計上の仕訳はしないが、医業未収金の補助科目などで返戻分として別途管理する。また、再請求をかけた際に医業未収金の通常分に振り替える。

| 医業未収金（返戻分） | 500 | / | 医業未収金 | 500 |

(カ) 支払基金等への再請求時（前記2）の処理）

再請求500については、既に収益計上されているため、ここでは、収益計上しない。ただし、医業未収金の中で返戻分として別途管理していたものを、通常の医業未収金勘定に振り替える。

| 医業未収金 | 500 | / | 医業未収金（返戻分） | 500 |

（3）開　示

図表 3-1　入院診療収益の開示

	病院会計準則	医療法人会計基準
開示場所	損益計算書の医業収益の区分に当該勘定科目名で表示。	損益計算書の事業損益・本来業務事業損益の区分に事業収益で表示。
注記	不要	不要
附属明細表	不要	不要

【関連条文等】

病院会計準則　損益計算書原則　第29　収益の定義
　　　　　　　　　　　　　　　第31　損益計算書の区分
　　　　　　　　　　　　　　　第32　発生主義の原則
　　　　　　　　　　　　　　　第33　総額主義の原則
医療法人会計基準　第 5 条　総額表示
　　　　　　　　　第18条　損益計算書の区分
　　　　　　　　　第19条　事業損益

2．室料差額収益

（1）勘定科目の説明

　室料差額収益とは、選定療養の対象となる特別の療養環境の提供に係る収益であり、いわゆる入院患者に対する特別室、個室の利用料の差額徴収収益である。

　実現主義の原則から、室料差額収益は入金時ではなく、特別な療養環境の提供のため、時間の経過とともに収益を計上することが求められる。特別室、個室の利用料に関する未入金の収益についても医業未収金及び室料差額収益を計上する必要がある。

(2) 会計処理
① 病院特有の論点

特定療養費の対象となるサービスの一つに差額ベッド代といわれる室料差額（特別な療養環境の提供）があり、これに関しては独立の勘定科目を室料差額収益として計上する。

特定療養費については、前述の「1．入院診療収益・(2) 会計処理・① 病院特有の論点」にて、「(i) 自由診療と保険外併用療養費制度」で解説したとおりである。

なお、室料差額は患者自己負担の入院診療報酬費請求に含められるので、この場合の未収計上のタイミングは、原則的に入院患者に対する請求時（退院時、定時請求時）に処理することが考えられる。

② 仕訳例
(i) 入院診療費の自己負担分と同時に室料差額請求時

入院診療請求の際、患者自己負担の室料差額200も合わせて患者に請求した。入院診療収益と同時に室料差額収益も計上する。

医業未収金	200 / 室料差額収益	200

(ii) 入院診療費の自己負担分と同時に室料差額を窓口で収納時（定時・退院）

上記請求分200について、窓口で入金があった。

現金及び預金	200 / 医業未収金	200

(3) 開　示

図表 3-2　室料差額収益の開示

	病院会計準則	医療法人会計基準
開示場所	損益計算書の医業収益の区分に当該勘定科目名で表示。	損益計算書の事業損益・本来業務事業損益の区分に事業収益で表示。
注記	不要	不要
附属明細表	不要	不要

【関連条文等】
病院会計準則 損益計算書原則 第29 収益の定義
第31 損益計算書の区分
第32 発生主義の原則
第33 総額主義の原則
医療法人会計基準 第5条 総額表示
第18条 損益計算書の区分
第19条 事業損益

3．外来診療収益

(1) 勘定科目の説明

　外来診療収益とは、外来患者の診療、療養に係る収益（医療保険、公費負担医療、公害医療、労災保険、自動車損害賠償責任保険、自費診療等）であり、外来患者の窓口支払い等の各種保険等対象診療の自己負担分及び自由診療等の収益と外来患者に係る各種保険等への請求による収益を合わせたものである。

　外来診療収益の患者自己負担分については、通常受診日と同日に窓口精算が行われにタイムリーに入金されることが多いが、窓口により精算が行われず未入金となる場合もある。実現主義の原則から、診療行為実施時に収益を計上することが求められるため、未入金の収入についても当然に医業未収金として外来診療収益を計上する。外来診療収益うち、保険請求分については入院診療収益と同様の会計処理を行うこととなる。

　また、保険請求の返戻の会計処理については、実務的には返戻の事実が知りうる通知のあった時点に返戻の処理（医業収益の取消し）が行われている。ただし、再請求を前提にレセプト返戻時に医業収益の取消しを行わない方法も容認される。返戻の会計処理の解説は、以下「(2) 会計処理」にて、後述している。

　なお、診療報酬の査定減の会計処理については、後述する「7．保険等査定減」の勘定科目の説明にて行っている。

（2）会計処理
① 病院特有の論点
　病院事業との関連は、入院診療収益と同様であり、前述の「1．入院診療収益・（2）会計処理・① 病院特有の論点」で解説したとおりである。
（i）自由診療と保険外併用療養費制度
　　自由診療と保険外併用療養費制度については、「1．入院診療収益」において「（i）自由診療と保険外併用療養費制度」にて解説をしたとおりである。
（ii）返戻の会計処理
　　返戻とは、支払基金等への診療報酬請求に対して、レセプトの記載漏れや請求内容に不備が認められ、支払基金等からレセプトが返却されることである。病院は指摘された不備を検討し、再請求可能なものについては修正・追記して再提出している。
　　返戻処理の会計処理については、「1．入院診療収益」において、「（ii）返戻の会計処理」として解説を行っているので、ここにおいての説明は省略する。

② 仕訳例
仕訳例では日次での外来診療収益の会計処理を前提としている。
（i）患者自己負担分の処理
　（ア）外来診療収益の自己負担分の窓口精算時
　　　外来診療後、窓口にて患者自己負担分300を請求し、その場で入金された。診療日の収益として計上する。

現金及び預金	300	/	外来診療収益	300

　（イ）外来診療収益の自己負担分の窓口未入金時
　　　外来診療後、会計にて患者自己負担分300について、患者が精算に来なかったので、診療日に未収入金を計上する。

医業未収金	300	/	外来診療収益	300

(ウ) 外来診療収益の自己負担分の窓口未入金分収納時
上記の未収金分 300 について患者が窓口にて支払いをした。

| 現金及び預金 | 300 | / | 医業未収金 | 300 |

(ⅱ) 保険請求分の処理

(ア) 支払基金等への外来診療報酬請求時（前回返戻分 1,000 の再請求を含む）
支払基金等へ 1 ヶ月分の外来診療報酬 99,000 を翌月 10 日に請求した。これらは当月分の収益として計上する。この時、前月以前の返戻分 1,000 も合わせて再請求をかけた。

| 医業未収金 | 100,000 | / | 外来診療収益 | 100,000 |

(イ) 支払基金等からのレセプト返戻時（原則法）
支払基金等から 500 のレセプト返戻があったため、収益をその分減少させる処理をする。

| 外来診療収益 | 500 | / | 医業未収金 | 500 |

(ウ) 支払基金等からの決定通知書入手時（査定減処理）
支払基金等から、100 減額する旨の通知がきたため、保険等査定減として計上する。

| 保険等査定減 | 100 | / | 医業未収金 | 100 |

(エ) 支払基金等からの入金時
支払基金等から、当月請求分 99,000 のうち、返戻された 500 以外の 98,500 と前月以前の再請求分 1,000 の合計から減額された 100 を除いた 99,400 が入金された。

| 現金及び預金 | 99,400 | / | 医業未収金 | 99,400 |

なお、返戻処理の簡便法の場合、上記(イ)の仕訳は(オ)のようになる。

(オ) 支払基金等からのレセプト返戻時（簡便法）

収益計上の仕訳はしないが、医業未収金の補助科目などで返戻分として別途管理する。また、再請求をかけた際に医業未収金の通常分に振り替える。

医業未収金（返戻分） 500 ／ 医業未収金 500

(カ) 支払基金等への再請求時

再請求500については、すでに収益計上されているため、ここでは、収益計上しない。ただし、医業未収金のなかで返戻分として別途管理していたものを、通常の医業未収金勘定に振り替える。

医業未収金 500 ／ 医業未収金（返戻分） 500

（3）開　示

図表 3-3　外来診療収益の開示

	病院会計準則	医療法人会計基準
開示場所	損益計算書の医業収益の区分に当該勘定科目名で表示。	損益計算書の事業損益・本来業務事業損益の区分に事業収益で表示。
注記	不要	不要
附属明細表	不要	不要

【関連条文等】

病院会計準則　損益計算書原則　第29　収益の定義
　　　　　　　　　　　　　　　第31　損益計算書の区分
　　　　　　　　　　　　　　　第32　発生主義の原則
　　　　　　　　　　　　　　　第33　総額主義の原則
医療法人会計基準　第 5 条　総額表示
　　　　　　　　　第18条　損益計算書の区分
　　　　　　　　　第19条　事業損益

4．保健予防活動収益

（1）勘定科目の説明

保健予防活動収益とは、各種の健康診断、人間ドック、予防接種、妊産婦保健指導等の保健予防活動に係る収益であり、受診者の自己負担分と企業や自治体等への請求分を合わせたものである。

実現主義の原則から、保健予防活動収益は入金時ではなく、各サービス実施時に収益を計上することが求められるため、未入金の収益については未収金を計上して保健予防活動収益を認識する。

（2）会計処理

① 病院特有の論点

保健予防活動の依頼主は、自治体、企業及び個人とさまざまである。

診療報酬債権の発生は、実現主義の原則からサービス提供を行った時点で会計上認識することになるので、受診時に未入金になっている場合は、その受診月次に医業未収金を計上して収益を認識する。また、企業や自治体等への請求は通常受診月の翌月に行われるが、診療を行った月次に収益計上し、医業未収金を計上する。

なお、未収処理のタイミングは、原則的にはサービス提供実施時である。ただし、実務的には企業や自治体等に対しては、月次ごと請求する場合が通常であると考えられるため、少なくとも月次ごとに処理することは容認される。

② 仕訳例

(i) 自己負担分の窓口収受時

健康診断料1,000について、企業・自治体等の負担分を除いた自己負担分を窓口で収受した

現金及び預金	1,000	/	保険予防活動収益	1,000

(ii) 企業・自治体等負担分の請求時

当月実施健康診断の企業・自治体等の負担分5,000を翌月請求した。当月の収益として計上する。

| 医業未収金 | 5,000 | / | 保険予防活動収益 | 5,000 |

(iii) 企業・自治体等の負担分の入金時
上記 5,000 が入金された。

| 現金及び預金 | 5,000 | / | 医業未収金 | 5,000 |

(3) 開　示

図表 3-4　保健予防活動収益の開示

	病院会計準則	医療法人会計基準
開示場所	損益計算書の医業収益の区分に当該勘定科目名で表示。	損益計算書の事業損益・本来業務事業損益の区分に事業収益で表示。

【関連条文等】
病院会計準則　損益計算書原則　第29　収益の定義
　　　　　　　　　　　　　　　第31　損益計算書の区分
　　　　　　　　　　　　　　　第32　発生主義の原則
　　　　　　　　　　　　　　　第33　総額主義の原則
医療法人会計基準　第 5 条　総額表示
　　　　　　　　　第18条　損益計算書の区分
　　　　　　　　　第19条　事業損益

5．受託検査・施設利用収益

(1) 勘定科目の説明

　受託検査・施設利用収益とは、他の病院から検査の委託を受けた場合の検査収益及び医療設備器機を他の病院の利用に供した場合の収益である。
　実現主義の原則に基づき、受託検査・施設利用収益は入金時に収益処理するのはなく、医業サービス実施時に収益を計上することが求められるため、未入金の収益については未収金を計上して受託検査・施設利用収益を認識する。

（2）会計処理
① 病院特有の論点
　診療報酬債権の発生は、実現主義の原則に基づき医業サービスを行った時に会計上認識することになるので、他の医療機関等への請求は通常受託業務実施月の翌月に請求が行われるが、受託業務実施月次に医業未収金を計上する。

② 仕訳例
（i）A医療機関への受託検査料の請求時
　当月実施したA医療機関へ受託検査料1,000について請求書を発行し、当月の収益として計上する。

| 医業未収金 | 1,000 ／ 受託検査・施設利用収益 | 1,000 |

（ii）A医療機関から受託検査料1,000の入金時

| 現金及び預金 | 1,000 ／ 医業未収金 | 1,000 |

（3）開　示

図表3-5　受託検査・施設利用収益の開示

	病院会計準則	医療法人会計基準
開示場所	損益計算書の医業収益の区分に当該勘定科目名で表示。	損益計算書の事業損益・本来業務事業損益の区分に事業収益で表示。

【関連条文等】
病院会計準則　損益計算書原則　第29　収益の定義
　　　　　　　　　　　　　　　第31　損益計算書の区分
　　　　　　　　　　　　　　　第32　発生主義の原則
　　　　　　　　　　　　　　　第33　総額主義の原則
医療法人会計基準　第 5 条　総額表示
　　　　　　　　　第18条　損益計算書の区分
　　　　　　　　　第19条　事業損益

6．その他の医業収益

（1）勘定科目の説明

　文書料等のすでに記述した収益に属さない医業収益（施設介護及び短期入所療養介護以外の介護報酬を含む）である。文書料、自費材料などの一部は自賠責保険等に請求できるものがあるが、ほとんどは患者自己負担となるものである。

　実現主義の原則から、その他の医業収益は入金時ではなく、医業サービス提供時に収益を計上することが求められるため、未入金の収益については未収金を計上してその他の医業収益を認識する。

（2）会計処理

① 病院特有の論点

　その他の医業収益に関する債権の発生は、実現主義の原則に基づき、サービス提供時に会計上収益計上することになるので、サービス提供時に患者自己負担分が未回収になっている場合は、そのサービス提供月に医業未収金を計上して収益を認識する。また、自賠責保険等への請求は通常サービス提供月の翌月に行われるが、医業サービス提供月に医業未収金を計上する。

② 仕訳例

（i）診断書料を窓口収受時

　　診断書を発行し、窓口にて300を徴収した。

現金及び預金	300	／	その他の医業収益	300

（3）開　示

図表 3-6　その他の医業収益の開示

	病院会計準則	医療法人会計基準
開示場所	損益計算書の医業収益の区分に当該勘定科目名で表示。	損益計算書の事業損益・本来業務事業損益の区分に事業収益で表示。

【関連条文等】

病院会計準則　損益計算書原則　第29　収益の定義
　　　　　　　　　　　　　　　第31　損益計算書の区分
　　　　　　　　　　　　　　　第32　発生主義の原則
　　　　　　　　　　　　　　　第33　総額主義の原則
医療法人会計基準　第 5 条　総額表示
　　　　　　　　　第18条　損益計算書の区分
　　　　　　　　　第19条　事業損益

7．保険等査定減

（1）勘定科目の説明

　保険等査定減とは、支払基金等へレセプトにて診療報酬請求を行った後、支払基金等の審査により請求内容を不適当等として切り下げられる（以下、減額査定という）額である。なお、審査結果に対して、その審査結果が不服である場合には再審査請求を行うことができる。

　支払基金等からの減額査定があった場合は、当該減額査定の通知を受けた時に医業未収金を減少させ、保険等査定減として処理する。

（2）会計処理

① 病院特有の論点

　支払基金等へレセプトによる診療報酬請求は、通常診療月の翌月10日までに行われ、その後、支払基金等によるレセプトの審査が行われた後、書面による査定の決定通知書は診療月から2ヶ月後に受け取ることが一般的である。減額査定の会計処理は、当該減額査定の通知を受けた時に事実が判明するため、この時点で保険等査定減の勘定科目（医業収益の減少項目）を用いて未収金の減額処理を行う。

　なお、減額査定が行われた場合においても、その内容に不服の場合は、再審査請求の申立てを行うことができ、これを再審査請求という。

② 仕訳例

(ⅰ) 支払基金等への入院診療報酬請求時

支払基金等へ当月分の入院診療報酬 100,000 を請求した。当月分の収益として計上する。

| 医業未収金 | 100,000 | / | 入院診療収益 | 100,000 |

(ⅱ) 支払基金等からの決定通知書入手時（査定減処理）

支払基金等から 100 減額査定の決定通知を受けた。

| 保険等査定減 | 100 | / | 医業未収金 | 100 |

なお、減額査定減について再審査請求する場合の処理は 2 つ考えられる。

(ア) 再審査請求した金額を医業未収金として計上する方法

| 医業未収金 | 10 | / | 保険等査定減 | 10 |

(イ) 再審査請求時には仕訳せず、確定時に計上する方法

| 仕訳なし |

この方法は、保険等査定減の再審査請求を行ってもこれが認められる割合はかなり低いこととなり、収益の実現可能性が低いことによる。

したがって、医業未収金を計上してもその実現の可能性が低く、保守主義の観点から 2) の方法を採用することが望ましいと考える。2) の方法を採用する場合においては、再審査結果に基づき会計処理を行うこととなる。

（3）開　示

図表 3-7　保険等査定減の開示

	病院会計準則	医療法人会計基準
開示場所	損益計算書の医業収益の区分の各医業収益の合計から当該勘定科目名で医業収益の控除項目として表示。	損益計算書の事業損益・本来業務事業損益の区分に事業収益で表示。

【関連条文等】

病院会計準則　損益計算書原則　第29　収益の定義
　　　　　　　　　　　　　　　第31　損益計算書の区分
　　　　　　　　　　　　　　　第32　発生主義の原則
　　　　　　　　　　　　　　　第33　総額主義の原則
医療法人会計基準　第 5 条　総額表示
　　　　　　　　　第18条　損益計算書の区分
　　　　　　　　　第19条　事業損益

II

医業費用

　医業費用は、病院会計準則では材料費、給与費、委託費、設備関係費、研究研修費、経費、控除対象外消費税等負担額、本部費配賦額に区分して損益計算書に表示する。さらに、材料費、給与費、委託費、設備関係費、研究研修費、経費については、より詳細な勘定科目を設定して損益計算書に表示する。各医業費用の詳細は、勘定科目ごとの解説を後述しているので、ここでは「費用」について概念を確認する。

　費用とは、病院会計準則によると「施設としての病院及び事業における医業サービスの提供、医業サービスの提供に伴う財貨の引渡し等の病院の業務に関連して資産の減少または負債の増加をもたらす経済的便益の減少である。」（病院会計準則第30）と定義されている。つまり、収益を獲得するために貢献した財貨・用役の費消額のことを意味するのである。そして、費用は発生主義に基づいて計上し、収益との対応関係を考慮し発生した期間に正しく割り当てられなければならない。また、損益計算書では医業損益計算、経常損益計算、純損益計算の区分を設ける必要があり、医業損益は医業収益から医業費用を差し引いて計算される。すなわち医業費用とは、病院が行うさまざまな活動の結果生じた費用のうち、医業活動から生ずる費用だけのことを示すのである。

　次に医療法人会計基準によれば、損益計算書の作成にあたり医業費用ではなく、事業費用として、本来業務事業損益、附帯業務事業損益、収益業務事業損益に分けて、それぞれの事業活動から生じる費用を記載して表示するものとする。そして事業費用の内訳の注記においては、形態別分類を主として適宜分類した費目又は中区分科目について、以下のいずれの方法により表記する。

- 中区分科目別に本来業務事業費用（本部を独立した会計としている場合には、事業費と本部費に細分する）、附帯業務事業費用、収益業務事業費

用の金額を表記する。この場合に、中区分科目の細区分として各費目をあわせて記載することができる
- 費目別に法人全体の金額を表記する。この場合に、各費目を中区分科目に括ってあわせて記載することができる。なお、中区分科目は、売上原価（当該医療法人の開設する病院等の業務に付随して行われる売店等及び収益業務のうち商品の仕入れ又は製品の製造を伴う業務に係るもの）、材料費、給与費、委託費、経費及びその他の費用とする。

1．材料費

1 医薬品費

（1）勘定科目の説明

医薬品費とは、医薬品の費消額をいう。医薬品とは薬事法（昭和35年8月10日法律第145号）第2条にいう医薬品のことをいい、具体的には、投薬用薬品、注射用薬品（血液、プラズマを含む）、検査用試薬、造影剤、外用薬等の薬品のことをいい、医薬品費は医業活動によって費消された医薬品の価額である。なお、薬事法第2条については「第2章 貸借対照表・資産・Ⅰ 流動資産・5 医薬品」に参考として記載している。

（2）会計処理
① 病院特有の論点
（ⅰ）医薬品の受払管理

現状、病院では医薬品の受払管理の未整備により、医薬品を最終仕入原価法で評価（期末在庫数量を最終仕入れ単価にて評価）していることが多いものと思われる。この場合、医薬品の費消額としての払出価額は、月次では正確に把握できず、期末実地たな卸により在庫高を確定しないと把握できない場合が多い。しかし、病院会計準則においては、移動平均法等の受払管理を前提とした医薬品等のたな卸資産の評価方法が要求されており、その評価方法の適用により月次で医薬品費を帳簿上で計

算することが必要とされる。

(ii) 医薬品の廃棄

　通常、医薬品には使用期限が存在するため、使用期限を経過した医薬品は廃棄される。病院会計準則では、使用期限が経過した医薬品の原価は、経常的に発生するものであれば医業費用の区分に医薬品廃棄損という勘定科目を設定して処理するか、又は医薬品費勘定に含めて処理する方法が考えられる。ただし、特定の診療科を廃止したために、当該診療科しか使用しなかった医薬品を廃棄した場合には、廃棄した医薬品の原価は医業費用に区分するのではなく、通常の医業費用とはいえないため臨時費用の区分に適切な勘定科目を設定して処理する必要がある。また、災害による水没や汚れ等により使用できなくなった医薬品の原価は、臨時費用の区分の災害損失として処理する。

　医療法人会計基準では、病院会計準則と同様に廃棄の原因に応じて、事業費用として処理するか、特別損失として処理することとなる。

(iii) 払出数量の計算

　たな卸資産の評価方法は、移動平均法等予め定めた方法を適用することになっている。ここで「予め定めた方法」とは、継続的な受払記録に基づく移動平均法、総平均法、先入先出法等の受払管理ができる方法をいう。なお、「第2章　貸借対照表・資産・Ⅰ　流動資産・5　医薬品」にて解説しているため、ここでの説明は省略する。

　実務上、医薬品の数量ベースの受払管理については、コンピュータシステムがかなり導入されていると思われるが、ここで要求されるような在庫金額も計算される継続的な受払簿に基づいた在庫管理を採用している病院は少ないものと思われる。また、医薬品や診療材料の品目数が多種にわたり、品目別に管理することに膨大な労力を要することや、病院という事業の特性から緊急を要する事態も多く、消費量をその都度記録することが実務的に困難な部分もあり、払出先を正確に把握し管理することは今後の課題ともいえる。昨今、診療報酬改定に伴い病院では原価削減が最重要課題となり、また診療報酬の包括支払制度(DPC)を導入している病院では、診療報酬を診断群分類別に1日当たり定額で診療報酬を受けるこ

とから、診断群分類別に原価管理を行う必要がある。そのためには今後、たな卸管理のためのソフトウェアを導入するなどして継続記録法を採用し、患者に対して適切に消費されたものか、失敗による消費かなどを把握し、実地たな卸により帳簿記録との差額を認識し、また、職員の未記録持出し等が存在しないかなどを分析把握する必要があると考えられる。

(iv) 値引の処理

病院においては、決算月を控えて医薬品卸業者との間で値引交渉が行われるケースがある。この場合、期中においては個別品目ごとの単価が決められて取引されているが、期中の取引単価は仮単価といえ、年度末の値引交渉により年間を通じての最終取引単価が決定されることが多い。また、値引の方法も個別品目ごとに値引を行う場合もあれば、年間取引数量・金額等を鑑み一括値引が行われる場合もある。個別品目ごとに値引が行われた場合には、該当品目単価を修正した医薬品費を計算し（移動平均法、総平均法等による）、仮単価で計上されている医薬品費から値引分を減額させる必要がある。また、期末に在庫が存在する場合には、医薬品の貸借対照表価額も値引後の単価で計算される評価単価（移動平均法、総平均法等による）にて在庫高を評価する必要がある。なお、一括値引の場合には、医薬品費から値引相当額を控除する。これは、一括値引の場合には個別品目ごとの単価に値引を反映させることが実務上困難だからである。

② **仕訳例**

(i) 払出数量の計算方法

払出数量の計算方法には継続記録法とたな卸計算法がある。

(ア) 継続記録法

継続記録法は、材料の種類ごとに材料受払帳などを設定して、材料受払帳に材料の受入れ及び払出しの都度、受入数量、金額及び払出数量、金額を記録する方法である。この方法では、材料受払帳の記録を正しく行っている限り実地たな卸を行わなくとも一定時点での材料の数量及び金額を把握することができる。ただし、期末時等に実地たな卸を実施し、記録の正確性、実在性をチェックする必要がある。また、継続記録法は事務処理の負担は大きくなるが、正当な払出しによるも

のと、それ以外（失敗、持出し、盗難など）の原因による払出しをチェックすることによりロス等を発見することが可能となる。

(イ) たな卸計算法

たな卸計算法は、一定時点（月末、半期末、期末）に現品の実地たな卸を行って実際数量を確かめ、次にその数量を前期繰越数量と当期仕入数量の合計数量から差し引き、その結果算出された数量を当期の払出数量とみなす方法である。たな卸計算法は、実際在り高を実地たな卸によって把握することによって、一定期間の払出数量を間接的に、一括して把握する方法である。このため、継続記録法に比べて事務的には簡便であるが、正当な払出しによるものと、それ以外（失敗、持出し、盗難など）の原因による払出しとが区別されないとともに、払出数量として一括的に把握されてしまうため材料の管理を十分に行うことができないという欠点がある。病院会計準則において求められるたな卸評価方法（移動平均法や総平均法等）は継続記録を前提とするので、たな卸計算法の採用は原則的に認めていないものと考えられる。継続記録法を採用するには、コンピュータシステムの採用が不可欠となるため、たな卸計算法は受払管理システムの導入などの環境整備が整うまでの暫定的な対応方法として捉えるべきである。

(ⅱ) 払出単価の計算方法

払出単価は、移動平均法、総平均法、先入先出法、後入先出法、個別法などのたな卸資産評価方法に基づいて計算される。これらの評価方法については「第2章 貸借対照表・資産・Ⅰ 流動資産・5 医薬品」にて解説を行っているため、ここでの説明は省略する。

(ア) 払出単価の計算例

たな卸資産評価方法として移動平均法、先入先出法、後入先出法を適用した場合の受払帳記への記帳及び払出単価の計算例を具体的に解説する。総平均法は一会計期間の購入額が確定しないと払出単価が計算できないため、期中は予定価格等で払出しを行うこととなる。総平均法の考え方は、「第2章 貸借対照表・資産・Ⅰ 流動資産・5 医薬品」にて説明している。

設例

次に示す医薬品αの受払状況から、各々の評価基準で材料費の計算を行ってみる。

- 3月1日　　： 前月繰越し　5個　　＠1,000円
- 3月10日　： 受入れ　　　10個　＠1,010円
- 3月20日　： 払出し　　　8個
- 3月25日　： 受入れ　　　10個　＠ 990円
- 3月31日　： 払出し　　　10個

a　移動平均法

α品

XX年		摘要	受入れ			払出し			残高		
			数量	単価	金額	数量	単価	金額	数量	単価	金額
3	1	繰越し	5	1,000	5,000				5	1,000	5,000
	10	受入れ	10	1,010	10,100				15	1,007	15,100
	20	払出し				8	1,007	8,053	7	1,007	7,047
	25	受入れ	10	990	9,900				17	997	16,947
	31	払出し				10	997	9,969	7	997	6,978

3月10日

医薬品	10,100	／	買掛金	10,100

3月20日

医薬品費	8,053	／	医薬品	8,053

＊払出単価＝(5×＠1,000＋10×＠1,010)÷15＝＠1,006.7
＊払出金額＝8×＠1,006.7＝8,053

b　先入先出法

α品

XX年		摘要	受入れ			払出し			残高		
			数量	単価	金額	数量	単価	金額	数量	単価	金額
3	1	繰越し	5	1,000	5,000				5	1,000	5,000
	10	受入れ	10	1,010	10,100				15	1,007	15,100
	20	払出し				5	1,000	5,000			
						3	1,010	3,030	7	1,010	7,070
	25	受入れ	10	990	9,900				7	1,010	7,070
									10	990	9,900
	31	払出し				7	1,010	7,070			
						3	990	2,970	7	990	6,930

3月10日

| 医薬品 | 10,100 | / | 買掛金 | 10,100 |

3月20日

| 医薬品費 | 8,030 | / | 医薬品 | 8,030 |

＊払出金額＝（5×@1,000＋3×@1,010）＝8,030

c　後入先出法

α品

XX年		摘要	受入れ			払出し			残高		
			数量	単価	金額	数量	単価	金額	数量	単価	金額
3	1	繰越し	5	1,000	5,000				5	1,000	5,000
	10	受入れ	10	1,010	10,100				5	1,000	5,000
									10	1,010	10,100
	20	払出し				8	1,010	8,080	5	1,000	5,000
									2	1,010	2,020
	25	受入れ	10	990	9,900				5	1,000	5,000
									2	1,010	2,020
									10	990	9,900
	31	払出し				10	990	9,900	5	1,000	5,000
									2	1,010	2,020

3月10日

| 医薬品 | 10,100 | / | 買掛金 | 10,100 |

3月20日

| 医薬品費 | 8,080 | / | 医薬品 | 8,080 |

＊払出金額＝8×@1,010＝8,080

（3）開　示

　医薬品費は、病院会計準則では損益計算書の「医業費用」の部の「材料費」区分に当該勘定科目名で表示する。医療法人会計基準では損益計算書の「事業損益」の区分に「事業費用」で表示する。

Ⅱ 医業費用

図表 3-8 医薬品費の開示

	病院会計準則	医療法人会計基準
開示場所	損益計算書の医業費用の部の材料費区分に医薬品費として表示。	損益計算書の事業損益の区分に事業費用として表示。
注記	不要	不要
附属明細表	不要	事業費用明細表において、中区分科目別に記載するか費目別に法人全体の金額を記載する。

【関連条文等】
病院会計準則　貸借対照表原則　　第23 たな卸資産の評価基準及び評価方法
　　　　　　　貸借対照表原則注解（注10）
　　　　　　　損益計算書原則　　　第35 医業利益
　　　　　　　損益計算書原則注解（注20）
医療法人会計基準　第19条 事業損益
医療法人会計基準運用指針 7 棚卸資産の評価方法等について
　　　　　　　　　　　　 27 附属明細表について

2 診療材料費

(1) 勘定科目の説明

　診療材料費とは、診療材料の費消額である。具体的には、カテーテル、縫合糸、酸素、ギブス粉、レントゲンフィルムなど1回ごとに消費する診療材料の医業活動によって費消された価額である。なお、診療材料については「第2章 貸借対照表・資産・Ⅰ 流動資産・6 診療材料」にて解説を行っている。

(2) 会計処理
① 病院特有の論点
　(i) SPD（Supply Processing and Distribution）
　　昨今、物品の現場供給及び業者への支払方法にSPDを採用している病院が増加している。SPDにはさまざまな方式のものが存在する。最近多くみられるSPDは、病院が物品を消費するまでは所有権が病院に移転し

ない方式である。病院の事務担当者は在庫管理を行う手間が省け、また在庫への資金負担が解消され、さらにバーコードをカルテに貼付する等により請求漏れ防止にもつながるなどさまざまなメリットがある。しかし、このようなSPDを導入している病院においては会計処理上注意を要する点が3点ある。

　使用時に所有権が移転する契約のSPDにおいて、診療材料の梱包単位との関係で生じる期末処理の問題がある。たとえば、カテーテルが10本単位で梱包されており、払出しを管理するカード貼付が梱包単位に対して1枚の場合において、当期に使用したのは3本だけであっても、梱包を解いた段階でカードが回収されるため、供給業者は1梱包10本について定数を補充し、病院へは10本分の代金請求がされる。当期に使用した3本分だけが当期の診療材料費であり、期末において実地たな卸を行い、残りの7本分をたな卸資産として把握する必要がある。

　また、SPD業務を委託する場合に、コンピュータシステム保守料やカード回収手数料などの実質的な委託料を支払っているケースがある。このような場合、診療材料に対する支払額は診療材料費として処理し、その他の支払額はその他の委託費等の適切な勘定科目で処理する必要がある。

　さらに、SPD業者が病院職員を介さず直接納品を行うことから、結果的に業者の請求書をそのまま受け入れることになりかねない。このように、SPD業者に対する牽制機能が低下するため、誤請求などの発見はできなくなるリスクがあることに留意しなければならない。

(ii)　特定の診療材料の払出単価の計算

　払出単価の計算にあたっては、各病院が移動平均法等いずれの方法を採用するか独自に決定するものである。ただし、すべての診療材料に対して1つの診療材料の払出単価の計算方法を適用しなければいけないわけではない。たとえば、心臓ペースメーカー、人工骨、眼内レンズ等は患者個人の仕様に合わせたものであり汎用性がかなり低いものである。このような診療材料については、個別法を採用することが実態に即しているものと思われる。

② 仕訳例

医薬品と同様の会計処理がなされる。上述の「1 医薬品費」にて解説しているため、ここにおいての説明は省略する。

(3) 開　示

診療材料費は、病院会計準則では損益計算書の「医業費用」の部の「材料費」区分に当該勘定科目名で表示する。医療法人会計基準では損益計算書の「事業損益」の区分に「事業費用」で表示する。

図表 3-9　診療材料費の開示

	病院会計準則	医療法人会計基準
開示場所	損益計算書の医業費用の部の材料費区分に診療材料費として表示。	損益計算書の事業損益の区分に事業費用として表示。
注記	不要	不要
附属明細表	不要	事業費用明細表において、中区分科目別に記載するか費目別に法人全体の金額を記載。

【関連条文等】

病院会計準則　貸借対照表原則　　　第23 たな卸資産の評価基準及び評価方法
　　　　　　　貸借対照表原則注解（注10）
　　　　　　　損益計算書原則　　　第35 医業利益
　　　　　　　損益計算書原則注解（注20）
医療法人会計基準 第19条 事業損益
医療法人会計基準運用指針 7 棚卸資産の評価方法等について
　　　　　　　　　　　　27 附属明細表について

3 医療消耗器具備品費

(1) 勘定科目の説明

医療消耗器具備品費とは、診療、検査、看護、給食などの医療用の器械、器具及び放射性同位元素のうち、固定資産の計上基準額に満たないもの、または1年以内に消費するものをいう。なお、固定資産の計上基準は、開設主体が従うべき会計基準によってその金額が定められている場合を除いて、一般的には法人税法の基準の10万円以上が採用されている場合が多いと思われる。

(2) 主な内容

平成16年改訂前の病院会計準則では医療消耗器具備品費として以下のものが説明されていた。
- 診療用具のうち、注射針、注射筒、ゴム管、体温計、シャーレなど1年以内に消費するものの消費額
- 診療用具のうち、聴診器、血圧計、鉗子類など減価償却を必要としないで1年を超えて使用できるものの費消額
- 患者給食用具のうち、食器、ざるなど1年以内に消費するものの費消額
- 患者給食用具のうち、食缶、鍋など減価償却を必要としないもので1年を超えて使用できるものの費消額
- 半減期が1年内の放射線同位元素の費消額

なお、現行の病院会計準則では具体的列挙が削除され、医療法人会計基準においても具体的な列挙はされていないが、改訂前の病院会計準則との間に大きな相違はないものと思われる。

(3) 会計処理
① **病院特有の論点**

近年、診療用具の注射針、注射筒などの診療用具においては、感染防止の観点より、患者に使用されて1回ごとに消費・廃棄されるなど、ディ

スポーザブル化したものが多くなっている。1回ごとに消費する使用形態をもってその判断基準にした場合は診療材料と判断でき、診療器具という属性をもって判断した場合は医療消耗器具備品費となるものが出てきており、その判断基準が明確でないため実務上混乱があるところと思われる。私見ではあるが、1回ごとに消費されて再使用されないものは診療材料と同じ性質のものであること、1回ごとの消費基準の方が実務上の判断が行いやすいことから、このようなディスポーザブル製品については、使用形態に応じて区分し、診療材料とするのが合理的と思われる。ただし、今後、比較可能性の観点から何らかの指針が出た場合には、それに従うことになる。

② **仕訳例**

3月に聴診器500を仕入れた。

医療消耗器具備品費　　500　／　買掛金　　500

(4) 開　示

　診療材料費は病院会計準則では損益計算書の「医業費用」の部の「材料費」区分に当該勘定科目名で表示する。医療法人会計基準では損益計算書の「事業損益」の区分に「事業費用」で表示する。

図表3-10　医療消耗器具備品費の開示

	病院会計準則	医療法人会計基準
開示場所	損益計算書の医業費用の部の材料費区分に医療消耗器具備品費として表示。	損益計算書の事業損益の区分に事業費用として表示。
注記	不要	不要
附属明細表	不要	事業費用明細表において、中区分科目別に記載するか費目別に法人全体の金額を記載。

【関連条文等】

病院会計準則　貸借対照表原則　　第 23　たな卸資産の評価基準及び評価方法
　　　　　　　貸借対照表原則注解（注 10）
　　　　　　　損益計算書原則　　　第 35　医業利益
　　　　　　　損益計算書原則注解（注 20）
医療法人会計基準　第 19 条　事業損益
医療法人会計基準運用指針　7　棚卸資産の評価方法等について
　　　　　　　　　　　　　27　附属明細表について

4　給食用材料費

（1）勘定科目の説明

　患者給食のために購入した食品の費消額を給食用材料費として処理する。

（2）会計処理

① 病院特有の論点

　職員や患者付添人に対して給食を行っている場合には、これらの材料費と患者給食のために使用した材料費とを区分する必要がある。したがって、患者用給食のための材料と職員用給食のための材料をまとめて一括で調達している場合には、購入時点で患者用給食分と職員用給食分に分離把握しておくことが望ましい。もし、購入時点での分離把握が不可能ならば消費時点で分離把握することになる。給食用材料費勘定はあくまで患者給食用の材料費を処理する勘定科目であり、職員や患者付添人などの給食のために使用した食品の費消額は、医業外費用の「患者外給食用材料費」として処理されることに注意を要する。なお、医療法人会計基準では事業外費用として処理する。

② 仕訳例

　払出数量及び払出単価の計算については、医薬品と同様の会計処理がなされる。上述の「1　医薬品費」にて解説しているためここにおいての説明は省略する。

(i) 4月の患者用給食材料5,000を仕入れた。計算期間は毎月1日から31日であり、翌月の10日に請求書が到着し、25日に支払いを行う。

(ア) 請求時（4月分費用として計上）

| 給食用材料費 | 5,000 | / | 買掛金 | 5,000 |

(イ) 代金支払い時

| 買掛金 | 5,000 | / | 現金及び預金 | 5,000 |

(ウ) 決算時

決算期末に実地たな卸を行った結果、給食用材料の実地たな卸高は300であった。なお、前期末の実地たな卸高は250であった。期末数量は実地たな卸によって把握している。

| 給食用材料費 | 250 | / | 給食用材料 | 250 |
| 給食用材料 | 300 | / | 給食用材料費 | 300 |

（1）開　示

給食材料費は、病院会計準則では損益計算書の「医業費用」の部の「材料費」区分に当該勘定科目名で表示する。医療法人会計基準では損益計算書の「事業損益」の区分に「事業費用」で表示する。

図表3-11　給食用材料費の開示

	病院会計準則	医療法人会計基準
開示場所	損益計算書の医業費用の部の材料費区分に給食材料費として表示。	損益計算書の事業損益の区分に事業費用として表示。
注記	不要	不要
附属明細表	不要	事業費用明細表において、中区分科目別に記載するか費目別に法人全体の金額を記載。

【関連条文等】
病院会計準則　貸借対照表原則　　第23　たな卸資産の評価基準及び評価方法
　　　　　　　貸借対照表原則注解（注10）
　　　　　　　損益計算書原則　　　第35　医業利益
　　　　　　　損益計算書原則注解（注20）
医療法人会計基準　第19条　事業損益
医療法人会計基準運用指針　7　棚卸資産の評価方法等について
　　　　　　　　　　　　　27　附属明細表について

2．給与費

1 給　料

（1）勘定科目の説明

　病院で直接業務に従事する職員等に対する給料、手当を給料として処理する。なお、ここでいう手当とは、役職手当、住宅手当、家族手当、時間外手当、夜勤手当、危険手当、通勤手当などのものをいう。夏季（冬季）賞与や決算（期末）賞与などは、たとえ病院内で夏季（冬季）手当や決算（期末）手当等の名称を使用して支給していても給料勘定で処理するのではなく、賞与勘定で処理することに注意が必要である。

（2）会計処理
①　医療法人会計基準との関係

　病院会計準則においては職種別に区分せず、一括で給与費として計上する。その代わりに、附属明細表の給与費明細表において、職種別（医師、看護師、理学療法士又は作業療法士、医療技術員、事務員、技能労務員、その他）に区分した給与費の各項目（給料、賞与、賞与引当金繰入額、退職給付費用、法定福利費）の金額を記載することになり、詳細情報を開示する構成となっている。このため、帳簿上の勘定科目設定においては、給与費の各項目を職種別に分類しておく必要がある。

　次に、医療法人会計基準によれば、損益計算書の作成にあたり医業費用ではなく、事業費用として、本来業務事業損益、附帯業務事業損益、収益

業務事業損益に分けて、それぞれの事業活動から生じる費用を記載して表示するものとする。

② **病院特有の論点**
(i) 他施設等と兼務する者の給料等

たとえば、大学附属病院では大学業務と附属病院業務を兼務している職員がいる。また、一般の病院においても他施設（看護学校、福祉施設、研究所、介護老人保健施設など）業務と病院業務を兼務している職員がいる場合がある。現行の実務において、このような兼務職員の給料等についての会計処理は、兼務職員の給料等すべてを1つの施設に負担させるケースや、何らかの基準により各施設に配賦を行っているケースなど、病院によりさまざまに対応しているようである。

この配賦基準を求めるために、複数施設における勤務実態を執務時間表の記載やタイムスタディ等の実施により、勤務時間比率等の何らかの合理的な配賦基準を設定し、病院の負担に帰すべき金額を算定する必要がある。

次に医療法人会計基準においては、本来業務事業損益と附帯業務事業損益、収益業務事業損益に区分して表示が必要になる。そのため他の施設と兼務している職員の給与等については、各事業区分に分類して表示する必要があることについて留意が必要である。

(ii) 時間外手当、夜勤手当等の計上のタイミング

時間外手当（超過勤務手当、残業手当等）や夜勤手当等については、勤務をした月の翌月に支給されることが多い。そして会計上も支給する月度の給与費として計上されているケースが多いと思われる。しかしながら、発生主義の観点から、勤務月にこれら手当を計上することが原則であり、月次決算において未払給与として計上することが望まれる。少なくとも決算時には未払計上する必要がある。

(iii) 謝金の取扱い

研修会の開催のために招聘した講師（医師等）に対する謝金は研究研修費の研修費として処理される。しかし、大学教授などを招聘し手術を依頼した場合などの謝金についての処理については、病院会計準則では

規定されていない。自病院の医師が当該手術に立ち会い、術式などについて研修を兼ねている場合は、当該謝金は給与としての性質より研修費としての性質が強いものと考えられ、研修費として処理することも可能と考える。ただし、特殊外来の設置により医師を招聘している場合などは、自病院の医師への研修の意味合いはないと思われるので非常勤医師に対する給料と考えられる。

(ⅳ) 仕訳例

5月分の給与148,000と4月超過勤務分2,000を従業員に支給した。このうち従業員からの預り分は24,000である。なお、給与計算期間は毎月1日から月末までであり、月末に支給する。また、4月の時間外手当は前月未払計上している。

```
給  与   148,000  /  預  金        126,000
未払給与    2,000  /  従業員預り金    24,000
```

（3）開　示

給料は、病院会計準則では損益計算書の「医業費用」の部の「給与費」区分に当該勘定科目名で表示する。医療法人会計基準では損益計算書の「事業損益」の区分に「事業費用」で表示する。

図表3-12　給料の開示

	病院会計準則	医療法人会計基準
開示場所	損益計算書の医業費用の部の給与費区分に給料として表示。	損益計算書の事業損益の区分に事業費用として表示。
注記	不要	不要
附属明細表	給与費明細において医師、看護師、理学療法士又は作業療法士、医療技術員、事務員、技能労務員、その他に区別して給与費の金額を記載。	事業費用明細表において、中区分科目別に記載するか費目別に法人全体の金額を記載。

【関連条文等】
病院会計準則 損益計算書原則　　第35 医業利益
　　　　　　　損益計算書原則注解（注20）
医療法人会計基準 第19条 事業損益
医療法人会計基準運用指針 27 附属明細表について

2 賞　与

(1) 勘定科目の説明

　病院で直接業務に従事する職員等に対して、支給済み及び支給する金額が確定している賞与のうち、当該会計期間に係る部分の金額を賞与として処理する。ここで注意をしなければならないのは、当期の夏季賞与として支給した全額を賞与として処理するのではないことである。通常、賞与の支給については支給対象期間というものが存在する。たとえば、次の図に示すように、会計期間が4月1日から3月31日、支給対象期間が前期12月1日から当期5月末までの夏季賞与を6月下旬に支給した場合を想定する。当期の賞与として処理すべき金額は当期4月1日から5月末までの2ヶ月分に相当する金額だけであり、前期12月1日から3月31日の4ヶ月分に相当する金額は当期の賞与とはならない。なお、前期帰属部分については、前期決算において賞与引当金が計上されていることが必要である。

図表 3-13

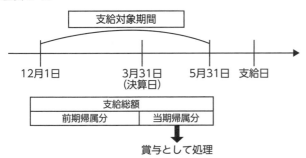

（2）会計処理
① 医療法人会計基準との関係

病院会計準則では、給料とは明確に区分し、賞与として会計処理する。また、附属明細表の給与費明細表の記載において、職種別に区分する必要があることから、帳簿上の勘定科目設定は、賞与勘定を職種別（医師、看護師、理学療法士又は作業療法士、医療技術員、事務員、技能労務員、その他）に分類して管理しておく必要がある。

次に、医療法人会計基準によれば、損益計算書の作成にあたり医業費用ではなく、事業費用として、本来業務事業損益、附帯業務事業損益、収益業務事業損益に区分して、それぞれの事業活動から生じる費用として記載して表示するものとする。

② 病院特有の論点

病院事業における特殊性はない。

③ 仕訳例

X2年6月に、職員に対し夏季賞与120,000を支給した。夏季賞与の支給対象期間はX1年12月1日からX2年5月31日である。また、会計期間は4月1日から3月31日である。前期末に帰属する80,000については賞与引当金を計上している。

（i）X2年6月夏季賞与支給時

賞与引当金	80,000	／	預　金	120,000
賞　与	40,000			

＊ 120,000 ×（2/6）ヶ月 = 40,000

（3）開　示

賞与は、病院会計準則では損益計算書の「医業費用」の部の「給与費」区分に当該勘定科目名で表示する。医療法人会計基準では損益計算書の「事業損益」の区分に「事業費用」で表示する。

図表 3-14　賞与の開示

	病院会計準則	医療法人会計基準
開示場所	損益計算書の医業費用の部の給与費区分に賞与として表示。	損益計算書の事業損益の区分に事業費用として表示。
注記	不要	不要
附属明細表	給与費明細において医師、看護師、理学療法士又は作業療法士、医療技術員、事務員、技能労務員、その他に区別して賞与の金額を記載。	事業費用明細表において、中区分科目別に記載するか費目別に法人全体の金額を記載。

【関連条文等】
病院会計準則　損益計算書原則　　　第35　医業利益
　　　　　　　　損益計算書原則注解（注20）
医療法人会計基準　第19条　事業損益
医療法人会計基準運用指針　27　附属明細表について

3　賞与引当金繰入額

(1) 勘定科目の説明

　賞与引当金繰入額とは、病院で直接業務に従事する職員等に対して、翌会計期間に金額が確定し、支給される賞与において、支給見込額のうち支給対象期間に基づいて計算した当会計期間に係る部分の見積額を賞与引当金として計上するための費用項目である。

図表 3-15

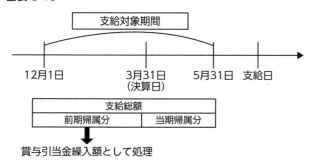

（2）会計処理
① 医療法人会計基準との関係
　病院会計準則では賞与引当金繰入額として会計処理する。また、附属明細表の給与費明細表の記載において、職種別に区分する必要があるため、帳簿上の勘定科目設定においては、賞与引当金繰入額勘定を職種別（医師、看護師、理学療法士又は作業療法士、医療技術員、事務員、技能労務員、その他）に分類して管理しておく必要がある。

　次に、医療法人会計基準によれば、損益計算書の作成にあたり医業費用ではなく、事業費用として、本来業務事業損益、附帯業務事業損益、収益業務事業損益に区分して、それぞれの事業活動から生じる費用として記載して表示するものとする。

② 病院特有の論点
　病院事業における特殊性はない。

③ 仕訳例
　翌期6月に夏季賞与120,000を職員に対し支給する見込みである。夏季賞与の支給対象期間はX1年12月1日からX2年5月31日である。また、会計期間は4月1日から3月31日である。

（i）X2年3月31日（決算日）

賞与引当金繰入額	80,000	／	賞与引当金	80,000

＊ 120,000 ×（4/6）ヶ月 = 80,000

（3）開　示
　賞与引当金繰入額は、病院会計準則では損益計算書の「医業費用」の部の「給与費」区分に当該勘定科目名で表示する。医療法人会計基準では損益計算書の「事業損益」の区分に「事業費用」で表示する。

図表 3-16　賞与引当金繰入額の開示

	病院会計準則	医療法人会計基準
開示場所	損益計算書の医業費用の部の給与費区分に賞与引当金繰入額として表示。	損益計算書の事業損益の区分に事業費用として表示。
注記	不要	不要
附属明細表	給与費明細において医師、看護師、理学療法士又は作業療法士、医療技術員、事務員、技能労務員、その他に区別して賞与引当金繰入額の金額を記載。	事業費用明細表において、中区分科目別に記載するか費目別に法人全体の金額を記載。

【関連条文等】
病院会計準則　損益計算書原則　　　第 35　医業利益
　　　　　　　損益計算書原則注解（注 20）
医療法人会計基準　第 19 条　事業損益
医療法人会計基準運用指針　27　附属明細表について

4　退職給付費用

（1）勘定科目の説明

　退職給付費用とは、病院で直接業務に従事する職員等に対する退職一時金、退職年金等将来において支給される退職給付のうち、当該会計期間の負担に属する金額である。ただし、役員という身分に係る退職金制度があることに起因する部分は除かれる。退職給付費用は、企業会計が採用する退職給付会計の基準に基づいて算定される。原則法に基づく算定式を示すと以下のとおりである。

　　　退職給付費用＝勤務費用＋利息費用±期待運用収益
　　　　　　　　　±過去勤務債務の処理額±数理計算上の差異の処理額
　　　　　　　　　＋会計基準変更時差異の処理額

　なお、退職給付会計については、「第 2 章　貸借対照表・負債・Ⅲ　退職給付会計」にて解説を行っているので、ここでの説明は省略する。また、

役員として退職金制度がある場合は、役員退職慰労引当金の計上の検討が必要になる。役員退職慰労引当金については、同「Ⅱ 固定負債・(6) その他の引当金」にて解説を行っている。

(2) 会計処理
① 医療法人会計基準との関係

病院会計準則では、退職給付引当金を計上するにあたって、対応する損益計算書の勘定科目である退職給付費用として処理する。また、附属明細表の給与費明細表の記載においては、職種別に記載する必要があるため、帳簿上の勘定科目設定においては、退職給付費用勘定を職種別（医師、看護師、理学療法士又は作業療法士、医療技術員、事務員、技能労務員、その他）に分類しておく必要がある。ただし、年金制度を利用している場合は、給与勘定とは異なり職種別の退職給付費用の金額を直接把握することが不可能であるため、退職給付費用勘定の総額を給与費勘定の職種別比で按分計算するなどの方法を適用することが考えられる。

次に、医療法人会計基準によれば、損益計算書の作成にあたり医業費用ではなく、事業費用として、本来業務事業損益、附帯業務事業損益、収益業務事業損益に区分して、それぞれの事業活動から生じる費用として記載して表示するものとする。

② 病院特有の論点
病院事業における特殊性はない。

(3) 仕訳例

退職給付会計は原則法によっている。適格退職年金制度を採用しており、当期の各項目の発生額は以下のとおりである。

- 勤務費用：70,000
- 利息費用：50,000
- 期待運用収益：3,000（貸方）
- 数理計算上の差異の当期処理額：5,000（借方）

(i) 決算日

| 退職給付費用 | 122,000 | / | 退職給付引当金 | 122,000 |

＊ 70,000 ＋ 50,000 − 3,000 ＋ 5,000 ＝ 122,000

（4）開　示

　退職給付費用は、病院会計準則では損益計算書の「医業費用」の部の「給与費」区分に当該勘定科目名で表示する。医療法人会計基準では損益計算書の「事業損益」の区分に「事業費用」で表示する。

図表 3-17　退職給付費用の開示

	病院会計準則	医療法人会計基準
開示場所	損益計算書の医業費用の部の給与費区分に退職給付費用として表示。	損益計算書の事業損益の区分に事業費用として表示。
注記	不要	不要
附属明細表	給与費明細において医師、看護師、理学療法士又は作業療法士、医療技術員、事務員、技能労務員、その他に区別して退職給付費用の金額を記載。	事業費用明細表において、中区分科目別に記載するか費目別に法人全体の金額を記載。

【関連条文等】
病院会計準則　損益計算書原則　　　第 35　医業利益
　　　　　　　損益計算書原則注解（注 20）
医療法人会計基準　第 19 条　事業損益

5　法定福利費

（1）勘定科目の説明

　法定福利費とは、病院で直接業務に従事する職員等に対する健康保険法、厚生年金保険法、雇用保険法、労働者災害補償保険法、各種の組合法などの法令に基づく事業主負担額をいう。

（2）会計処理
① 医療法人会計基準との関係
　病院会計準則では、損益計算書の法定福利費として処理する。また附属明細表の給与費明細表の記載においては、職種別に記載する必要があるため帳簿上の勘定科目設定においては、法定福利費勘定を職種別（医師、看護師、理学療法士又は作業療法士、医療技術員、事務員、技能労務員、その他）に分類し管理しておく必要がある。

　次に、医療法人会計基準によれば、損益計算書の作成にあたり医業費用ではなく、事業費用として、本来業務事業損益、附帯業務事業損益、収益業務事業損益に区分して、それぞれの事業活動から生じる費用として記載して表示するものとする。

② 病院特有の論点
　病院事業における特殊性はない。

③ 仕訳例
　当月の職員給与の計算の結果、病院負担分の健康保険料が1,000、厚生年金保険料が1,800、雇用保険料が200となった。

（ⅰ）給与等算定時

法定福利費	3,000	未払金	3,000

（ⅱ）実際支払い時

　なお、給与支給時に、職員負担分の社会保険料は職員預り金として3,000計上している。

従業員預り金	3,000	預　金	6,000
未払金	3,000		

（3）開　示
　法定福利費は、病院会計準則では損益計算書の「医業費用」の部の「給与費」区分に当該勘定科目名で表示する。医療法人会計基準では損益計算書の「事業損益」の区分に「事業費用」で表示する。

図表 3-18　法定福利費の開示

	病院会計準則	医療法人会計基準
開示場所	損益計算書の医業費用の部の給与費区分に法定福利費として表示。	損益計算書の事業損益の区分に事業費用として表示。
注記	不要	不要
附属明細表	給与費明細において医師、看護師、理学療法士又は作業療法士、医療技術員、事務員、技能労務員、その他に区別して法定福利費の金額を記載。	事業費用明細表において、中区分科目別に記載するか費目別に法人全体の金額を記載。

【関連条文等】
病院会計準則　損益計算書原則　　　第35　医業利益
　　　　　　　　損益計算書原則注解（注20）
医療法人会計基準　第19条　事業損益
医療法人会計基準運用指針　27　附属明細表について

3．委託費

1　検査委託費

（1）勘定科目の説明

　検査委託費とは、医業活動に係る検査業務を外部に委託した場合における、その対価としての費用をいう。

（2）会計処理
① 医療法人会計基準との関係

　病院会計準則では、委託費を検査委託費、給食委託費、寝具委託費、医事委託費、清掃委託費、保守委託費、その他の委託費を勘定科目で区分して処理する。
　次に、医療法人会計基準によれば、損益計算書の作成にあたり医業費用ではなく、事業費用として、本来業務事業損益、附帯業務事業損益、収益

第3章　損益計算書

業務事業損益に区分して、それぞれの事業活動から生じる費用として記載して表示するものとする。

② **病院特有の論点**

検査試薬、検査器械の高額化、より高度な検査の要求及び病院経営の合理化などの理由により、検体検査などの検査業務を外部委託することが一般化している。このような業務のアウトソーシング化は企業においても同様であり、病院特有の処理ではない。

③ **仕訳例**

検体検査の一部を外部業者に委託している。4月分の検査委託料は2,000であった。検査委託については末締めの翌月3日請求、翌月末支払いとなっている。

(i) 検査委託費4月分計上

| 検査委託費 | 2,000 ／ | 未払金 | 2,000 |

(ii) 代金支払い時

| 未払金 | 2,000 ／ | 預　金 | 2,000 |

(3) 開　示

検査委託費は、病院会計準則では損益計算書の「医業費用」の部の「委託費」区分に当該勘定科目名で表示する。医療法人会計基準では損益計算書の「事業損益」の区分に「事業費用」で表示する。

図表3-19　検査委託費の開示

	病院会計準則	医療法人会計基準
開示場所	損益計算書の医業費用の部の「委託費」区分に検査委託費として表示。	損益計算書の事業損益の区分に事業費用として表示。
注記	不要	不要
附属明細表	不要	事業費用明細表において、中区分科目別に記載するか費目別に法人全体の金額を記載。

【関連条文等】
病院会計準則 損益計算書原則　　第35 医業利益
　　　　　　　　損益計算書原則注解（注20）
医療法人会計基準 第19条 事業損益
医療法人会計基準運用指針 27 附属明細表について

2 給食委託費

（1）勘定科目の説明
　給食委託費とは、給食業務を外部に委託した場合における、その対価としての費用をいう。

（2）会計処理
①　医療法人会計基準との関係
　病院会計準則では、委託費を種類別に区分して会計処理する。よって給食業務の委託に係る費用は、給食委託費として処理する。
　次に、医療法人会計基準によれば、損益計算書の作成にあたり医業費用ではなく、事業費用として、本来業務事業損益、附帯業務事業損益、収益業務事業損益に区分して、それぞれの事業活動から生じる費用として記載して表示するものとする。
②　病院特有の論点
　病院の給食には、入院患者向けの患者用給食と職員や面会者などに対する患者外給食とがある。当該給食委託費として処理すべきものは、患者用給食業務の委託に係る費用であり、患者外給食業務について委託している場合は、患者外給食収益が医業外収益として計上されることから、医業外費用に計上すべきである。しかしながら、金額的に重要性がなければ給食委託費に含めて処理しても差し支えないものと考えられる。なお、給食用材料については、自病院で調達する場合と材料調達も業者に委託する場合がある。自病院で材料を調達している場合には、材料代については給食用材料費で処理するが、材料の調達も業者に委託している場合にはすべて給食委託費として処理する。

第3章　損益計算書

③ **仕訳例**

給食業務を外部委託している。4月の患者向け給食委託料は1,000であった。給食委託料については、毎月末締め、翌月3日請求、翌々月支払いとなっている。

(i) 給与委託費4月分計上

| 給食委託費 | 1,000 | ／ | 未払金 | 1,000 |

(ii) 代金支払い時

| 未払金 | 1,000 | ／ | 預　金 | 1,000 |

（3）開　示

給食委託費は、損益計算書の「医業費用」の部の「委託費」区分に当該勘定科目名で表示する。基準では損益計算書の「事業損益」の区分に「事業費用」で表示する。

図表3-20　給食委託費の開示

	病院会計準則	医療法人会計基準
開示場所	損益計算書の医業費用の部の委託費区分に給食委託費として表示。	損益計算書の事業損益の区分に事業費用として表示。
注記	不要	不要
附属明細表	不要	事業費用明細表において、中区分科目別に記載するか費目別に法人全体の金額を記載。

【関連条文等】
病院会計準則　損益計算書原則　　第35　医業利益
　　　　　　　損益計算書原則注解（注20）
医療法人会計基準　第19条　事業損益
医療法人会計基準運用指針　27　附属明細表について

3 寝具委託費

(1) 勘定科目の説明

　寝具委託費とは、寝具整備業務を外部に委託した場合における、その対価としての費用をいう。

(2) 会計処理

① 医療法人会計基準との関係

　病院会計準則では、委託費を種類別に区分して会計処理する。よって寝具整備業務の委託に係る費用は、寝具委託費として処理する。次に、医療法人会計基準によれば、損益計算書の作成にあたり医業費用ではなく、事業費用として、本来業務事業損益、附帯業務事業損益、収益業務事業損益に区分して、それぞれの事業活動から生じる費用として記載して表示するものとする。

② 病院特有の論点

　病院寝具整備については多くの病院が外部委託を行っていると思われる。寝具整備についての業務契約において、マットレス、毛布、枕など寝具自体のレンタルとシーツ、枕カバーなどの取替業務を同一の業者で契約している場合があるが、いずれも寝具整備に関する業務委託であるためレンタル料も取替料もすべて寝具委託費として処理する。ただし、寝具類の洗濯・滅菌業務とあわせて白衣や手術着などの洗濯・滅菌業務を同一業者に委託していることがあるが、寝具類の洗濯・滅菌に係る委託費は寝具委託費として処理し、白衣や手術着の洗濯・滅菌に係る委託費はその他の委託費として処理することに注意が必要である。

③ 仕訳例

　寝具整備業務を外部委託している。4月の委託料は500であった。寝具整備は毎月末締め、翌月10日請求、翌月末支払いとなっている。

　（i）寝具委託費4月分計上

| 寝具委託費 | 500 | ／ | 未払金 | 500 |

(ii) 代金支払い時

| 未払金 | 500 | ／ | 預　金 | 500 |

（3）開　示

寝具委託費は、病院会計準則では損益計算書の「医業費用」の部の「委託費」区分に当該勘定科目名で表示する。医療法人会計基準では損益計算書の「事業損益」の区分に「事業費用」で表示する。

図表 3-21　寝具委託費の開示

	病院会計準則	医療法人会計基準
開示場所	損益計算書の医業費用の部の委託費区分に寝具委託費として表示。	損益計算書の事業損益の区分に事業費用として表示。
注記	不要	不要
附属明細表	不要	事業費用明細表において、中区分科目別に記載するか費目別に法人全体の金額を記載。

【関連条文等】
病院会計準則　損益計算書原則　　第35　医業利益
　　　　　　　　損益計算書原則注解（注20）
医療法人会計基準　第19条　事業損益
医療法人会計基準運用指針　27　附属明細表について

4　医事委託費

（1）勘定科目の説明

医事委託費とは、医事業務を外部に委託した場合における、その対価としての費用をいう。

（2）会計処理

① 医療法人会計基準との関係

　病院会計準則では、委託費を種類別に区分して会計処理する。よって医事業務の委託に係る費用は、医事委託費として処理する。

　次に、医療法人会計基準によれば、損益計算書の作成にあたり医業費用ではなく、事業費用として、本来業務事業損益、附帯業務事業損益、収益業務事業損益に区分して、それぞれの事業活動から生じる費用として記載して表示するものとする。

② 病院特有の論点

　医事業務の外部委託による労務費の削減効果を比較する目的で、導入当初に外部委託費を給与費で処理しているケースがある。しかし、これは施設内部の管理目的（管理会計）として利用するための処理であり、外部への報告目的、施設間の比較可能性を確保する必要のある病院会計準則においては、費用の種類により適切な分類を行い、当該費用は医事委託費として処理する必要がある。

③ 仕訳例

　医事業務を外部委託している。4月の医事業務委託料は1,500であった。医事業務委託料は毎月末締め、翌日3日請求、翌月末支払いとなっている。

（i）医事委託費4月分計上

医事委託費	1,500	/	未払金	1,500

（ii）代金支払い時

未払金	1,500	/	預　金	1,500

（3）開　示

　医事委託費は、病院会計準則では損益計算書の「医業費用」の部の「委託費」区分に当該勘定科目名で表示する。医療法人会計基準では損益計算書の「事業損益」の区分に「事業費用」で表示する。

図表 3-22　医事委託費の開示

	病院会計準則	医療法人会計基準
開示場所	損益計算書の医業費用の部の委託費区分に医事委託費として表示。	損益計算書の事業損益の区分に事業費用として表示。
注記	不要	不要
附属明細表	不要	事業費用明細表において、中区分科目別に記載するか費目別に法人全体の金額を記載。

【関連条文等】
病院会計準則　損益計算書原則　　　第35　医業利益
　　　　　　　損益計算書原則注解（注20）
医療法人会計基準　第19条　事業損益
医療法人会計基準運用指針　27　附属明細表について

5　清掃委託費

（1）勘定科目の説明

　清掃委託費とは、清掃業務を外部に委託した場合における、その対価としての費用をいう。

（2）会計処理
①　医療法人会計基準との関係

　病院会計準則では、委託費を種類別に区分して計上する。よって清掃業務の委託に係る費用は、清掃委託費として処理する。
　次に、医療法人会計基準によれば、損益計算書の作成にあたり医業費用ではなく、事業費用として、本来業務事業損益、附帯業務事業損益、収益業務事業損益に区分して、それぞれの事業活動から生じる費用として記載して表示するものとする。

②　病院特有の論点

　病院事業における特殊性はない。

③ **仕訳例**

清掃業務を外部委託している。1月から12月の1年分3,000を1月に前払いする契約である。会計期間は4月1日から3月31日である。

(i) 代金支払い時

| 清掃委託費 | 3,000 | / | 預　金 | 3,000 |

(ii) 決算時

| 前払費用 | 2,250 | / | 清掃委託費 | 2,250 |

＊ 3,000 ×（9/12）ヶ月 = 2,250

(iii) 翌期首

| 清掃委託費 | 2,250 | / | 前払費用 | 2,250 |

(3) 開　示

清掃委託費は、病院会計準則では損益計算書の「医業費用」の部の「委託費」区分に当該勘定科目名で表示する。医療法人会計基準では損益計算書の「事業損益」の区分に「事業費用」で表示する。

図表 3-23　清掃委託費の開示

	病院会計準則	医療法人会計基準
開示場所	損益計算書の医業費用の部の委託費区分に清掃委託費として表示。	損益計算書の事業損益の区分に事業費用として表示。
注記	不要	不要
附属明細表	不要	事業費用明細表において、中区分科目別に記載するか費目別に法人全体の金額を記載。

【関連条文等】
病院会計準則　損益計算書原則　　第35 医業利益
　　　　　　　損益計算書原則注解（注20）
医療法人会計基準　第19条　事業損益
医療法人会計基準運用指針　27 附属明細表について

6　保守委託費

（1）勘定科目の説明
　保守委託費とは、施設設備に係る保守業務を外部に委託した場合における、その対価としての費用をいう。ただし、器機保守料に該当するものは設備関係費の区分で記載されるため委託費の区分より除く。

（2）会計処理
①　医療法人会計基準との関係
　病院会計準則では、委託費を種類別に区分して会計処理する。保守業務の委託に係る費用は、保守委託費として処理する。
　次に、医療法人会計基準によれば、損益計算書の作成にあたり医業費用ではなく、事業費用として、本来業務事業損益、附帯業務事業損益、収益業務事業損益に区分して、それぞれの事業活動から生じる費用として記載して表示するものとする。

②　病院特有の論点
　病院における施設設備にはさまざまなものがあるが、電気設備、自家発電装置、冷暖房等の空調設備、エレベータやエスカレータなどの昇降機、避難装置、自動ドア、清掃用ゴンドラ、庭園、ボイラー装置、配管設備などの設備に係る保守業務委託の対価を保守委託費として処理する。なお、放射線装置類、MRI、酸素吸入装置、輸液ポンプ、人工呼吸器、内視鏡光源、各手術専用器具、各検査器械、薬剤調合器などの医療機器備品やパソコン、コピー機などの事務用機器の保守料は設備関係費区分の器機保守料として処理することに注意が必要である。

③　仕訳例
　自家発電装置の保守業務を外部委託している。1月から12月の1年分1,200を1月に前払いする契約である。会計期間は4月1日から3月31日である。
　（ⅰ）代金支払い時

| 保守委託費 | 1,200 | ／ | 預　金 | 1,200 |

(ii) 決算時

| 前払費用 | 900 | / | 保守委託費 | 900 |

＊ 1,200 ×（9/12）ヶ月 = 900

(iii) 翌期首

| 保守委託費 | 900 | / | 前払費用 | 900 |

（3）開　示

保守委託費は、病院会計準則では損益計算書の「医業費用」の部の「委託費」区分に当該勘定科目名で表示する。医療法人会計基準では損益計算書の「事業損益」の区分に「事業費用」で表示する。

図表 3-24　保守委託費の開示

	病院会計準則	医療法人会計基準
開示場所	損益計算書の医業費用の部の委託費区分に保守委託費として表示。	損益計算書の事業損益の区分に事業費用として表示。
注記	不要	不要
附属明細表	不要	事業費用明細表において、中区分科目別に記載するか費目別に法人全体の金額を記載。

【関連条文等】

病院会計準則　損益計算書原則　　　第 35　医業利益
　　　　　　　損益計算書原則注解（注 20）
医療法人会計基準　第 19 条　事業損益
医療法人会計基準運用指針　27　附属明細表について

7 その他の委託費

(1) 勘定科目の説明

外部に委託した上記以外の業務の対価としての費用を、その他の委託費として処理する。ただし、金額の大きなものについては、独立の科目を設けて計上する。なお、独立の科目を設けて処理するか否かについての金額の大小は病院の規模もさまざまであるため一律に規定できるものではないが、委託費に占める割合やそのほかの費用額及び利益額等を勘案して、金額的に重要性が高いと判断した場合には独立の科目を設ける。

(2) 会計処理

① 医療法人会計基準との関係

病院会計準則では、委託費を検査委託費、給食委託費、寝具委託費、医事委託費、清掃委託費、保守委託費、その他の委託費に区分して会計処理する。

次に、医療法人会計基準によれば、損益計算書の作成にあたり医業費用ではなく、事業費用として、本来業務事業損益、附帯業務事業損益、収益業務事業損益に区分して、それぞれの事業活動から生じる費用として記載して表示するものとする。

② 病院特有の論点

(i) 歯科技工委託

歯科（口腔外科）を設置しており、かつ歯科技工を外部委託している病院も多く存在する。歯科技工業務の委託の対価はその他の委託費で処理する。

(ii) 時間外救急受付業務委託

救急患者を受け付けている病院では、時間外受付業務を警備員などのサービス業者に委託している場合がある。これらの委託費もその他の委託費で処理することになる。なお、時間外患者のための医事請求業務を委託している場合の委託費は医事委託費で処理することになる。

③ 仕訳例

歯科技工業務を外部委託している。4月分は500であった。歯科技工業

務委託料は毎月末締め、翌月3日請求、翌月末支払である。
(i) 歯科技工業務委託料4月分計上

| その他の委託費 | 500 | / | 未払金 | 500 |

(ii) 代金支払い時

| 未払金 | 500 | / | 預　金 | 500 |

(3) 開　示

その他の委託費は、病院会計準則では損益計算書の「医業費用」の部の「委託費」区分に当該勘定科目名で表示する。医療法人会計基準では損益計算書の「事業損益」の区分に「事業費用」で表示する。

図表3-25　その他の委託費の開示

	病院会計準則	医療法人会計基準
開示場所	損益計算書の医業費用の部の委託費区分にその他の委託費として表示。	損益計算書の事業損益の区分に事業費用として表示。
注記	不要	不要
附属明細表	不要	事業費用明細表において、中区分科目別に記載するか費目別に法人全体の金額を記載。

【関連条文等】
病院会計準則 損益計算書原則　　第35 医業利益
　　　　　　損益計算書原則注解（注20）
医療法人会計基準 第19条 事業損益
医療法人会計基準運用指針 27 附属明細表について

4．設備関係費

1　減価償却費

（1）勘定科目の説明

　減価償却費とは、有形固定資産及び無形固定資産の計画的・規則的な取得原価の配分額をいう。土地、建設仮勘定以外の有形固定資産については、用役を長期にわたって提供しながら、使用あるいは時の経過とともに消耗、減耗、陳腐化などにより、利用可能期間にわたって価値が減少していく償却資産である。このため、有形固定資産の取得に要した額を、取得時もしくは除却時において、一括に費用として計上するのは合理的ではなく、使用できる各期間に計画的、規則的に費用として配分し、同時にその額だけ資産の帳簿価額を減じていく会計上の手続である減価償却を行う。ソフトウェア等の無形固定資産においても、利用可能期間にわたって価値が減少していく償却資産であるので、有形固定資産同様に減価償却を行う。なお、「計画的、規則的」とはあらかじめ定められた耐用年数、残存価額、減価償却方法（定額法、定率法など）に従って償却計算を実施し、恣意的な償却計算を行ってはならないという意味である。

（2）会計処理

①　医療法人会計基準との関係

　病院会計準則では、減価償却費は一括して損益計算書に開示する。ただし、附属明細表の固定資産明細表において、有形固定資産、無形固定資産、その他の資産について貸借対照表上の区分ごとに当期償却額を記載する必要があるため、会計帳簿上の勘定科目設定においては、減価償却費勘定も貸借対照表の区分に従い分類しておく必要がある。

　次に、医療法人会計基準によれば、損益計算書の作成にあたり医業費用ではなく、事業費用として、本来業務事業損益、附帯業務事業損益、収益業務事業損益に分けて、それぞれの事業活動から生じる費用を記載して表示するものとする。また、病院会計準則と同様の有形固定資産等明細

② **病院特有の論点**
 (i) 複数の事業を運営している場合
　1つの建物を病院として医業を実施している部分と医業以外で使用している部分がある場合には、病院施設が利用している部分に対応する減価償却費を合理的な基準によって算定して、計上を行う必要がある。たとえば、それが建物である場合は、一般的には施設が利用している床面積割合で按分計算する方法が考えられる。
 (ii) 固定資産計上と償却計算のタイミング
　期中に償却資産を購入した場合、購入月（又は稼動開始月）に固定費産計上（及び固定資産台帳への登録）を行わず、期末に固定資産計上（固定資産台帳への登録）を行っているケースが見受けられる。またこの場合、当該資産の減価償却計算も翌期から実施している場合が多い。しかしながら、これでは実際の利用期間に対する減価償却費が計上されず、収益と費用の対応関係が崩れてしまう。たとえば、平成X1年4月1日に医療機器を購入し、年間を通じて利用し患者の診療を行った場合、その医療機器を利用したことによる収益は計上されるのに対し、当期の減価償却費を計上しない場合は当期の損益計算が歪められていることになる。適切な期間損益計算を行うには、償却資産の利用による収益と費用（＝減価償却費）を対応させる必要があるため、償却資産は購入した時に固定資産をタイムリーに計上し、固定資産台帳への登録を行い、診療等に使用開始した時（事業の用に供した時）から償却計算を実施しなければならない。

③ **仕訳例**
　医療用器械備品を30,000で購入し、11月より事業の用に供した。耐用年数5年、残存価額ゼロ（償却率：定率法0.400、定額法0.2）で減価償却を実施する。なお、会計期間は4月1日から3月31日である。
 (i) 定率法の場合

| 減価償却費 | 5,000 / 減価償却累計額 | 5,000 |

　＊ $30,000 \times 0.400 \times (5/12)$ ヶ月 = 5,000

第 3 章　損益計算書

(ⅱ) 定額法の場合

| 減価償却費　2,500　／　減価償却累計額　2,500 |

＊ 30,000 × 0.2 ×（5/12）ヶ月 = 2,500

（3）開　示

　減価償却費は、病院会計準則では損益計算書の「医業費用」の部の「設備関係費」区分に当該勘定科目名で表示する。医療法人会計基準では損益計算書の「事業損益」の区分に「事業費用」で表示する。

図表 3-26　減価償却費の開示

	病院会計準則	医療法人会計基準
開示場所	損益計算書の医業費用の部の設備関係費区分に減価償却費として表示。	損益計算書の事業損益の区分に事業費用として表示。
注記	不要	不要
附属明細表	固定資産明細表において、有形固定資産は建物、構築物、医療用機械備品、その他の器械備品、車両及び船舶、放射線同位元素、その他の有形固定資産に区分にし、無形固定資産はソフトウェア、その他の無形固定資産に区分し当期償却額を記載。	・事業費用明細表において、中区分科目別に記載するか費目別に法人全体の金額を記載。 ・有形固定資産等明細表において、有形固定資産は建物、構築物、医療用器械備品、その他の器械備品、車両及び船舶、放射線同位元素、その他の有形固定資産に区分にし、無形固定資産はソフトウェア、その他の無形固定資産に区分し当期償却額を記載。

【関連条文等】
病院会計準則　貸借対照表原則　　　第 25　有形固定資産の評価
　　　　　　　損益計算書原則　　　第 35　医業利益
　　　　　　　損益計算書原則注解（注 20）
医療法人会計基準　第 10 条　固定資産の評価、
　　　　　　　　　第 19 条　事業損益
医療法人会計基準運用指針 27 附属明細表について

2 器機賃借料

(1) 勘定科目の説明

　固定資産の計上を要しない器械等のリース料、レンタル料を器機賃借料として処理する。固定資産の計上を要しないリースとは、器械等のリース取引のうち、オペレーティング・リースや再リース及び重要性がないと判断されたファイナンス・リース取引である。リース取引については、「第2章 貸借対照表・資産・Ⅳ リース会計」に解説しているため、ここにおいての記載は省略する。

(2) 会計処理

① 医療法人会計基準との関係

　病院会計準則では、設備関係費区分の器機賃借料として損益計算書に表示する。

　次に、医療法人会計基準によれば、損益計算書の作成にあたり医業費用ではなく、事業費用として、本来業務事業損益、附帯業務事業損益、収益業務事業損益に区分して、それぞれの事業活動から生じる費用として記載して表示するものとする。

② 病院特有の論点

　病院事業における特殊性はない。

③ 仕訳例

　器械をオペレーティング・リースに該当するリース契約で導入した。契約期間は3年間、月間リース料300である。月末後払いのリース料を支払った。

　(i) 代金支払い時

```
　　　器機賃借料　　300　　／　　預　金　　300
```

(3) 開　示

　器機賃借料は、病院会計準則では損益計算書の「医業費用」の部の「設備関係費」区分に当該勘定科目名で表示する。医療法人会計基準では

損益計算書の「事業損益」の区分に「事業費用」で表示する。

図表 3-27　器機賃借料の開示

	病院会計準則	医療法人会計基準
開示場所	損益計算書の医業費用の部の設備関係費区分に器機賃借料として表示。	損益計算書の事業損益の区分に事業費用として表示。
注記	不要	不要
附属明細表	不要	事業費用明細表において、中区分科目別に記載するか費目別に法人全体の金額を記載。

【関連条文等】
病院会計準則　損益計算書原則　　　第 35　医業利益
　　　　　　　損益計算書原則注解（注 20）
医療法人会計基準　第 19 条　事業損益
医療法人会計基準運用指針　27　附属明細表について

3　地代家賃

（1）勘定科目の説明
　土地、建物などの賃借料を地代家賃として処理する。

（2）会計処理
①　医療法人会計基準との関係
　病院会計準則では、設備関係費の区分の地代家賃として会計処理する。
　次に、医療法人会計基準によれば、損益計算書の作成にあたり医業費用ではなく、事業費用として、本来業務事業損益、附帯業務事業損益、収益業務事業損益に区分して、それぞれの事業活動から生じる費用として記載して表示するものとする。
②　病院特有の論点
　病院として医業を実施している部分と医業以外で使用している部分がある 1 つの賃借している土地や建物がある場合には、病院施設が利用して

いる部分に対応する地代家賃を合理的な基準によって算定して、計上を行う必要がある。たとえば、それが建物の賃借料である場合は、一般的には施設が利用している床面積割合で按分計算する方法が考えられる。

③ 仕訳例

地代家賃は通常、月末までに翌月分を支払うので、この場合は原則的に支払い時は前払費用として計上する。ただし、毎月の支払いは地代家賃とし、決算時に前払費用を計上する処理も簡便的方法として容認される。また、後払いの場合は未払費用を計上する。

建物の翌月分家賃 1,000 を毎月末に支払っている。

(i) 家賃支払い時

前払費用	1,000	/	預　金	1,000

(ⅱ) 翌月の振戻処理

地代家賃	1,000	/	前払費用	1,000

(3) 開　示

地代家賃は、病院会計準則では損益計算書の「医業費用」の部の「設備関係費」区分に当該勘定科目名で表示する。医療法人会計基準では損益計算書の「事業損益」の区分に「事業費用」で表示する。

図表 3-28　地代家賃の開示

	病院会計準則	医療法人会計基準
開示場所	損益計算書の医業費用の部の設備関係費区分に地代家賃として表示。	損益計算書の事業損益の区分に事業費用として表示。
注記	不要	不要
附属明細表	不要	事業費用明細表において、中区分科目別に記載するか費目別に法人全体の金額を記載。

第3章　損益計算書

【関連条文等】
病院会計準則　損益計算書原則　　　第35　医業利益
　　　　　　　　損益計算書原則注解（注20）
医療法人会計基準　第19条　事業損益
医療法人会計基準運用指針　27　附属明細表について

4　修繕費

（1）勘定科目の説明

有形固定資産に損傷、摩滅、汚損などが生じた時、原状回復に要した通常の修繕のための費用を修繕費として処理する。

（2）会計処理

① **医療法人会計基準との関係**

病院会計準則では、設備関係費の区分の修繕費として損益計算書に表示する。

次に、医療法人会計基準によれば、損益計算書の作成にあたり医業費用ではなく、事業費用として、本来業務事業損益、附帯業務事業損益、収益業務事業損益に区分して、それぞれの事業活動から生じる費用として記載して表示するものとする。

② **病院特有の論点**

病院事業における特殊性はない。

③ **仕訳例**

当期に病院建物の大規模な修繕を実施した。工事代金は3,000であった。この修繕は固定資産の価値を増加、耐用年数を延長させるものではなく、使用に伴って劣化した部分を現状回復させるための支出である。

（i）工事完了検収時

修繕費	3,000	/	未払金	3,000

実務上、資本的支出（固定資産計上）と修繕費の区分はきわめて重要だが、その判断は難しい。資本的支出とは固定資産の価額を増加させ、耐用年数を

延長させる効果のある支出であり、固定資産の取得価額に含める。一方、修繕費は、固定資産の維持管理あるいは現状を回復させる支出であり、その支出のあった期の費用となる。事案により個々に判断するしかなく、この場合に税務の基準を参考にすることも有用である。なお、税務基準については「第2章 貸借対照表・資産・Ⅱ 有形固定資産」において解説を行っている。

（3）開　示

修繕費は、病院会計準則では損益計算書の「医業費用」の部の「設備関係費」区分に当該勘定科目名で表示する。医療法人会計基準では損益計算書の「事業損益」の区分に「事業費用」で表示する。

図表 3-29　修繕費の開示

	病院会計準則	医療法人会計基準
開示場所	損益計算書の医業費用の部の設備関係費区分に「修繕費」として表示。	損益計算書の事業損益の区分に「事業費用」として表示。
注記	不要	不要
附属明細表	不要	事業費用明細表において、中区分科目別に記載するか費目別に法人全体の金額を記載。

【関連条文等】
病院会計準則　損益計算書原則　　　第35　医業利益
　　　　　　　損益計算書原則注解（注20）
医療法人会計基準　第19条　事業損益
医療法人会計基準運用指針　27　附属明細表について

5　固定資産税等

（1）勘定科目の説明

固定資産税等とは、固定資産税、都市計画税等の固定資産の保有に係る租税公課をいう。ただし、車両保有に係る租税公課は車両関係費に計上する。

（2）会計処理
① 医療法人会計基準との関係

病院会計準則では設備関係費の区分の固定資産税等として損益計算書に表示する。

次に、医療法人会計基準によれば、損益計算書の作成にあたり医業費用ではなく、事業費用として、本来業務事業損益、附帯業務事業損益、収益業務事業損益に区分して、それぞれの事業活動から生じる費用として記載して表示するものとする。

② 病院特有の論点

（i）固定資産税の納税義務者

固定資産税は、賦課期日（毎年1月1日現在）に所有する土地・家屋・償却資産の固定資産価額を課税標準として、同日現在の所有者（登記簿や課税台帳に登記又は登録されている）に対して納税義務が課せられている。したがって、1月2日以降に売買などで所有権の移転が行われても、その年の納税義務者は変更されない。また、売買契約などで、売主がすでに負担している固定資産税を所有期間で按分して買主が負担する取引慣例がある。この場合、引渡し日を境とし売主・買主間で日割りの精算をすることが一般的と思われる。

（ii）固定資産税の計上時期

固定資産税の納付の時期は自治体によって異なるが、4月中旬～5月（東京都は6月）に納税通知書（賦課決定通知書）が発送される。納税者は一括納税又は年4回（一般に4月・7月・12月・翌年2月）の分納のいずれかを選べる。3月決算時にはまだ納付通知書が届いておらず、固定資産税について未払計上すべきかが問題である。原則的には、固定資産の支払いが確定しており金額もほぼ把握されているので、固定資産税を1年間の資産保有に係る費用とみなして、未払いを計上することが望まれる。ただし、固定資産税の納税義務者は、原則として毎年1月1日（賦課期日）現在において、土地・家屋・償却資産の所有者となっており、計算対象期間が法定されていないことから、期間対応させる根拠も乏しいため、実務上は固定資産税について納税通知書に基づき費用計上することが容認される。

③ **仕訳例**

以下、実務上採用されている仕訳例にて説明を行う。

所有する土地・建物につき、固定資産税の納税通知書が届いた。その金額は総額 4,000 であった。今月末に第 1 回目の納付 1,000 を行った。

(ⅰ) 納税通知書受取時

| 固定資産税等 | 4,000 | / | 未払金 | 4,000 |

(ⅱ) 第 1 回支払い時

| 未払金 | 1,000 | / | 預金 | 1,000 |

(3) 開 示

固定資産税等は、病院会計準則では損益計算書の「医業費用」の部の「設備関係費」区分に当該勘定科目名で表示する。医療法人会計基準では損益計算書の「事業損益」の区分に「事業費用」で表示する。

図表 3-30 固定資産税等の開示

	病院会計準則	医療法人会計基準
開示場所	損益計算書の医業費用の部の設備関係費区分に固定資産税等として表示。	損益計算書の事業損益の区分に事業費用として表示。
注記	不要	不要
附属明細表	不要	事業費用明細表において、中区分科目別に記載するか費目別に法人全体の金額を記載。

【関連条文等】
病院会計準則 損益計算書原則　　第 35 医業利益
　　　　　　　損益計算書原則注解（注 20）
医療法人会計基準 第 19 条 事業損益
医療法人会計基準運用指針 27 附属明細表について

6 器機保守料

(1) 勘定科目の説明

　器機保守料とは、器械の保守契約に係る費用をいう。病院における器械にはさまざまなものがあるが、放射線装置類、MRI、酸素吸入装置、輸液ポンプ、人工呼吸器、内視鏡光源、各手術専用器具、各検査器械、薬剤調合器などの医療用機器備品、電子カルテ、オーダリングシステム、医事会計システムなどのサーバー及び端末コンピュータ、コピー機、カルテ自動搬送機などの事務用機器備品の器機等に係る保守業務委託の対価を器機保守料として処理する。なお、電気設備、自家発電装置、冷暖房等の空調設備、エレベータやエスカレータなどの昇降機、避難装置、自動ドア、清掃用ゴンドラ、庭園、ボイラー装置、配管設備などの施設設備に係る保守業務委託の対価は委託費区分の保守委託費として処理することに注意が必要である。

(2) 会計処理

① 医療法人会計基準との関係

　病院会計準則では、「設備関係費」の区分の「器機保守料」として損益計算書に表示する。

　次に、医療法人会計基準によれば、損益計算書の作成にあたり医業費用ではなく、事業費用として、本来業務事業損益、附帯業務事業損益、収益業務事業損益に区分して、それぞれの事業活動から生じる費用として記載して表示するものとする。

② 病院特有の論点

　病院事業における特殊性はない。

③ 仕訳例

　MRI の器機保守料 600 を 11 月 25 日に支払った。保守サービス期間は 11 月 1 日から翌年 10 月 31 日の 1 年間である。なお、会計期間は 4 月 1 日から 3 月 31 日とする。

　(i) 代金支払い時　11 月 25 日

器機保守料	600	/	預　金	600

(ⅱ) 決算時

| 前払費用 | 350 | ／ | 器機保守料 | 350 |

＊ 600 ×（7/12）ヶ月 = 350

(ⅲ) 翌期首

| 器機保守料 | 350 | ／ | 前払費用 | 350 |

（3）開　示

　器機保守料は、病院会計準則では損益計算書の「医業費用」の部の「設備関係費」区分に当該勘定科目名で表示する。医療法人会計基準では損益計算書の「事業損益」の区分に「事業費用」で表示する。

図表 3-31　器機保守料の開示

	病院会計準則	医療法人会計基準
開示場所	損益計算書の医業費用の部の設備関係費区分に器機保守料として表示。	損益計算書の事業損益の区分に事業費用として表示。
注記	不要	不要
附属明細表	不要	事業費用明細表において、中区分科目別に記載するか費目別に法人全体の金額を記載。

【関連条文等】

病院会計準則　損益計算書原則　　第 35　医業利益
　　　　　　　損益計算書原則注解（注 20）
医療法人会計基準　第 19 条　事業損益
医療法人会計基準運用指針 27　附属明細表について

7　器機設備保険料

（1）勘定科目の説明

　器機設備保険料とは、施設設備に係る火災保険料等をいう。ただし、車両に係る保険料は車両関係費に計上する。

（2）会計処理
① 医療法人会計基準との関係
　病院会計準則では、「設備関係費」の区分の「器機設備保険料」として損益計算書に表示する。

　次に、医療法人会計基準によれば、損益計算書の作成にあたり医業費用ではなく、事業費用として、本来業務事業損益、附帯業務事業損益、収益業務事業損益に区分して、それぞれの事業活動から生じる費用として記載して表示するものとする。

② 病院特有の論点
　病院事業における特殊性はない。

③ 仕訳例
　器機設備の火災保険料 480,000 を 7 月 25 日に支払った。保険対象期間は 7 月 1 日から翌年 6 月 30 日の 1 年間である。なお、会計期間は 4 月 1 日から 3 月 31 日とする。

　（i）代金支払い時　7 月 25 日

器機設備保険料	480,000	／	預　金	480,000

　（ii）決算時

前払費用	120,000	／	器機設備保険料	120,000

　＊ 480,000 ×（3/12）ヶ月 ＝ 120,000

　（iii）翌期首

器機設備保険料	120,000	／	前払費用	120,000

（3）開　示
　器機設備保険料は、病院会計準則では損益計算書の「医業費用」の部の「設備関係費」区分に当該勘定科目名で表示する。医療法人会計基準では損益計算書の「事業損益」の区分に「事業費用」で表示する。

図表 3-32　器機設備保険料の開示

	病院会計準則	医療法人会計基準
開示場所	損益計算書の医業費用の部の設備関係費区分に器機設備保険料として表示。	損益計算書の事業損益の区分に事業費用として表示。
注記	不要	不要
附属明細表	不要	事業費用明細表において、中区分科目別に記載するか費目別に法人全体の金額を記載。

【関連条文等】
病院会計準則　損益計算書原則　　　第35　医業利益
　　　　　　　損益計算書原則注解（注20）
医療法人会計基準　第19条　事業損益
医療法人会計基準運用指針　27　附属明細表について

8　車両関係費

（1）勘定科目の説明

　救急車、検診車、巡回用自動車、乗用車、船舶などの燃料、車両検査、自動車損害賠償責任保険、自動車税等の費用を車両関係費として処理する。

（2）会計処理
①　医療法人会計基準との関係

　病院会計準則では、「設備関係費」の区分の「車両関係費」として損益計算書に表示する。

　次に、医療法人会計基準によれば、損益計算書の作成にあたり医業費用ではなく、事業費用として、本来業務事業損益、附帯業務事業損益、収益業務事業損益に区分して、それぞれの事業活動から生じる費用として記載して表示するものとする。

②　病院特有の論点
　病院事業における特殊性はない。

③ 仕訳例

自動車税 120 の通知が届き直ちに支払った。

(ⅰ) 代金支払い時

車両関係費	120	／	預　金	120

(3) 開　示

車両関係費は、病院会計準則では損益計算書の「医業費用」の部の「設備関係費」区分に当該勘定科目名で表示する。医療法人会計基準では損益計算書の「事業損益」の区分に「事業費用」で表示する。

図表 3-33　車両関係費の開示

	病院会計準則	医療法人会計基準
開示場所	損益計算書の医業費用の部の設備関係費区分に車両関係費として表示。	損益計算書の事業損益の区分に事業費用として表示。
注記	不要	不要
附属明細表	不要	事業費用明細表において、中区分科目別に記載するか費目別に法人全体の金額を記載。

【関連条文等】

病院会計準則　損益計算書原則　　　第35　医業利益
　　　　　　　損益計算書原則注解（注20）
医療法人会計基準　第19条　事業損益
医療法人会計基準運用指針　27　附属明細表について

5．研究研修費

1　研究費

(1) 勘定科目の説明

研究材料（動物、飼料などを含む）や研究用図書（定期刊行物を含む）の購入等研究活動に係る費用を研究費として処理する。

（2）会計処理
① 医療法人会計基準との関係

病院会計準則では、研究開発費に該当するものは、研究費として計上する。ここでいう研究開発費に該当するものとは、一般企業と同様に、「研究開発費等に係る会計基準」（平成10年3月13日公表）に準拠することされている。

次に、医療法人会計基準では、損益計算書の作成にあたり医業費用ではなく、事業費用として、本来業務事業損益、附帯業務事業損益、収益業務事業損益に区分して、それぞれの事業活動から生じる費用として記載して表示するものとする。

② 病院特有の論点

病院事業における特殊性はない。

③ 仕訳例

病院の研究用に医学月刊誌を購入し、代金2,000を現金で支払った。

研究費	2,000	／	現　金	2,000

（3）開　示

研究研修費として、病院会計準則では損益計算書の「医業費用」の区分に当該勘定科目名で表示する。注記、附属明細表の記載はない。医療法人会計基準では損益計算書の「事業損益」の区分に「事業費用」で表示する。

図表3-34　研究費の開示

	病院会計準則	医療法人会計基準
開示場所	損益計算書の医業費用の部の研究研修費区分に研究費として表示。	損益計算書の事業損益の区分に事業費用として表示。
注記	不要	不要
附属明細表	不要	事業費用明細表において、中区分科目別に記載するか費目別に法人全体の金額を記載。

第3章 損益計算書

【関連条文等】
病院会計準則 損益計算書原則　　第35 医業利益
　　　　　　　損益計算書原則注解（注20）
医療法人会計基準 第19条 事業損益
医療法人会計基準運用指針 27 附属明細表について

2 研修費

(1) 勘定科目の説明
外部講習会参加に係る参加費や旅費交通費、内部研修会に招聘した講師に対する謝金等職員研修に係る費用は研修費として処理する。

(2) 会計処理
① **医療法人会計基準との関係**
病院会計準則では、研究研修費は研究費と研修費の2つに区分して損益計算書に表示することになった。
次に、医療法人会計基準では、損益計算書の作成にあたり医業費用ではなく、事業費用として、本来業務事業損益、附帯業務事業損益、収益業務事業損益に区分して、それぞれの事業活動から生じる費用として記載して表示するものとする。
② **病院特有の論点**
病院事業における特殊性はない。
③ **会計処理**
学会出席のため東京に出張し、これに要した交通費、宿泊代計50,000を精算した。

研修費　50,000 ／ 現　金　50,000

(3) 開　示
研究研修費として、病院会計準則では損益計算書の「医業費用」の区分に当該勘定科目名で表示する。注記、附属明細表の記載はない。医療法人

会計基準では損益計算書の「事業損益」の区分に「事業費用」で表示する。

図表 3-35 研修費の開示

	病院会計準則	医療法人会計基準
開示場所	損益計算書の医業費用の部の研究研修費区分に研修費として表示。	損益計算書の事業損益の区分に事業費用として表示。
注記	不要	不要
附属明細表	不要	事業費用明細表において、中区分科目別に記載するか費目別に法人全体の金額を記載。

【関連条文等】
病院会計準則 損益計算書原則　　第 35 医業利益
　　　　　　　　損益計算書原則注解（注 20）
医療法人会計基準 第 19 条 事業損益
医療法人会計基準運用指針 27 附属明細表について

6．経　費

経費とは、給与費、材料費、委託費、設備関係費、研究研修費以外の医業費用である。

1 福利厚生費

（1）勘定科目の説明

下記に例示した福利施設負担額、厚生費など従業員の福利厚生のために要する法定外福利費に係る費用は福利厚生費として処理する。

- 看護宿舎、食堂、売店など福利施設を利用する場合における事業主負担額
- 病院職員の診療、健康診断などを行った場合の減免額、その他衛生、保健、慰安、修養、教育訓練などに要する費用、団体生命保険料及び慶弔に際して一定の基準により支給される金品などの現物給与

第3章 損益計算書

ただし、金額の大きいものについては、独立の勘定科目で処理する必要がある。

なお、福利厚生費は、税務上においては、すべての職員に対して平等に参加の機会を与えるものとされ、たとえば、特定の職員に対するものであれば、交際費として処理するが、これは税務計算において交際費が調整項目になることから、会計上もこれに準じて処理することが一般的である。

（2）会計処理
① 病院特有の論点
病院事業における特殊性はない。
② 仕訳例
職員全員を対象とする、慰安旅行費が500であった。慰安旅行に要する費用は、福利厚生費として処理した。

福利厚生費　　500　／　現　金　　500

（3）開　示
経費として、病院会計準則では損益計算書の「医業費用」の区分に当該勘定科目名で表示する。注記、附属明細表の記載はない。医療法人会計基準では損益計算書の「事業損益」の区分に「事業費用」で表示する。また、附属明細表の事業費用明細表に記載する。

図表3-36　福利厚生費の開示

	病院会計準則	医療法人会計基準
開示場所	損益計算書の医業費用の区分に福利厚生費として表示。	損益計算書の事業損益の区分に事業費用として表示。
注記	不要	不要
附属明細表	不要	事業費用明細表において、中区分科目別に記載するか費目別に法人全体の金額を記載。

【関連条文等】
病院会計準則 損益計算書原則　第35 医業利益
　　　　　　病院会計準則注解（注20）
医療法人会計基準 第17条 損益計算書の表示
医療法人会計基準運用指針 27 附属明細表について

2 旅費交通費

（1）勘定科目の説明

業務のための出張旅費に係る費用は、旅費交通費として処理する。

出先での健診や在宅医療での往診など医業活動に係る業務上必要な交通費や宿泊費（旅費）が対象となる。

なお、研究又は研修のための出張旅費は旅費交通費には含めず、研究費又は研修費として処理する。

（2）会計処理

① 病院特有の論点

病院事業における特殊性はない。

② 仕訳例

医師が遠隔地への往診に際して、あらかじめ100を現金にて仮払いし、帰院後、旅費規定に基づいて鉄道運賃及び宿泊費として合計60を精算した。

現　金	40	/	仮払金	100
旅費交通費	60			

（3）開　示

経費として、病院会計準則では損益計算書の「医業費用」の区分に当該勘定科目名で表示する。注記、附属明細表の記載はない。医療法人会計基準では損益計算書の「事業損益」の区分に「事業費用」で表示する。また、附属明細表の事業費用明細表に記載する。

図表 3-37　旅費交通費の開示

	病院会計準則	医療法人会計基準
開示場所	損益計算書の医業費用の区分に旅費交通費として表示。	損益計算書の事業損益の区分に事業費用として表示。
注記	不要	不要
附属明細表	不要	事業費用明細表において、中区分科目別に記載するか費目別に法人全体の金額を記載。

【関連条文等】
病院会計準則 損益計算書原則　第 35　医業利益
　　　　　　病院会計準則注解（注 20）
医療法人会計基準 第 17 条　損益計算書の表示
医療法人会計基準運用指針 27　附属明細表について

3　職員被服費

（1）勘定科目の説明

従業員に支給又は貸与する白衣、予防衣、診察衣、作業衣などの購入及び洗濯等に係る費用は、職員被服費として処理する。

（2）会計処理

①　病院特有論点

病院事業における特殊性はない。

②　仕訳例

職員の作業服 200 を購入した。支払いは翌月末の予定である。

（i）購入時

職員被服費	200	/	未払金	200

（ii）代金支払時

未払金	200	/	預　金	200

（3）開　示

経費として、病院会計準則では損益計算書の「医業費用」の区分に当該勘定科目名で表示する。注記、附属明細表の記載はない。医療法人会計基準では損益計算書の「事業損益」の区分に「事業費用」で表示する。また、附属明細表の事業費用明細表に記載する。

図表 3-38　職員被服費の開示

	病院会計準則	医療法人会計基準
開示場所	損益計算書の医業費用の区分に職員被服費として表示。	損益計算書の事業損益の区分に事業費用として表示。
注記	不要	不要
附属明細表	不要	事業費用明細表において、中区分科目別に記載するか費目別に法人全体の金額を記載。

【関連条文等】

病院会計準則　損益計算書原則　　第 35　医業利益
　　　　　　　病院会計準則注解（注 20）
医療法人会計基準　第 17 条　損益計算書の表示
医療法人会計基準運用指針　27　附属明細表について

4　通信費

（1）勘定科目の説明

電信電話料、インターネット接続料、郵便料金など通信に係る費用は通信費として処理する。

（2）会計処理

①　病院特有の論点

病院事業における特殊性はない。

②　仕訳例

電信電話料及びインターネットの使用料金として 200 の請求書が届いた。翌月、普通預金から自動引き落しされた。

第3章　損益計算書

(i) 請求書到着時

| 通信費 | 200 | ／ | 未払金 | 200 |

(ii) 普通預金引落し時

| 未払金 | 200 | ／ | 預　金 | 200 |

（3）開　示

　経費として、病院会計準則では損益計算書の「医業費用」の区分に当該勘定科目名で表示する。注記、附属明細表の記載はない。医療法人会計基準では損益計算書の「事業損益」の区分に「事業費用」で表示する。また、附属明細表の事業費用明細表に記載する。

図表3-39　通信費の開示

	病院会計準則	医療法人会計基準
開示場所	損益計算書の医業費用の区分に通信費として表示。	損益計算書の事業損益の区分に事業費用として表示。
注記	不要	不要
附属明細表	不要	事業費用明細表において、中区分科目別に記載するか費目別に法人全体の金額を記載。

【関連条文等】

病院会計準則　損益計算書原則　第35　医業利益
　　　　　　　病院会計準則注解（注20）
医療法人会計基準　第17条　損益計算書の表示
医療法人会計基準運用指針　27　附属明細表について⑤

5　広告宣伝費

（1）勘定科目の説明

　機関誌、広報誌などの印刷製本費、電飾広告等の広告宣伝に係る費用をいう。

具体的なものとしては、インターネットでのホームページの作成費やラジオなど電波媒体を通じたコマーシャルや雑誌広告の掲載料、病院紹介のパンフレット作成費用などがある。

なお、従来、医療機関及び医師は、医療法により限定的に認められた事項以外は原則として広告が禁止されていたが、近時の医療法の改正により広告できる範囲等が緩和された。

(2) 会計処理
① 病院特有の論点
広告宣伝費の費用処理時点は、その効果が現れた時期（企業や患者へ配布した時点等）である。したがって、たとえば病院紹介のパンフレットが期末に大量に残っており（宣伝効果が未発現）金額的に重要性がある場合には、原則的には当該部数相当を貯蔵品として資産計上する必要がある。

② 仕訳例
X1年1月1日に近隣駅に病院広告看板を設置し、業者に対し1年分の代金として300を支った。なお、会計期間は4月1日から3月31日である。

(i) 代金支払い時

広告宣伝費	300	預　金	300

(ii) 決算時

前払費用	225	広告宣伝費	225

＊ 300 × (9/12) ヶ月 = 225

(3) 開　示
経費として、病院会計準則では損益計算書の「医業費用」の区分に当該勘定科目名で表示する。注記、附属明細表の記載はない。医療法人会計基準では損益計算書の「事業損益」の区分に「事業費用」で表示する。また、附属明細表の事業費用明細表に記載する。

図表 3-40　広告宣伝費の開示

	病院会計準則	医療法人会計基準
開示場所	損益計算書の医業費用の区分に広告宣伝費として表示。	損益計算書の事業損益の区分に事業費用として表示。
注記	不要	不要
附属明細表	不要	事業費用明細表において、中区分科目別に記載するか費目別に法人全体の金額を記載。

【関連条文等】
病院会計準則　損益計算書原則　　第 35　医業利益
　　　　　　　病院会計準則注解（注 20）
医療法人会計基準　第 17 条　損益計算書の表示
医療法人会計基準運用指針　27　附属明細表について

6　消耗品費

（1）勘定科目の説明

　カルテ（電子カルテは除く）、検査伝票、会計伝票などの医療用、事務用の用紙、帳簿、電球、洗剤など 1 年内に消費するものに係る費用は消耗品費として処理する。

　ただし、材料費（医療消耗器具備品費等）に属するものを除く。

　消耗品費は、本来購入時に貯蔵品などの名称で資産計上し、使用時に消耗品費として費用処理すべきであるが、実務上は伝票用紙のように一般に短期に使用され、その価額に重要性が認められない物品であることから、購入時点で消耗品費として処理するといった簡便的な方法が認められている。ただし、期末時点で多額の未使用物品が残りかつ金額的な重要性が高い場合は、未使用分を消耗品費から貯蔵品に振り替えて資産計上する必要がある。

（2）会計処理
①　病院特有の論点

　病院事業における特殊性はない。

② 仕訳例

(ⅰ) 経理用の伝票用紙を 2,000 冊を一括で購入し、購入代金 4,000（@ 2）を現金で支払った。

| 消耗品費　4,000 | / | 現　金　　4,000 |

(ⅱ) 決算時に当該伝票用紙の未使用分をたな卸したところ、1,800 冊が残っていたため、これを資産計上した（毎期末に実地たな卸を実施し、資産計上処理をしている）。

| 貯蔵品　　3,600 | / | 消耗品費　3,600 |

＊ 1,800 冊 × @ 2 ＝ 3,600

(3) 開　示

経費として、病院会計準則では損益計算書の「医業費用」の区分に当該勘定科目名で表示する。注記、附属明細表の記載はない。医療法人会計基準では損益計算書の「事業損益」の区分に「事業費用」で表示する。また、附属明細表の事業費用明細表に記載する。

図表 3-41　消耗品費の開示

	病院会計準則	医療法人会計基準
開示場所	損益計算書の医業費用の区分に消耗品費として表示。	損益計算書の事業損益の区分に事業費用として表示。
注記	不要	不要
附属明細表	不要	事業費用明細表において、中区分科目別に記載するか費目別に法人全体の金額を記載。

【関連条文等】

病院会計準則　損益計算書原則　　第 35　医業利益
　　　　　　　病院会計準則注解（注 20）
医療法人会計基準　第 17 条　損益計算書の表示
医療法人会計基準運用指針 27　附属明細表について

7 消耗器具備品費

（1）勘定科目の説明
消耗器具備品費とは、事務用その他の器械、器具のうち、固定資産の計上基準額に満たないもの、または1年内に消費するものに係る費用をいう。
ただし、医業活動に係る医療消耗器具備品費に属するものは除く。

（2）会計処理
① 病院特有の論点
病院事業における特殊性はない。
② 仕訳例
取引先から本棚を購入し、代金500を現金で支払った。

消耗器具備品費	500	／	現　金	500

（3）開　示
経費として、病院会計準則では損益計算書の「医業費用」の区分に当該勘定科目名で表示する。注記、附属明細表の記載はない。医療法人会計基準では損益計算書の「事業損益」の区分に「事業費用」で表示する。また、附属明細表の事業費用明細表に記載する。

図表3-42　消耗器具備品費の開示

	病院会計準則	医療法人会計基準
開示場所	損益計算書の医業費用の区分に消耗器具備品費として表示。	損益計算書の事業損益の区分に事業費用として表示。
注記	不要	不要
附属明細表	不要	事業費用明細表において、中区分科目別に記載するか費目別に法人全体の金額を記載。

【関連条文等】
病院会計準則　損益計算書原則　第35　医業利益
　　　　　　　病院会計準則注解（注20）
医療法人会計基準　第17条　損益計算書の表示
医療法人会計基準運用指針　27　附属明細表について

Ⅱ 医業費用

8 会議費

(1) 勘定科目の説明
運営諸会議など院内管理のための会議に係る費用については会議費として処理する。

(2) 会計処理
① 病院特有の論点
病院事業における特殊性はない。
② 仕訳例
12月の経営会議を実施する会場を手配し200を現金で支払った。

| 会議費 | 200 | ／ | 現　金 | 200 |

(3) 開　示
経費として、病院会計準則では損益計算書の「医業費用」の区分に当該勘定科目名で表示する。注記、附属明細表の記載はない。医療法人会計基準では損益計算書の「事業損益」の区分に「事業費用」で表示する。また、附属明細表の事業費用明細表に記載する。

図表3-43　会議費の開示

	病院会計準則	医療法人会計基準
開示場所	損益計算書の医業費用の区分に会議費として表示。	損益計算書の事業損益の区分に事業費用として表示。
注記	不要	不要
附属明細表	不要	事業費用明細表において、中区分科目別に記載するか費目別に法人全体の金額を記載。

【関連条文等】
病院会計準則　損益計算書原則　第35 医業利益
　　　　　　　病院会計準則注解（注20）
医療法人会計基準　第17条 損益計算書の表示
医療法人会計基準運用指針 27 附属明細表について

9 水道光熱費

(1) 勘定科目の説明
電気、ガス、水道、重油などに係る費用は水道光熱費として処理する。ただし、車両の燃料になるものは車両関係費に計上する。

(2) 会計処理
① **病院特有の論点**

病院会計準則は、施設単位で適用されることから、一体の建物等で複数の施設や事業を運営しているケースにおいて、電気メータも一体となっている場合には、面積割や消費電力の大きいMRI等の消費電力等を考慮した合理的な基準により電気代などの水道光熱費を按分する必要がある。

② **仕訳例**

電気代の料金200が預金口座から引き落とされた。

水道光熱費	200	/	預　金	200

(3) 開　示
経費として、病院会計準則では損益計算書の「医業費用」の区分に当該勘定科目名で表示する。注記、附属明細表の記載はない。医療法人会計基準では損益計算書の「事業損益」の区分に「事業費用」で表示する。また、附属明細表の事業費用明細表に記載する。

図表3-44　水道光熱費の開示

	病院会計準則	医療法人会計基準
開示場所	損益計算書の医業費用の区分に水道光熱費として表示。	損益計算書の事業損益の区分に事業費用として表示。
注記	不要	不要
附属明細表	不要	事業費用明細表において、中区分科目別に記載するか費目別に法人全体の金額を記載。

【関連条文等】
病院会計準則 損益計算書原則　第35 医業利益
　　　　　　病院会計準則注解（注20）
医療法人会計基準 第17条 損益計算書の表示
医療法人会計基準運用指針 27 附属明細表について

10　保険料

（1）勘定科目の説明
生命保険料、病院責任賠償保険料など保険契約に係る費用は保険料として処理する。
ただし、福利厚生費、器機設備保険料、車両関係費に該当するものを除く。

（2）会計処理
① **病院特有の論点**
病院事業における特殊性はない。
② **仕訳例**
当会計期間に対応する病院責任賠償保険契約を締結し、今期の保険料3,000を預金で支払った。

保険料	3,000	／	預　金	3,000

（3）開　示
経費として、病院会計準則では損益計算書の「医業費用」の区分に当該勘定科目名で表示する。注記、附属明細表の記載はない。医療法人会計基準では損益計算書の「事業損益」の区分に「事業費用」で表示する。また、附属明細表の事業費用明細表に記載する。

図表 3-45　保険料の開示

	病院会計準則	医療法人会計基準
開示場所	損益計算書の医業費用の区分に保険料として表示。	損益計算書の事業損益の区分に事業費用として表示。
注記	不要	不要
附属明細表	不要	事業費用明細表において、中区分科目別に記載するか費目別に法人全体の金額を記載。

【関連条文等】
病院会計準則　損益計算書原則　　第 35　医業利益
　　　　　　　病院会計準則注解（注 20）
医療法人会計基準　第 17 条　損益計算書の表示
医療法人会計基準運用指針 27　附属明細表について

11　交際費

（1）勘定科目の説明

　接待や慶弔など交際に要する費用は交際費として処理する。

　交際費は該当する範囲が多岐にわたることから、一般的には税法上の交際費の定義を参考にして処理している。

　税法上、課税の対象となる交際費等とは、「交際費、接待費、機密費その他の費用で、法人がその得意先、仕入先その他事業に関係ある者等に対する、接待、供応、慰安、贈答その他これらに類似する行為のため支出するもので、専ら従業員の慰安のために行われる運動会、演芸会、旅行等のために通常要する費用等を除くもの」とされる（租税特別措置法第 61 条の 4）。

「交際費」と混同しやすい費用

福利厚生費	院外の者を旅行・観劇等に招待するための費用は交際費とされるが、自病院職員に対する一定条件を満たす費用は「福利厚生費」とされる。
会議費	豪華な飲食や供応に要する費用は交際費とされるが、会議での通常の昼食程度の飲食費用であれば「会議費」とされる。
広告宣伝費	特定の人に対する広告宣伝目的のカレンダーの配布は交際費とされるが、不特定多数の人に対するものであれば広告宣伝費とされる。
寄附金	仕入先など事業に関係のある団体などに対する対価性が認められる寄附は、交際費とされるが、他の開設主体が運営する施設に対しての松葉杖の寄附等のように、見返りのない寄附金（その他の医業外費用）とされる。

（2）会計処理
① 病院特有の論点
病院事業における特殊性はない。
② 仕訳例
病院の創立記念式典に仕入先を招待し、宴会費など2,000を支払った。

交際費	2,000	／	預　金	2,000	

（3）開　示
　経費として、病院会計準則では損益計算書の「医業費用」の区分に当該勘定科目名で表示する。注記、附属明細表の記載はない。医療法人会計基準では損益計算書の「事業損益」の区分に「事業費用」で表示する。また、附属明細表の事業費用明細表に記載する。

図表3-46　交際費の開示

	病院会計準則	医療法人会計基準
開示場所	損益計算書の医業費用の区分に交際費として表示。	損益計算書の事業損益の区分に事業費用として表示。
注記	不要	不要
附属明細表	不要	事業費用明細表において、中区分科目別に記載するか費目別に法人全体の金額を記載。

【関連条文等】
病院会計準則　損益計算書原則　　第35　医業利益
　　　　　　　病院会計準則注解（注20）
医療法人会計基準　第17条　損益計算書の表示
医療法人会計基準運用指針　27　附属明細表について

第3章　損益計算書

12　諸会費

(1) 勘定科目の説明
各種団体に対する会費、分担金などに係る費用は諸会費として処理する。

(2) 会計処理
① **病院特有の論点**
病院事業における特殊性はない。
② **仕訳例**
地域医師会に対する会費100を現金で支払った。

諸会費	100	／	現　金	100

(3) 開　示
経費として、病院会計準則では損益計算書の「医業費用」の区分に当該勘定科目名で表示する。注記、附属明細表の記載はない。医療法人会計基準では損益計算書の「事業損益」の区分に「事業費用」で表示する。また、附属明細表の事業費用明細表に記載する。

図表3-47　諸会費の開示

	病院会計準則	医療法人会計基準
開示場所	損益計算書の医業費用の区分に諸会費として表示。	損益計算書の事業損益の区分に事業費用として表示。
注記	不要	不要
附属明細表	不要	事業費用明細表において、中区分科目別に記載するか費目別に法人全体の金額を記載。

【関連条文等】
病院会計準則　損益計算書原則　第35　医業利益
　　　　　　　病院会計準則注解（注20）
医療法人会計基準　第17条　損益計算書の表示
医療法人会計基準運用指針　27　附属明細表について

13 租税公課

(1) 勘定科目の説明

印紙税、登録免許税、事業所税などの租税及び町会費などの公共的課金は租税公課として処理する。

ただし、固定資産税等、車両関係費、法人税、住民税及び事業税負担額、課税仕入に係る消費税及び地方消費税相当部分に該当するものは除く。

収入印紙は、切手と同じように郵便局で販売されており、切手を処理する通信費と誤解されやすいが、その内容は作成した領収書や契約書などに貼りつけて納付する国税であるため、「通信費」ではなく「租税公課」として処理する。なお、期末時点で収入印紙が残っている場合は、貯蔵品として資産計上する必要がある。

(2) 会計処理

① 病院特有の論点

病院事業における特殊性はない。

② 仕訳例

（ⅰ）収入印紙を5枚購入し、現金500（@100）支払った。

租税公課	500	/	現　金	500

（ⅱ）決算時に当該収入印紙を実査したところ、3枚が残っていたため、これを資産計上した。

貯蔵品	300	/	租税公課	300

＊3枚×@100 = 300

(3) 開　示

経費として、病院会計準則では損益計算書の「医業費用」の区分に当該勘定科目名で表示する。注記、附属明細表の記載はない。医療法人会計基準では損益計算書の「事業損益」の区分に「事業費用」で表示する。また、附属明細表の事業費用明細表に記載する。

図表 3-48　租税公課の開示

	病院会計準則	医療法人会計基準
開示場所	損益計算書の医業費用の区分に租税公課として表示。	損益計算書の事業損益の区分に事業費用として表示。
注記	不要	不要
附属明細表	不要	事業費用明細表において、中区分科目別に記載するか費目別に法人全体の金額を記載。

【関連条文等】
病院会計準則　損益計算書原則　　第 35　医業利益
　　　　　　　　病院会計準則注解（注 20）
医療法人会計基準　第 17 条　損益計算書の表示
医療法人会計基準運用指針　27　附属明細表について

14　医業貸倒損失

（1）勘定科目の説明

　医業未収金の徴収不能額のうち、貸倒引当金で填補されない部分の金額に係る費用は医業貸倒損失として処理する。
　つまり、前期末の医業未収金に対して引き当てた貸倒引当金の金額以上の医業未収金の回収不能が確定した場合や当期に発生した医業未収金が回収不能になった場合に計上される科目である。

（2）会計処理
① **病院特有の論点**
　病院事業における特殊性はない。
② **仕訳例**
　当期に退院した A 氏に対する入院診療にかかる医業未収金 1,000 について、A 氏が所在不明となり、実質的に回収不能となったため、今期決算で貸倒損失処理した。貸倒引当金は未設定であった。

医業貸倒損失	1,000	／	医業未収金	1,000

(3) 開　示

経費として、病院会計準則では損益計算書の「医業費用」の区分に当該勘定科目名で表示する。注記、附属明細表の記載はない。医療法人会計基準では損益計算書の「事業損益」の区分に「事業費用」で表示する。また、附属明細表の事業費用明細表に記載する。

図表 3-49　医業貸倒損失の開示

	病院会計準則	医療法人会計基準
開示場所	損益計算書の医業費用の区分に医業貸倒損失として表示。	損益計算書の事業損益の区分に事業費用として表示。
注記	不要	不要
附属明細表	不要	事業費用明細表において、中区分科目別に記載するか費目別に法人全体の金額を記載。

【関連条文等】

病院会計準則　損益計算書原則　　第 35　医業利益
　　　　　　　病院会計準則注解（注 20）
医療法人会計基準　第 17 条　損益計算書の表示
医療法人会計基準運用指針　27　附属明細表について

15　貸倒引当金繰入額

(1) 勘定科目の説明

当該会計期間に発生した医業未収金のうち、回収不能と見積もられる部分の金額は貸倒引当金繰入額として処理する。

(2) 会計処理

① 病院特有の論点

病院事業における特殊性はない。

② 仕訳例

期末の医業未収金 1,000 に対して、貸倒実績率 0.1％として貸倒引当金を計上する。

貸倒引当金繰入額　　1　／　貸倒引当金　　1

医療法人会計基準において、金融商品会計が新たに採用されたことを受けて金融商品会計基準に基づき債権を分類し、それぞれの債権分類に応じて債権の回収可能性を判断して貸倒引当金を計上することに注意が必要である。

なお、貸倒引当金については、「第2章 貸借対照表・資産・Ⅰ 流動資産・（17）貸倒引当金」に記載しているため、ここでの説明は省略する。

（3）開　示

経費として、病院会計準則では損益計算書の「医業費用」の区分に当該勘定科目名で表示する。また、附属明細表の引当金明細表に引当金の種類ごとに、期首増加額、当期減少額及び期末残高を記載する。医療法人会計基準では損益計算書の「事業損益」の区分に「事業費用」で表示する。また、附属明細表の事業費用明細表に記載する。

図表 3-50　貸倒引当金繰入額の開示

	病院会計準則	医療法人会計基準
開示場所	損益計算書の医業費用の区分に貸倒引当金繰入額として表示。	損益計算書の事業損益の区分に事業費用として表示。
注記	不要	不要
附属明細表	引当金明細表において、引当金の種類ごとに、期首残高、当期増加額、当期減少額（目的使用）、当期減少額（その他）及び期末残高を記載。	・事業費用明細表において、中区分科目別に記載するか費目別に法人全体の金額を記載。 ・引当金明細表において、設定目的ごとの科目の区分により、前期末残高、当期増加額、当期減少額（目的使用）、当期減少額（その他）及び当期末残高を記載。

Ⅱ　医業費用

【関連条文等】
病院会計準則　貸借対照表原則　第24　医業未収金、未収金、貸付金等の貸借対照表価額
　　　　　　　損益計算書原則　第35　医業利益
　　　　　　　病院会計準則注解（注10）
医療法人会計基準　第12条　金銭債権の評価
医療法人会計基準運用指針　12　引当金の取扱いについて、
　　　　　　　　　　　　　27　附属明細表について

16　雑　費

（1）勘定科目の説明

　振込手数料、院内託児所費、学生に対して学費、教材費などを負担した場合の看護師養成費など経費のうち前記に属さないものは雑費として処理する。ただし、金額の大きいものについては独立の科目を設けることが必要である。

（2）会計処理

① 病院特有の論点

病院事業における特殊性はない。

② 仕訳例

銀行での送金手数料として、70を支払った。

雑　費	70	/	預　金	70

（3）開　示

　経費として、病院会計準則では損益計算書の「医業費用」の区分に当該勘定科目名で表示する。注記、附属明細表の記載はない。医療法人会計基準では損益計算書の「事業損益」の区分に「事業費用」で表示する。また、附属明細表の事業費用明細表に記載する。

図表 3-51　雑費の開示

	病院会計準則	医療法人会計基準
開示場所	損益計算書の医業費用の区分に雑費として表示。	損益計算書の事業損益の区分に事業費用として表示。
注記	不要	不要
附属明細表	不要	事業費用明細表において、中区分科目別に記載するか費目別に法人全体の金額を記載。

【関連条文等】
病院会計準則　損益計算書原則　第 35　医業利益
　　　　　　　病院会計準則注解（注 20）
医療法人会計基準　第 17 条　損益計算書の表示
医療法人会計基準運用指針　27　附属明細表について

7．控除対象外消費税等負担額

（1）勘定科目の説明

　控除対象外消費税等負担額とは、病院の負担に属する控除対象外の消費税及び地方消費税であり、医療機器等の資産取得取引から生じた消費税を除いたものである。

　病院会計準則では消費税等の会計処理方法は、税抜方式で処理すべきこととされている。これは、比較可能性を重視する立場から、すべての開設主体に対して、一律に税抜処理を適用することにしたものである。したがって、開設主体が本則課税適用法人ではなく、簡易課税制度選択法人であっても、消費税等の会計処理は税抜処理が要求されている。

　税抜方式の消費税等の会計処理は、期中において、医薬品などの課税仕入に係る消費税等を仮払消費税等の勘定で、室料差額収入などの課税売上に係る消費税等を仮受消費税等の勘定で処理し、期末において課税期間に係る仮払消費税等と仮受消費税等を相殺してその差額を納付（又は還付）する処理が行われる。

医療機関で計上される医業収益には課税売上部分と非課税売上部分があり、通常の病院事業においては非課税である社会保険診療等収益が大部分を占めるから、仮払消費税等と仮受消費税等の相殺において、課税売上に対応する消費税等相当しか仮払消費税を控除することができず、控除しきれなかった金額が控除対象外消費税等として費用計上されることになる。

　なお、控除対象外消費税等には、費用部分から発生した金額と資産取得部分から発生した金額が存在するが、後者のうち多額な部分として臨時費用区分で計上される金額は「資産に係る控除対象外消費税等負担額」として別掲されるため、医業費用区分で計上される控除対象外消費税等負担額はこれを除いたものである。

　なお、消費税等の会計処理を病院会計準則と異なる方法で行っている場合には、その旨、会計処理方法及び病院会計準則に定める方法によった場合と比較した影響額を「比較のための情報」として記載する。この場合の影響額とは、医業収益及び医業費用の各区分別に含まれている消費税相当額、控除対象外消費税等（資産に係るものとその他に区分する）と、その結果としての損益計算書の医業利益、経常利益及び税引前当期純利益に与える影響額とする（ガイドライン4－4）

(2) 会計処理
① 医療法人会計基準との関係
　病院会計準則では、消費税等の会計処理は税抜方式で統一されている。また、消費税の影響額を明示するために控除対象外消費税等負担額という勘定科目を新設することになり、租税公課には含めずに計上する。

　医療法人会計基準においては、消費税等の会計処理方法については、特に定めがなく、税抜方式・税込方式の選択適用が認められている。このため、医療法人会計基準では、税込方式で会計処理をする場合、上述のとおり、ガイドライン4－4に準じて病院単位の財務諸表においてその影響額を注記することになる。

② 病院特有の論点
　消費税等の会計処理方法には、消費税等を収益及び費用に含めて処理す

る方法（税込方式）と消費税等を収益及び費用に含めることなく損益計算に影響させずに処理する方法（税抜方式）があるが、病院会計準則では税抜方式で行うこととされている。

しかし、多くの開設主体では税込方式で処理しているのが現状である。病院の開設主体は公的な法人から民間法人まで多種類のものが存在し、通常、その開設主体それぞれに法人としての会計基準が存在する。したがって、実際の財務諸表の作成実務においては、法人としての会計基準と病院会計準則を調整して、会計処理を行うことになる。

③ 仕訳例

（ⅰ）課税売上時

室料差額 10,800（税込）に係る請求が発生した。

医業未収金	10,800	/	室料差額収益	10,000
			仮受消費税等	800

（ⅱ）課税仕入時

医薬品に係る請求 324,000（税込）を受けた。

医薬品費	300,000	/	未払金	324,000
仮払消費税等	24,000			

（ⅲ）決算時①

仮払消費税累計額 5,000,000 のうち、控除対象外消費税等負担額が 3,400,000、資産取得部分から発生した金額のうち多額な部分として臨時費用に計上すべきであると判断された資産に係る控除対象外消費税等負担額が 1,400,000 である

控除対象外消費税等負担額	3,400,000	仮払消費税等	4,800,000
資産に係る控除対象外消費税等負担額	1,400,000		

(ⅳ) 決算時②

仮払消費税と仮受消費税を相殺する。

仮受消費税等	300,000	/	仮払消費税等	200,000
			未払消費税等	100,000

(ⅴ) 納付時（翌期の処理）

未払消費税等	100,000	/	預　金	100,000

（3）開　示

　控除対象外消費税等負担額として、病院会計準則では損益計算書の「Ⅱ 医業費用」の区分に当該勘定科目名で表示する。注記、附属明細表の記載はない。医療法人会計基準では損益計算書の「事業損益」の区分に「事業費用」で表示する。

図表 3-52　控除対象外消費税負担額の開示

	病院会計準則	医療法人会計基準
開示場所	損益計算書の医業費用の区分に当該勘定科目名で表示。	税抜方式を採用した場合、損益計算書の事業損益の区分に事業費用として表示。
注記	消費税等及び控除対象外消費税等負担額の会計処理方法について、重要な会計方針の注記が必要。	消費税及び地方消費税の会計処理方法の注記が必要。
附属明細表	不要	税抜方式を採用した場合、事業費用明細表において、中区分科目別に記載するか費目別に法人全体の金額を記載。

【関連条文等】
病院会計準則　一般原則注解　　　（注 5）
　　　　　　　損益計算書原則　　第 35 医業利益
　　　　　　　損益計算書原則注解（注 22）
医療法人会計基準　第 3 条　重要な会計方針の記載
医療法人会計基準運用指針　27　附属明細表について

8．本部費配賦額

（1）勘定科目の説明

本部費配賦額とは、病院の開設主体が本部会計を独立会計単位として設置している場合の、一定の配賦基準で配賦された本部の費用である。

本部費は、法人全体の経営意思決定、管理及び広報等のために要した費用であり、特定の施設に直課すべき内容のものではない。したがって、実務上の利便性から行われる本部における一括的な資金調達や購入、支払いなどの制度に起因して各施設を肩代りした費用や複数の施設に共通して発生する費用項目（施設共通費等）の配分額とは異なることに留意する必要がある。肩代り費用や施設共通費等は、本来、各施設等に直接帰属すべきものであって、実務上の便宜により、いったん、本部会計単位に計上することはあっても、最終的には、それぞれの費目ごとに、各施設の財務諸表に振り替えられることになる。この場合、実務的には配賦計算を行う場合も想定されるが、その本質的意味として本部費の配賦とは、別個の問題として取り扱う必要がある。

本部費を各施設に配賦する理由は、各施設の医業損益を適正に算定するためである。そのため、医業費用に係る本部費についてその医業費用の性質に応じた適切な配賦基準を用いて各施設に配賦を行うことが必要である。

なお、本部会計を設置し、本部費を配賦していない場合は、「その旨」、病院会計準則に定める方法によった場合と比較した影響額を「比較のための情報」として記載する。

（2）会計処理
① 医療法人会計基準との関係

医療法人会計基準は、医療法人全体としての財務諸表を作成するものであるため、法人本部が設置されている場合の経費部分について本部費として損益計算書に計上されることになる。なお、病院会計準則においては、その本部費用が病院や施設に配賦計算された金額を計上するため、本部費配賦額として計上されることになる。

また、法人本部を独立した会計としている場合の本部費については、医療法人会計基準上では、本来業務事業損益、附帯業務事業損益又は収益事業損益の区分に分けることなく、本来業務事業損益の区分に計上するものとされている（運用指針17）。

なお、本部が資金調達機能を有しており、資金調達に係る費用については、事業外費用として計上することになる（運用指針18）。

② 病院特有の論点

本部費配賦額は、当該医業費用の性質に応じて適切な配賦基準を用いて配賦しなければならないことに留意が必要である。

本部費の配賦基準としては一般的に以下のようなものが考えられる。

配賦基準	内　容	適用する費用項目例
従事者数	各施設等におけるサービス提供者側の人員数である従事者数	給与費、保守委託費、設備関係費、研修費
患者・利用者数	各施設等におけるサービス受領者側の人員数である患者・利用者数	検査委託費、研究費
延面積	各施設等の延利用床面積	清掃委託費
総資産額	各施設等の総資産額	広告宣伝費、交際費
総収入額	各施設等の事業収益額	消耗品費
帳簿価額	各施設等の一定の範囲の資産や負債の金額	器機設備保険料

（注）「適用する費用項目例」は、「病院会計準則適用における実務上の取扱いについて」（平成16年8月19日　日本公認会計士協会）を参考に記載したが、あくまでも一般的な例示であり、病院等の実態を勘案して個別具体的に決定する必要がある。

③ 仕訳例

当院は、本部会計を独立会計単位として設置し、A病院、B介護老人保健施設、C診療所を開設している。本部費に集計されているのは給与費80,000、設備関係費は50,000である。

給与費と設備関係費は従業員を配賦基準とし、その比率はA病院70％、B介護老人保健施設20％、C診療所10％であった。

〈本部〉

給　料	80,000 ／ 預　金	80,000

（注）給料には役員報酬が含まれている。

設備関係費	50,000	預 金	50,000

(i) 各施設へ配賦する仕訳

A 純資産（病院勘定）	91,000	本部費配賦額	130,000
B 純資産（介護老人保健施設勘定）	26,000		
C 純資産（診療所勘定）	13,000		

(ii) 各施設への配賦金額

（給　料）　従事者数の比率で配賦する。

　　A 病院　　　　　　　：80,000 × 70％ ＝ 56,000
　　B 介護老人保健施設　：80,000 × 20％ ＝ 16,000
　　C 診療所　　　　　　：80,000 × 10％ ＝ 8,000

（設備関係費）　従業員比率で配賦する。

　　A 病院　　　　　　　：50,000 × 70％ ＝ 35,000
　　B 介護老人保健施設　：50,000 × 20％ ＝ 10,000
　　C 診療所　　　　　　：50,000 × 10％ ＝ 5,000

〈A 病院〉

本部費配賦額	91,000	純資産（本部勘定）	91,000

〈B 介護老人保健施設〉

本部費負担額	26,000	純資産（本部勘定）	26,000

〈C 診療所〉

本部費負担額	13,000	純資産（本部勘定）	13,000

なお、実際に配賦額を計算するためには、本部会計に集計された医業費用科目を項目とした本部費配賦表を作成することが必要である。

本部費配賦表の例示 (単位:千円)

	本部費	A病院	B病院	C老健	配賦基準
給 与 費	50,000	28,571	17,858	3,571	(従事者数)
保守委託費	2,000	1,143	714	143	(従事者数)
設備関係費	30,000	17,143	10,714	2,143	(従事者数)
研 修 費	500	286	178	36	(従事者数)
広告宣伝費	1,500	750	500	250	(総資産)
会 議 費	600	322	214	64	(管理職員数)
交 際 費	800	400	267	133	(総資産)
その他経費	17,000	9,714	6,072	1,214	(従事者数)
合 計	102,400	58,329	36,517	7,554	
(配賦基準別集約)					
(従事者数)	700	400	250	50	人
配賦額計	99,500	56,857	35,536	7,107	
(管理職員数)	28	15	10	3	人
配賦額計	600	322	214	64	
(総資産)	120	60	40	20	千円
配賦額計	2,300	1,150	767	383	
合 計	102,400	58,329	36,517	7,554	

出所:「病院会計準則適用における実務上の取扱いについて」(平成16年8月19日 日本公認会計協会)

(3) 開 示

　本部費負担額は、病院会計準則では損益計算書の「医業費用」の区分の末尾に当該勘定科目名で表示する。また、附属明細表において、設定された配賦基準を適用する項目ごとに、当期における本部費の内容及び当病院への配賦額並びに配賦基準を記載する。医療法人会計基準では損益計算書の事業損益の本来事務事業損益の区分に「事業費用」として表示する。

第3章　損益計算書

図表3-53　本部費負担額の開示

	病院会計準則	医療法人会計基準
開示場所	損益計算書の医業費用の区部に本部費として表示。	損益計算書の事業損益の本来業務事業損益の区分に事業費用として表示。
注記	不要	不要
附属明細表	設定された配賦基準を適用する項目ごとに、当期における本部費の内容及び当病院への配賦額並びに配賦基準を記載。	事業費用明細表において、中区分科目別に記載するか費目別に法人全体の金額を記載。

【関連条文等】

病院会計準則　損益計算書原則　　　第35　医業利益
　　　　　　　損益計算書原則注解（注23）
医療法人会計基準　第17条　損益計算書の表示
医療法人会計基準運用指針　17　本部費の取扱いについて
　　　　　　　　　　　　　27　附属明細表について

Ⅲ

臨時収益

　病院事業では医業収益、医業外収益として計上するには相応しくない非経常的な原因により収益が発生することがある。病院会計準則においてはそれらを、臨時収益の区分に計上することを求めている。ただし、臨時収益に属する項目であっても金額の僅少なもの、又は毎期経常的に発生するものは医業外収益に含めることができる。

　なお、医療法人会計基準では、臨時的に発生する収益は純損益計算の区分において特別利益として表示する。

1．固定資産売却益

(1) 勘定科目の説明

　固定資産売却益とは、固定資産の売却金額がその固定資産の帳簿価額を超えた場合の料金額の差額を処理する勘定科目である。

(2) 会計処理

① 病院特有の論点

　固定資産はそれ自体の売却を目的として所有するものではなく、医業活動を行うために使用することを目的としているが、一定期間経過後に医療器械更新の理由等で売却することがある。

　IT化や医療機器の発達によって、病院内での更新投資は頻繁に行われ、現在では医療器械の中古品買取業者が存在することから、売却可能なケースが増加している。

② 仕訳例

期中に医療機器を 1,200 で売却した。当該資産の売却直前の状況は次のとおりであった。

取得価額　　　　　　3,000
減価償却累計額　　　2,000

現金及び預金	1,200	医療用器械備品	3,000
減価償却累計額	2,000	固定資産売却益	200

（3）開　示

図表 3-54　臨時収益の開示

	病院会計準則	医療法人会計基準
開示場所	損益計算書の臨時収益の区分に当該勘定科目名で表示。	損益計算書の特別利益の区分に固定資産売却益で表示。
注記	不要	不要
附属明細表	不要	不要

【関連条文等】
病院会計準則　損益計算書原則　第 31　損益計算書の区分
　　　　　　　　　　　　　　　第 38　純損益計算

2．その他の臨時収益

（1）勘定科目の説明

　その他の臨時収益とは、固定資産売却益以外の臨時に発生した収益をいう。経常的に発生する取引以外のさまざまなケースが想定されることから、病院会計準則では個別具体的な名称を設けず、その他の臨時収益としたものと考えられる。何をもって臨時収益とするかについては一概には論じられないが、取引の発生した原因や金額的な重要性を鑑みて総合的に決定することになる。一般的に次のようなものは臨時収益として計上することとなる。

- 投資有価証券売却益
- 災害による保険金収入
- 多額の引当金の戻入
- 償却済債権の回収
- 医療事故の保険金収入

（2）会計処理

① 病院特有の論点
病院事業における特殊性はない。

② 仕訳例
物損事故に係る保険金1,000が入金された

| 現金及び預金 | 1,000 ／ 保険金収入 | 1,000 |

（3）開　示

図表 3-55　その他の臨時収益の開示

	病院会計準則	医療法人会計基準
開示場所	損益計算書の臨時収益の区分に当該勘定科目名で表示。	損益計算書の特別利益の区分に固定資産売却益等の独立した科目名で表示。
注記	不要	不要
附属明細表	不要	不要

【関連条文等】
病院会計準則　損益計算書原則　第31　損益計算書の区分
　　　　　　　　　　　　　　　第38　純損益計算

Ⅳ

臨時費用

　通常の活動以外で臨時的に発生した費用や損失を、病院会計準則では臨時費用の区分に計上することとしている。ただし、臨時費用に属する費用であっても金額の僅少なものや毎期経常的に発生するものは医業外費用に含めることができる。

　なお、医療法人会計基準では、一般の閲覧に供される事業報告書等に準じ、特別損失とされているが、ここでは病院会計準則に従い、臨時費用として説明する。

1．固定資産売却損

（1）勘定科目の説明
　固定資産売却損とは、固定資産の売却価額がその固定資産の帳簿価額を下回った場合にその差額を処理する勘定科目のことである。

（2）会計処理
① **医療法人会計基準との関係**
　病院会計準則では臨時費用の区分に計上されるが、医療法人会計基準では特別損失の区分に計上される。
② **病院特有の論点**
　病院事業における特殊性はない。
③ **仕訳例**
　体外衝撃波結石破砕装置（帳簿価額 40,000）の更新のため、30,000 で売却し、代金は預金にて決済された。

Ⅳ 臨時費用

| 預　　金 | 30,000 | 医療用器械備品 | 40,000 |
| 固定資産売却損 | 10,000 | | |

(3) 開　示

図表 3-56　固定資産売却損の開示

	病院会計準則	医療法人会計基準
開示場所	損益計算書の臨時費用の区分に表示。	損益計算書の特別損失の区分に表示。
注記	不要	不要
附属明細表	不要	不要

【関連条文等】
病院会計準則　損益計算書原則　第 31　損益計算書の区分
　　　　　　　　　　　　　　　第 38　純損益計算

2．固定資産除却損

(1) 勘定科目の説明

　固定資産除却損とは、固定資産の更新等に際し現行資産を廃棄処分等した場合に、その帳簿価額を処理する勘定科目である。なお、撤去工事費用等の除却に係る費用も固定資産除却損に含める。

　本来は廃棄等の事実に基づき除却処理すべきであるが、廃棄前においても、その使用を廃止し、今後、通常の方法により事業の用に供する可能性がないと認められる場合は、その資産の帳簿価額から処分可能見込額を控除した金額を除却損として費用処理することが認められている（有姿除却）。

　ただし、その資産の時価が著しく下落し、回復の見込みがない場合には、その資産の帳簿価額から時価を控除した額を減損損失として認識する点に留意が必要である。

（2）会計処理
① 医療法人会計基準との関係
病院会計準則では臨時費用の区分に計上されるが、医療法人会計基準では特別損失の区分に計上される。

② 病院特有の論点
病院においては除却が毎期実施されることが多く、営業外費用としている例もある。

③ 仕訳例
医療用カート（帳簿価額 50,000）破損のため、撤去した。

医療用器械備品除却損　50,000　／　医療用器械備品　50,000

（3）開　示

図表 3-57　固定資産除却損の開示

	病院会計準則	医療法人会計基準
開示場所	損益計算書の臨時費用の区分に表示。	損益計算書の特別損失の区分に表示。
注記	不要	不要
附属明細表	不要	不要

【関連条文等】
病院会計準則　損益計算書原則　第 31　損益計算書の区分
　　　　　　　　　　　　　　　第 38　純損益計算

3．資産に係る控除対象外消費税等負担額

（1）勘定科目の説明
資産に係る控除対象外消費税等負担額とは、控除対象外消費税及び地方消費税で、資産取得に伴う負担額のうち多額な部分を計上する勘定科目である。

なお、医業費用区分で計上される控除対象外消費税等負担額はこれを除

いたものであり、資産取得に起因したものであっても少額の場合は医業費用区分に含まれる。

> 【消費税等の会計処理】
> 　病院会計準則においては、税抜方式が原則とされているが、実際には税込方式で処理する医療法人が多いため、医療法人会計基準においては、税抜方式・税込方式の選択適用が認められている。
> 　これについては、「Ⅱ　医業費用・7．控除対象外消費税等負担額」にて解説したとおりである。

（2）会計処理
① 医療法人会計基準との関係
　病院会計準則では、消費税等の会計処理は税抜方式で統一されている。また、消費税の影響額を明示するために控除対象外消費税等負担額という勘定科目を新設することになり、租税公課には含めずに計上する。
　医療法人会計基準においては、消費税等の会計処理方法については、特に定めがなく、税抜方式・税込方式の選択適用が認められている。このため、医療法人会計基準では、税込方式で会計処理をする場合、ガイドライン4-4に準じて病院単位の財務諸表においてその影響額を注記することになる。

② 病院特有の論点
　消費税等の会計処理方法には、消費税等を収益ないし費用に含めて処理する方法（税込方式）と消費税等を収益ないし費用に含めることなく損益計算に影響させずに処理する方法（税抜方式）があるが、病院会計準則では税抜方式で行うこととされている。
　しかし、多くの開設主体では税込方式で処理しているのが現状である。病院の開設主体は公的な法人から民間法人まで多種類のものが存在し、通常、その開設主体それぞれに法人としての会計基準が存在する。したがって、実際の財務諸表の作成実務においては、法人としての会計基準と病院会計準則を調整して、会計処理を行うことになる。

③ 仕訳例
「Ⅱ 医業費用・7. 控除対象外消費税等負担額」を参考とされたい。

（3）開　示

図表3-58　資産に係る控除対象外消費税等負担額の開示

	病院会計準則	医療法人会計基準
開示場所	損益計算書の臨時費用の区分に表示。	税抜方式を採用した場合、損益計算書の特別損失の区分に表示。
注記	不要	・消費税及び地方消費税の会計処理方法の注記が必要。 ・税込方式を採用している場合、控除対象外消費税等の金額として、医業費用区分で計上される控除対象外消費税等と合算した総額の注記が必要。
附属明細表	不要	不要

【関連条文等】
病院会計準則　損益計算書原則　第31　損益計算書の区分
　　　　　　　　　　　　　　　第38　純損益計算
医療法人会計基準　第3条　重要な会計方針の記載

4．災害損失

（1）勘定科目の説明
　災害損失とは、火災、地震等の災害による資産の滅失、廃棄、復旧のための支出の合計額のことである。

（2）会計処理
① 医療法人会計基準との関係
　病院会計準則では臨時費用の区分に計上されるが、医療法人会計基準では特別損失の区分に計上される。

② 病院特有の論点
病院事業における特殊性はない。

③ 仕訳例
火災で在庫倉庫（帳簿価額 200,000）とその中で保管されていた医薬品 1,500 が焼失した。火災保険は付されていなかった。

災害損失	201,500 /	建　物 医薬品	200,000 1,500

（3）開　示

図表 3-59　災害損失の開示

	病院会計準則	医療法人会計基準
開示場所	損益計算書の臨時費用の区分に表示。	損益計算書の特別損失の区分に表示。
注記	不要	不要
附属明細表	不要	不要

【関連条文等】
病院会計準則　損益計算書原則　第 31　損益計算書の区分
　　　　　　　　　　　　　　第 38　純損益計算

5．その他の臨時費用

（1）勘定科目の説明
その他の臨時費用とは、臨時費用として前述のもの以外で臨時的に発生した費用を処理する勘定科目のことである。

（2）会計処理
① 医療法人会計基準との関係
上述のとおり、病院会計準則では臨時費用の区分に計上されるが、医療法人会計基準では特別損失の区分に計上される。

② 病院特有の論点

病院事業における特殊性はない。

③ 仕訳例

医療過誤による患者との和解金として 100,000 を現金で支払った。医師損害賠償責任保険の補償対象外の和解金であった。

その他の臨時費用	100,000	現　金	100,000

（3）開　示

図表 3-60　その他の臨時費用の開示

	病院会計準則	医療法人会計基準
開示場所	損益計算書の臨時費用の区分に表示。	損益計算書の特別損失の区分に表示。
注記	不要	不要
附属明細表	不要	不要

【関連条文等】

病院会計準則　損益計算書原則　第 31　損益計算書の区分
　　　　　　　　　　　　　　　第 38　純損益計算

V

法人税、住民税及び事業税負担額

　法人税、住民税及び事業税は、課税対象法人になっている病院の開設主体の場合、納付義務がある。したがって、病院という施設の損益だけで課税が行われるわけではないので、開設主体全体で計算された税金について、病院に対応する額を配分することが必要になる。

　病院会計準則においても医療法人会計基準においても、税効果会計は、税務調整額に重要性がある場合には、適用される。

　また、病院会計準則における表示方法（法人税、住民税及び事業税負担額）と様式通知を前提とした医療法人会計基準での表示方法（法人税、住民税及び事業税、法人税等調整額）が異なる。

　なお、税効果会計の具体的な会計処理については、企業会計における税効果会計（税効果会計に係る会計基準（平成10年10月30日　企業会計審議会）など）に準じて処理することになる。これに関して、医療法人における社会保険診療報酬等の事業税の非課税及び社会医療法人が法人税上の収益事業のみに課税されることに留意する必要がある。

　税効果会計の具体的な処理方法は「第2章　貸借対照表・資産・Ⅰ　流動資産・15　繰延税金資産」にて解説しており、そちらを参照されたい。

1．法人税、住民税及び事業税負担額

(1) 勘定科目の説明

　開設主体全体の法人税、住民税及び事業税と法人税等調整額を加減した金額のうち、当該会計年度の病院に属するものとして計算された金額である。

　ここで、当該会計年度の病院に属するものとして計算された金額とは、病院の開設主体全体で計算された当期の負担に属する法人税額等と法人税

等調整額を一定の基準により配分した金額と言い換えられる。

つまり、当期の開設主体全体の法人税額として納付すべき額（法人税、住民税及び事業税）と税効果会計による法人税等調整額のうち、当該病院の利益から発生した部分の金額を法人税、住民税及び事業税負担額として計上する。

なお、病院の開設主体において対象となることはないと思われるが、平成16年4月1日以後に開始する会計年度より、資本金の金額が1億円を超える課税対象法人には、法人事業税の外形標準課税が導入された。従来の所得割のほかに、資本割、付加価値割による税額計算が行われることになるが、資本割及び付加価値割部分の事業税については、所得基準によって計算されるものではないため「法人税、住民税及び事業税負担額」ではなく、「租税公課」に計上する。

（2）会計処理
① 医療法人会計基準との関係

「法人税、住民税及び事業税負担額」は、あくまで各病院個々の負担額を、病院会計準則において表示する科目である。医療法人会計基準は、法人全体の財務諸表を対象とした会計基準であるため、各病院における負担額を考慮する必要はない。

② 病院特有の論点
（ⅰ）開設主体の課税関係

病院の開設主体が課税対象法人の場合においては、納付すべき税金の金額は、開設主体全体で計算されることになる。

各開設主体の課税関係をまとめると下表のようになる。

このように、開設主体ごとに課税関係が異なり、税率もそれぞれに異なることに留意が必要である。

なお、納税義務は開設主体にあるため、未払法人税等が計上されるのは本部であり、個々の病院においては本部勘定にて計上されると考えられる。

	法人税	法人住民税	法人事業税
独立行政法人 国立大学法人	非課税	非課税	非課税
公益法人	収益事業課税（＊1）	収益事業課税（＊3）	収益事業課税（＊4）
学校法人	収益事業課税（＊1）	収益事業課税	収益事業課税
社会福祉法人	収益事業課税（＊1）	収益事業課税	収益事業課税
医療法人	普通法人課税（＊2）	課税	一部非課税（＊5）

（＊1） 法人税法施行令第5条に掲げられる34種類の収益事業に該当する。しかし、非課税の医療保健業の条件を満たす場合は、非課税になる。

（＊2） 通常の営利法人と同じ課税になる。

（＊3） 公益法人等は収益事業のみ課税され、均等割額は法人の規模に関係なく、都道府県民税は一律年額2万円、市町村民は年額5万円となっている。

（＊4） 公益法人等は収益事業のみ課税され、税率は軽減されている。

（＊5） 医療法人が行う社会保険診療に係る所得は、非課税扱いになる。

(ⅱ) 負担すべき金額の計算

法人税、住民税及び事業税は、病院という施設の損益だけで計算が行われるわけではないため、課税対象法人になっている病院の開設主体、開設主体全体で計算された税金について、病院に対応する額を配分することが必要になる。

具体的な配分方法については、病院会計準則には示されていない。ただし、法人税等の計算にあたっては、各病院等の損益計算から個別の税務計算を試算し、これから見積りの課税所得を求めて、これを基礎として法人税等の配分が行われるものと考えられる。

これにより、配分された金額を病院の法人税、住民税及び事業税負担額として計上する。

③ **仕訳例**

当期の税務計算により医療法人全体の法人税、住民税及び事業税の納付すべき金額が200,000（全額未払い）と計算された。そのうち、当該病院の負担額は60％の120,000（なお、当該病院の税効果会計による、法人税等調整額は6,000と計算された）。

第3章　損益計算書

法人税、住民税及び事業税負担額　120,000	未払法人税等　　　　　　　　　　120,000
繰延税金資産　　　　　　　　　　　6,000	法人税、住民税及び事業税負担額　　6,000

（3）開　示

「法人税、住民税及び事業税負担額」は病院会計準則における記載である。医療法人会計基準では法人全体の法人税額等を、損益計算書の税引前当期純利益の次に「法人税・住民税及び事業税」として表示する。また、税効果会計を適用した場合は、さらにその次に調整額を「法人税等調整額」として表示する。

図表3-61　法人税、住民税及び事業税負担額の開示

	病院会計準則	医療法人会計基準
開示場所	・損益計算書の税引前当期純利益の次に表示。 ・法人税額等に加え、税効果会計によって計算された法人税等調整額を加減した金額を「法人税、住民税及び事業税負担額」として表示。	法人全体の金額を損益計算書の税引前当期純利益の次に法人税、住民税及び事業税として表示。 ●税効果会計を適用する場合 法人税額として納付すべき額を法人税、住民税及び事業税とし、税効果会計による調整額を法人税等調整額として表示。 ●税効果会計を適用しない場合 法人税等として表示。
注記	不要	不要
附属明細表	不要	不要

【関連条文等】
病院会計準則　損益計算書原則　第31　損益計算書の区分
　　　　　　　　　　　　　　　第40　当期純利益
　　　　　　　損益計算書原則注解（注24）
医療法人会計基準　第21条　当期純損益

VI 医療法人会計基準における損益計算書科目の考え方

　これまでの医療法人会計における表示に関しては、その具体的な分類方法まで明記した基準はなかったといえる。これまでの表示基準となっていた「医療法人における事業報告書等の様式について」(平成19年3月30日　医政指発第0330003号)(以下、「様式通知」という)では、以下のような分類表示をするとされていた。

　収益は事業収益、事業外収益、特別利益に3分類し、費用を事業費用、事業外費用、特別損失、法人税等に4分類する。また、事業収益及び事業費用については、本来業務、附帯業務、収益業務に細分する。

　医療法人会計基準では、これまでの様式通知による上記分類区分を考慮したより明確な基準を示している。

　ただし、病院会計準則では、たとえば医業収益、医業費用という名称を使用していたり、運営費補助金収益を医業外収益にすべきとしていたりする点など、医療法人会計基準との間で異なる点がある。病院単位の財務情報と医療法人全体での決算書類では、単純に整合しないため、決算時に組替処理を行うなどによる対応が必要となる。

1．損益計算書の区分

　医療法人会計基準第18条では、損益計算書は、「事業損益、経常損益及び当期純損益に区分するもの」とされている。

(1) 事業損益計算

　事業損益計算は、「本来業務事業損益、附帯業務事業損益及び収益業務事業損益に区分し、本来業務、附帯業務又は収益業務の事業活動から生ず

る収益及び費用を記載して得た各事業損益の額及び各事業損益の合計額を計上するもの」とされている（医療法人会計基準第19条）。

（2）経常損益計算

経常損益計算は、「事業損益に、事業活動以外の原因から生ずる損益であって経常的に発生する金額を加減して計上するもの」とされている（医療法人会計基準第20条）。

（3）純損益計算

純損益計算は、「経常損益に、特別損益として臨時的に発生する損益を加減して税引前当期純損益を計上し、ここから法人税その他利益に関連する金額を課税標準として課される租税の負担額を控除した金額を計上するもの」とされている（医療法人会計基準第21条）。

2．収益費用の分類

様式通知では、上述の記載のとおり収益費用を以下のように分類表示するとされている。
- 収益：事業収益、事業外収益、特別利益に3分類
- 費用：事業費用、事業外費用、特別損失、法人税等に4分類

医療法人会計基準では、「資金調達及び資金運用に係る費用収益以外の施設等に帰属が明確な付随的な費用収益については、事業損益に計上する」と明示された（運用指針18）。

これにより、病院会計準則では事業外損益に区分するとされていた一部の補助金収益、患者外給食損益やその他医業外損益は、事業損益に区分される。また、事業外損益には、受取利息及び配当金、支払利息、有価証券運用損益等が区分されることになる。

3．事業損益の区分

　様式通知では、事業損益は、本来業務、附帯業務、収益業務に区分して損益計算書に記載するとされている。
- 本来業務(開設する病院、診療所又は介護老人保健施設（法第42条の指定管理者として管理する病院等を含む）の業務)
- 附帯業務(医療法人が行う法第42条各号に掲げる業務)
- 収益業務(社会医療法人が法第42条の2に基づいて行うことができる業務)

　これにつき、運用指針16では、附帯業務又は収益業務を実施していない場合には損益計算書の当該区分は省略することができるとされている。
　また、運用指針17では法人本部を独立した会計としている場合の本部費（資金調達にかかる費用など事業外費用に属するものは除く）は、本来業務事業損益区分に計上するとされている点についても留意しなければならない。

4．事業費用の内訳の記載方法

　医療法人会計基準では、事業費用の内訳を附属明細表に記載することを求めている（運用指針27）。
　附属明細表の記載方法は「以下のいずれかの内容」とされている。具体的な記載例は第6章を参照されたい。
- 中区分科目別に本来業務事業費用（本部を独立した会計としている場合には、事業費と本部費に細分する）、附帯業務事業費用及び収益業務事業費用の金額を表記する。この場合に、中区分科目の細区分として各費目を合わせて記載することができる。
- 費目別に法人全体の金額を表記する。この場合に、各費目を中区分科目に括って合わせて記載することができる。

5．収益業務の会計

　法第 42 条の 2 第 3 項では、「収益業務に係る会計は、本来業務及び附帯業務に関する会計から区分し、特別の会計として経理しなければならない」とされている。

　これを受け、運用指針 14 では、「貸借対照表及び損益計算書は（以下、「貸借対照表等」という）、収益業務に係る部分を包含しているが、内部管理上の区分においては、収益業務に固有の部分について別個の貸借対照表等を作成すること」を求めている。

　また、同運用指針では収益業務からの繰入金の状況を明らかにするため、「当該収益業務会計の貸借対照表等で把握した金額に基づいて、収益業務会計から一般会計への繰入金の状況（一般会計への繰入金と一般会計からの元入金の累計額である繰入純額の前期末残高、当期末残高、当期繰入金額又は元入金額）並びに資産及び負債のうち収益業務に係るものを注記する」とされている。

第4章
キャッシュ・フロー計算書

I

総　論

　病院会計準則においては、キャッシュ・フロー計算書は作成しなければならない財務諸表の一つである。一方、医療法人会計基準においては、キャッシュ・フロー計算書の作成は求められていない。ただし、社会医療法人債を発行する社会医療法人は、医療法人会計基準とは別に「社財規」（社会医療法人債を発行する社会医療法人の財務諸表の用語、様式及び作成方法に関する規則（平成19年　厚生労働省令第38号））にてキャッシュ・フロー計算書の作成が求められている。

　本章では、このキャッシュ・フロー計算書意義と目的について解説する。

　病院会計準則においては、「キャッシュ・フロー計算書は、病院の資金の状況を明らかにするために、活動内容に従い、一会計期間に属するすべての資金の収入と支出の内容を記載して、その増減の状況を明らかにしなければならない。」（病院会計準則第41）とされている。

　損益計算書は発生主義に基づいて作成されるため、資金の収入や支出（資金収支）とは一致しない収益や費用を計上して当期純損益を計算している。このため、当期純損益は必ずしも資金的な裏付けを有しているわけではなく、利益が出たからといっても相当する資金が増加したことを意味しない。

　この結果、損益計算書では当期純利益が計上されていても、それに対応する資金が獲得されていない場合に、「勘定あって銭足らず」「黒字倒産」といった事象が生まれる。これは、損益計算と資金収支の計算にズレがあるために生じるものである。

　一方、貸借対照表は決算日時点の資金の運用、調達の状態といったストックを示しており、一会計期間のフロー（たとえば、借入金の借入れと返済の総額）の状況を示しているわけではない。そこで、一会計期間の資金の状況を示すためにキャッシュ・フロー計算書が必要となるのである。

第4章 キャッシュ・フロー計算書

　上記では、損益計算書における当期純損益は、純資産の増減内容（900 − 600 = 300）を示しているが、現金の増減内容（500 − 300 = 200）については明らかにされない。そこで、別途キャッシュ・フロー計算書によって資金の動きを明らかにすることになった。

図表 4-1　損益計算の限界のイメージ

［前期貸借対照表］

貸借対照表

資産	1,000	負債	400
（うち現金）	（300）	純資産	600
	1,000		1,000

［当期貸借対照表及び損益計算書］

貸借対照表

資産	1,500	負債	600
（うち現金）	（500）	純資産	900
	1,500		1,500

損益計算書

費用	1,000	収益	1,300
当期純利益	300		

II 病院会計における
キャッシュ・フロー計算書

　病院会計におけるキャッシュ・フロー計算書について、企業会計との対比を行いながら解説することとする。

　キャッシュ・フロー計算書は、病院会計準則第5章において規定されているが、詳細な作成方法については明示されておらず、病院会計準則に規定のない事項は、企業会計の基準に従うことになる。ここで、企業会計の基準とは、「連結キャッシュ・フロー計算書等の作成基準」（平成10年3月13日 企業会計審議会）（以下、「CF作成基準」という）、「連結財務諸表等におけるキャッシュ・フロー計算書の作成に関する実務指針（会計制度委員会報告第8号）」（最終改正平成26年11月28日 日本公認会計士協会）（以下、「CF実務指針」という）をいう。

　なお、開設主体の会計基準の規定により、資金の範囲、キャッシュ・フロー計算書の区分及び計上区分が病院会計準則と異なる場合には、その旨や影響額などを「比較のための情報」として記載する。詳細は第7章にて解説を行う。

1．資金の範囲

　キャッシュ・フロー計算書は、資金の状況を明らかにするために作成されるものであるが、まずは資金の範囲を明確にする必要がある。病院会計準則では、資金の範囲を「キャッシュ・フロー計算書が対象とする資金の範囲は、現金及び要求払預金並びに現金同等物（以下「現金等」という）とする。」（病院会計準則第42）としている。つまり、キャッシュ・フロー計算書における資金の概念は、現金等として定義され、貸借対照表の「現金及び預金」と同一ではないことに注意が必要である。

　要求払預金、現金同等物を整理すると**図表4-2**のようになる。

図表 4-2　要求払預金、現金同等物の例示

項目	例示
要求払預金 （病院会計準則 注解 25）	当座預金、普通預金、通知預金及びこれらの預金に相当する郵便貯金
現金同等物 （病院会計準則 注解 26）	容易に換金可能であり、かつ、価値の変動について僅少なリスクしか負わない短期投資であり、例えば、取得日から満期日又は償還日までの期間が三ヶ月以内の短期投資である定期預金、譲渡性預金、コマーシャル・ペーパー、売戻条件付現先、公社債投資信託が含まれる。

　預金であっても預入期間が三ヶ月超の定期預金や譲渡性預金は資金の範囲には含まれない。一方、コマーシャル・ペーパーや売戻条件付現先、公社債投資信託等は預金ではないものの、価値変動リスクが僅少であるため、三ヶ月以内の短期投資であれば資金の範囲に含められることになる（病院会計準則注解 25・26 参照）。

　「三ヶ月以内」とは、材料仕入から診療報酬の入金に至る通常の資金循環期間（営業循環期間と同等）を意味しており、資金の範囲は作成基準と基本的に同じ取扱いである。なお、3ヶ月の判断は決算日を起算日とするのではなく、預入日（又は取得日）から満期日（又は償還日）までの期間をいうことに注意が必要である。

　資金については、資金の範囲に含めた現金等の内容及びその期末残高の貸借対照表科目別の内訳をキャッシュ・フロー計算書の注記とする必要がある（病院会計準則第 48）。

記載例　資金の範囲に含めた現金等の内容及びその期末残高の貸借対照表科目別の内訳

現金及び預金	1,000
有価証券（＊）	30
計	1,030
預入期間が 3 ヶ月を超える定期預金	△ 300
MMF 以外の有価証券（＊）	△ 10
現金等	720

（＊）　内容の記載については、取得日から 3 ヶ月以内に償還期限が到来するような短期投資のものに限られ、該当がない場合は記載しない。

2．表示区分

(1) 活動区分別の記載内容

病院会計準則第 43 では、キャッシュ・フロー計算書を次の 3 つの活動に区分することを規定している。

業務活動によるキャッシュ・フローについては、投資活動及び財務活動以外の取引によるキャッシュ・フローも含まれていることに注意が必要である。

図表 4-3　各活動区分別の記載内容

活動区分	記載内容
業務活動によるキャッシュ・フロー	医業損益計算の対象となった取引のほか、投資活動及び財務活動以外の取引によるキャッシュ・フロー
投資活動によるキャッシュ・フロー	固定資産の取得及び売却、施設設備補助金の受入による収入、現金同等物に含まれない短期投資の取得及び売却等によるキャッシュ・フロー
財務活動によるキャッシュ・フロー	資金の調達及び返済によるキャッシュ・フロー

(2) 利息及び配当金の表示区分

利息及び配当金の表示区分は、CF 作成基準においては**図表 4-4** のようにいずれかの方法を選択適用することが認められているが、病院会計準則においては比較可能性確保の観点から、業務活動によるキャッシュ・フローの区分に記載しなければならない（病院会計準則第 44）。

なお、支払利息には、リース会計の適用によって会計処理されるファイナンス・リース取引から生じる支払利息も含まれる。

図表 4-4　利息及び配当金の記載方法

科　目	作成基準（企業会計）		病院会計準則
受取利息及び受取配当金	投資活動	営業活動	業務活動
支払利息	財務活動	営業活動	業務活動

3．表示方法

（1）キャッシュ・フロー計算書の表示様式

キャッシュ・フロー計算書の表示様式には2種類あるが、この違いは、業務活動によるキャッシュ・フローの表示方法が2通りあるためである。

① 「業務活動によるキャッシュ・フロー」を「直接法」により表示する場合
② 「業務活動によるキャッシュ・フロー」を「間接法」により表示する場合

（2）業務活動によるキャッシュ・フローの表示方法

① **直接法と間接法**

業務活動によるキャッシュ・フローは、直接法もしくは間接法のいずれかの方法によって表示する。

直接法とは、主要な取引ごとにキャッシュ・フローを総額表示する方法である。これは、すべての取引について現金等の動きをそのまま総額で表示するものである。

間接法とは、税引前当期純利益に非資金損益項目、業務活動に係る資産及び負債の増減、投資活動によるキャッシュ・フロー及び財務活動によるキャッシュ・フローの区分に含まれる損益項目を加減算して表示する方法である。

病院会計準則の様式例においては以下のとおり示されている。

Ⅱ 病院会計におけるキャッシュ・フロー計算書

キャッシュ・フロー計算書（直接法）

自　平成×年×月×日　至　平成×年×月×日

区　　分	金　　額
Ⅰ　業務活動によるキャッシュ・フロー	
医業収入	×××
医療材料等の仕入支出	△×××
給与費支出	△×××
委託費支出	△×××
設備関係費支出	△×××
運営費補助金収入	×××
………………	×××
小計	×××
利息及び配当金の受取額	×××
利息の支払額	△×××
………………	△×××
………………	×××
業務活動によるキャッシュ・フロー	×××
Ⅱ　投資活動によるキャッシュ・フロー	
有価証券の取得による支出	△×××
有価証券の売却による収入	×××
有形固定資産の取得による支出	△×××
有形固定資産の売却による収入	×××
施設設備補助金の受入れによる収入	×××
貸付けによる支出	△×××
貸付金の回収による収入	×××
………………	×××
投資活動によるキャッシュ・フロー	×××
Ⅲ　財務活動によるキャッシュ・フロー	
短期借入れによる収入	×××
短期借入金の返済による支出	△×××
長期借入れによる収入	×××
長期借入金の返済による支出	△×××
………………	×××
財務活動によるキャッシュ・フロー	×××
Ⅳ　現金等の増加額（又は減少額）	×××
Ⅴ　現金等の期首残高	×××
Ⅵ　現金等の期末残高	×××

キャッシュ・フロー計算書（間接法）

自　平成×年×月×日　至　平成×年×月×日

区　　　　　　　分	金　　額
Ⅰ　業務活動によるキャッシュ・フロー	
税引前当期純利益	×××
減価償却費	×××
退職給付引当金の増加額	×××
貸倒引当金の増加額	×××
施設設備補助金収益	△×××
受取利息及び配当金	△×××
支払利息	×××
有価証券売却益	△×××
固定資産売却益	△×××
医業債権の増加額	△×××
たな卸資産の増加額	△×××
仕入債務の増加額	×××
…………………	×××
小計	×××
利息及び配当金の受取額	×××
利息の支払額	×××
…………………	△×××
…………………	×××
業務活動によるキャッシュ・フロー	×××
Ⅱ　投資活動によるキャッシュ・フロー	
有価証券の取得による支出	△×××
有価証券の売却による収入	×××
有形固定資産の取得による支出	△×××
有形固定資産の売却による収入	×××
施設設備補助金の受入れによる収入	×××
貸付けによる支出	△×××
貸付金の回収による収入	×××
…………………	×××
投資活動によるキャッシュ・フロー	×××
Ⅲ　財務活動によるキャッシュ・フロー	
短期借入れによる収入	×××
短期借入金の返済による支出	△×××
長期借入れによる収入	×××
長期借入金の返済による支出	△×××
…………………	×××
財務活動によるキャッシュ・フロー	×××
Ⅳ　現金等の増加額（又は減少額）	×××
Ⅴ　現金等の期首残高	×××
Ⅵ　現金等の期末残高	×××

これは、損益計算で算定された税引前当期純利益を元に、資金等の動きのない収益や費用を加減算（取り消す）し、さらに損益に反映していない資金等の増減を加減算（資産及び負債の増減反映）し、表示区分を整理する方法である。

直接法、間接法について病院会計準則では優劣をつけておらず、いずれかを選択して継続適用すればよい。直接法は業務活動によるキャッシュ・フローが総額で示される長所がある反面、主要な取引ごとにキャッシュ・フローに関する基礎データを用意する必要があり、実務上手数がかかる。一方、間接法はキャッシュ・フローが総額で示されないことが短所ではあるが、純利益と業務活動に係るキャッシュ・フローの関係が明示され、実務上対応しやすいことから、企業会計では主流の方法となっている。

次に、直接法と間接法を簡単な設例にて説明を行う。

【設例】

収益 1,500（現金収入 1,000、未収金 500）、費用 1,000（現金支出 800、未払金 200）、利益 500 という単純化されたケースの場合。

直接法は現金等増加額を現金収入総額と現金支出総額の差 200（1,000 − 800）として表示する。一方、間接法では利益額 500 から、現金の出入りがない未収金（収入は収益計上額より 500 少ない）と未払金（支出は費用計上額より 200 少ない）の△300（△500 + 200）を加減算して、現金等増加額を算定する形式で表示する。

すなわち、直説法とは主要な取引ごとに収入総額と支出総額を表示する方法であり、間接法とは純利益に必要な調整項目を加減算して表示する方法である。

〈直接法と間接法の違い〉

(直接法)

収入	1,000
支出	△800
現金等増加額	200

(間接法)

利益	500
資産負債の増減（△500 + 200）	△300
現金等増加額	200

このように、利益から資金の動きを算出するには、収益≠収入、費用≠支出であるため、調整が必要となるのである。この調整について、医業未収金とたな卸資産のケースで説明を行う。

1 医業未収金

医業未収金に増減がある場合には、医業収益と医業収益から得られる収入は一致しない。

設例

医業未収金

期首残高	500	入金額	3,700
医業収益	4,000		
		期末残高	800

直接法では、医業未収金の入金額 3,700 を算出するために、以下の過程で計算を行う。

期首残高 500 ＋医業収益 4,000 －期末残高 800 ＝ 3,700

間接法では、医業未収金の増加額として 300（800 － 500）を（医業収益が含まれている）税引前当期純利益から差し引くことで算出する。

この場合、他の収益、費用がなければ税引前当期純利益は 4,000 となり、4,000 － 300 ＝ 3,700 と計算される。

一会計期間の取引がこれだけであったとすると、直接法、間接法の各キャッシュ・フローは次のように示される。

直接法

医業収入	3,700
キャッシュ・フロー	3,700

間接法

税引前当期純利益	4,000
医業債権の増加額	△300
キャッシュ・フロー	3,700

2 たな卸資産

医療材料等の仕入支出については、たな卸資産及び仕入債務勘定を用いて調整が必要である。

設例

たな卸資産

期首残高	600	払出高（材料費）	2,200
仕入高	2,100		
		期末残高	500

仕入債務

支払高	1,800	期首残高	300
		仕入高	2,100
期末残高	600		

直接法では、仕入債務の支払高を算出するために以下の過程で計算を行う。

仕入高 2,100 ＋仕入債務期首残高 300 －仕入債務期末残高 600 ＝ 1,800

間接法では、たな卸資産の減少額 100（500 － 600）、仕入債務の増加額 300（600 － 300）を（材料費が含まれている）税引前当期純利益に加えることで算出する。

一会計期間の取引がこれだけであったとすると、直接法、間接法の各キャッシュ・フローは次のように示される。

単純化された業務活動によるキャッシュ・フロー

直接法

医療材料等の仕入支出	△1,800
キャッシュ・フロー	△1,800

間接法

税引前当期純利益	△2,200
たな卸資産の減少額	100
仕入債務の増加額	300
キャッシュ・フロー	△1,800

以上から、資産の増加は資金の運用であるためキャッシュ・フローは減少（資産の減少はキャッシュ・フローの増加）し、負債の増加は資金の調達のためキャッシュ・フローは増加（負債の減少はキャッシュ・フローの減少）することがわかる。

これをまとめたのが**図表 4-5**である。

図表 4-5　資産・負債の増加・減少とキャッシュ・フローとの関係

	増　加	減　少
資　産	キャッシュ・フロー減少	キャッシュ・フロー増加
負　債	キャッシュ・フロー増加	キャッシュ・フロー減少

②　小計の意味

業務活動によるキャッシュ・フローの区分には、医業損益計算の対象となった取引のほか、投資活動及び財務活動以外の取引によるキャッシュ・フローを記載することとされている。つまり、その他の区分に属するキャッシュ・フローも記載の対象となる。

したがって、本来の意味での業務活動によるキャッシュ・フローをその他の区分のものと区別して表示する必要があり、実務指針12において、これを小計をもって区分することが示されている。小計以下に記載するものの例示としてCF作成基準では「利息及び配当金の受取額」、「利息の支払額」「損害賠償金の支払額」「法人税等の支払額」を挙げている。法人税等の支払額が小計以下の項目に記載されるのは、それぞれの活動ごとに課税所得を分割することが困難であると考えられるため、営業（業務）活動によるキャッシュ・フローに一括記載することにしているためである。

病院会計準則の様式例では「利息及び配当金の受取額」、「利息の支払額」のみが示されているが、上述のものも含まれると解される。

なお、法人税等の支払いは、病院の開設主体全体で計算されるため、施設としての病院が法人税等を直接納税することはないが、税金負担額が配分され、本部との間で精算が行われる場合は、法人税等負担額の支払いが発生する。

また、CF作成基準においては「利息及び配当金の受取額」「利息の支払額」

の表示箇所については選択の余地があるが、病院会計準則においては比較可能性の確保から、小計の後に表示することとしている。

③ 利息及び配当金

上記のように小計欄の下に記載するため、業務活動によるキャッシュ・フローを間接法で作成する場合には、税引前当期純利益に含まれるこれらの項目を小計欄のうえで調整項目（受取利息及び配当金は減算、支払利息は加算）として、小計欄の下に振り替える必要がある。

（3） 投資活動及び財務活動によるキャッシュ・フローの表示方法

投資活動及び財務活動によるキャッシュ・フローは、いずれも主要な取引ごとにキャッシュ・フローを総額表示する必要がある。

ただし、期間が短く、かつ、回転が速い項目に係るキャッシュ・フローについては、純額で表示することができる（病院会計準則注解30）。この例としては以下のものが挙げられる（CF実務指針37）。

- 短期借入金の借換によるキャッシュ・フロー
- 短期貸付金の貸付けと返済が連続して行われている場合のキャッシュ・フロー
- 現金同等物以外の有価証券の取得と売却が連続して行われている場合のキャッシュ・フロー

なお、CF実務指針ではこのように純額表示が認められる取引は、期間が短いだけではなく、取引の回転が速いという要件を同時に満たす必要があるとしている。

総額表示を原則とするため、これらに係るキャッシュ・フローを把握するためには増減明細の作成が必要となる。これを有形固定資産と借入金のケースについて説明する。

1 有形固定資産

有形固定資産は取得、減価償却、除却、売却取引があるほか、決算時において取得に係る未払金残高が存在することもあり、調整が複雑になるの

で注意が必要である。

設例

増減明細は次のとおりであった。

取得原価

科　目	期首残高	当期増加	当期減少	期末残高
建　物	3,000	1,500	300	4,200
建設仮勘定	500	200	700	−
合　計	3,500	1,700	1,000	4,200

減価償却累計額

科　目	期首残高	当期増加	当期減少	期末残高
建　物	1,000	400	200	1,200

　当期取得建物1,500のうち、700は建設仮勘定からの振替えである。また、建物の当期減少は除却であり簿価100（取得原価300－減価償却累計額200）は固定資産除却損として計上している。なお、建物取得にあたり、代金200の未払いがある（期首に代金の未払いはない）。
　一会計期間の取引がこれだけであったとすると、直接法、間接法の各キャッシュ・フローは次のように示される。

単純化されたキャッシュ・フロー

直接法

有形固定資産の取得による支出	△800
キャッシュ・フロー	△800

間接法

税引前当期純利益	△500
減価償却費	400
固定資産除却損	100
有形固定資産の取得による支出	△800
キャッシュ・フロー	△800

　（注）　税引前当期純利益△500＝減価償却費△400＋固定資産除却損△100

> 　当期の固定資産の取得は建物 1,500 と建設仮勘定 200 の合計 1,700 である。建物の取得 1,500 には建設仮勘定からの振替え 700 が含まれているため、1,700 － 700 ＝ 1,000 が正味取得金額となる。さらに、代金 200 の未払いがあることから、当該取得のために支出した金額は 800（1,000 － 200）となる。

　減価償却費、固定資産除却損は非資金取引であり、キャッシュ・フローは発生しないため、税引前当期純利益から作成する間接法の場合、これら非資金項目を調整する必要がある。

2　借入金

　借入金については、期中の増減明細があれば容易に作成できる。

設例

> 増減明細は次のとおりであった。
>
> | 科　目 | 期首残高 | 当期増加 | 当期減少 | 期末残高 |
> |---|---|---|---|---|
> | 長期借入金 | 2,000 | 1,000 | 500 | 2,500 |
>
> 　この場合、長期借入による収入は 1,000、長期借入金の返済による支出は 500 となる。なお、長期借入金はワンイヤー・ルールに従い、1 年内返済予定額を流動負債に組み替えるが、キャッシュ・フロー計算においては上記増減明細表は組替え前で作成する方が便利である。

（4）その他の論点

①　消費税等のキャッシュ・フローに係る取扱い

　消費税等のキャッシュ・フローについて、CF 実務指針では各活動ごとに区分することが困難であることから営業（業務）活動によるキャッシュ・フローの区分に記載することになっている。病院においては控除対象外消費税が恒常的に発生し、病院会計準則では医業費用に「控除対象外消費税等負担額」を、臨時費用に「資産に係る控除対象外消費税等負担額」を各々分別して計上することを要求されているものの、キャッシュ・フロー計算書における取扱いについては明示されていない。そこで、病院会計においては「控除対象外消費税等負担額」を業務活動によるキャッシュ・フロー

に記載し、「資産に係る控除対象外消費税等負担額」(発生時に資産計上され償却処理した負担額を除く)を投資活動によるキャッシュ・フローに記載することが有用と考えられる。

これは、「控除対象外消費税等負担額」は通常業務によって発生するものと考えられ、「資産に係る控除対象外消費税等負担額」は「病院の負担に属する控除対象外の消費税及び地方消費税のうち資産取得部分から発生した金額のうち多額な部分」をいい、このようなものは通常投資によって発生するものと考えられるからである。表示科目としては、「控除対象外消費税等負担額」については個々の取引単位で把握することが困難であることから、業務活動によるキャッシュ・フローに「控除対象外消費税等負担支出」等の名称で記載すればよいと考える。資産に係るものについては、有形固定資産、無形固定資産の各取得支出に加える方法も考えられるが、業務活動によるキャッシュ・フローへの記載のバランスを考慮すれば、「資産に係る控除対象外消費税等負担支出」等の名称で一括記載することが妥当と考えられる。

② **ファイナンス・リースの取扱い**

固定資産の取得と資金調達活動という二面性があるファイナンス・リースは、取得時においてはキャッシュ・フローがないため、重要な非資金取引として注記することとなっている(「4. 注記事項」)。一方、リース債務の支払いについてはCF実務指針では以下のように取り扱っている。

- 元本返済額部分:財務活動によるキャッシュ・フローの区分に記載
- 利息相当額部分:支払利息の表示区分に記載

病院会計準則では特に規定はないことから、これに従って処理すればよいものと考える。

③ **換算差額**

現金等のうち外貨建てのものを保有する場合には、為替相場の変動による影響が生じる。この変動は円貨ベースでの現金等残高を増減させるが、それ自体はキャッシュ・フローではないため別建て表示する。病院会計準則では「現金等に係る換算差額が発生した場合は、他と区分して表示する。」(病院会計準則第47)と規定している。具体的な表示方法については明示さ

れていないが、作成基準の様式に従えば現金等の増加額（又は減少額）の直前に以下のように表示することが適当と考える。

記載例

Ⅲ	財務活動によるキャッシュ・フロー	×××
Ⅳ	**現金等に係る換算差額**	×××
Ⅴ	現金等の増加額（又は減少額）	×××
Ⅵ	現金等の期首残高	×××
Ⅶ	現金等の期末残高	×××

④ 施設間取引の取扱い

　病院会計準則注解において「同一開設主体の他の施設（他会計）との取引に係るキャッシュ・フローについては、当該取引の実態に照らして独立した科目により適切な区分に記載しなければならない。」（病院会計準則注解27）と説明されている。

　費用又は収益として取り扱うものの表示区分は「業務活動によるキャッシュ・フロー」となるが、直接法においては、他会計医業収入等の独立した科目を設けて区分する。間接法においては、利息については小計以下の部分で独立した科目を設け、その他については一括して「他会計収入又は支出」の科目で小計を挟んで両建て計上することにより区分することとする。

　借入金又は貸付金として取り扱うものの表示区分は、貸付けの場合は「投資活動によるキャッシュ・フロー」、借入れの場合は「財務活動によるキャッシュ・フロー」となるが、これらの場合「他会計長期借入による収入」等の独立した科目を設けて表示する。

　施設勘定による一時的貸借及び純資産の直接増減として取り扱うものの表示区分は「財務活動によるキャッシュ・フロー」とし、一括して純額を「他会計繰入金支出」又は「他会計繰入金収入」として処理するのが適当である。

　資金の貸借以外には、本部費配賦額や固定資産売買取引あるいは職員の応援等の取引が考えられるため、その実態が明らかになるよう開示が必要になる。ただし、例外的に行われた微細な取引までを記載する意義は乏し

く、当該取引の重要性を鑑みて開示すればよいと考えられる。

4．注記事項

キャッシュ・フロー計算書には次の事項の注記が必要である（病院会計準則第48）。

- 資金の範囲に含めた現金等の内容及びその期末残高の貸借対照表科目別の内訳（前述「1．資金の範囲」）
- 重要な非資金取引
- 各表示区分の記載内容を変更した場合には、その内容

非資金取引とは資金の増加又は減少を伴わない取引であり、このうち金額的に重要性が高い取引については注記を行う。重要な非資金取引の例としては、以下のものが考えられる。

- 現物出資又は寄附による資産の取得
- 資産の交換
- ファイナンス・リースによる資産の取得（同様の会計処理のPFIによる資産の取得も含まれる）

【関連条文等】

病院会計準則　キャッシュ・フロー計算書原則

第41　キャッシュ・フロー計算書の作成目的
第42　資金の範囲
第43　キャッシュ・フロー計算書の区分
第44　受取利息、受取配当金及び支払利息に係るキャッ・シュフロー
第45　表示方法
第46　総額表示
第47　現金等に係る換算差額
第48　注記事項

第5章

医療法人における財務報告様式

Ⅰ

総　論

1．財務諸表の体系

　医療法人における財務報告の様式は、法人の公益性・非営利性や事業規模により異なる。社会医療法人債を発行する社会医療法人をはじめ、一定の事業規模を有する医療法人や社会医療法人に対しては、より詳細な財務報告が要求される一方、いわゆる「一人医師医療法人」に代表されるような小規模医療法人に対しては、より簡素な財務報告が容認されている。

　本書では主として医療法人会計基準の適用対象となる法人における財務報告を扱うが、具体的に医療法人会計基準の適用対象となる法人は、以下のいずれかに該当する法人である。

① 　最終会計年度に係る貸借対照表の負債の部に計上した額の合計額が50億円以上又は最終会計年度に係る損益計算書の収益の部に計上した額の合計額が70億円以上である医療法人

② 　最終会計年度に係る貸借対照表の負債の部に計上した額の合計額が20億円以上又は最終会計年度に係る損益計算書の収益の部に計上した額の合計額が10億円以上である社会医療法人

③ 　社会医療法人債発行法人である社会医療法人

（上記①②の基準となっている金額については、都道府県知事に届け出た貸借対照表又は損益計算書によって判断することで足りる）

　なお、医療法人会計基準の適用対象法人であっても、社会医療法人債を発行する社会医療法人については別途、作成が必要な書類及びその様式、作成方法等が「社財規」（「社会医療法人債を発行する社会医療法人の財務諸表の用語、様式及び作成方法に関する規則（平成19年 厚生労働省令第38号）」）に定

第5章　医療法人における財務報告様式

められているため、医療法人会計基準の適用対象からは実質的に除かれる。

　また、各種報告様式も、医療法人会計基準の適用要否や事業規模（病院等を開設しているかどうか）に応じて用意されており、「医療法人における事業報告書等の様式について」（平成19年3月30日　医政指発第0330003号）（以下「様式通知」という）や医療法人会計基準、運用指針において定められている。

　以下の説明においては、様式通知に示された様式については「様式通知様式」といい、基準及び運用指針によって示された様式については「運用指針様式」ということとする。

　医療法人の各区分ごとの法人において作成及び公告が要求される財務報告書類の種類及び様式は**図表 5-1** のとおりである。

図表 5-1　医療法人における作成及び公告が必要な財務報告書類及び様式

	医療法人会計基準適用対象法人 ＊	左記以外の社会医療法人	左記以外の医療法人	
			病院又は介護老人保健施設を開設する医療法人	診療所のみを開設する医療法人
貸借対照表	作成及び公告義務【運用指針様式第一号】＊	作成及び公告義務【様式通知様式 3-1】	作成義務【様式通知様式 3-1】	作成義務【様式通知様式 3-2】
損益計算書	作成及び公告義務【運用指針様式第二号】＊	作成及び公告義務【様式通知様式 4-1】	作成義務【様式通知様式 4-1】	作成義務【様式通知様式 4-2】
財産目録	作成義務【運用指針様式第三号】	作成義務【様式通知様式 2】	作成義務【様式通知様式 2】	作成義務【様式通知様式 2】
附属明細表	作成義務【運用指針様式第五号〜】	任意	任意	任意
純資産変動計算書	作成義務【運用指針様式第四号】	任意	任意	任意
関係事業者との取引の状況に関する報告書	該当の取引がある場合は作成【様式通知様式 5】	該当の取引がある場合は作成【様式通知様式 5】	該当の取引がある場合は作成【様式通知様式 5】	該当の取引がある場合は作成【様式通知様式 5】

＊　医療法人会計基準で定める貸借対照表及び損益計算書に係る注記も作成・公告対象になる。
(注1)　上記に関らず、社会医療法人債を発行する社会医療法人が作成・公告すべき財務諸表等の種類や様式は社財規に従う。
(注2)　本表は、「医療法人の計算に関する事項について」（平成28年4月20日　医政発0420第7号）別紙をもとに執筆者作成。

2. 医療法人会計基準を適用する法人における財務報告書類の特徴

　外部報告を第一義的な目的としない施設会計としての病院会計準則に基づく財務諸表や、投資家保護の観点から上場株式会社等と同水準の財務報告が求められる社財規に基づく財務諸表と比較すると、幅広い医療法人を対象とし、しかも外部報告書類を含む医療法人会計基準に基づくため、多様な相違点がある。書類の体系という視点から見た場合には、医療法人会計基準を適用する法人の財務諸表には、キャッシュ・フロー計算書に代表される、資金収支に関する計算書が含まれていないという点が第一の特徴として挙げられる。この理由としては、同程度の規模で医療機関を営んでいることが想定される一般社団法人や一般財団法人等においてキャッシュ・フロー計算書の作成義務が免除されていることとの整合性や、医療法人会計基準適用法人には単独の病院等のみを営むような比較的小規模の法人も含まれることが想定されることから、作成の負担等を考慮したこと等が考えられる。

　また、医療法人会計基準は社財規と同様に法人全体を報告単位とすることから、施設会計である病院会計準則よりも報告対象となる業務の範囲は広くなる。具体的には、医療法人会計基準は医療法に従い医療法人の行う事業を、本来業務、附帯業務及び収益業務の3つに大別しており、その

図表 5-2　財務諸表の体系の比較

	病院会計準則適用施設	医療法人会計基準適用法人	社会医療法人債発行法人
貸借対照表	○	○	○
損益計算書	○	○	○
純資産変動計算書	＊	○	○
キャッシュ・フロー計算書	○		○
財産目録		○	○
注記（表）／附属明細表	○	○	○

＊　附属明細表における純資産明細表として記載される。

すべてを報告の範囲に含めている。ここで、本来業務とは、医療法人が開設する病院、医師もしくは歯科医師が常時勤務する診療所又は介護老人保健施設に係る業務を指す。なお、施設内における売店や敷地内における駐車場等は、本来業務に附随して行われる業務として、その運営が認められている。

次に、附帯業務とは、法第42条に基づいて定款又は寄附行為の規定により実施する業務で、例えば薬局や有料老人ホーム等の運営が挙げられる。

また、収益業務とは、法第42条の2に基づいて社会医療法人が定款又は寄附行為の規定により実施する業務で、例えば医療介護用品の販売や本来業務とは無関係の不動産の賃貸等が考えられる。

医療法人会計基準の貸借対照表においては特段これらの業務を区分することなく、法人全体の資産、負債及び純資産の状態を表示することとなっている一方、損益計算書においては法令で認められている附帯業務及び収益業務の運営が本来業務の支障となっていないかどうかに関する判断の一助とする目的で、これら3つの業務に区分して事業損益を報告することとなっている（運用指針18）。

なお、法第42条の2第3項において、収益業務に係る会計は、本来業務及び附帯業務に関する会計から区分し、特別の会計として経理しなければならない旨が規定されている。したがって、貸借対照表及び損益計算書は収益業務に係る部分を包含しているものの、内部管理上の区分においては、収益業務に固有の部分について区分経理をし別個の貸借対照表及び損益計算書を作成する必要がある。また、収益業務に係る資産・負債の額や収益業務会計から一般会計への繰入金の状況を注記する必要がある（運用指針4）。なお、注記内容の詳細は第6章にて解説している。

3．金額単位

医療法人会計基準においては、貸借対照表・損益計算書を千円単位で表示することが定められている（医療法人会計基準第6条）。

II 財務諸表の様式例

1. 財産目録

(1) 内　容

　財産目録は、当該会計年度末現在におけるすべての資産及び負債につき、価額及び必要な情報を表示することとされており、その様式は、社財規が適用される法人を除き、医療法人会計基準適用法人は運用指針様式第三号により、それ以外の医療法人は様式通知様式2による。ただし、運用指針様式第三号と様式通知様式2には内容に相違はない（運用指針25）。

(2) 構　成

　財産目録の区分は、貸借対照表に準じて資産額、負債額及び純資産額の3区分となっており、資産額についてはさらに流動資産及び固定資産の内訳を示す様式となっている。また、財産目録の価額は貸借対照表記載の価額と同一とする（運用指針25）。

(3) 様式例

　運用指針様式第三号及び様式通知様式2による財産目録は以下のとおりである。

第5章　医療法人における財務報告様式

運用指針様式第三号・様式通知様式2

法人名　_____　　※医療法人整理番号　□□□□
所在地　_____

財　産　目　録
（平成　年　月　日現在）

1．資　産　額　　　　×××千円
2．負　債　額　　　　×××千円
3．純　資　産　額　　×××千円

（内訳）　　　　　　　　　　　　　　　　　　　　　　　（単位：千円）

区分		金額
A	流動資産	×××
B	固定資産	×××
C	資産合計　　（A＋B）	×××
D	負債合計	×××
E	純資産　　　（C－D）	×××

（注）　財産目録の価額は、貸借対照表の価額と一致すること。

土地及び建物について、該当する欄の□を塗りつぶすこと。
　　　　土　　地（□法人所有　□賃貸　□部分的に法人所有（部分的に賃借））
　　　　建　　物（□法人所有　□賃貸　□部分的に法人所有（部分的に賃借））

2．貸借対照表

（1）内　容

　貸借対照表は、当該会計年度末現在におけるすべての資産、負債及び純資産の状態を明瞭に表示しなければならないとされており、その様式は、医療法人会計基準適用法人は運用指針様式第一号により（医療法人会計基

準第7条第1項・第2項)、それ以外の医療法人は様式通知様式3による。ただし、運用指針様式第一号と様式通知様式3には内容に相違はない。

なお、定款又は寄附行為において基本財産の規定を置いている場合であっても、貸借対照表及び財産目録には、基本財産としての表示区分を設ける必要はない。ただし、この場合には当該基本財産の増減等について、貸借対照表の科目別に注記することとされている(運用指針6)。なお、注記内容の詳細は第6章にて解説している。

(2) 構　成

貸借対照表は、資産の部、負債の部及び純資産の部に区分し、さらに、資産の部は流動資産及び固定資産に、負債の部は流動負債及び固定負債に、純資産の部は出資金、基金、積立金及び評価・換算差額等に区分する(医療法人会計基準第8条)。なお、純資産の区分は持分の定めの有無等の法人類型により異なり、詳細は「第2章　貸借対照表・純資産・Ⅱ　医療法人会計基準における純資産」にて解説している。

表示科目については、「不要な科目は削除しても差し支えないこと。また、別に表示することが適当であると認められるものについては、当該資産、負債及び純資産を示す名称を付した科目をもって、別に掲記することを妨げないこと。」(運用指針様式第一号(注)1.)とされていることから、必要に応じた科目の追加や削除は認められる。

(3) 様式例

運用指針様式第一号による貸借対照表は以下のとおりである。なお、様式第一号は持分の定めのない医療法人を前提としているが、経過措置医療法人については、純資産の部の基金の科目の代わりに出資金とするとともに、代替基金の科目を削除する(運用指針様式第一号(注)3.)。

また、医療法人会計基準の適用が義務付けられていない法人のうち、診療所のみを開設する法人向けに、様式通知においてはより簡素な様式(様式通知様式3-2)も示されている。

第5章 医療法人における財務報告様式

運用指針様式第一号・様式通知様式 3-1

法人名　　　　　　　　　　　　　　　　※医療法人整理番号 ☐☐☐☐
所在地

貸　借　対　照　表
（平成　年　月　日現在）

（単位：千円）

資産の部		負債の部	
科　　　目	金　　額	科　　　目	金　　額
Ⅰ 流 動 資 産	×××	Ⅰ 流 動 負 債	×××
現 金 及 び 預 金	×××	支 払 手 形	×××
事 業 未 収 金	×××	買 掛 金	×××
有 価 証 券	×××	短 期 借 入 金	×××
た な 卸 資 産	×××	未 払 金	×××
前 渡 金	×××	未 払 費 用	×××
前 払 費 用	×××	未 払 法 人 税 等	×××
繰 延 税 金 資 産	×××	未 払 消 費 税 等	×××
その他の流動資産	×××	繰 延 税 金 負 債	×××
Ⅱ 固 定 資 産	×××	前 受 金	×××
1 有形固定資産		前 受 収 益	×××
建 物	×××	○ ○ 引 当 金	×××
構 築 物	×××	その他の流動負債	×××
医療用器械備品	×××	Ⅱ 固 定 負 債	
その他の器械備品	×××	医 療 機 関 債	×××
車 両 及 び 船 舶	×××	長 期 借 入 金	×××
土 地	×××	繰 延 税 金 負 債	×××
建 設 仮 勘 定	×××	○ ○ 引 当 金	×××
その他の有形固定資産	×××	その他の固定負債	×××
2 無形固定資産		負 債 合 計	×××
借 地 権	×××	純資産の部	
ソ フ ト ウ ェ ア	×××	科　　　目	金　　額
その他の無形固定資産	×××	Ⅰ 基 　 金	×××
3 その他の資産		Ⅱ 積 立 金	×××
有 価 証 券	×××	代 替 基 金	×××
長 期 貸 付 金	×××	○ ○ 積 立 金	×××
保有医療機関債	×××	繰 越 利 益 積 立 金	×××
その他長期貸付金	×××	Ⅲ 評価・換算差額等	
役職員等長期貸付金	×××	その他有価証券評価差額金	×××
長 期 前 払 費 用	×××	繰 延 ヘ ッ ジ 損 益	×××
繰 延 税 金 資 産	×××		
その他の固定資産	×××	純 資 産 合 計	×××
資 産 合 計	×××	負債・純資産合計	×××

（注）1．表中の科目について、不要な科目は削除しても差し支えないこと。また、別に表示することが適当であると認められるものについては、当該資産、負債及び純資産を示す名称を付した科目をもって、別に掲記することを妨げないこと。
　　　2．社会医療法人及び特定医療法人については、純資産の部の基金の科目を削除すること。
　　　3．経過措置医療法人は、純資産の部の基金の科目の代わりに出資金とするとともに代替基金の科目を削除すること。

3．損益計算書

（1）内　容

損益計算書は、当該会計年度に属するすべての収益及び費用の内容を明瞭に表示しなければならないとされており、その様式は、医療法人会計基準適用法人は運用指針様式第二号により（医療法人会計基準第17条第1項・第2項））、それ以外の医療法人は様式通知様式4による。ただし、運用指針様式第二号と様式通知様式4には内容に相違はない。

（2）構　成

損益計算書は、事業損益、経常損益及び当期純損益に区分する（医療法人会計基準第18条）。各段階損益計算の内容は、以下のとおりである。

① **事業損益計算**

事業損益は、本来業務事業損益、附帯業務事業損益及び収益業務事業損益に区分し、各業務の事業活動から生ずる収益及び費用を記載して各事業損益の額を計算し、それらを合計して全体の事業損益が計算される（医療法人会計基準第19条）。たとえば、医療事業収益や通常の医薬品費、人件費、経費等が当該区分に表示される。

なお、附帯業務又は収益業務を実施していない場合には、損益計算書の当該区分は省略する（運用指針16）。また、法人本部を独立した会計としている場合の本部の費用（資金調達に係る費用等、事業外費用に属するものは除く）は、各事業損益に分けることなく、本来業務事業損益の区分に計上する（運用指針17）。

② **経常損益計算**

経常損益は、事業損益に、事業活動以外の原因から生ずる損益であって経常的に発生する金額を加減して計算される（医療法人会計基準第20条）。たとえば、資産運用に係る受取利息や、資金調達に係る支払利息等が当該区分に表示される。

ここで、事業活動か否かという判断基準は、施設単位の会計と法人全体の会計とで必ずしも同一ではなく、病院会計準則における損益計算書では

医業損益計算に含まれず、医業外収益又は医業外費用とされている項目であっても、医療法人会計基準における損益計算書では事業損益計算に含まれる項目がある点に留意が必要である（運用指針18）。たとえば、本来業務に附随する業務として先述した売店や駐車場の運営に係る収益や費用は、病院会計準則における損益計算書では医業外収益又は医業外費用に含まれると考えられるが、医療法人会計基準における損益計算書では事業収益又は事業費用に含まれると考えられる。同様に、運営費補助金の受領は、病院会計準則における損益計算書では医業外収益に含まれると考えられるが、医療法人会計基準における損益計算書では事業収益に含まれると考えられる。このように、施設単位の会計と法人全体の会計とで括りが異なるものについては、決算組替に係る配慮が必要となる。

③ 純損益計算

当期純損益は、経常損益に、特別損益として臨時的に発生する損益を加減して税引前当期純損益を計算し、ここから法人税等の負担額を控除して計算される（医療法人会計基準第21条）。たとえば、固定資産の売却損益や除却損等が当該区分に表示される。

また、必要に応じた科目の追加や削除が認められている点は貸借対照表と同様である（運用指針様式第二号（注）2.）。

（3）様式例

運用指針様式第二号による損益計算書は、以下のとおりである。

なお、利益がマイナスになる場合には、「利益」を「損失」と表示する（運用指針様式第二号（注）1.）。

また、運用指針の適用が義務付けられていない法人のうち、診療所のみを開設する法人向けに、様式通知においてはより簡素な様式（様式通知様式4-2）も用意されている。

運用指針様式第二号・様式通知様式 4-1

法人名　　　　　　　　　　　　　　　　　※医療法人整理番号 ☐☐☐☐☐
所在地

損　益　計　算　書
（自　平成　年　月　日　至　平成　年　月　日）

（単位：千円）

科　目	金　額	
Ⅰ　事　業　損　益		
A　本来業務事業損益		
1　事　業　収　益		×××
2　事　業　費　用		
(1)　事　業　費	×××	
(2)　本　部　費	×××	×××
本来業務事業利益		×××
B　附帯業務事業損益		
1　事　業　収　益		×××
2　事　業　費　用		×××
附帯業務事業利益		×××
C　収益業務事業損益		
1　事　業　収　益		×××
2　事　業　費　用		×××
収益業務事業利益		×××
事　業　利　益		×××
Ⅱ　事　業　外　収　益		
受　取　利　息	×××	
その他の事業外収益	×××	×××
Ⅲ　事　業　外　費　用		
支　払　利　息	×××	
その他の事業外費用	×××	×××
経　常　利　益		×××
Ⅳ　特　別　利　益		
固定資産売却益	×××	
その他の特別利益	×××	×××
Ⅴ　特　別　損　失		
固定資産売却損	×××	
その他の特別損失	×××	×××
税引前当期純利益		×××
法人税・住民税及び事業税	×××	
法人税等調整額	×××	×××
当　期　純　利　益		×××

（注）1. 利益がマイナスとなる場合には、「利益」を「損失」と表示すること。
　　　2. 表中の科目について、不要な科目は削除しても差し支えないこと。また、別に表示することが適当であると認められるものについては、当該事業損益、事業外収益、事業外費用、特別利益及び特別損失を示す名称を付した科目をもって、別に掲記することを妨げないこと。

4．純資産変動計算書

（1）内　容
　医療法人会計基準適用法人においては、純資産変動計算書を作成し、純資産の部の科目別に前期末残高、当期変動額及び当期末残高を記載することとされており、その様式は、社財規が適用される法人を除き、運用指針様式第四号による（運用指針26）。

（2）構　成
　純資産変動計算書の当期変動額は、当期純利益、拠出額、返還又は払戻額、振替額等の原因別に表記する（運用指針26）。

（3）様式例
　運用指針様式第四号による純資産変動計算書は、以下のとおりである。
　純資産の変動事由及び金額の記載は、概ね貸借対照表における記載の順序とする（運用指針様式第四号（注）1.）。また、評価・換算差額等は、科目ごとの記載に代えて、評価・換算差額等の合計額を、前会計年度末残高、会計年度中の変動額及び会計年度末残高に区分して記載することができる。ただし、この場合には、科目ごとのそれぞれの金額を注記する必要がある（運用指針様式第四号（注）2.）。

Ⅱ 財務諸表の様式例

運用指針様式第四号

様式第四号
法人名
所在地

※医療法人整理番号 ☐☐☐☐

純資産変動計算書
（自 平成　年　月　日　至 平成　年　月　日）

（単位：千円）

	基金（又は出資金）	積立金			評価・換算差額等			純資産合計
		代替基金	○○積立金	繰越利益積立金	積立金合計	その他有価証券評価差額金	繰延ヘッジ損益	評価・換算差額等合計	
平成　年　月　日残高	×××	×××	×××	×××	×××	×××	×××	×××	×××
会計年度中の変動額									
当期純利益				×××	×××				×××
………									
………									
会計年度中の変動額合計	×××	×××	×××	×××	×××	×××	×××	×××	×××
平成　年　月　日残高	×××	×××	×××	×××	×××	×××	×××	×××	×××

1. 純資産の変動事由及び金額の掲載は、概ね貸借対照表における記載の順序によること。
2. 評価・換算差額等残高は、科目ごとの記載に代えて評価・換算差額等の合計額を、前会計年度末残高、会計年度中の変動額及び会計年度末残高に区分して記載することができる。この場合には、科目ごとのそれぞれの金額を注記すること。
3. 積立金及び純資産の各合計欄の記載は省略することができる。

5．関係事業者との取引の状況に関する報告書

（1）内　容

　法第 51 条第 1 項において、「関係事業者」は「理事長の配偶者がその代表者であることその他の当該医療法人又はその役員と厚生労働省令で定める特殊の関係がある者をいう」と定義され、すべての医療法人に医療法人と関係事業者との間における一定の取引について開示が求められている。また、その様式は、様式通知様式 5 による。

　なお、医療法人会計基準適用法人においては、関係事業者との間における一定の取引については当該報告書だけでなく、財務諸表の注記としても開示する必要がある（医療法人会計基準第 22 条、運用指針 23）。開示が求められる詳細な条件等については第 6 章にて解説する。

（2）構　成

　関係事業者との取引の状況に関する報告書は、関係事業者を法人と個人に区分し、それぞれの名称・氏名や、当該医療法人と関連事業者との関係、取引の内容や取引金額等を記載する様式となっている。

（3）様式例

　様式通知様式 5 による関係事業者との取引の状況に関する報告書は以下のとおりである。

様式通知様式 5

様式 5

法人名 _____　　　　　　※医療法人整理番号 ☐☐☐☐☐
所在地 _____

関係事業者との取引の状況に関する報告書

(1) 法人である関係事業者　　　　　　　　　　　　　　　　　　（単位：千円）

種類	名称	所在地	資産総額（千円）	事業の内容	関係事業者との関係	取引の内容	取引金額（千円）	科目	期末残高（千円）

（取引条件及び取引条件の決定方針等）

(2) 個人である関係事業者　　　　　　　　　　　　　　　　　　（単位：千円）

種類	氏名	職業	関係事業者との関係	取引の内容	取引金額（千円）	科目	期末残高（千円）

（取引条件及び取引条件の決定方針等）

第6章

医療法人会計基準における注記表及び附属明細表

I
注記表
―総論

1．注記表に記載すべき内容

　医療法人会計基準において、注記が要求されている項目は、要約すると以下の 3 項目である。

- 重要な会計方針
- 貸借対照表等の作成の前提となる重要な事項
- 財務状況を明らかにする重要な事項

　これらについては、医療法人会計基準の以下の条文において、注記表に記載すべき事項として規定されている。

> 医療法人会計基準
> 第3条　貸借対照表等を作成するために採用している会計処理の原則及び手続並びに表示方法その他貸借対照表等を作成するための基本となる事項（次条において「会計方針」という。）で次に掲げる事項は、損益計算書の次に記載しなければならない。ただし、重要性の乏しいものについては、記載を省略することができる。
> 　一　資産の評価基準及び評価方法
> 　二　固定資産の減価償却の方法
> 　三　引当金の計上基準
> 　四　消費税及び地方消費税の会計処理の方法
> 　五　その他貸借対照表等作成のためとなる基本となる重要な事項
>
> 第4条　会計方針を変更した場合には、その旨、変更の理由及び当該変更が貸借対照表等に与えている影響の内容を前条による記載の次に記載しなければならない。
>
> 第22条　貸借対照表等には、その作成の前提となる事項及び財務状況を明らかにするために次に掲げる事項を注記しなければならない。ただし、重要性の乏しいものについては、注記を省略することができる。
> 　一　継続事業の前提に関する事項
> 　二　資産及び負債のうち、収益業務に関する事項
> 　三　収益業務からの繰入金の状況に関する事項
> 　四　担保に供されている資産に関する事項
> 　五　法第51条第1項に規定する関係事業者に関する事項
> 　六　重要な偶発債務に関する事項
> 　七　重要な後発事象に関する事項
> 　八　その他医療法人の財政状態又は損益の状況を明らかにするために必要な事項

　注記表は、財務諸表の内容をより詳細に財務諸表の利用者に対して説明するために必要な情報を記載するものである。そのため、会計基準で要求されている項目以外に、財務諸表作成者にとって有用と考える情報を記載することについては妨げられない。
　なお、注記表の記載イメージは運用指針における様式例に大枠が示されており、具体的には次のような内容になると考えられる。

Ⅰ 注記表—総論

(注記表イメージ)

重要な会計方針等の記載及び貸借対照表等に関する注記

項目	区分
1　継続事業の前提に関する事項	貸借対照表等の作成の前提となる重要な事項
2　資産の評価基準及び評価方法	重要な会計方針
3　固定資産の減価償却の方法	
4　引当金の計上基準	
5　消費税及び地方消費税の会計処理の方法	
6　その他貸借対照表等作成のための基本となる重要な事項 　　(例)・補助金等の会計処理　　　等	
7　重要な会計方針を変更した旨等（会計方針の変更に関する注記）	
8　資産及び負債のうち収益業務に関する事項・収益業務からの繰入金の状況に関する事項	財務状況を明らかにする重要な事項
9　担保に供されている資産に関する事項	
10　法第51条第1項に規定する関係事業者に関する事項	
11　重要な偶発債務に関する事項	
12　重要な後発事象に関する事項	
13　その他医療法人の財政状態又は損益の状況を明らかにするために必要な事項 　　(例)・基本財産の増減及びその残高 　　　　・貸倒引当金を直接控除した場合の債権の債権金額、貸倒引当金及び当該債権の当期末残高 　　　　・賃貸借処理をしたファイナンス・リース取引 　　　　・繰延税金資産及び繰延税金負債の発生原因別内訳 　　　　・満期保有目的債券の内訳並びに帳簿価額、時価及び評価損益 　　　　・固定資産の償却年数又は残存価額の変更 　　　　・補助金等の内訳並びに交付者、貸借対照表等への影響額 　　　　・退職給付会計の適用時差異の未処理残高 　　　　・原則法を適用した場合の退職給付債務等の内容　　等	

II 注記表の記載例

1．継続事業の前提に関する注記

　継続事業の前提とは、医療法人が将来にわたって事業を継続できるという前提のことをいう。通常、会計処理は継続事業の前提が成立していることを基礎として、減価償却等のように将来にわたって費用を計上を行う処理等がされる。しかし、継続事業の前提に重要な疑義を生じさせる事象又は状況が存在する場合（例えば、債務超過状態など）、通常の会計処理を行う前提に疑義があるとして、財務諸表利用者に注意喚起を目的として記載が要求されている。

　継続事業の前提に関する注記については、当該医療法人の会計年度の末日において、財務指標の悪化の傾向、重要な債務の不履行等財政破綻の可能性その他将来にわたって事業を継続することの前提に重要な疑義を生じさせる事象又は状況が存在する場合にその内容を記載する。

　また、財務諸表利用者にとっては極めて重要な内容であるため、記載される場所は注記表の冒頭となっている。ただし、継続事業の前提に重要な疑義を生じさせる事象又は状況が存在しない場合については、注記は要さない。

> 記載例

> 継続事業の前提に関する注記
>   当法人は、…（具体的な状況を記載する）。以上より、継続事業の前提に重要な疑義を生じさせるような状況が存在しております。
>   当法人では、当該状況を解消すべく、…（具体的な対応策を記載する）を行うこととしております。
>   しかしながら、…（不確実性の理由を記載する）ため、現時点においては継続事業の前提に関する重要な不確実性が存在するものと認識しております。
>   なお、財務諸表は継続事業を前提として作成しており、継続事業の前提に関する重要な不確実性の影響を財務諸表に反映しておりません。

2．重要な会計方針に係る事項の注記

　会計方針に係る事項に関する注記については、貸借対照表等の作成のために採用している会計処理の原則及び手続並びに表示方法その他貸借対照表等の作成のための基本となる事項であって、次に掲げる事項を記載する。

(1) 資産の評価基準及び評価方法

> 記載例

> (1) 資産の評価基準及び評価方法
>   ① 有価証券
>   ・その他有価証券
>   時価のあるもの
>   決算期末日の市場価格等に基づく時価法（評価差額は、全部純資産直入法により処理し、売却原価は、移動平均法により算定）
>   ② たな卸資産
>   最終仕入原価法

> 記載上の注意

　棚卸資産の評価方法は、先入先出法、移動平均法、総平均法の中から選択適用することを原則とするが、最終仕入原価法も期間損益の計算上著しい弊害がない場合には、用いることができる（運用指針7）。

（2）固定資産の減価償却方法

記載例

(2) 固定資産の減価償却方法
　① 有形固定資産（リース資産を除く）
　　　定率法によっております。但し、平成10年4月以降に取得した建物（建物付属設備を除く）並びに平成28年4月1日以降に取得した建物附属設備及び構築物については、定額法を採用しております。
　　　　なお、主な耐用年数は次の通りであります。
　　　　　　建物　　　　　　　　8年～39年
　　　　　　構築物　　　　　　　2年～55年
　　　　　　医療用器械備品　　　3年～　8年
　　　　　　その他の器械備品　　4年～15年
　　　　　　車両運搬具　　　　　4年～　6年
　② 無形固定資産（リース資産を除く）
　　　定額法によっております。
　　　なお、耐用年数については、法人税法に規定する方法と同一の基準によっております。
　　　ただし、ソフトウェア（法人内使用分）については、法人内における利用可能期間（5年）に基づく定額法によっております。

（3）引当金（貸倒引当金、賞与引当金、退職給付引当金）の計上基準

記載例

(3) 引当金の計上基準
　① 貸倒引当金
　　　債権の貸倒れによる損失に備えるため、一般債権については法人税法における貸倒引当金の繰入限度額を、貸倒懸念債権等特定の債権については個別に回収可能性を検討し、回収不能見込額を計上しております。
　② 賞与引当金
　　　従業員に対して支給する賞与の支出に充てるため、支給見込額のうち当会計年度に負担すべき額を計上しております。
　③ 退職給付引当金
　　　職員の退職給付に備えるため、当会計年度末における退職給付債務を簡便法（退職給付に係る期末自己都合要支給額を退職給付債務とする方法）により計算し、計上しております。

> 記載上の注意

- 未収金、貸付金等の金銭債権のうち回収不能と認められる額がある場合には、その金額を合理的に見積もって、貸倒引当金を計上する。
  ただし、前々会計年度末の負債総額が 200 億円未満の医療法人においては、法人税法における貸倒引当金の繰入限度相当額が取立不能見込額を明らかに下回っている場合を除き、その繰入限度額相当額を貸倒引当金に計上することができる（医療法人会計基準第 12 条）。
- 退職給付引当金は、退職給付に係る見積債務額から年金資産額等を控除したものを計上する。当該計算は、「退職給付に関する会計基準」（平成 10 年 6 月 16 日 企業会計審議会）に基づいて行うものであり、次の事項を除き、企業会計における実務上の取扱いと同様とする。
- 医療法人会計基準適用に伴う新たな会計処理の採用により生じる影響額（適用時差異）は、通常の会計処理とは区分して、医療法人会計基準適用後 15 年以内の一定の年数又は従業員の平均残存勤務年数のいずれか短い年数にわたり定額法により費用処理することができる。
- 前々会計年度末日の負債総額が 200 億円未満の医療法人においては、上記企業会計の取扱いにおける簡便法適用要件を満たさない場合であっても、簡便法を適用することができる（医療法人会計基準第 12 条）。

（4）消費税及び地方消費税の会計処理方法

> 記載例

```
(4) 消費税及び地方消費税の会計処理方法
    消費税及び地方消費税の会計処理は、税込方式によっております。
```

（5）その他貸借対照表等作成のための基本となる重要な事項

「その他貸借対照表等作成のための基本となる重要な事項」とは、運用指針において以下のように例示されている。

【運用指針3】
　会計基準第3条第5号に規定の「その他貸借対照表等作成するための基本となる重要な事項」の例は、補助金等の会計処理方法、企業会計で導入されている会計処理等の基準を適用する場合の当該基準である。

　この規定により、補助金等の会計処理方法については、注記が必要と考えられる。

記載例

(5)　補助金等の会計処理方法
　　固定資産を購入する目的で受取った補助金等については、受取った会計年度に一括して収益として計上しております。
　　なお、対象となる固定資産について法人税法上の圧縮記帳が認められている場合は、固定資産を直接減額する方法によって処理しております。

（6）会計方針の変更に関する注記

　重要な会計方針については、原則として毎期継続して適用する必要がある（医療法人会計基準第2条第3項③）。しかし、正当な理由により会計方針を変更した場合には、次に掲げる事項（重要性の乏しいものを除く）を注記しなければならない（医療法人会計基準第4条）。

①　当該会計方針の変更の内容
②　当該会計方針の変更の理由
③　当該変更による計算書類の主な項目に対する影響額

記載例

重要な会計方針の変更
　○○○の評価基準及び評価方法は、従来、主として○○法によっていましたが、…（変更理由を具体的に記載する）のため、当会計年度より○○法に変更いたしました。
　この結果、従来の方法と比べて、損益計算書の○○費がxxx円増加し、事業利益、経常利益、税引前当期純利益及び当期純利益がxxx円減少しています。

3．貸借対照表等に関する注記

貸借対照表等に関する注記は、次に掲げる事項である。

（1）資産及び負債のうち、収益業務に係るもの

医療法第42条の2第3項において、「収益業務に係る会計は、本来業務及び附帯業務に関する会計から区分し、特別の会計として経理しなければならない」とされている。

したがって、本基準の貸借対照表及び損益計算書は、収益業務に係る部分を包含しているが、内部管理上の区分においては、収益業務に固有の部分について別個の貸借対照表及び損益計算書を作成することが必要である。

注記が必要となるのは、当該収益業務会計の貸借対照表で把握した金額に基づく、資産及び負債のうち収益業務に係るものである。

記載例

資産及び負債のうち、収益業務に係るもの	
	金額（千円）
資産	
負債	

（2）収益業務からの繰入金の状況に関する事項

上記（1）で解説したとおり、本基準の貸借対照表及び損益計算書は、収益業務に係る部分を包含しているが、内部管理上の区分においては、収益業務に固有の部分について別個の貸借対照表及び損益計算書を作成することが必要である。

注記が必要となるのは、当該収益業務会計の損益計算書で把握した金額に基づいた、収益業務会計から一般会計への繰入金の状況（一般会計への繰入金と一般会計からの元入金の累計額である繰入純額の前期末残高、当期末残高、当期繰入額又は元入額）である。

> 記載例

	収益業務からの繰入金の状況			
	前期末残高 (千円)	当期繰入額 (千円)	当期元入額 (千円)	当期末残高 (千円)
繰入純額				

(3) 担保に供されている資産に関する事項

借入等の担保に差し入れている資産がある場合には、担保に供されている資産の内容及び金額、並びに担保に係る債務の種類及び金額を注記する必要がある。

> 記載例

【担保に供されている資産】

科目	金額(千円)
建物	
土地	
計	

【担保に係る債務】

科目	金額(千円)
短期借入金	
長期借入金(1年内返済予定を含む)	
計	

> 記載上の注意

① 資産が財団抵当以外の担保に供されている場合、下記項目を注記する。
　・資産の全部又は一部が担保に供されている旨
　　(資産の一部が担保に供されているときは、当該部分の金額)
　・資産が担保に供されている債務の科目名及びその金額
　　(当該債務の一部に担保が付されている場合は、その部分の金額)
② 資産が財団抵当に供されている場合、下記項目を注記する。
　・財団抵当に供されている旨

・資産の種類
・金額の合計
・当該債務の科目名及び金額

（4）医療法第 51 条第 1 項に規定する関係事業者に関する事項

関係事業者に関する注記については、「4. 関係事業者に関する注記」において、詳細な解説を行う。

（5）重要な偶発債務に関する事項

偶発債務とは、現実にはまだ発生していないが、将来一定の条件が成立した場合に債務として認識されるもののことである。具体的には、個人や他法人の債務に関して保証を行っている保証債務や係争中の訴訟で重要な案件が該当する。

偶発債務は貸借対照表に計上されないが、一定の条件を満たした場合債務として顕在化することとなる。そのため、財務諸表利用者にとって有用な情報であるため注記を要求されている。

記載例　重要な偶発債務

> 【訴訟案件】
> 平成××年から平成××年にかけて当法人にて治療を行っていた患者から、治療中の過誤により脳機能障害が発生したとする損害賠償請求訴訟（請求額 xx 百万円）が、平成××年〇〇月△△日付で、××地方裁判所において提起されている。

記載上の注意
- 係争事件に係る賠償義務については、当該事件の概要及び相手方等を注記する。
- 債務の保証については、その種類及び保証先等を注記する。

（6）重要な後発事象に関する事項

後発事象とは、当該医療法人の会計年度の末日後、当該医療法人の翌会計年度以降の財政状態又は損益の状況に重要な影響を及ぼす事象のことをいう。後発事象は、「修正後発事象」と「開示後発事象」に区分される。

修正後発事象は、会計年度末日後に発生した事象ではあるが、その実質

的な原因が会計年度末日に既に発生しており、会計年度末日現在の状況に関連する会計上の判断ないし見積りをする上で、追加的ないしは客観的な証拠を提供するものとして考慮する必要のある事象である。したがって重要な修正後発事象は、追加的な引当金の計上等によって、財務諸表を修正する必要がある。

開示後発事象は、会計年度末日後において発生し、当該会計年度の貸借対照表等には影響を与えないが、次会計年度以降の財務諸表に影響を与えるものである。そのため、当該後発事象は、財務諸表利用者にとって有用な情報であり、注記が要求されている。

なお、重要な後発事象としては、次のようなものがある。

- 火災・出水等による重大な損害の発生
- 重要な組織の変更
- 重要な係争事件の発生又は解決

記載例　重要な後発事象

【火災による損害の発生】
　平成 xx 年 5 月 x 日に当医療法人が入居している建物が火災により消失した。この火災による損害額及び保険の契約金額は次のとおりである。

	損害額（千円）	契約保険金額（千円）
建物		
構築物		

医療用器械備品及び器械備品については調査中である。

（7）その他医療法人の財政状態又は損益の状況を明らかにするために必要な事項

「その他医療法人の財政状態又は損益の状況を明らかにするために必要な事項」とは、運用指針において以下のように例示されている。運用指針24において記載が要求されている項目が例示されているが、それ以外の運用指針の各条文においてのみに記載が必要とされている項目もあるため注意が必要である。

【運用指針6】 基本財産の取扱いについて
　定款又は寄附行為において基本財産の規定を置いている場合であっても、貸借対照表及び財産目録には、基本財産としての表示区分は設ける必要はないが、当該基本財産の前会計年度末残高、当該会計年度の増加額、当該会計年度の減少額及び当該会計年度末残高について、貸借対照表の科目別に会計基準第22条第8号の事項として注記するものとする。

【運用指針9】 リース取引の会計処理について（抜粋）
　賃貸借処理をしたファイナンス・リース取引がある場合には、貸借対照表科目に準じた資産の種類ごとのリース料総額及び未経過リース料の当期末残高を、会計基準第22条第8号の事項として注記するものとする。

【運用指針11】 有価証券等の評価について（抜粋）
　満期保有目的の債券に重要性がある場合には、その内訳並びに帳簿価額、時価及び評価損益を会計基準第22条第8号の事項として注記するものとする。

【運用指針12】 引当金の取扱いについて（抜粋）
・貸借対照表の表記において、債権について貸倒引当金を直接控除した残額のみを記載した場合には、当該債権の債権金額、貸倒引当金及び当該債権の当期末残高を、会計基準第22条第8号の事項として注記するものとする。
・適用時差異の未処理残高及び原則法を適用した場合の退職給付引当金の計算の前提とした退職給付債務等の内容は、会計基準第22条第8号の事項として注記するものとする。

【運用指針15】 税効果会計の適用について
　繰延税金資産及び繰延税金負債に重要性がある場合には、主な発生原因別内訳を会計基準第22条第8号の事項として注記するものとする。

【運用指針24】 貸借対照表等注記事項について
　会計基準第22条第8号に規定の「その他医療法人の財務状態又は損益の状況を明らかにするために必要な事項」の例は、以下のようなものがある。
① <u>固定資産の償却年数又は残存価額の変更に重要性がある場合の影響額</u>
② 満期保有目的の債券に重要性がある場合の内訳並びに帳簿価額、時価及び評価損益　（注）運用指針11と同様
③ 原則法を適用した場合の、退職給付引当金の計算の前提とした退職給付債務等の内容　（注）運用指針12後半部分と同様
④ 繰延税金資産及び繰延税金負債に重要性がある場合の主な発生原因別内訳　（注）運用指針15と同様
⑤ 補助金等に重要性がある場合の内訳、交付者及び貸借対照表等への影響額

上記を要約すると、「その他医療法人の財政状態又は損益の状況を明らかにするために必要な事項」は以下のとおりである。

	記載すべき項目	留意点	関連条文
A	基本財産の増減及びその残高	－	運用指針6
B	債権の債権金額、貸倒引当金及び当該債権の当期末残高	貸借対照表の表記において、債権について貸倒引当金を直接控除した残額のみを記載した場合。	運用指針12
C	賃貸借処理をしたファイナンス・リース取引における資産の種類ごとのリース料総額及び未経過リース料の当期末残高	簡便法を適用したファイナンス・リース取引にかかるものを記載する。	運用指針9
D	繰延税金資産及び繰延税金負債に重要性がある場合の主な発生原因別内訳	－	運用指針15, 24
E	満期保有目的の債券に重要性がある場合の内訳並びに帳簿価額、時価及び評価損益	－	運用指針11, 24
F	固定資産の償却年数又は残存価額の変更に重要性がある場合の影響額	－	運用指針24
G	補助金等に重要性がある場合の内訳、交付者及び貸借対照表等への影響額	－	運用指針24
H	退職給付会計の適用時差異の未処理残高	一括費用処理を行った場合には注記不要。	運用指針12
I	原則法を適用した場合の、退職給付引当金の計算の前提とした退職給付債務等の内容	－	運用指針12, 24

運用指針で要求されている上記の内容については、重要性が乏しいと認められない限り注記する必要がある。

A) 基本財産の増減及びその残高

定款又は寄附行為において基本財産の規定を置いている場合であっても、貸借対照表及び財産目録には、基本財産としての表示区分は設ける必要はないが、当該基本財産の前会計年度末残高、当該会計年度の増加額、当該会計年度の減少額及び当該会計年度末残高について、貸借対照表の科目別に注記する。

記載例　基本財産の増減及びその残高

	前期末残高 (千円)	当期増加額 (千円)	当期減少額 (千円)	当期末残高 (千円)
土地				
建物				
合　計				

記載上の注意
- 当該会計年度末残高は、前会計年度末残高に当該会計年度の増加額、当該会計年度の減少額を加減算した金額と一致する。
- 当該会計年度末残高は、貸借対照表計上額と一致する。

B) 債権について貸倒引当金を直接控除した残額のみを記載した場合

医療法人会計基準においては、「未収金、貸付金等の債権については、取得価額から貸倒引当金を控除した額をもって貸借対照表額とする」と規定されているものの、具体的な表示方法については特に規定されていない。

このため、一般的な表示方法としては以下の方法が考えられる。

- 債権の勘定科目ごとに貸倒引当金を控除する形式で表示（科目別間接控除方式）
- 各勘定科目ごとに控除せず貸借対照表の複数の勘定科目から一括して控除する形式で表示（一括間接控除方式）
- 各債権の貸借対照表計上額について貸倒引当金を直接控除した後の帳簿価額で表示（直接控除方式）

上記のうち直接控除方式による場合、純額での債権額しか把握できないため、他の方法による財務諸表との比較可能性を保つために注記が要求されている。

記載例　債権の債権金額、貸倒引当金及び当該債権の当期末残高

科　目	債権金額 (千円)	貸倒引当金 残高 (千円)	貸借対照表 残高 (千円)
事業未収金			
破産更生債権等			
計			

記載上の注意

- 各資産科目別に又は一括して、当該債権の債権金額、貸倒引当金及び当該債権の当期末残高を注記する。
- 当期末残高と貸借対照表計上額は一致する。

C）　賃貸借処理をしたファイナンス・リース取引がある場合

記載例　賃貸借処理をしたファイナンス・リース取引

科　目	リース料総額 (千円)	未経過リース料 (千円)
医療用器械備品		
計		

記載上の注意

- 貸借対照表科目に準じた資産の種類ごとのリース料総額及び未経過リース料の当期末残高を注記する。
- 前々会計年度末の負債総額が200億円未満の医療法人においては、ファイナンス・リース取引の賃貸借処理を行うことができる。

D) 繰延税金資産及び繰延税金負債に重要性がある場合の主な発生原因別内訳

【記載例】 繰延税金資産及び繰延税金負債の発生原因別内訳

> 繰延税金資産の発生の主な原因は、賞与引当金及び退職給付引当金の否認額であります。

【記載上の注意】

企業会計と同様に税効果会計を適用することが原則であるが、一時差異等の金額に重要性のない場合、計上しないことができる（運用指針15）。

E) 満期保有目的の債券に重要性がある場合の内訳並びに帳簿価額、時価及び評価損益

【記載例】 満期保有目的の債券の内訳並びに帳簿価額、時価及び評価損益

（単位：千円）

種類及び銘柄	帳簿価額	時価	評価損益
合　計			

F) 固定資産の償却年数又は残存価額の変更に重要性がある場合の影響額

【記載例】 固定資産の償却年数の変更

> 当法人が保有する医療器械備品○○は、従来、償却年数を10年として減価償却を行ってきましたが、当事業年度において…（変更の内容を記載）…ため、償却年数を5年に見直し、将来にわたり変更しております。
> これにより、従来の方法と比べて、当事業年度の減価償却費がxxx千円増加し、事業利益、経常利益、税引前当期純利益及び当期純利益がそれぞれxxx千円減少しております。

G) 補助金等に重要性がある場合の内訳、交付者及び貸借対照表等への影響額

記載例　補助金等の内訳並びに交付者、貸借対照表等への影響額

（単位：千円）

	内　訳	交付者	損益計算書 影響額	貸借対照表 影響額
1				
2				
3				
4				
	合　計			

H) 退職給付会計の適用時差異の未処理残高

　当該注記に関しては、公益法人会計基準の導入時の対応と同様であり、公益法人における記載方法を参考にしている（「公益法人会計基準に関する実務指針（その2）」（平成20年10月7日　日本公認会計士協会）参照）。

　当該項目については、「I）原則法を適用した場合の、退職給付引当金の計算の前提とした退職給付債務等の内容」と併せて注記することになると考えられるため、下記に併せて記載例を示す。

　なお、「I）原則法を適用した場合の、退職給付引当金の計算の前提とした退職給付債務等の内容」は原則法を適用した場合の注記とされているが、簡便法を適用している場合であっても、適用時差異の未処理残高が存在する場合は、有用な記載例であると考えられるため、簡便法を適用し、未処理残高が存在する場合の記載例も併せて示すこととする。

I) 原則法を適用した場合の、退職給付引当金の計算の前提とした退職給付債務等の内容

記載例 退職給付関係

(1) 退職給付債務及びその内訳

(単位：千円)

① 退職給付債務	
② 年金資産	
③ 未認識数理計算上の差異	
④ 未認識過去勤務差異	
⑤ 会計基準適用時差異の未処理額	
⑥ 退職給付引当金（①＋②＋③＋④＋⑤）	

(2) 会計基準適用時差異の処理年数　15年

　当該注記は、原則法を適用した場合を前提として注記を要求しているものである。しかし、簡便法を適用している場合であっても、会計基準適用時差異の未処理額が存在していれば、当該残高を注記する必要があるため、上記の記載に準じて注記する方法が考えられる。

記載例 簡便法適用をしているが、会計基準適用時差異未処理額が存在する場合
退職給付関係

(1) 退職給付債務及びその内訳

(単位：千円)

① 退職給付債務	
② 年金資産	
③ 会計基準適用時差異の未処理額	
④ 退職給付引当金（①＋②＋③）	

(2) 会計基準適用時差異の処理年数　15年

4．関係事業者に関する注記

(1) 医療法改正に伴う影響

　医療法が改正されたことに伴い、平成29年4月2日施行からの医療法第51条第1項において、すべての医療法人において「関係事業者との取引の状況に関する報告書」の作成が義務付けられることとなった。それと

は別に、医療法人会計基準においても、下記の条文で明らかなように、関係事業者との取引の状況について注記が求められている。つまり、医療法人会計基準を適用している医療法人においては、「関係事業者との取引の状況に関する報告書」の作成とは別に、注記としても同様の内容を記載する必要があるということである。

【医療法人会計基準第22条】（抜粋）
　貸借対照表等には、その作成の前提となる事項及び財務状況を明らかにするために次に掲げる事項を注記しなければならない。
（中略）
　五　法第51条１項に規定する関係事業者に関する事項

【運用指針23】　関係事業者に関する注記について（抜粋）
　法第51条第１項に定める関係事業者との取引について、次に掲げる事項を関係事業者ごとに注記しなければならない。

（2）関係事業者の定義

関係事業者とは、当該医療法人と特殊な関係にある事業者のことをいい、個人、法人のいずれも該当する可能性がある。具体的には医療法施行規則第32条の６第１号において、関係事業者の範囲について明示されている。それによれば、個人と法人の関係事業者は以下のように整理される。

① 個人の関係事業者

当該医療法人の役員及びその配偶者・２親等内の親族が、関係事業者と定義付けられている。

② 法人の関係事業者

法人の関係事業者については以下のように定義付けられている。

- A）　個人の関係事業者が意思決定機関を支配している法人
- B）　他の法人の役員が当該医療法人の意思決定機関を支配している場合の他の法人
- C）　B）の法人の役員が他の法人の意思決定機関を支配している場合の他の法人

ここでいう、「意思決定機関を支配する」ということは、意思決定機関の構成員の過半数を構成するという意味であり、意思決定機関には、株主総会、社員総会、評議員会、取締役会、理事会が該当するとされている（医療法施行規則第32条の6）。

（3）注記が要求される関係事業者との取引

関係事業者との取引については、すべての取引が注記対象となるわけではない。医療法施行規則第32条の6第2号において、一定の基準が設けられている。当該基準によれば、以下の取引の注記が必要となる。

A) 関係事業者との取引に係る事業収益又は事業費用の額が、総事業費の10％かつ1,000万円を超える取引
B) 関連事業者との取引に係る事業外収益又は事業外費用の額が、総額の10％かつ1,000万円を超える取引
C) 関係事業者との取引に係る特別利益又は特別損失の額が、1,000万円を超える取引
D) 関係事業者との取引に係る資産又は負債の総額が、会計年度末日における総資産の1％かつ1,000万円を超える残高になる取引
E) 関係事業者との資金貸借、有形固定資産及び有価証券の売買その他の取引であり、会計年度末日における総資産の1％かつ1,000万円を超える残高になる取引
F) 関係事業者との事業譲受及び譲渡取引であり、資産又は負債のいずれか大きい方が会計年度末日における総資産の1％かつ1,000万円を超える残高になる取引

なお、上記に該当する取引であっても、以下の取引については注記を要しないと定められている（運用指針23）。

- 一般競争入札による取引
- 預金利息及び配当金の受取り
- その他取引の性格からみて取引条件が一般の取引と同様であることが明白な取引
- 役員に対する報酬、賞与及び退職慰労金の支払

（4）注記の記載例

注記の記載方法については、「関係事業者との取引の状況に関する報告書」と同じ内容で差し支えないと考えられる。そのため、様式通知の様式5を参考として記載例を示す。

記載例 関係事業者に関する注記

(1) 法人である関係事業者

種類	名称	所在地	資産総額（千円）	事業の内容	関係事業者との関係	取引の内容	取引金額（千円）	科目	期末残高（千円）
役員が支配している法人	㈱A	XX県〇〇市	XXXX	医薬品の卸	医薬品の購入	医薬品の購入	XXXX	買掛金	XXXX

（取引条件及び取引条件の決定方針等）
(注1) A社からの医薬品の購入に関する取引価格は市場実勢を勘案して決定し、支払条件は翌月末現金払いであります。

(2) 個人である関係事業者

種類	氏名	職業	関係事業者との関係	取引の内容	取引金額（千円）	科目	期末残高（千円）
役員及びその近親者	XX 〇〇	当法人理事長	不動産の賃借	賃借料の支払	XXXX	前払費用	XXXX

（取引条件及び取引条件の決定方針等）
(注1) 不動産の賃貸料は、不動産の時価に基づき決定しております。

Ⅲ 附属明細表
—総論

　医療法施行規則第33条第1項3号で、医療法第51条第2項の医療法人においては附属明細表の作成が要求されている。また、運用指針27において作成すべき附属明細表が明らかとされている。

> 【運用指針27】附属明細表について
> 　附属明細表の種類は、次に掲げるものとする。
> ① 有形固定資産等明細表
> ② 引当金明細表
> ③ 借入金等明細表
> ④ 有価証券明細表
> ⑤ 事業費用明細表
> 事業費用明細表は、以下のいずれかの内容とする。
> イ　中区分科目別に、損益計算書における費用区分に対応した本来業務事業費用（本部を独立した会計としている場合には、事業費と本部費に細分する。）、附帯業務事業費用及び収益業務事業費用の金額を表記する。この場合に、中区分科目の細区分として形態別分類を主として適宜分類した費目を合わせて記載することができる。
> ロ　損益計算書における事業費用の本来業務、附帯業務及び収益業務の区分記載に関わらず、形態別分類を主として適宜分類した費目別に法人全体の金額を表記する。この場合に、各費目を中区分科目に括って合わせて記載することができる。
> 　なお、中区分科目は、売上原価（当該医療法人の開設する病院等の業務に附随して行われる売店等及び収益業務のうち商品の仕入れ又は製品の製造を伴う業務にかかるもの）、材料費、給与費、委託費、経費及びその他の費用とする。
> 　附属明細表の様式は、社財規が適用になる法人を除き、様式第五号～様式第九の二号によることとする。

Ⅳ 附属明細表の記載例

1．有形固定資産等明細表

　有形固定資産等の当会計期間の増減について、附属明細表において明らかにする必要がある。主要な増減については、脚注に増減内容の記載を脚注することが求められている。

　また、例外的な規定として、固定資産残高に重要性がない場合（有形固定資産又は無形固定資産の金額が資産の総額の1％以下）及び固定資産増減額に重要性がない場合（有形固定資産又は無形固定資産の当会計年度における増減額が有形固定資産又は無形固定資産の総額の5％以下）である場合は、「前期末残高」、「当期増加額」及び「当期減少額」の欄の記載は省略することができる。

Ⅳ 附属明細表の記載例

有 形 固 定 資 産 等 明 細 表

資産の種類		前期末残高 （千円）	当期増加額 （千円）	当期減少額 （千円）	当期末残高 （千円）	当期末減価償却累計額又は償却累計額 （千円）	当期償却額 （千円）	差　　　引 当期末残高 （千円）
有形固定資産								
	計							
無形固定資産								
	計							
その他の資産								
	計							

1．有形固定資産、無形固定資産及びその他の資産について、貸借対照表に掲げられている科目の区分により記載すること。

2．「前期末残高」、「当期増加額」、「当期減少額」及び「当期末残高」の欄は、当該資産の取得原価によって記載すること。

3．当期末残高から減価償却累計額又は償却累計額を控除した残高を、「差引当期末残高」の欄に記載すること。

4．合併、贈与、災害による廃棄、滅失等の特殊な事由で増加若しくは減少があった場合又は同一の種類のものについて資産の総額の1％を超える額の増加又は減少があった場合は、その事由を欄外に記載すること。若しくは減少があった場合（ただし、建設仮勘定の減少のうち各資産科目への振替によるものは除く。）

5．特別の法律の規定により資産の再評価が行われた場合その他特別の事由により取得原価の修正が行われた場合には、当該再評価差額等については、「当期増加額」又は「当期減少額」の欄に内書（括弧書）として記載し、その増減の事由を欄外に記載すること。

6．有形固定資産又は無形固定資産の金額が資産の総額の1％以下である場合又は有形固定資産及び無形固定資産の当該会計年度におけるそれぞれの増加額及び減少額がいずれも当該会計年度末における有形固定資産又は無形固定資産の総額の5％以下である場合には、有形固定資産又は無形固定資産に係る記載中「前期末残高」、「当期増加額」及び「当期減少額」の欄の記載を省略することができる。なお、記載を省略した場合には、その旨注記すること。

2．引当金明細表

　引当金を計上している場合、期中の増減について会計期間の増減について、附属明細表において明らかにする必要がある。

　引当金の減少は、目的使用によるものが一般的であると考えられることから、目的外での減少については「当期減少額（その他）」欄に減少額を記載するとともに、減少の理由について脚注することが要求されている。

引　当　金　明　細　表

区　　分	前期末残高 （千円）	当期増加額 （千円）	当期減少額 （目的使用） （千円）	当期減少額 （その他） （千円）	当期末残高 （千円）

1．前期末及び当期末貸借対照表に計上されている引当金について、設定目的ごとの科目の区分により記載すること。
2．「当期減少額」の欄のうち「目的使用」の欄には、各引当金の設定目的である支出又は事実の発生があったことによる取崩額を記載すること。
3．「当期減少額」の欄のうち「その他」の欄には、目的使用以外の理由による減少額を記載し、減少の理由を注記すること。

3．借入金等明細表

借入金がある場合には借入金等明細表を作成する必要がある。また、借入金だけではなく、社会医療法人債や医療機関債による資金調達を行っている場合も当該明細表に記載を行う。

また、利率について、市場金利ではなく無利息又は特別の条件による約定で定めている場合は、その内容を欄外に記載する必要があることに注意が必要である。

借 入 金 等 明 細 表

区　　分	前期末残高 （千円）	当期末残高 （千円）	平均利率 （％）	返済期限
短期借入金				－
1年以内に返済予定の長期借入金				－
長期借入金（1年以内に返済予定のものを除く。）				
その他の有利子負債				
合　　計			－	－

1．短期借入金、長期借入金（貸借対照表において流動負債として掲げられているものを含む。以下同じ。）及び金利の負担を伴うその他の負債（以下「その他の有利子負債」という。）について記載すること。
2．重要な借入金で無利息又は特別の条件による利率が約定されているものがある場合には、その内容を欄外に記載すること。
3．「その他の有利子負債」の欄は、その種類ごとにその内容を示したうえで記載すること。
4．「平均利率」の欄には、加重平均利率を記載すること。
5．長期借入金（1年以内に返済予定のものを除く。）及びその他の有利子負債については、貸借対照表日後5年内における1年ごとの返済予定額の総額を注記すること。

4．有価証券明細表

　有価証券がある場合には、有価証券明細表を作成する必要がある。有価証券明細表は、「流動資産に計上した有価証券とその他の資産に計上した有価証券を区分し、さらに満期保有目的の債券及びその他有価証券に区分して記載すること。」と定められているため、複数の勘定科目に計上されるほどの有価証券を保有している場合は、当該区分を明示して記載する必要がある。

有　価　証　券　明　細　表

【債　券】

銘　　　柄	券　面　総　額 （千円）	貸借対照表価額 （千円）
計		

【その他】

種　類　及　び　銘　柄	口　数　等	貸借対照表価額 （千円）
計		

1．貸借対照表の流動資産及びその他の資産に計上されている有価証券について記載すること。
2．流動資産に計上した有価証券とその他の資産に計上した有価証券を区分し、さらに満期保有目的の債券及びその他有価証券に区分して記載すること。
3．銘柄別による有価証券の貸借対照表価額が医療法人の純資産額の1％以下である場合には、当該有価証券に関する記載を省略することができる。
4．「その他」の欄には有価証券の種類（金融商品取引法第2条第1項各号に掲げる種類をいう。）に区分して記載すること。

5．事業費用明細表

　事業費用については、損益計算書においては本来業務事業損益区分における事業費用、附帯業務事業損益区分における事業費用、収益業務事業損益区分における事業費用として区分されているのみであり、事業費用の内訳については記載されない。このため、事業費用明細表において内訳を明示することが要求されている。記載方法としては以下の2つの様式が認められている。

- 各業務事業費用区分ごとに中科目区分を設ける方法
- 法人全体の事業費用について中科目区分を設ける方法

（1）各業務事業費用区分ごとに中科目区分を設ける方法

　損益計算書における、本来業務事業損益区分における事業費用、附帯業務事業損益区分における事業費用、収益業務事業損益区分における事業費用について中科目区分を設けて内訳を表示する方法である。

事　業　費　用　明　細　表

（単位：千円）

区　　分	本　来　業　務　事　業　費　用			附帯業務事業費用	収益業務事業費用	合　　計
	事業費	本部費	計			
材料費						
給与費						
委託費						
経費						
売上原価						
その他の事業費用						
計						

1．売上原価には、当該医療法人の開設する病院等の業務に附随して行われるもの（売店等）及び収益業務のうち商品の仕入れ又は製品の製造を伴う業務について記載すること。
2．中科目区分には、それぞれ細区分を設け、売上原価については、商品（又は製品）期首たな卸高、当期商品仕入高（又は当期製品製造原価）、商品（又は製品）期末たな卸高を、材料費、給与費、委託費、経費及びその他の費用については、その内訳を示す費目を記載する様式によることもできる。
3．その他の事業費用には、研修費のように材料費、給与費、委託費及び経費の二つ以上の中区分に係る複合費として整理した費目を記載する。

(2) 法人全体の事業費用について中科目区分を設ける方法

各業務事業費用区分に分けずに、法人全体の事業費用について中科目区分を設けて内訳を表示する方法である。

事 業 費 用 明 細 表
（自 平成 年 月 日 至 平成 年 月 日）

（単位：千円）

科　目	金　額	
Ⅰ　材料費		
：	：	
：	×××	×××
Ⅱ　給与費		
給料	×××	
：	×××	
：	：	
：	×××	×××
Ⅲ　委託費		
検査委託費	×××	
：	×××	
：	：	
：	×××	×××
Ⅳ　経費		
減価償却費	×××	
：	×××	
：	：	
：	×××	×××
Ⅴ　売上原価		
商品（又は製品）期首たな卸高	×××	
当期商品仕入高（又は当期製品製造原価）	×××	
商品（又は製品）期末たな卸高	×××	×××
Ⅵ　その他の事業費用		
研修費	×××	
：	×××	
：	：	
：	×××	×××
事　業　費　用　計		×××

1．売上原価には、当該医療法人の開設する病院等の業務に附随して行われるもの（売店等）及び収益業務のうち商品の仕入れ又は製品の製造を伴う業務について記載すること。
2．ⅠからⅥの中科目区分は、省略する様式によることもできる。
3．その他の事業費用には、研修費のように材料費、給与費、委託費及び経費の二つ以上の中区分に係る複合費として整理した費目を記載する。

第7章

医療法人以外の開設主体における病院会計準則との関係

I
病院会計準則適用ガイドラインの必要性

　病院会計準則は、各病院を1つの会計単位として病院ごとの財政状態及び運営状況を把握するために、財務諸表（貸借対照表、損益計算書、キャッシュ・フロー計算書及び附属明細表）の作成を求めている。

　しかし、病院は多様な開設主体により運営されているため、法定書類としての財務諸表は、それぞれの開設主体に求められる会計基準に基づいて作成している。

　各開設主体の会計基準が病院会計準則と一致していれば支障はないが、すべてが一致しているわけではないため、病院会計準則を各開設主体の病院にどのように適用すべきかを示した病院会計準則適用のためのガイドラインが必要となる。

　そこで、平成16年9月10日に「病院会計準則適用ガイドラインについて」（以下、「ガイドライン」という）が公表された。

開設主体と会計基準

開設主体	会計基準
独立行政法人	独立行政法人会計基準
国立大学法人	国立大学法人会計基準
地方独立行政法人	地方独立行政法人会計基準
地方公営企業	地方公営企業法、同施行令、同施行規則
学校法人	学校法人会計基準
社会福祉法人	社会福祉法人会計基準
公益法人	公益法人会計基準
国家公務員共済組合連合会	国家公務員共済組合法施行規則
日本赤十字社	日本赤十字社法施行規則 （ただし決算書の届出を規定しているのみ）
厚生農業共同組合連合会	農業共同組合法（原則として会社法準用）
医療法人	医療法人会計基準

II 病院会計準則とガイドラインの関係

　ガイドラインは、異なる開設主体の病院の会計情報を比較可能なものとするために、病院会計準則を具体的に適用する場合、又は、そのまま適用することができない場合についての統一的、現実的な対応を示している。

1．病院会計準則と開設主体の会計基準とで財務諸表の範囲が相違している場合

　病院会計準則の規定に従い、病院を1つの会計単位として財務諸表を作成することが原則である。しかし、病院会計準則の規定に従い作成しない部分がある場合には、次のいずれかの方法による。
　① 開設主体の会計基準で作成した財務諸表を病院ごとに病院会計準則の財務諸表に組み替える。
　② 開設主体の会計基準で作成した財務諸表に病院ごとに組替えに必要な情報を「比較のための情報」として注記する。

2．病院会計準則と開設主体の会計基準とで会計処理等が相違している場合

　開設主体の会計基準において、病院会計準則と異なる会計処理がある場合、又は異なる財務諸表の名称や様式等が定められている場合などについては、次のいずれかの方法による。
　① 病院会計準則に準拠した財務諸表を別途作成する。
　② 精算表を利用して組み替える。
　③ 開設主体の会計基準に従った財務諸表に、病院会計準則との違いを

明らかにした情報を「比較のための情報」として注記する。
　開設主体の会計基準と病院会計準則との上記（1）及び（2）に係る主な相違は、次のとおりである。

開設主体の会計基準と病院会計準則との主な差異点

開設主体	開設主体別会計基準で作成が求められる財務諸表／病院会計準則との相違の有無	開設主体の会計基準と準則の主な会計処理等の相違点（例）
独立行政法人	●貸借対照表 ●損益計算書 ●キャッシュ・フロー計算書 ●利益の処分又は損失の処理に関する書類 ●行政サービス実施コスト計算書 ●附属明細書 相違あり	●損益外・引当外項目 ●費用の区分 ●固定資産の計上基準 ●資金の範囲 ●消費税等の会計処理 ●附属明細書の記載対象　等
国立大学法人	●貸借対照表 ●損益計算書 ●キャッシュ・フロー計算書 ●利益の処分又は損失の処理に関する書類 ●業務実施コスト計算書 ●附属明細書 相違あり	●損益外・引当外項目 ●費用の区分 ●固定資産の計上基準 ●資金の範囲 ●消費税等の会計処理 ●本部費明細表の有無　等
地方独立行政法人	●貸借対照表 ●損益計算書 ●キャッシュ・フロー計算書 ●利益の処分又は損失の処理に関する書類 ●行政サービス実施コスト計算書 ●附属明細書 相違あり	●損益外・引当外項目 ●費用の区分 ●消費税等の会計処理 ●附属明細書の記載対象　等
地方公営企業	〈決算書として〉 ●決算報告書 ●損益計算書 ●剰余金計算書 ●剰余金処分計算書 ●貸借対照表 〈決算に関する提出書類として〉 ●キャッシュ・フロー計算書 ●収益費用明細書 ●固定資産明細書 ●企業債明細書 相違あり	●資金の範囲 ●減価償却の開始年度 ●リース取引の簡便法適用範囲 ●退職給付引当金の簡便法の適用要件 2 ●固定資産除却損の区分　等

第7章　医療法人以外の開設主体における病院会計準則との関係

学校法人	・資金収支計算書 　（資金収支内訳表、人件費支出内訳表、活動区分資金収支計算書） ・事業活動収支計算書 　（事業活動収支内訳表） ・貸借対照表 　（固定資産明細表、借入金明細表、基本金明細表）	・収益及び費用の区分 ・資金の範囲 ・賞与引当金計上の有無 ・退職給与引当金の会計処理 ・補助金等の会計処理 ・たな卸資産の評価基準 ・有価証券の評価基準 ・減損会計適用の有無 ・消費税等の会計処理　等
	相違あり	
社会福祉法人	・資金収支計算書 ・事業活動計算書 ・貸借対照表 ・附属明細書	・資金の範囲 ・補助金等の会計処理 ・本部費配賦額の計算 ・本部費明細表の作成 ・経理単位間取引の損益処理 ・消費税等の会計処理　等
	相違あり	
公益法人	・貸借対照表 ・正味財産増減計算書 ・キャッシュ・フロー計算書 ・附属明細書	・収益及び費用の計上区分 ・補助金等の会計処理 ・たな卸資産の評価基準 ・本部費相当分の配賦 ・消費税等の会計処理　等
	相違あり	
国家公務員 共済組合 連合会	・貸借対照表 ・損益計算書	・収益及び費用の計上区分 ・たな卸資産の評価基準 ・有価証券の評価基準 ・繰延資産の計上 ・補助金等の会計処理 ・退職給付会計の導入の有無 ・経理単位間取引の損益処理 ・消費税等の会計処理　等
	相違あり	
厚生農業 共同組合 連合会	・事業報告書 ・貸借対照表 ・損益計算書 ・附属明細書	・収益及び費用の計上区分 ・繰延資産の計上 ・リースの会計処理 ・補助金等の会計処理 ・附属明細書の記載対象　等
	相違あり	
医療法人	第1章参照	第8章参照

※日本赤十字社は、日本赤十字社法施行規則に決算書の届出が規定されているのみである。
　したがって、開設主体として定めた会計規則による。

第8章

決算における病院会計準則と医療法人会計基準との調整方法

I
医療法人における病院会計準則と医療法人会計基準

　すでに第 1 章において説明したとおり、従来より医療法人内の各病院施設においては、昭和 40 年から病院会計準則に準拠して各施設ごとに会計処理をしていた。これに対して、医療法人の法人全体においては、平成 29 年 4 月 2 日以後に開始する会計年度に係る会計から医療法人会計基準が適用されることとなった。しかし、今後も異なる開設主体の異なる各種の病院の会計情報の比較可能性を確保するために、病院会計準則に準拠した財務諸表は今後も作成が求められている。

　これにより、病院会計準則における会計処理と医療法人会計基準における会計処理の差異が明確となったうえに、今後も継続的に発生することとなった。そのため、医療法人においては法人全体の財務諸表を作成する段階において、毎期当該差異について調整が必要になっている。

　前章で解説したとおり、開設主体の会計基準と病院会計準則に差異がある場合には、病院会計準則適用ガイドライン（平成 16 年 9 月　厚生労働省医政局）（以下、「ガイドライン」という）が適用されることになる。医療法人会計基準においても、この適用方針は例外ではなく、医療法人会計基準と病院会計準則との相違点について適用されることとなる。つまり、医療法人会計基準と病院会計準則との相違点への対応については、第 7 章で記載のとおり、次のいずれかの方法によることとなる。

① 病院会計準則に準拠した財務諸表を別途作成する。
② 精算表を利用して組み替える。
③ 開設主体の会計基準に従った財務諸表に、病院会計準則との違いを明らかにした情報を「比較のための情報」として注記する。

　一般的に、相違点についての処理方法としては上述の方法のうち、②又は③を利用することが一般的になると思われる。①については、相違点に

係る会計処理を行う都度、医療法人会計基準と病院会計準則による会計処理を行う必要が発生し、会計処理が煩雑となるためである。会計期間中の会計処理を病院会計準則で処理するのであれば、会計期末に相違点についてのみ②の方法を取ればよく、逆に、会計期間中の会計処理を医療法人会計基準で処理するのであれば、会計期末に相違点について③の方法を取ることになる。

II 病院会計準則と医療法人会計基準の相違点

実務上の会計処理の効率性を考えれば、期末に相違点についてのみ前項Iの②もしくは③の処理を行うことが一般的であると思われる。そのため、医療法人においては、病院会計準則と医療法人会計基準の相違点を把握しておく必要がある。以下、相違点となる項目について解説を行う。

1．損益計算書における区分

病院会計準則 （病院会計準則第31（損益計算書の区分））	医療法人会計基準 （運用指針 18, 19）
2．経常損益計算の区分は、医業損益計算の結果を受けて、受取利息、有価証券売却益、運営費補助金収益、施設整備補助金収益、患者外給食収益、支払利息、有価証券売却損、患者外給食用材料費、診療費減免額等、医業活動以外の原因から生ずる収益及び費用であって経常的に発生するものを記載し、経常利益を計算する。	18　損益計算書において、事業損益は、本来業務、附帯業務、収益業務に区別し、事業外損益は、一括して表示する。事業損益を区別する意義は、法令で求められている附帯業務及び収益業務の運営が本来業務の支障となっていないかどうかの判断の一助とすることにある。したがって、施設等の会計基準では事業外損益とされている帰属が明確な付随的な収益又は費用についても、この損益計算書上は、事業収益又は事業費用に計上するものとする。 　　ただし、資金調達に係る費用収益は、事業損益に含めないこととする。 19②　運営費補助金のように補助対象となる支出が事業費に計上されるものについては、当該補助対象の費用と対応させるため、事業収益に計上する。

病院会計準則では、医業外損益として区分する収益費用の科目について、医療法人会計基準では事業収益又は事業費用に計上されることとなる。しかし、医療法人会計基準においても、資金調達に係る費用収益については事業損益には含めないこととされているため、資金調達に係る支払（受取）利息、有価証券売却損（益）については相違点とはならないことには留意する必要がある。

補助金収益については、病院会計準則では医業外収益の区分で処理されることとなるが、医療法人会計基準では運営費補助金のように補助対象となる支出については、事業収益に計上することになるため相違点となる。

なお、施設整備補助金収益については、損益計算書における区分だけではなく、会計処理自体に相違がある。詳細については「3. 補助金の会計処理」で後述する。

医業外収益（費用）各科目の相違の有無

病院会計準則 医業外収益及び費用の各科目		医療法人会計基準との 相違点の有無
医業外収益	受取利息及び配当金	相違なし（事業外収益）
	有価証券売却益	相違なし（事業外収益）
	運営費補助金収益	相違あり 事業収益に計上
	施設設備補助金収益	相違あり（詳細はP.520以降）
	患者外給食収益	相違あり 事業収益に計上
	その他の医業外収益	内容によるが相違あり
医業外費用	支払利息	相違なし（事業外費用）
	有価証券売却損	相違なし（事業外費用）
	患者外給食用材料費	相違あり 事業費用に計上
	診療費減免額	相違あり 事業費用に計上
	医業外貸倒損失	相違あり 事業費用に計上
	貸倒引当金医業外繰入額	相違あり 事業費用に計上
	その他の医業外費用	内容によるが相違あり

上記の相違点については、ガイドラインに従い以下のどちらかの処理を行うことになる。

- 病院単位の財務諸表では医業外収益（費用）としていたものを、医療法人全体の財務諸表作成にあたって、事業収益又は事業費用に組み替える。
- 病院単位の財務諸表作成時から、医業（事業）収益又は医業（事業）費用として処理し、病院単位の財務諸表ではその旨と金額を注記して、病院会計準則に従った損益がわかるようにする。

【ガイドライン 4-3】
　損益計算書の区分について、病院会計準則と異なる様式を採用している場合には、その旨、病院会計準則に定める区分との対応関係について、「比較のための情報」として記載する。

2．消費税等の会計処理

病院会計準則 （実務上の取扱い 5）	医療法人会計基準
(4)　病院会計準則では消費税等の会計処理を税抜き方式で行うこととされているため、各取引における消費税等の金額を、課税仕入れの場合には「仮払消費税等」、課税売上の場合には「仮受消費税等」で処理するのが一般的である。	該当なし

　病院会計準則では、消費税の会計処理方法については税抜方式のみが採用される。一方、医療法人会計基準においては、消費税等の会計処理方法について税抜方式と税込方式の選択適用が認められている。そのため税込方式で会計処理する場合には留意する必要がある。すなわち、税込方式を採用する場合には、その影響額を「比較のための情報」として注記することとなる。

【ガイドライン 4-4】

消費税の会計処理を病院会計準則と異なる方法で行っている場合には、その旨、会計処理方法及び病院会計準則に定める方法によった場合と比較した影響額を「比較のための情報」として記載する。この場合の影響額とは、医業収益及び医業費用の各区分別に含まれている消費税相当額、控除対象外消費税等（資産に係るものとその他に区分する）と、その結果としての損益計算書の医業利益、経常利益及び税引前当期純利益に与える影響額とする。

3．補助金の会計処理

病院会計準則 (病院会計準則第19)	医療法人会計基準 (運用指針19)
貸借対照表科目の分類　3．負債 　4) 補助金については、非償却資産の取得に充てられるものを除き、これを負債の部に記載し、補助金の対象とされた業務の進行に応じて収益に計上しなければならない。設備の取得に対して補助金が交付された場合は、当該設備の耐用年数にわたってこれを配分するものとする。(注15) 　なお、非償却資産の取得に充てられた補助金については、これを純資産の部に記載するものとする。 (注15) 補助金の収益化について 　補助金については、非償却資産の取得に充てられるものを除き、これを負債の部に記載し、業務の進行に応じて収益に計上する。収益化を行った補助金は、医業外収益の区分に記載する。	19　補助金等の会計処理について 　医療法人が国又は地方公共団体等から補助金等を受け入れた場合の会計処理は以下のとおりとする。 ① 固定資産の取得に係る補助金等については、直接減額方式又は積立金経理により圧縮記帳する。 ② 運営費補助金のように補助対象となる支出が事業費に計上されるものについては、当該補助対象の費用と対応させるため、事業収益に計上する。 　なお、補助金等の会計処理方法は、会計基準第3条第5号の事項として注記するものとし、補助金等に重要性がある場合には、補助金等の内訳、交付者及び貸借対照表等への影響額を会計基準第22条第8号の事項として注記するものとする。

病院会計準則では、補助対象となる支出が事業費に充てられる補助金等については負債に計上し、業務の進行に応じて収益化することとなる。また設備の取得に充てられる補助金等についても負債に計上し、当該資産の減価償却費に対応して収益化する。しかし、医療法人会計基準においては、補助対象となる支出が事業費に充てられる補助金等については当該補助対象となる費用と対応させて収益計上する。また設備取得に充てられる補助金等については圧縮記帳することとされている。

そのため補助対象となる支出が事業費に充てられる補助金等については前述の「1. 損益計算書における区分」の対応が必要になる。

また、設備の取得に充てられる補助金等については各段階損益及び貸借対照表の各区分が相違する。

設備取得に係る補助金等の処理の違いにより影響を受ける勘定科目

病院会計準則における勘定科目
その他の流動負債（前受補助金）
長期前受補助金
施設設備補助金収益

上記設備の取得に充てられる補助金等の病院会計準則と医療法人会計基準の相違点については、ガイドラインに従い以下のどちらかの処理を行うことになる。

- 病院単位の財務諸表では前受補助金（長期前受補助金）として負債計上していたものを、医療法人全体の財務諸表作成にあたって、圧縮記帳した場合の会計処理に組替える。
- 病院単位の財務諸表作成時から、圧縮記帳をし、病院単体の財務諸表ではその旨と影響額を注記して、病院会計準則に従った損益がわかるようにする。

【ガイドライン 3-5】
＜補助金の会計処理に相違がある場合＞
　補助金の会計処理について、病院会計準則と異なる会計処理を行っている場合には、その旨、採用した会計処理方法、病院会計準則に定める方法によった場合と比較した影響額を「比較のための情報」として記載する。

4．退職給付債務等の会計処理

病院会計準則 （病院会計準則第 27）	医療法人会計基準 （運用指針 12）
負債の貸借対照表価額 4．退職給付引当金については、将来の退職給付の総額のうち、貸借対照表日までに発生していると認められる額を算定し、貸借対照表価額とする。なお、退職給付総額には、退職一時金のほか年金給付が含まれる。（注14） （注14）退職給付の総額のうち、貸借対照表日までに発生していると認められる額について 　退職給付の総額のうち、貸借対照表日までに発生していると認められる額は、退職給付見込額について全勤務期間で除した額を各期の発生額とする方法その他従業員の勤務の対価を合理的に反映する方法を用いて計算しなければならない。	12　引当金の取扱いについて 　引当金は、将来の特定の費用又は損失であって、その発生が当期以前の事象に起因し、発生の可能性が高く、かつ、その金額を合理的に見積もることができる場合に計上するものである。その計上基準は、重要な会計方針として記載することとなるが、引当金のうち重要性の乏しいものについては、重要性の原則の適用により、これを計上しないことができる。 （中略） 　退職給付引当金は、退職給付に係る見積債務額から年金資産額等を控除したものを計上するものとする。当該計算は、退職給付に係る会計基準（平成10年6月16日企業会計審議会）に基づいて行うものであり、下記事項を除き、企業会計における実務上の取扱いと同様とする。 　①　本会計基準適用に伴う新たな会計処理の採用により生じる影響額（適用時差異）は、通常の会計処理とは区分して、本会計基準適用後15年以内の一定の年数又は従業員の平均残存勤務年数のいずれか短い年数にわたり定額法により費用処理することができる。 　②　前々会計年度末日の負債総額が200億円未満の医療法人においては、簡便法を適用することができる。 　なお、適用時差異の未処理残高及び原則法を適用した場合の退職給付引当金の計算の前提とした退職給付債務等の内容は、会計基準第22条第8号の事項として注記するものとする。

病院会計準則では、適用時差異の処理方法や簡便法について明確に定められていない。しかし、医療法人会計基準では、適用時差異については一定の年数又は従業員の平均残存勤務年数のいずれか短い年数で費用処理することとされている。また負債総額を基準に一部の医療法人については簡便法の適用を認めている。

　そのため適用時変更差異について、一定の年数等で費用処理する場合、簡便法を適用する場合には貸借対照表の各区分及び各段階損益で相違する。

退職給付債務等に係る処理の違いにより影響を受ける勘定科目

病院会計準則における勘定科目
退職給付引当金
退職給付費用

　上記退職給付債務等の相違点については、ガイドラインに従い以下のどちらかの処理を行うことになる。

① **適用時差異の処理方法**
- 病院単位の財務諸表では初年度一括費用処理としていたものを、医療法人全体の財務諸表作成にあたって、一定期間での費用処理に組み替える。
- 病院単位の財務諸表作成時から、一定期間での費用処理をし、病院単体の財務諸表ではその旨と影響額を注記して、病院会計準則に従った損益がわかるようにする。

② **簡便法の適用**
- 病院単位の財務諸表では原則法で処理していたものを、医療法人全体の財務諸表作成にあたって、簡便法の処理に組み替える。
- 病院単位の財務諸表作成時から、簡便法で処理をし、病院単体の財務諸表ではその旨と影響額を注記して、病院会計準則に従った損益がわかるようにする。

【ガイドライン 3-9】

＜退職給付債務の会計処理等に相違がある場合＞

　退職給付債務に関する会計処理を病院会計準則と異なる方法で行っている場合には、その旨、採用した引当金の計上基準、病院会計準則に定める方法によった場合と比較した影響額を「比較のための情報」として記載する。

　病院の従事者に係る退職給付債務のうち、当該病院外で負担するため、病院の財務諸表には計上されないものが存在する場合には、その旨及び概要を「比較のための情報」に記載する。

5．リース資産の会計処理

病院会計準則 （病院会計準則　注12）	医療法人会計基準 （運用指針 9）
（注12）リース資産の会計処理について 　リース取引はファイナンス・リース取引とオペレーティング・リース取引に区分し、ファイナンス・リース取引については、通常の売買取引に係る方法に準じて会計処理を行う。	9　リース取引の会計処理について 　ファイナンス・リース取引については、通常の売買取引に係る方法に準じて会計処理を行うことを原則とするが、以下の場合には、賃貸借処理を行うことができる。 　①　リース取引開始日が、本会計基準の適用前の会計年度である、所有権移転外ファイナンス・リース取引 　②　リース取引開始日が、前々会計年度末日の負債総額が200億円未満である会計年度である、所有権移転外ファイナンス・リース取引 　③　一契約におけるリース料総額が300万円未満の、所有権移転外ファイナンス・リース取引 　なお、賃貸借処理をしたファイナンス・リース取引がある場合には、貸借対照表科目に準じた資産の種類ごとのリース料総額及び未経過リース料の当期末残高を、会計基準第22条第8号の事項として注記するものとする。

Ⅱ　病院会計準則と医療法人会計基準の相違点

　病院会計準則では、すべてのファイナンス・リース取引は通常の売買処理に準じた会計処理をするとされている。しかし、医療法人会計基準では、ファイナンス・リースのうち所有権移転外ファイナンス・リースに該当するもので、一定の要件を満たした取引については賃貸借処理することができるとされている。

　そのため、対象となるファイナンス・リースについては各段階損益及び貸借対照表の各区分が相違する。

リース資産に係る処理の違いにより影響を受ける勘定科目

病院会計準則における勘定科目
医療用機器備品
その他の機器備品
車両及び船舶
その他の有形固定資産
減価償却累計額
ソフトウエア
減価償却費
器機賃借料

　上記リース資産の会計処理による相違点については、ガイドラインに従い以下のどちらかの処理を行うことになる。

- 病院単位の財務諸表では通常の売買処理に準じて資産計上していたものを、医療法人全体の財務諸表作成にあたって、賃借料に組替える。
- 病院単位の財務諸表作成時から、賃貸借処理をし、リース料の支払額を費用計上し、病院単位の財務諸表ではその旨と影響額を注記して、病院会計準則に従った損益がわかるようにする。

【ガイドライン3-10】
＜リース資産の会計処理に相違がある場合＞
　リース資産に関する会計処理を病院会計準則と異なる方法で行っている場合には、その旨、会計処理方法、病院会計準則に定める方法によった場合と比較した影響額を「比較のための情報」として記載する。

6．重要性の原則

病院会計準則 （病院会計準則　第12　重要性の原則）	医療法人会計基準 （第2条　会計の原則運用指針7、8、10、11、12、15）
第12　重要性の原則 　病院の会計においては、会計情報利用者に対して病院の財政状態及び運営状況に関する判断を誤らせないようにするため、取引及び事象の質的、量的重要性を勘案して、記録、集計及び表示を行わなければならない。（注4） （注4）重要性の原則の適用について 1．重要性の乏しいものについては、本来の会計処理によらないで、合理的な範囲で他の簡便な方法によることも、正規の簿記の原則に従った処理として認められる。 2．重要性の原則は、財務諸表の表示に関しても適用され、本来の財務諸表の表示方法によらないで、合理的な範囲で他の簡便な方法によることも、明瞭性の原則に従った表示として認められる。	第2条 　医療法人は、次に掲げる原則によって会計処理を行い、貸借対照表等を作成しなければならない。 （中略） ④　重要性の乏しいものについては、貸借対照表等を作成するために採用している会計処理の原則及び手続並びに表示方法の適用に際して、本来の厳密な方法によらず、他の簡便な方法によることができること。 7　棚卸資産の評価方法等について （中略） 　なお、棚卸資産のうち、重要性の乏しいものについては、重要性の原則の適用により、その買入時又は払出時に費用として処理する方法を採用することができる。 8　減価償却の方法等について （中略）

Ⅱ 病院会計準則と医療法人会計基準の相違点

> また、租税特別措置による特別償却額のうち一時償却は、重要性が乏しい場合には、重要性の原則の適用により、正規の減価償却とすることができる。
> 10 経過勘定項目について
> 　前払費用、未収収益、未払費用及び前受収益のうち、重要性の乏しいものについては、重要性の原則の適用により、経過勘定項目として処理しないことができる。
> 11 有価証券等の評価について
> 　有価証券の評価基準及び評価方法については重要な会計方針に該当し、満期まで所有する意図をもって保有する社債その他の債券は償却原価法によることとなるが、取得価額と債券金額との差額について重要性が乏しい満期保有目的の債券については、重要性の原則の適用により、償却原価法を採用しないことができる。
> (中略)
> 12 引当金の取扱いについて
> 　(中略)引当金のうち重要性の乏しいものについては、重要性の原則の適用により、これを計上しないことができる。(中略)
> 15 税効果会計の適用について
> 　税効果会計は、原則的に適用することとするが、一時差異等の金額に重要性がない場合には、重要性の原則の適用により、繰延税金資産又は繰延税金負債を計上しないことができる。(中略)

　病院会計準則では、重要性の原則について具体的な例示はない。一方、医療法人会計基準においては、具体的な例示が示されている。
　しかし重要性の原則は、重要性の乏しいものについての簡便な処理や表

示を認め、重要性の高いものについては原則的な処理、表示を求めるという会計の原則の一つであり、実質的な適用方法は相違しない。したがって特段の対応は不要と考える。

Ⅲ 病院会計準則から医療法人会計基準への組替え

Ⅰで記載したとおり、実務上の会計処理の効率性を考えれば、期末に相違点についてのみ②精算表を利用して組み替える、もしくは③開設主体の会計基準に従った財務諸表に、病院会計準則との違いを明らかにした情報を「比較のための情報」として注記する処理をとる処理を行うことが一般的であると思われる。

ここでは②精算表を利用して組み替える場合の精算表作成例を記載する。

組替えのための精算表

① 医業外収益（費用）を事業収益又は事業費用に組替え
② 消費税等が税込みとなっていたものを税抜きに組替え
③ 前受補助金（長期前受補助金）を圧縮積立金に組替え
④ 退職給付に係る会計基準の適用時差異を初年度一括費用処理した場合と5年間で費用処理した場合の差額の組替え
⑤ リース資産に計上していたものを賃借料に組替え
⑥ 純資産の部の勘定科目の組替え

第8章　決算における病院会計準則と医療法人会計基準との調整方法

貸借対照表精算表（例）

借方：+　貸方：△　　　　　　　　　　　　　　　　（単位：百万円）

病院会計準則		組替え						医療法人会計基準	
科目金額	法人全体の単純合計	① 損益計算書の区分	② 消費税等の会計処理	③ 補助金の会計処理	④ 退職給付債務等の会計処理	⑤ リース資産の会計処理	純資産の部の組替	法人合計	科目金額
（資産の部）									（資産の部）
Ⅰ 流動資産									Ⅰ 流動資産
現金及び預金	526							526	現金及び預金
医業未収金	2,992							2,992	事業未収金
未収金	92							92	未収金
有価証券	0							0	有価証券
医薬品	93		-2					91	たな卸資産
診療材料	21		-1					20	たな卸資産
給食用材料	16		-1					15	たな卸資産
貯蔵品	1							1	その他の流動資産
前渡金	0							0	前渡金
前払費用	138							138	前払費用
未収収益	3							3	その他の流動資産
短期貸付金	0							0	その他の流動資産
役員従業員短期貸付金	0							0	その他の流動資産
他会計短期貸付金	0							0	その他の流動資産
その他の流動資産	10							10	その他の流動資産
貸倒引当金△	-260							-260	貸倒引当金△
									繰延税金資産
流動資産合計	3,632	0	-4	0	0	0	0	3,628	流動資産合計
Ⅱ 固定資産								0	Ⅱ 固定資産
1 有形固定資産								0	1 有形固定資産
建物	15,570							15,570	建物
構築物	98							98	構築物
医療用器械備品	6,009		-80			-50		5,879	医療用器械備品
その他の器械備品	1,159		-24					1,135	その他の器械備品
車両及び船舶	9							9	車両及び船舶
放射性同位元素	8		-1					7	放射性同位元素
その他の有形固定資産	2							2	その他の有形固定資産
土地	3,610							3,610	土地
建設仮勘定	0							0	建設仮勘定
減価償却累計額△	-13,534					40		-13,494	減価償却累計額△
有形固定資産合計	12,931	0	-105	0	0	-10	0	12,816	有形固定資産合計
2 無形固定資産								0	2 無形固定資産
借地権	0							0	借地権
ソフトウェア	360							360	ソフトウェア
その他の無形固定資産	91							91	その他の無形固定資産
無形固定資産合計	451	0	0	0	0	0	0	451	無形固定資産合計
3 その他の資産								0	3 その他の資産
有価証券	0							0	有価証券
長期貸付金	47							47	長期貸付金
役員従業員長期貸付金	0							0	役員従業員長期貸付金
他会計長期貸付金	0							0	その他の固定資産
長期前払費用	0							0	長期前払費用
その他の固定資産	6							6	その他の固定資産

項目	金額							金額	項目
貸倒引当金△	0							0	貸倒引当金△
									繰延税金資産
その他の資産合計	53	0	0	0	0	0	0	53	その他の資産合計
固定資産合計	13,435	0	-105	0	0	-10	0	13,320	固定資産合計
資産合計	17,067	0	-109	0	0	-10	0	16,948	資産合計
(負債の部)								0	(負債の部)
Ⅰ 流動負債								0	Ⅰ 流動負債
買掛金	-1,511		121					-1,390	買掛金
支払手形								0	支払手形
未払金	-1,403		112					-1,291	未払金
短期借入金	-470							-470	短期借入金
役員従業員短期借入金	0							0	役員従業員短期借入金
他会計短期借入金	0							0	他会計短期借入金
未払費用	-53		4					-49	未払費用
									未払法人税等
			-128					-128	未払消費税等
									繰延税金負債
前受金	0							0	前受金
預り金	-13							-13	預り金
従業員預り金	-123							-123	従業員預り金
前受収益	-2							-2	前受収益
賞与引当金	-455							-455	賞与引当金
その他の流動負債	-12			10		2		0	その他の流動負債
流動負債合計	-4,042	0	109	10	0	2	0	-3,921	流動負債合計
Ⅱ 固定負債									Ⅱ 固定負債
長期借入金	-1,110							-1,110	長期借入金
役員従業員長期借入金	0							0	役員従業員長期借入金
他会計長期借入金	0							0	他会計長期借入金
長期未払金	0							0	長期未払金
									繰延税金負債
退職給付引当金	-2,797				-778			-3,575	退職給付引当金
長期前受補助金	-12			12				0	長期前受補助金
その他の固定負債	-12					8		-4	その他の固定負債
固定負債合計	-3,931	0	0	12	-778	8	0	-4,689	固定負債合計
負債合計	-7,973	0	109	22	-778	10	0	-8,610	負債合計
								0	
(純資産の部)								0	(純資産の部)
Ⅰ 純資産額	-9,094					9,094		0	
(うち、当期純利益又は当期純損失)	-2,375					2,375			
						-5,000		-5,000	Ⅰ 基金
		0	0	-22	778	0	-4,094	-3,338	Ⅱ 積立金
							-800	-800	代替基金
				-2,807				-2,807	建物圧縮積立金
				2,785	778	0	-3,294	269	繰越利益積立金
								0	Ⅲ 評価・換算差額等
純資産合計	-9,094	0	0	-22	778	0	-8,338	純資産合計
負債及び純資産合計	-17,067	0	109	0	0	10	0	-16,948	負債及び純資産合計

第8章　決算における病院会計準則と医療法人会計基準との調整方法

損益計算書精算表（例）

借方：＋　貸方：△　　　　　　　　　　　　　　　　（単位：百万円）

病院会計準則		組替え						医療法人会計基準	
科目金額	法人全体の単純合計	① 損益計算書の区分	② 消費税等の会計処理	③ 補助金の会計処理	④ 退職給付債務等の会計処理	⑤ リース資産の会計処理	法人合計	科目金額	
Ⅰ 医業収益								Ⅰ 事業損益	
								事業収益	
1 入院診療収益	-12,974						-12,974	1 入院診療収益	
2 室料差額収益	-711						-711	2 室料差額収益	
3 外来診療収益	-4,410						-4,410	3 外来診療収益	
4 保健予防活動収益	-765						-765	4 保健予防活動収益	
5 受託検査・施設利用収益	-25						-25	5 受託検査・施設利用収益	
6 その他の医業収益	-158	365					208	6 その他の医業収益	
合計	-19,042	-365	0	0	0	0	-19,407	合計	
7 保険等査定減	99						99	7 保険等査定減	
	-18,943	-365	0	0	0	0	-19,308		
Ⅱ 医業費用							0	事業費用	
1 材料費							0	1 材料費	
（1）医薬品費	3,607						3,607	（1）医薬品費	
（2）診療材料費	1,872						1,872	（2）診療材料費	
（3）医療消耗器具備品費	263						263	（3）医療消耗器具備品費	
（4）給食用材料費	131						131	（4）給食用材料費	
	5,873	0	0	0	0	0	5,873		
2 給与費							0	2 給与費	
（1）給料	5,900						5,900	（1）給料	
（2）賞与	1,769						1,769	（2）賞与	
（3）賞与引当金繰入額	1,258						1,258	（3）賞与引当金繰入額	
（4）退職給付費用	1,337				-778		559	（4）退職給付費用	
（5）法定福利費	1,006						1,006	（5）法定福利費	
	5,369	0	0	0	-778	0	4,591		
3 委託費							0	3 委託費	
（1）検査委託費	160						160	（1）検査委託費	
（2）給食委託費	74						74	（2）給食委託費	
（3）寝具委託費	18						18	（3）寝具委託費	
（4）医事委託費	72						72	（4）医事委託費	
（5）清掃委託費	97						97	（5）清掃委託費	
（6）保守委託費	124						124	（6）保守委託費	
（7）その他の委託費	286						286	（7）その他の委託費	
	830	0	0	0	0	0	830		
4 設備関係費							0	4 設備関係費	
（1）減価償却費	837			-36		-2	799	（1）減価償却費	
（2）器機賃借料	209					2	211	（2）器機賃借料	
（3）地代家賃	396						396	（3）地代家賃	
（4）修繕費	146						146	（4）修繕費	
（5）固定資産税等	27						27	（5）固定資産税等	
（6）器機保守料	272						272	（6）器機保守料	
（7）器機設備保険料	7						7	（7）器機設備保険料	
（8）車両関係費	18						18	（8）車両関係費	
	1,913	0	0	-36	0	0	1,877		
5 研究研修費							0	5 研究研修費	
（1）研究費	34						34	（1）研究費	
（2）研修費	38						38	（2）研修費	
	72	0	0	0	0	0	72		

III　病院会計準則から医療法人会計基準への組替え

6 経費						0	6 経費	
（1）福利厚生費	59					59	（1）福利厚生費	
（2）旅費交通費	16					16	（2）旅費交通費	
（3）職員被服費	25					25	（3）職員被服費	
（4）通信費	18					18	（4）通信費	
（5）広告宣伝費	5					5	（5）広告宣伝費	
（6）消耗品費	45					45	（6）消耗品費	
（7）消耗器具備品費	92					92	（7）消耗器具備品費	
（8）会議費	14					14	（8）会議費	
（9）水道光熱費	263					263	（9）水道光熱費	
（10）保険料	18					18	（10）保険料	
（11）交際費	11					11	（11）交際費	
（12）諸会費	9					9	（12）諸会費	
（13）租税公課	396		117			513	（13）租税公課	
（14）医業貸倒損失	20					20	（14）医業貸倒損失	
（15）貸倒引当金繰入額	16					16	（15）貸倒引当金繰入額	
（16）雑費	38	23				61	（16）雑費	
	1,044	23	117	0	0	1,184		
7 控除対象外消費税等負担額	401					401	7 控除対象外消費税等負担額	
8 本部費配賦額	0					0	8 本部費配賦額	
	15,501	23	117	-36	-778	14,827		
医業利益（又は医業損失）	-3,442	-342	117	-36	-778	-4,481	事業利益（又は事業損失）	
III 医業外収益						0	II 事業外収益	
1 受取利息及び配当金	-5					-5	1 受取利息及び配当金	
2 有価証券売却益	0					0	2 有価証券売却益	
3 運営費補助金収益	-36	36		36		36	3 運営費補助金収益	
4 施設設備補助金収益	-288	288				0	4 施設設備補助金収益	
5 患者外給食収益	-41	41				1	5 患者外給食収益	
6 その他の医業外収益	-23					-23	6 その他の事業外収益	
	-392	365	0	36	0	10		
IV 医業外費用						0	III 事業外費用	
1 支払利息	137					137	1 支払利息	
2 有価証券売却損	0					0	2 有価証券売却損	
3 患者外給食用材料費	3	-3				0	3 患者外給食用材料費	
4 診療費減免額	20	-20				0	4 診療費減額	
5 医業外貸倒損失	0					0	5 医業外貸倒損失	
6 貸倒引当金医業外繰入額	0					0	6 貸倒引当金医業外繰入額	
7 その他の医業外費用	14					14	7 その他の事業外費用	
	174	-23	0	0	0	151		
経常利益（又は経常損失）	-3,659	0	117	0	-778	-4,320	経常利益（又は経常損失）	
V 臨時収益						0	IV 特別利益	
1 固定資産売却益	0					0	1 固定資産売却益	
2 その他の臨時収益	0			-2,807		-2,807	2 その他の特別収益	
	0	0	0	-2,807	0	-2,807		
VI 臨時費用						0	V 特別損失	
1 固定資産売却損	0					0	1 固定資産売却損	
2 固定資産除却損	200					200	2 固定資産除却損	
3 資産に係る控除対象外消費税等負担額	0					0	3 資産に係る控除対象外消費税等負担額	
4 災害損失	0					0	4 災害損失	
5 その他の臨時費用	0					0	5 その他の特別損失	
	200	0	0	0	0	200		
税引前当期純利益（又は税引前当期純損失）	-3,459	0	117	-2,807	-778	-6,927	税引前当期純利益（又は税引前当期純損失）	
法人税、住民税及び事業税負担額	1,084					1,084	法人税、住民税及び事業税負担額	
当期純利益（又は当期純損失）	-2,375	0	117	-2,807	-778	-5,843	当期純利益（又は当期純損失）	

索引

あ

圧縮記帳　240, 241
後入先出法　338
医業未収金　60
医事会計システム　142
維持管理費用相当額　152
医師賠償責任保険料　83
一時差異　96, 285, 289, 290, 291
一時差異の将来解消スケジューリング　305
著しい時価の下落　115
一括値引　70, 337
一般競争入札　497
一般原則　31
一般債権　100
移動平均法　70, 72, 336, 338
医薬品　69, 203
「医療機関債」発行等のガイドライン　232
医療法人　9
医療法人会計基準　11
医療法人会計基準に関する検討報告書　13
医療用器械備品　108, 123
印紙税　405
売戻し条件付現先　42
運営費補助金　241
運送保険料　108
運用指針　16
永久差異　285
益金　283
オーダーリングシステム　142
オペレーティング・リース取引　149

か

外貨建現金預金　59
外貨建負債　202
会計基準変更時差異　250, 256, 260
会計方針　34
会計方針の変更　25
開示後発事象　487
回収可能額　113
ガイドライン　31
外部監査　14
回復可能性　115
解約不能（ノンキャンセラブル）　150
外用薬　69
確定給付企業年金制度　254
過去勤務費用　255
火災保険料　83, 191
貸倒懸念債権　100
貸倒実績率等　101
貸倒引当金　100
貸倒見積高　100
課税所得　283
家族手当　348
学校法人　9, 512
カテーテル　75, 341
株券　64
株式　170
株式配当金　184
借入金等明細表　503
簡易課税制度選択法人　410
関係事業者　25, 90, 189, 495
監査　233
監査法人　233
鉗子　344
患者外給食　203
患者給食用具　344
関税　108

535

間接法　444
簡便法　257
管理会計　6
期間定額基準　251
機器組込みソフトウェア　143
企業年金制度　258
基金　22, 273
基金制度　274, 275
危険手当　348
基礎率　252
期待運用収益相当額　255
ギブス粉　75, 341
キャッシュ・フロー計算書　58
キャッシュ・フロー見積法　103
救急車　127
給食用材料　78, 203
給湯権　146
給付算定式基準　251
業務活動によるキャッシュ・フロー　443
銀行勘定調整表　57
勤務費用　255
金融商品会計基準　64
金融商品実務指針　64
偶発債務　25, 487
繰越欠損金　294
繰越利益積立金　273
繰延資産　196
繰延税金資産　95, 193, 493
繰延税金負債　493
繰延ヘッジ損益　274
グルーピング　116
経済的耐用年数　152
継続記録法　337
継続事業の前提　24, 480
継続性の原則　20, 35
血圧計　344
減価償却　109
減価償却方法　482
減価償却累計額　134

現金及び預金　56
現金過不足　57
健康保険法　357
検査用試薬　69
建設仮勘定　133
減損処理　112
減損の兆候　113
兼務　349
減耗・廃棄処理　74
公益法人　9, 512
公益法人会計基準運用指針　115
公益法人会計基準実務指針　113
公社債投資信託　42
厚生年金基金制度　254
厚生年金保険法　357
厚生農業協同組合連合会　512
構築物　108, 121
購読料　83
購入手数料　108
公認会計士　233
後発事象　25, 34, 487
子会社株式及び関連会社株式　65
国債　170
国債証券　64
小口現金　56
国内譲渡性預金　64
国民皆保険制度　316
国立大学法人　9, 511
国家公務員共済組合連合会　513
固定資産台帳　373
個別引当法　105
個別法　70, 338
コマーシャル・ペーパー　42
ゴム管　344
雇用保険法　357
ゴルフ会員権　196
混合診療の禁止　316
コンテンツ　140

さ

災害時用の備蓄食料　78
債券利息　184
最終仕入原価法　70
再調達価額　71
財務会計　5
財務活動によるキャッシュ・フロー　443
財務状況を明らかにする重要な事項　477, 479
財務内容評価法　103
債務保証損失引当金　236, 238
再リース　158
差額ベッド　317
先入先出法　70, 73, 336, 338
差入保証金　196
残価補償額　151
酸素　75, 341
残存価額　109
時価　114
歯科技工委託　370
時間外救急受付業務委託　370
時間外手当　348, 349
事業所得　405
事業費用明細表　505
資産及び負債のうち収益業務に関する事項・収益業務からの繰入金の状況に関する事項　25
市場価格に基づく価格　66
市場価格のない株式配当金　184
施設間取引　91
施設間の貸借勘定　91
施設共通費　414
施設設備補助金　241
施設利用権　146
実現主義の原則　60, 314
実地たな卸　71, 338
支払いリース料　157

四病院団体協議会会計基準策定小委員会　271
四病協医療法人会計基準　13
死亡率　253
資本的支出　110, 378
シャーレ　344
社会医療法人債を発行する社会医療法人　17
社会福祉法人　9, 513
謝金　349
借地権　136, 138
社債　170
社財規　12
車両及び船舶　108, 127
収益業務　435
収益業務からの繰入金　485
自由診療　316
修正受渡日基準　67
修正後発事象　487
修繕費　110
住宅手当　348
重要性の原則　20, 36
重要な会計方針　24, 477, 479, 481
受贈　108
出資額限度法人　276
出資金　22, 196, 272
純資産変動計算書　270
純資産明細表　270
使用価値　116
償却原価法　64, 174
償却方法　109
証券投資信託　170
譲渡条件付リース　154
譲渡性預金　42
商標権　136
将来加算一時差異　293
将来減算一時差異　293
所有権移転外ファイナンス・リース取引　151

537

所有権移転ファイナンス・リース取引
　151, 154
真実性の原則　　18, 32
信用リスク　　199
診療材料　　75, 203
診療報酬債権　　60
診療報酬債権の流動化　　61
診療報酬明細書（レセプト）　60, 314
数理計算上の差異　　255
スケーリング不能な一時差異　　305
正規の簿記の原則　　19, 32
請求保留　　314
税金費用　　283
税効果会計　　193
税込方式　　425
制作途中のソフトウェア制作費　　143
正常営業循環基準　　38, 55, 201
税抜方式　　410, 425
税務申告調整額　　291
セール・アンド・リースバック取引
　165
設立等積立金　　273
選定療養　　321
船舶　　127
全部資本直入法　　176
造影剤　　69
総額主義の原則　　21
総括引当法　　105
送金為替手形　　56
送金小切手　　56
総平均法　　70, 73, 336, 338
その他の器械備品　　125
その他の無形固定資産　　145
その他の有形固定資産　　130
その他の流動資産　　98
その他有価証券　　65, 66
その他有価証券評価差額金　　274
ソフトウェア　　136, 140
ソフトウェア仮勘定　　143
ソフトウェアの制作費　　140

損益取引区別の原則　　32
損害保証損失引当金　　237, 238
損金　　283
損金算入　　287
退院時請求　　61

た

体温計　　344
第５次医療法改正　　11
退社　　273, 275
貸借対照表等の作成の前提となる重要な事項　　477, 479
退職一時金制度　　257
退職給付会計　　248
退職給付債務　　259,
退職給付費用　　254
退職率　　252
代替基金　　273, 275
耐用年数　　109
他会計短期貸付金　　90
タックスプランニング　　300, 306
建物　　108, 112
建物譲渡特約付借地権　　138
たな卸計算法　　337
単一性の原則　　36
短期貸付金　　87
担保　　487
担保に供されている資産　　25
地上権　　137
地方公営企業　　511
地方債　　170
地方債証券　　64
地方独立行政法人　　9, 511
注射筒　　344
注射針　　344
注射用薬品　　69
長期貸付金　　185
長期期待運用収益率　　253
長期性預金　　56

長期前払費用　191
聴診器　344
貯金　56
直説法　444
貯蔵品　80
賃借権　137
賃借料　83
賃貸借契約　149
賃貸借処理　492
追加情報　35
通勤手当　348
積立金　22, 273
定額法　109
低価法　80
定期借地権　138
定期預金　42
定時請求　60
定率法　109
適用時差異　494, 523
撤去工事費用　423
電子カルテシステム　142
電話加入権　136, 146
当座小切手　56
当座預金　56
投資活動によるキャッシュ・フロー　443
登録免許税　405
投薬用薬品　69
特別仕様物件リース　154
独立行政法人　9, 511
土地　131
特許権　136, 146

な

内視鏡　123
荷役費　108
日本赤十字社　512
値引　69
値引交渉　337

年金資産　254, 259
年金数理計算　260
納入価　71
のれん　136

は

バージョンアップ　143
売買目的有価証券　64, 65, 66
配賦基準　415
破産更生債権等　100
引当金明細表　502
引取運賃　108
病院会計準則　4, 27
病院会計準則適用ガイドラインについて　509
病院会計準則適用における実務上の取扱い　91
評価・換算差額等　22
評価損処理　74
ファイナンス・リース取引　149, 525
付随費用　69, 76, 78, 80, 108
附帯業務　435
振替貯金払出証書　56
フルペイアウト　150
プログラム　140
平均原価法　70
平均残存勤務期間　253
ベースアップ　255
返戻　315
包括支払制度（DPC）　336
縫合糸　75, 341
放射性同位元素　108, 129
法定実効税率　289
ポータブル機器　123
ホームページ　395
保守主義の原則　35
補助金　112, 494, 520
補助金等の会計処理　484
補助金の返還　244

539

保有目的変更　174, 179
保留　314
本部費　414, 435
本来業務　435

ま

前払費用　83
前渡金　82
満期保有目的　64
満期保有目的の債券　65, 66
未収金　62
未収収益　85
未認識過去勤務費用　250
未認識数理計算　250
無償使用　35
明瞭性の原則　18, 33
メディカルサービス法人　178
持分の定めのある社団医療法人
　272, 274
持分の定めのない社団医療法人
　272, 274

や

夜勤手当　348
役員従業員貸付金　88
役員退職慰労金引当　236, 237
約定日基準　67
役職手当　348
薬価　71
有価証券　64
有価証券明細票　504
有形固定資等産明細表　500
郵便為替証書　56
郵便貯金　56
郵便振替貯金　56
様式通知　12
預金　56
預金手形　56

予想昇給率　253
預託金　196
予定一時金選択率　253

ら

リース会計基準　149
リース資産除却損等　159
リース資産台帳　123
リース適用指針　149
リストラクチャリング　256
利息費用　255
利息法　174
流動性配列法　22, 37, 55, 56, 201
立木竹　130
レセプト　61
レンタル契約　149
レントゲン車　127
レントゲンフィルム　75, 341
労働者災害補償保険法　357

わ

割引率　252
割安購入選択権付リース　154
ワンイヤールール　38, 55, 201

数字・アルファベット

90％基準　151
75％基準　152
CF作成基準　441
CF実務指針　441
CT　123
ICT　142
MRI　123
SPD　76, 341

【監修者】
有限責任監査法人トーマツ
　　和田　頼知（公認会計士）

【執筆責任者】
有限責任監査法人トーマツ
　　鈴木　浩　　（公認会計士）　　　西原　浩文（公認会計士）
　　纐纈　和雅（公認会計士）　　　　香野　剛　（公認会計士）
　　山本　隆之（公認会計士）　　　　中村　貢　（公認会計士）
　　梁瀬　亮　（公認会計士）　　　　近　芳弘　（公認会計士）
　　髙井　陽介（公認会計士）

【執筆者】
有限責任監査法人トーマツ
　●札幌事務所　　　　　　　　　　●京都事務所
　　佐藤　博行（公認会計士）　　　　泉　悠佳子（公認会計士）
　●東京事務所　　　　　　　　　　●大阪事務所
　　荒川　正太（公認会計士）　　　　赤宗　謙太（公認会計士）
　　伊藤　誠一（公認会計士）　　　　石本　真喜子（公認会計士）
　　大久保　伸一（公認会計士）　　　伊藤　翼　（日本公認会計士協会準会員）
　　恩田　佑一（公認会計士）　　　　梶元　周輔（公認会計士）
　　川本　寛弥（公認会計士）　　　　眞岩　研徳（公認会計士）
　　木村　沙耶花（日本公認会計士協会準会員）　●高松事務所
　　三枝　康成（公認会計士）　　　　松岡　秀樹（公認会計士）
　　田村　翔平（公認会計士）　　　●福岡事務所
　　富田　慎二（公認会計士）　　　　塩塚　正康（公認会計士）
　　森　智佳子（公認会計士）　　　　柴田　翔吾（公認会計士）
　　米谷　直晃（公認会計士）　　　　橋本　愛　（公認会計士）
　●名古屋事務所　　　　　　　　　　松川　秀和（日本公認会計士協会準会員）
　　池戸　敦哉（公認会計士）　　　●鹿児島事務所
　　稲垣　卓也（公認会計士）　　　　鬼塚　智子（公認会計士）
　　山岡　輝之（公認会計士）

【著者紹介】
デロイト トーマツ グループ

　デロイト トーマツ グループは日本におけるデロイト トウシュ トーマツ リミテッド（英国の法令に基づく保証有限責任会社）のメンバーファームおよびそのグループ法人（有限責任監査法人トーマツ、デロイト トーマツ コンサルティング合同会社、デロイト トーマツ ファイナンシャルアドバイザリー合同会社、デロイト トーマツ 税理士法人およびDT弁護士法人を含む）の総称です。デロイト トーマツ グループは日本で最大級のビジネスプロフェッショナルグループのひとつであり、各法人がそれぞれの適用法令に従い、監査、税務、法務、コンサルティング、ファイナンシャルアドバイザリー等を提供しています。また、国内約40都市に約8,700名の専門家（公認会計士、税理士、弁護士、コンサルタントなど）を擁し、多国籍企業や主要な日本企業をクライアントとしています。詳細はデロイト トーマツ グループWebサイト（www.deloitte.com/jp）をご覧ください。

実務対応 病院会計
病院会計準則・医療法人会計基準に準拠

2017年4月5日　発行

編　者	有限責任監査法人トーマツ ヘルスケア インダストリー　Ⓒ
発行者	小泉　定裕
発行所	株式会社 清文社 東京都千代田区内神田1-6-6（MIFビル） 〒101-0047　電話03(6273)7946　FAX03(3518)0299 大阪市北区天神橋2丁目北2-6（大和南森町ビル） 〒530-0041　電話06(6135)4050　FAX06(6135)4059 URL http://www.skattsei.co.jp/

印刷：奥村印刷㈱

■著作権法により無断複写複製は禁止されています。落丁本・乱丁本はお取り替えします。
■本書の内容に関するお問い合わせは編集部までFAX（03-3518-8864）でお願いします。
■本書の追録情報等は、当社のホームページ（http://www.skattsei.co.jp/）をご覧ください。

ISBN978-4-433-66597-5